"十二五"国家重点图书出版规划项目
先进制造理论研究与工程技术系列

机床的数字控制技术

王永章　等编著

哈尔滨工业大学出版社

内容提要

本书系统介绍了机床数字控制技术的各方面内容,主要包括:数控机床的程序编制,插补原理,计算机数字控制装置,位置检测装置和数控机床的伺服系统。

本书以现代数控机床为基础,较详细地分析和叙述了机床数字控制的基本原理和技术。全书由6章组成,内容全面、深入,各章既有联系性,又有一定的独立性。特别适合作为高等院校本科生、研究生的教材,又可作为相关领域研究设计人员和企业技术人员的参考书。

图书在版编目(CIP)数据

机床的数字控制技术/王永章等编著.—哈尔滨:
哈尔滨工业大学出版社,2014.12(2016.2 重印)
ISBN 978-7-5603-4987-9

Ⅰ.①机… Ⅱ.①王… Ⅲ.①数控机床-高等学校-教材
Ⅳ.①TG659

中国版本图书馆 CIP 数据核字(2014)第 257417 号

策划编辑	张秀华 杨桦 许雅莹
责任编辑	张秀华
封面设计	卞秉利
出版发行	哈尔滨工业大学出版社
社　　址	哈尔滨市南岗区复华四道街 10 号　邮编 150006
传　　真	0451-86414749
网　　址	http://hitpress.hit.edu.cn
印　　刷	哈尔滨工业大学印刷厂
开　　本	787mm×1092mm　1/16　印张 19.75　字数 457 千字
版　　次	2015 年 2 月第 1 版　2016 年 2 月第 2 次印刷
书　　号	ISBN 978-7-5603-4987-9
定　　价	36.00 元

(如因印装质量问题影响阅读,我社负责调换)

前　言

机床的数字控制技术(简称数控技术)使电子技术与机械制造结合起来,它是根据机械加工工艺的要求,使用电子计算机对整个加工过程进行信息处理与控制,达到生产过程自动化的一门技术。随着电子元器件、微型计算机、传感器、信息处理和自动控制等技术的发展,机床的数字控制技术也得到了迅速发展。应用数字控制技术的数控机床和数控设备在生产中使用的越来越普遍。

发展现代数控机床是当前机械制造业技术改造、技术更新的必由之路,是未来工厂自动化的基础。数控技术是柔性制造系统(FMS)、计算机集成制造系统(CIMS)的技术基础之一,所以,它是机电一体化高新技术的重要组成部分。

为了发展数控机床以及更好地使用数控机床,必须了解数控技术。为此,我们编写了《机床的数字控制技术》一书。本书着眼于国内外最新技术成果,力求先进性。该书主要介绍数控技术所涉及的几个重要方面的内容,集中、深入地进行论述。

参加本书编写工作的有王永章、富宏亚、路华、苏红涛、王海昉、那海涛和王春香,此外,赵宏校、韩德东也参加了工作。全书由王永章主编,李国伟教授主审。在本书的编写过程中得到哈尔滨工业大学机床教研室和数控缠绕机研究所同志们的大力支持和帮助,在此一并表示衷心的感谢。

由于作者水平有限,经验不足,书中难免存在疏漏之处,恳切希望读者提出宝贵意见。

编者
2013 的 9 月

目 录

第一章 概论 ……………………………………………………………（1）
§1.1 机床数字控制的基本概念 ……………………………………（1）
一、什么是机床的数字控制技术 …………………………………（1）
二、机床数字控制的原理 …………………………………………（1）
三、数控机床及加工特点 …………………………………………（3）
§1.2 数控机床的组成及分类 ………………………………………（4）
一、数控机床的组成 ………………………………………………（4）
二、数控机床的分类 ………………………………………………（5）
§1.3 机床数控技术的发展 …………………………………………（7）
一、数字控制技术与数控机床的产生和发展 ……………………（7）
二、我国数控机床发展情况 ………………………………………（8）
三、数控技术的发展水平和趋势 …………………………………（9）

第二章 数控机床的程序编制 …………………………………………（12）
§2.1 概述 ……………………………………………………………（12）
一、程序编制的内容和步骤 ………………………………………（12）
二、程序编制的方法 ………………………………………………（13）
§2.2 手工程序编制 …………………………………………………（14）
一、数控标准 ………………………………………………………（14）
二、程序编制的标准规定和代码 …………………………………（16）
三、孔加工的程序编制 ……………………………………………（41）
四、车削加工的程序编制 …………………………………………（45）
五、轮廓铣削加工的程序编制 ……………………………………（47）
§2.3 自动编程系统 …………………………………………………（52）
一、自动编程概述 …………………………………………………（52）
二、APT 自动编程系统 ……………………………………………（56）
三、APT 零件源程序的编制 ………………………………………（70）
四、其它数控自动编程语言系统 …………………………………（76）
§2.4 程序编制中的数学处理 ………………………………………（78）
一、数学处理的概念 ………………………………………………（78）

· 1 ·

二、线性逼近的基本方法 (78)
三、已知平面零件轮廓方程式的数学处理 (81)
四、列表曲线平面轮廓的数学处理 (88)
五、立体曲面零件的数学处理方法 (96)
六、刀具中心轨迹的数学计算 (98)

第三章 机床数控装置的插补原理 (99)

§3.1 概述 (99)
一、插补的基本概念 (99)
二、对插补器的基本要求 (99)
三、插补方法的分类 (100)

§3.2 基准脉冲插补 (101)
一、数字脉冲乘法器 (101)
二、逐点比较法 (108)
三、数字积分法 (115)

§3.3 数据采样插补 (124)
一、概述 (125)
二、直线函数法 (127)
三、扩展DDA数据采样插补 (129)
四、其它插补方法简介 (133)

第四章 计算机数字控制装置 (141)

§4.1 概述 (141)
一、计算机数控系统的组成 (141)
二、CNC装置的结构 (141)
三、CNC装置是怎样工作的 (142)
四、CNC装置的功能 (144)
五、CNC装置的特点 (147)

§4.2 计算机数控装置的硬件结构 (147)
一、单微处理机数控装置的结构 (148)
二、多微处理机数控装置的结构 (160)
三、点位直线控制的数控装置的结构 (166)

§4.3 计算机数控装置的软件结构 (168)
一、CNC装置软件结构的特点 (168)
二、输入和数据处理程序 (173)
三、进给速度的计算和加减速控制 (181)
四、插补程序 (191)
五、位置控制软件 (192)

六、故障诊断 ··· (192)
§4.4 数控机床用可编程序控制器 ··· (194)
　一、概述 ··· (194)
　二、PC 的结构和编程方法 ··· (195)
　三、PC 的工作过程及其特点 ·· (199)
　四、数控机床中的 PC 功能 ··· (202)
　五、典型 PC 的指令和程序编制 ··· (203)
§4.5 CNC 装置数据输入输出和通讯功能 ································ (215)
　一、与 CNC 装置进行数据传送和通讯的设备和接口 ················ (215)
　二、异步串行通讯接口 ·· (216)
　三、网络通讯接口 ··· (217)

第五章 位置检测装置 ··· (220)
§5.1 概述 ··· (220)
　一、对检测装置的要求 ·· (220)
　二、检测装置的分类 ··· (220)
§5.2 旋转变压器 ·· (221)
　一、旋转变压器的结构和工作原理 ······································· (221)
　二、旋转变压器的应用 ·· (222)
§5.3 感应同步器 ·· (224)
　一、感应同步器的结构和工作原理 ······································· (224)
　二、感应同步器的应用 ·· (226)
　三、感应同步器检测装置的优点 ·· (227)
§5.4 脉冲编码器 ·· (228)
　一、脉冲编码器的分类与结构 ··· (228)
　二、光电脉冲编码器的工作原理 ·· (229)
　三、光电脉冲编码器的应用 ·· (229)
§5.5 绝对值编码器 ··· (232)
　一、绝对值编码器的种类和工作原理 ···································· (232)
　二、混合式绝对值编码器 ·· (233)
§5.6 光栅 ·· (233)
　一、光栅的结构 ·· (233)
　二、工作原理 ··· (234)
　三、光栅位移-数字变换电路 ·· (235)
§5.7 磁栅(磁尺) ·· (237)
　一、磁栅的结构和工作原理 ·· (237)
　二、磁栅的检测电路 ··· (238)

· 3 ·

第六章 数控机床的伺服系统 (240)

§6.1 概述 (240)
一、伺服系统的组成 (240)
二、对伺服系统的基本要求 (240)
三、伺服系统的分类 (242)

§6.2 速度控制 (245)
一、进给运动的速度控制 (246)
二、主轴驱动的速度控制 (266)

§6.3 位置控制 (274)
一、开环控制系统 (274)
二、相位伺服系统 (279)
三、幅值伺服系统 (285)
四、数字、脉冲比较伺服系统 (293)
五、数字伺服系统的概述 (296)

附录一 准备功能 G 代码及其意义 (297)

附录二 辅助功能 M 代码及其意义 (301)

参考文献 (305)

第一章 概 论

§1.1 机床数字控制的基本概念

一、什么是机床的数字控制技术

数字控制(numerical control)是近代发展起来的一种自动控制技术,是用数字化的信息实现机床控制的一种方法。数字控制机床(Numerically Controlled Machine Tool)是采用了数字控制技术的机床,简称数控(NC)机床。数控机床是一种装有数控系统的机床,该系统能逻辑地处理具有使用号码,或者其它符号编码指令规定的程序。数控系统是一种控制系统,它能自动完成信息的输入、译码、运算,从而控制机床的运动和加工过程。

数控机床是近代发展起来的具有广阔发展前景的新型自动化机床,是高度机电一体化的产品。

二、机床数字控制的原理

数控机床的加工,首先要将被加工零件图上的几何信息和工艺信息数字化,按规定的代码和格式编成加工程序。信息数字化就是把刀具与工件的运动坐标分割成一些最小单位量,即最小位移量。数控系统按照程序的要求,经过信息处理、分配,使坐标移动若干个最小位移量,实现刀具与工件的相对运动,完成零件的加工。

在钻削、镗削或攻丝等孔加工中(见图1.1.1(a)),是使刀具在一定时间内,刀具中心从 P 点移动到 Q 点,即刀具在 x 坐标、y 坐标移动规定量的最小单位量,它们的合成量为 P 点和 Q 点间的距离。但是,刀具轨迹没有严格控制,可以先使刀具在 x 坐标上由 P 点向 R 点移动,然后再使刀具沿 y 坐标从 R 点移动到 Q 点。也可以两个坐标以相同的速度,使刀具移动到 K 点。这时,y 坐标值达到规定的位移量,然后刀具沿 x 坐标方向由 K 点移动到 Q 点。这样的控制称为点到点的控制(point to point control),其特点是严格控制用最小位移量表示的二点间的距离。

在轮廓加工中,如图1.1.1.(b)所示的任意曲线 L,要求刀具 T 沿曲线轨迹运动,进行切削加工。

可以将曲线 L 分割为:l_0、l_1、l_2、$\cdots$、l_i 等线段。用直线(或圆弧)代替(逼近)这些线段,当逼近误差 δ 相当小时,这些折线段之和就接近了曲线。数控系统通过最小单位量的单位运动合成,不断地连续地控制刀具运动。不偏离地走出直线(或圆弧),从而非常逼真地加工出曲线轮廓。这种在允许误差范围内,用沿曲线(精确地说,是沿逼近函数)的最小单位移动量合成的分段运动代替任意曲线运动,以得出所需要的运动,是数

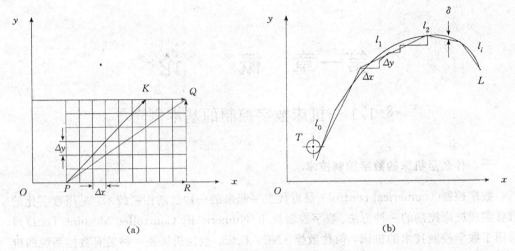

图1.1.1 用单位运动来合成任意运动

控的基本构思之一。上述的这种控制方法称为轮廓控制或连续轨迹控制（Contouring 或 Continous Path Control）。轮廓控制的特点是不但对坐标的移动量进行控制，对各坐标的速度及它们之间的比率也进行控制。

在进行曲线加工时，可以用给定的数学函数来模拟曲线上分割出的线段 l_i。根据给定的已知函数，如直线、圆弧或高次曲线，在被加工轨迹或轮廓上的已知点之间，进行数据点的密化，确定一些中间点的方法，称为插补（Interpolation）。用直线来模拟被加工零件轮廓曲线称为直线插补；用圆弧来模拟被加工零件轮廓曲线称为圆弧插补；用其它二次曲线或高次函数模拟被加工轨迹轮廓称为二次曲线插补（如抛物线插补）或高次函数插补（如螺旋线插补）等。这些插补的算法，称为插补运算。

机床的数字控制是由数控系统完成的。数控系统包括数控装置、伺服驱动装置、可编程控制器和检测装置。数控装置是用于机床数字控制的特殊用途的电子计算机，它能接收零件图纸加工要求的信息，进行插补运算，实时地向各坐标轴发出速度控制指令及切削用量。伺服驱动装置能快速响应数控装置发出的指令带动机床各坐标轴运动，同时能提供足够的功率和扭矩。伺服驱动装置按其工作原理可分为两种控制方式：关断控制和调节控制。关断控制是将指令值与实测值在关断电路的比较器中进行比较，相等后发出信号，控制结束。这种方式用于点位控制。调节控制是数控装置发出运动的指令信号，伺服驱动装置快速响应跟踪指令信号。检测装置将位移的实际值检测出来，反馈给数控装置中调节电路比较器，有差值就发出信号，不断比较指令值与反馈的实测值，不断地发出信号，直到差值为零，运动结束。这种方式用于连续轨迹控制。

可编程控制器用于开关量控制，如主轴的启停、刀具更换和冷却液开关等信号。检测装置用在调节控制中，检测运动的实际值，并反馈给数控装置，从而实现差值控制。从理论上讲，它的检测精度决定了数控机床的加工精度。

三、数控机床及加工特点

近代，大工业生产大量采用了刚性自动化。在汽车工业、拖拉机以及轻工业消费品生产方面，采用了大量的组合机床自动线、流水线；在标准件生产中采用了凸轮控制的专用机床和自动机床。这类机床适合于大批量生产，但是建立制造过程很难，所以更换产品，修改工艺要较长的时间和比较多的费用。

由于产品多样化和产品更新，解决单件，小批量生产自动化迫在眉睫。航空、宇航、造船、电子等工业对解决复杂型零件加工和高精度零件加工要求越来越高。这就使刚性自动化不能满足要求，柔性加工和柔性自动化也就迅速发展起来。

数控机床是新型的自动化机床，它具有广泛通用性和很高的自动化程度。数控机床是实现柔性自动化最重要的装置，是发展柔性生产的基础。数控机床在下面一些零件的加工中，更能显示出它的优越性。它们是：①批量小而又多次生产的零件；②几何形状复杂的零件；③在加工过程中必须进行多种加工的零件；④切削余量大的零件；⑤必须控制公差（即公差带范围小）的零件；⑥工艺设计会变化的零件；⑦加工过程中的错误会造成严重浪费的贵重零件；⑧需全部检测的零件，等等。

数控机床的优点：

1. 提高生产率。数控机床能缩短生产准备时间，增加切削加工时间的比率。采用最佳切削参数和最佳走刀路线能缩短加工时间，从而提高生产率。

2. 稳定产品质量。采用数控机床可以提高零件的加工精度，稳定产品质量。它是按照程序自动加工不需要人工干预，而且加工精度还可以利用软件进行校正及补偿，因此，可以获得比机床本身精度还要高的加工精度及重复精度。

3. 有广泛的适应性和较大的灵活性。通过改变程序，就可以加工新品种的零件。能够完成很多普通机床难以完成，或者根本不能加工的复杂型面的零件的加工。

4. 可以实现一机多用。一些数控机床，例如加工中心，可以自动换刀。一次装卡后，几乎能完成零件的全部加工部位的加工，节省了设备和厂房面积。

5. 提高经济效益。可以进行精确的成本计算和生产进度安排，减少在制品，加速资金周转，提高经济效益。

6. 不需要专用夹具。采用普通的通用夹具就能满足数控加工的要求，节省了专用夹具设计制造和存放的费用。

7. 大大地减轻了工人的劳动强度。

数控机床是具有广泛的通用性而又有很高自动化程度的全新型机床。它的控制系统不仅能控制机床各种动作的先后顺序，还能控制机床运动部件的运动速度，以及刀具相对工件的运动轨迹。数控机床是计算机辅助设计与制造（CAD/CAM），群控（DNC），柔性制造系统（FMS），计算机集成制造系统（CIMS）等柔性加工和柔性制造系统的基础。

但是，数控机床的初投资及维修技术等费用较高，要求管理及操作人员的素质也较高。合理地选择及使用数控机床，可以降低企业的生产成本，提高经济效益和竞争能力。

§1.2 数控机床的组成及分类

一、数控机床的组成

数控机床一般由控制介质、数控装置、伺服系统、测量反馈装置和机床主机组成(见图1.2.1)。现将各组成部分简介如下:

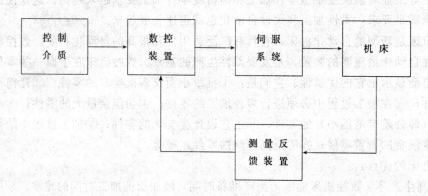

图1.2.1 数控机床的组成

1. 控制介质

控制介质是存贮数控加工所需要的全部动作和刀具相对于工件位置信息的媒介物,它记载着零件的加工程序。数控机床中,常用的控制介质有穿孔带(也称数控带)、穿孔卡片、磁带和磁盘等。早期时,使用的是8单位(8孔)穿孔纸带,并规定了标准信息代码ISO(国际标准化组织制定)和EIA(美国电子工业协会制定)两种代码。尽管穿孔纸带趋于淘汰,但是规定的标准信息代码仍然是数控程序编制、制备控制介质唯一遵守的标准。

2. 数控装置

数控装置是数控机床的核心。现代数控机床都采用计算机数控装置,即CNC(computerized numerical control)装置。它包括微型计算机的电路、各种接口电路、CRT显示器、键盘等硬件以及相应的软件。数控装置能完成信息的输入、存储、变换、插补运算以及实现各种控制功能。它具备的主要功能如下:

(1) 多坐标控制(多轴联动)。

(2) 实现多种函数的插补(直线、圆弧、抛物线等)。

(3) 多种程序输入功能(人机对话、手动数据输入、由上级计算机及其它计算机输入设备的程序输入),以及编辑和修改功能。

(4) 信息转换功能:EIA/ISO代码转换,英制/公制转换,坐标转换,绝对值/增量值转换,计数制转换等。

(5) 补偿功能:刀具半径补偿,刀具长度补偿,传动间隙补偿,螺距误差补偿等。

(6) 多种加工方式选择。可以实现各种加工循环,重复加工,凹凸模加工和镜像加工等。

(7) 具有故障自诊断功能。

(8) 显示功能。用CRT可以显示字符、轨迹、平面图形和动态三维图形。

(9) 通讯和联网功能。

3. 伺服系统

伺服系统是接收数控装置的指令，驱动机床执行机构运动的驱动部件。包括主轴驱动单元（主要是速度控制）、进给驱动单元（主要有速度控制和位置控制）、主轴电机和进给电机等。一般来说，数控机床的伺服驱动系统，要求有好的快速响应性能，以及能灵敏而准确地跟踪指令功能。现在常用的是直流伺服系统和交流伺服系统，而交流伺服系统正在取代直流伺服系统。

4. 测量反馈装置

该装置可以包括在伺服系统中，它由检测元件和相应的电路组成，其作用是检测速度和位移，并将信息反馈回来，构成闭环控制。没有测量反馈装置的系统称为开环系统。常用的测量元件有脉冲编码器、旋转变压器、感应同步器、光栅和磁尺等。

5. 机床主机

主机是数控机床的主体，包括床身、主轴、进给机构等机械部件。数控机床的主机结构有下面几个特点：

(1) 由于采用了高性能的主轴及进给伺服驱动装置，数控机床的机械传动结构得到了简化，传动链较短。

(2) 数控机床的机械结构具有较高的动态特性、动态刚度、阻尼精度、耐磨性以及抗热变形性能。适应连续地自动化加工。

(3) 较多地采用高效传动件，如滚珠丝杠副直线滚动导轨等。

为了保证数控机床功能的充分发挥，还有一些配套部件（如冷却、排屑、防护、润滑、照明、储运等一系列装置）和辅属设备（程编机和对刀仪等）。

二、数控机床的分类

目前，数控机床品种齐全，规格繁多。为了研究数控机床，可以从不同的角度和按照多种原则来进行分类。

(一) 按控制系统的特点分类

1. 点位控制数控机床　这类数控机床的数控装置只要求精确地控制一个坐标点到另一个坐标点的定位精度，而不管从一点到另一点是按照什么轨迹运动。在移动过程中不进行任何加工。为了精确定位和提高生产率，首先系统高速运行，然后进行1～3级减速，使之慢速趋近定位点，减小定位误差。这类数控机床主要有数控钻床、数控坐标镗床、数控冲床和数控测量机等。

2. 直线控制数控机床　这类数控机床不仅要求具有准确的定位功能，而且要求从一点到另一点之间按直线运动进行切削加工。其路线一般是由和各轴线平行的直线段组成（也包括45度的斜线）。运动时的速度是可以控制的，对于不同的刀具和工件，可以选择不同的切削用量。这一类数控机床包括：数控车床、数控镗铣床、加工中心等。一一般情况下,这些机床有二个到三个可控轴,但同时控制轴只有一个。

3. 轮廓控制的数控机床　　这类数控机床的数控装置能同时控制两个或两个以上坐标轴,具有插补功能。对位移和速度进行严格的不间断的控制。具有轮廓控制功能,即可以加工曲线或者曲面零件。轮廓控制数控机床有二坐标及二坐标以上的数控铣床,可加工曲面的数控车床、加工中心等。现代数控机床绝大部分都具有两坐标或两坐标以上联动的功能。

按照联动(同时控制)轴数分,可以分为2轴联动、2.5轴联动、3轴联动、4轴联动、5轴联动等数控机床。2.5轴联动是三个主要控制轴(x,y,z)中,任意两个轴联动,另一个是点位或直线控制。

(二)按伺服系统的类型分类

1. 开环控制数控机床　　这类数控机床没有检测反馈装置,数控装置发出的指令信号的流程是单向的,其精度主要决定于驱动元器件和电机(如步进电机)的性能。这类机床比较稳定,调试方便,适用经济型、中小型机床。

2. 闭环控制数控机床　　这类机床数控装置中插补器发出的指令信号与工作台端测得的实际位置反馈信号进行比较,根据其差值不断控制运动,进行误差修正,直至差值消除时为止。采用闭环控制的数控机床(见图1.2.2,虚线部分是闭环控制的反馈信号路线)可以消除由于传动部件制造中存在的精度误差给工件加工带来的影响,从而得到很高的精度。但是,由于很多机械传动环节包括在闭环控制的环路内,各部件的摩擦特性、刚性以及间隙等都是非线性量,直接影响伺服系统的调节参数。因此,闭环系统的设计和调整都有较大的难度,设计和调整得不好,很容易造成系统的不稳定。

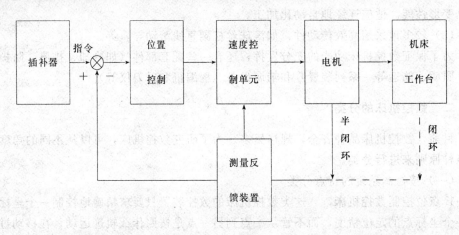

图1.2.2　闭环和半闭环

所以,闭环控制数控机床主要用于一些精度要求很高的镗铣床、超精车床、超精磨床等。

3. 半闭环控制数控机床　　大多数数控机床采用半闭环控制系统,它的检测元件装在电机或丝杠的端头。图1.2.2中,实线部分为半闭环反馈信号路线。这种系统的闭环环路内不包括机械传动环节,因此可以获得稳定的控制特性。由于采用高分辨率的测量元件（如脉冲编码器），又可以获得比较满意的精度与速度。

（三）按工艺用途分类

1. 金属切削类数控机床　　这类机床和传统的通用机床品种一样，有数控车床、数控铣床、数控钻床、数控磨床、数控镗床以及加工中心机床等。数控加工中心机床是带有自动换刀装置，在一次装卡后，可以进行多种工序加工的数控机床。

2. 金属成型类数控机床　　如数控折弯机、数控弯管机、数控回转头压力机等。

3. 数控特种加工及其它类型数控机床　　如数控线切割机床、数控电火花加工机床、数控激光切割机床、数控火焰切割机、数控三坐标测量机等。

（四）按照功能水平分类　　可以把数控机床分为高、中、低挡（经济型）三类。该种分法没有一个确切的定义。但可以给人们一个清晰的一般水平概念。数控机床水平的高低由主要技术参数、功能指标和关键部件的功能水平来决定。下述几个方面可作为评价数控机床档次的参考条件。

1. 分辨率和进给速度　　分辨率为 10μm，进给速度为 8～15m/min 为低档；分辨率为 1μm，进给速度为 15～24m/min 为中档；分辨率为 0.1μm，进给速度为 15～100m/min 为高档。

2. 多坐标联动功能　　低档数控机床最多联动轴数为 2～3 轴，中、高档则为 3～5 轴以上。

3. 显示功能　　低档数控一般只有简单的数码管显示或简单的 CRT 字符显示 (Cathode Ray Tube 阴极射线管)。中档数控有较齐全的 CRT 显示，不仅有字符，而且还有图形，人机对话、自诊断等功能。高档数控还有三维动态图形显示。

4. 通讯功能　　低档数控无通讯功能。中档数控有 RS232 或 DNC (dirct numerical control 直接数控，也称群控）接口。高档数控有 MAP (manufacturing automatiom protocal 制造自动化协议）等高性能通讯接口，具有联网功能。

5. 主 CPU(central processing unit 中央处理单元)　　低档数控一般采用 8 位 CPU，中、高档数控已经由 16 位 CPU 发展到 32 位、64 位 CPU，并用具有精简指令集的 RISC 中央处理单元。

此外，进给伺服水平以及 PC (programable controller 可编程控制器）功能也是衡量数控档次的标准。

经济型数控是相对于标准数控而言，在不同时期、不同国家含义是不一样的。根据实际机床的使用要求，合理地简化系统，降低成本。区别于经济型数控，把功能比较齐全的数控系统称为全功能数控，或称为标准型数控。

§1.3　机床数控技术的发展

一、数字控制技术与数控机床的产生和发展

随着微电子技术、自动信息处理、数据处理以及电子计算机的发展，给自动化技术带来了新的概念，推动了机械制造自动化的发展。

采用数字控制技术进行机械加工的思想,最早是在40年代初提出的。当时,美国北密执安的一个小型飞机工业承包商帕尔森兹公司(Parsons Corporation)在制造飞机框架及直升飞机叶片轮廓用样板时,利用全数字电子计算机对轮廓路径进行数据处理,并考虑了刀具直径对加工路径的影响,使得加工精度达到较高的程度。

1952年,美国麻省理工学院成功地研制出一套三坐标联动,利用脉冲乘法器原理的试验性数字控制系统,并把它装在一台立式铣床上,当时用的电子元器件是电子管,这就是第一代,世界上第一台数控机床。

1959年,计算机行业研制出晶体管元器件,因而数控系统中广泛采用晶体管和印刷电路板,从而跨入第二代。1959年3月,由克耐·杜列克公司(Keaney&Trecker corp)发明了带有自动换刀装置的数控机床,称为"加工中心"。

从1960年开始,其它一些工业国家,如德国、日本都陆续开发、生产及使用了数控机床。

1965年,出现了小规模集成电路。由于它的体积小,功耗低,使数控系统的可靠性得以进一步提高,数控系统发展到第三代。

以上三代,都是采用专用控制计算机的硬逻辑数控系统,装有这类数控系统的机床为普通数控机床(简称NC机床)。

1967年,英国首先把几台数控机床联接成具有柔性的加工系统,这就是最初的FMS(Flexible Manufacturing System 柔性制造系统)。之后美、欧、日也相继进行开发和应用。

随着计算机技术的发展,小型计算机的价格急剧下降。小型计算机开始取代专用数控计算机,数控的许多功能由软件程序实现。这样组成的数控系统称为计算机数控系统(CNC)。1970年,在美国芝加哥国际机床展览会上,首次展出了这种系统,称为第四代系统。

1970年前后,美国英特尔公司开发和使用了微处理器。1974年,美、日等国首先研制出以微处理器为核心的数控系统,近20年来,微处理机数控系统的数控机床得到飞速发展和广泛的应用,这就是第五代数控(MNC)。

80年代初,国际上又出现了柔性制造单元FMC(Flexible Manufacturing Cell)。

FMC和FMS被认为是实现CIMS(Computer Integrated Manufacfuring System 计算机集成制造系统)的必经阶段和基础。

二、我国数控机床发展情况

我国从1958年开始研究数控技术,一直到60年代中期处于研制、开发时期。当时,一些高等院校、科研单位研制出试验性样机,开始也是从电子管着手的。

1965年,国内开始研制晶体管数控系统。60年代末至70年代初研制成了劈锥数控铣床、数控非圆齿轮插齿机、CJK-18晶体管数控系统及X53K-1G立式数控铣床。

从70年代开始,数控技术在车、铣、钻、镗、磨、齿轮加工、电加工等领域全面展开,数控加工中心在上海、北京研制成功。但由于电子元器件的质量和制造工艺水平差,致使数控系统的可靠性、稳定性未得到解决,因此未能广泛推广。在这一时期,数控线切割机床由于结构简单、使用方便、价格低廉,在模具加工中得到了推广。

80年代，我国从日本发那科（FANUC）公司引进了5，7，3等系列的数控系统和直流伺服电机，直流主轴电机技术，以及从美国、德国等国引进了一些新技术。并进行了商品化生产，这些系统可靠性高，功能齐全。推动了我国数控机床稳定的发展，使我国的数控机床在性能和质量上产生了一个质的飞跃。

1985年，我国数控机床的品种有了新的发展。数控机床品种不断增多，规格齐全。许多技术复杂的大型数控机床、重型数控机床都相继研制出来。为了跟踪国外技术的发展，北京机床研究所研制出了JCS-FM-1、2型的柔性制造单元和柔性制造系统。这个时期，我国在引进、消化国外技术的基础上，进行了大量开发工作。一些较高档次的数控系统（五轴联动）、分辨率为$0.02\mu m$的高精度数控系统、数字仿型数控系统，为柔性单元配套的数控系统都开发出来了，并造出样机。

现在，我国已经建立了以中、低档数控机床为主的产业体系。90年代将向高档数控机床发展。

三、数控技术的发展水平和趋势

随着科学技术的发展，制造技术的进步，以及社会对产品质量和品种多样化的要求越来越加强烈。中、小批量生产的比重明显增加，要求现代数控机床成为一种高效率、高质量、高柔性和低成本的新一代制造设备。同时，为了满足制造业向更高层次发展，为柔性制造单元（FMC），柔性制造系统（FMS），以及计算机集成制造系统（CIMS）提供基础设备，也要求数控机床向更高水平发展。这些要求主要由数字控制技术的发展来实现。数控技术体现在数控装置、伺服驱动系统、程序编制、机床主机和检测监控系统等方面。

（一）数控装置

推动数控技术发展的关键因素是数控装置。由于微电子技术的发展，当今占绝对优势的微型计算机数控系统发展非常快，其技术发展概况如下：

1. 数控装置的微处理器已经由8位CPU过渡到16位和32位CPU，频率由原来的5MHz，提高到16MHz，20MHz和32MHz，并且开始采用精简指令集运算芯片RISC作为主CPU，进一步提高了运算速度。采用大规模和超大规模集成电路和多个微处理器，使结构模块化、标准化和通用化，使其数控功能根据用户需要进行任意组合和扩展。

2. 具有强功能的内装式机床可编程控制器，用梯形图语言，C语言或Pascal语言进行编程。在CNC和PC之间有高速窗口，它们有机地结合起来。除能完成开关量的逻辑控制外，还有监控功能和轴控制功能等。

3. 配备多种遥接接口和智能接口。系统除配有RS232C串行接口，光纤维和20mA电流回路等外，还有DNC接口。可以实现几台数控机床之间的数据通讯，也可以直接对几台数控机床进行控制。

现代数控机床，为了适应自动化技术的进一步发展，适应工厂自动化规模越来越大的要求，纷纷采用MAP等高级工业控制网络，实现不同厂家和不同类型机床的联网要求。

4. 具有很好的操作性能。系统具有"友好"的人机界面，普遍采用薄膜软按钮的操作面板，减少指示灯和按钮数量，使操作一目了然。大量采用菜单选择操作方法，使操作越来越方便。CRT显示技术大大提高，彩色图像显示已很普遍。不仅能显示字符、平面图形，还能显示三维动态立体图形。

5. 数控系统的可靠性大大提高。大量采用高集成度的芯片、专用芯片及混合式集成电路，提高了硬件质量，减少了元器件数量。这样降低了功耗，提高了可靠性。新型大规模集成电路，采用了表面安装技术（SMT），实现了三维高密度安装工艺。元器件经过严格筛选，建立由设计、试制到生产的一整套质量保证体系，使得数控装置的平均无故障时间 MTBF＝10 000～36 000 小时。

（二）伺服驱动系统

伺服系统是数控机床的重要组成部分。与数控装置相配合，伺服系统的静态和动态特性直接影响机床的定位精度、加工精度和位移速度。现在，直流伺服系统被交流数字伺服系统代替。伺服电机的位置、速度及电流环都实现了数字化。并采用了新的控制理论，实现了不受机械负荷变动影响的高速响应系统。其发展的技术如下：

1. 前馈控制技术。过去的伺服系统，是把检测器信号与位置指令的差值乘以位置环增益作为速度指令。这种控制方式总是存在着追踪滞后误差，这使得在拐角加工及圆弧加工时精度恶化。所谓前馈控制就是在原来的控制系统上加上速度指令的控制，这样使追踪滞后误差大大减小。

2. 机械静止摩擦的非线性控制技术。对于一些具有较大静止摩擦的数控机床，新型的数字伺服系统具有补偿机床驱动系统静摩擦的非线性控制功能。

3. 伺服系统的位置环和速度环，均采用软件控制。为适应不同类型的机床，不同精度和不同速度的要求，预先调整加、减速性能。

4. 采用高分辨率的位置检测装置。如高分辨率的脉冲编码器，内有微处理器组成的细分电路，使得分辨率大大提高。增量位置检测为 10 000P/r；绝对位置检测为 1 000 000 P/r。

5. 补偿技术得到发展和广泛应用。现代数控机床利用 CNC 数控系统的补偿功能，对伺服系统进行了多种补偿，有轴向运动误差补偿、丝杠螺距误差补偿、齿轮间隙补偿、热补偿和空间误差补偿。

（三）程序编制

数控机床的零件程序编制是实现数控加工的主要环节。编程技术的发展有以下几方面的特点：

1. 脱机编程发展到在线编程。传统的编程是脱机进行的。由手工、电子计算机以及专用编程机来完成，然后再输入给数控装置。现代的 CNC 装置有很强的存储和运算能力，把很多自动编程机具有的功能，植入到数控装置里，使零件的程序编制工作可以在数控系统上在线进行，实现了人机对话。在手工操作键和彩色显示器配合下，实现程序输入、编辑、修改、删除。数控系统具有了前台操作、后台编辑的前后台功能。

2. 具有机械加工技术中的特殊工艺方法和组合工艺方法的程序编制功能。除了具有圆切削、固定循环和图形循环外，还有宏程序设计功能、会话式自动编程、蓝图编程和实物编程功能。

3. 编程系统由只能处理几何信息发展到几何信息和工艺信息同时处理新阶段。新型的 CNC 数控系统中装入了小型工艺数据库，使得在线程序编制过程中，可以自动选择最佳刀具和切削用量。

（四）机床主机

数控机床机械结构适应数控技术的发展，采用机电一体化的总体布局。为提高生产率，一般都采用自动换刀装置，自动更换工件机构、"数控夹盘"和"数控夹具"等。为了提高数控机床的动态性能，伺服系统和机床主机进行了很好的机电匹配。同时，主机进行了优化设计。

（五）数控机床的检测和监督

数控机床加工过程中进行检测与监控越来越普遍，装有各种类型的监控、检测装置。例如红外、声发射（AE）、激光检测装置，对刀具和工件进行监测。发现工件超差、刀具磨损、破损，都能及时报警，并给予补偿，或对刀具进行调换，保证了产品质量。

现代的数控机床都具有很好的故障自诊断功能及保护功能。软件限位和自动返回功能避免了加工过程中出现的特殊情况而造成工件报废和事故。

（六）适应控制（Adaptive control）

数控机床增加更完善的适应控制功能是数控技术发展的一个重要方向。适应控制机床是一种能随着加工过程中切削条件的变化，自动地调整切削用量，实现加工过程最佳化的自动控制机床。数控机床的适应控制功能由检测单一或少数参数（如功率、扭矩或力等）进行调整的"约束适应控制"（Adaptive Control Constraint，简称 ACC），发展到检测调控多参数的"最佳适应控制"（Adaptive Control Optimization，简称 ACO）和"学习适应控制"（Trainable Adaptive Control，简称 TAC）。

第二章 数控机床的程序编制

§2.1 概 述

一、程序编制的内容和步骤

数控机床是按照事先编制好的加工程序自动地对工件进行加工的高效自动化设备。在数控机床上加工零件时,要把加工零件的全部工艺过程、工艺参数和位移数据,以信息的形式记录在控制介质上,用控制介质上的信息来控制机床,实现零件的全部加工过程。这里,我们把从零件图纸到获得数控机床所需控制介质的全部过程,称为程序编制。

程序编制是数控加工的一项重要工作,理想的加工程序不仅应保证加工出符合图纸要求的合格工件,同时应能使数控机床的功能得到合理的应用与充分的发挥,以使数控机床安全可靠及高效地工作。

数控机床程序编制的内容主要包括:分析零件图纸、工艺处理、数学处理、编写程序单、制备控制介质及程序校验。其具体步骤与要求如下:

1. 分析零件图纸

首先要分析零件图纸。根据零件的材料、形状、尺寸、精度、毛坯形状和热处理要求等确定加工方案,选择合适的数控机床。

2. 工艺处理

工艺处理涉及问题较多,需要考虑如下几点:

(1) 确定加工方案 此时应按照能充分发挥数控机床功能的原则,使用合适的数控机床,确定合理的加工方法。

(2) 刀具工夹具的设计和选择 数控加工用刀具由加工方法、切削用量及其它与加工有关的因素来确定。数控机床具有刀具补偿功能和自动换刀功能。

数控加工一般不需要专用的复杂的夹具。在设计和选择夹具时,应特别注意要迅速完成工件的定位和夹紧过程,以减少辅助时间。使用组合夹具,生产准备周期短,夹具零件可以反复使用,经济效益好。此外,所用夹具应便于安装,便于协调工件和机床坐标系的尺寸关系。

(3) 选择对刀点 程序编制时正确地选择对刀点是很重要的。"对刀点"是程序执行的起点,也称"程序原点"。对刀点的选择原则是:所选对刀点,应使程序编制简单;对刀点应选在容易找正、并在加工过程中便于检查的位置;引起的加工误差小。

对刀点可以设置在被加工零件上,也可以设置在夹具或机床上。为了提高零件的加工精度,对刀点应尽量设置在零件的设计基准或工艺基准上。

(4) 确定加工路线 加工路线的选择主要应该考虑：尽量缩短走刀路线，减少空走刀行程，提高生产率；保证加工零件的精度和表面粗糙度的要求；有利于简化数值计算，减少程序段的数目和编程工作量。

(5) 确定切削用量 切削用量即切削深度和宽度，主轴转速及进给速度等。切削用量的具体数值应根据数控机床使用说明书的规定，被加工工件材料，加工工序以及其它工艺要求，并结合实际经验来确定。

3. 数学处理

在工艺处理工作完成后，根据零件的几何尺寸，加工路线，计算数控机床所需的输入数据。一般数控系统都具有直线插补、圆弧插补和刀具补偿功能。对于加工由直线和圆弧组成的较简单的平面零件，只需计算出零件轮廓的相邻几何元素的交点或切点（称为基点）的坐标值。对于较复杂的零件或零件的几何形状与数控系统的插补功能不一致时，就需要进行较复杂的数值计算。例如非圆曲线，需要用直线段或圆弧段来逼近，在满足精度的条件下，计算出相邻逼近直线或圆弧的交点或切点（称为节点）的坐标值。对于自由曲线、自由曲面和组合曲面的程序编制，其数学处理更为复杂，一般需计算机辅助计算。

4. 编写零件加工程序单

在完成工艺处理和数值计算工作后，可以编写零件加工程序单，编程人员根据所使用数控系统的指令、程序段格式，逐段编写零件加工程序。编程人员要了解数控机床的性能、程序指令代码以及数控机床加工零件的过程，才能编写出正确的加工程序。

5. 制备控制介质及程序检验

程序编好后，需制作控制介质。控制介质有穿孔纸带、穿孔卡、磁带、软磁盘和硬磁盘等。早期为穿孔纸带，现在已被磁盘所代替。但是，规定的穿孔纸带代码标准没有变。

编写好的程序，制备完成的控制介质需要经过检测后，才用于正式加工。一般采用空走刀检测、空运转画图检测、在显示屏上模拟加工过程的轨迹和图形显示检测，以及采用铝件、塑料或石腊等易切材料进行试切等方法检验程序。通过检验，特别是试切不仅可以确认程序的正确与否，还可知道加工精度是否符合要求。当发现不符合要求时，可修改程序或采取补偿措施。

二、程序编制的方法

程序编制的方法有两种：手工编程和自动编程。

（一）手工编程

用人工完成程序编制的全部工作（包括用通用计算机辅助进行数值计算）称为手工程序编制。

对于点位加工或几何形状较为简单的零件，数值计算较简单，程序段不多，用手工编程即可实现，比较经济。对于零件轮廓形状不是由直线、圆弧组成时，特别是空间曲面零件，以及虽然组成零件轮廓的几何元素不复杂，但程序量很大时，使用手工编程既繁琐又费时，而且容易出错。常会出现编程工作跟不上数控加工的情况。据统计采用手工编程一个零件的编程时间与数控机床加工时间之比，平均约为30：1。因此，为了缩短编程时间，提高数控机床的利用率，必须采用"自动程序编制"的方法。

(二) 自动编程

自动编程是用计算机代替手工进行数控机床的程序编制工作。如自动地进行数值计算、编写零件加工程序单，自动地输出打印加工程序单和制备控制介质等。

自动编程要有"数控语言"和"数控程序系统"，数控语言是一套规定好的基本符号和由这些符号构造输入计算机的"零件源程序"的规则。编程人员使用数控语言来描述零件图纸上的几何元素、工艺参数、切削加工时刀具和工件的相对运动轨迹和加工过程等形成"零件源程序"。当零件源程序输入计算机后，由存于计算机内的"数控程序系统"软件自动完成机床刀具运动轨迹的计算，加工程序的编制和控制介质的制备等工作。所编程序还可通过屏幕进行检查。有错误时可在计算机上进行编辑、修改、直至程序正确为止。自动编程减轻了编程人员的劳动强度、缩短编程时间、提高编程质量。同时解决了手工编程无法解决的许多复杂零件的编程难题。

按输入方式不同，自动编程除上面介绍的语言输入方式外，还有图形输入方式和语音输入方式。图形输入方式指用图形输入设备（如数字化仪）及图形菜单将零件图形信息直接输入计算机并在荧光屏幕上显示出来，再进一步处理，最终得到加工程序及控制介质。语音输入方式又称语音编程，它是采用语音识别器，将编程人员发出的编程指令声音转变为加工程序。

按程序编制系统与数控系统紧密程度不同，自动编程又可分为离线程序编制和在线程序编制。离线程序编制系统脱离数控系统单独进行编程工作。在线程序编制是指数控系统不仅可用于控制机床，还可用于自动编程。此外，有的数控装置具有人机会话型编程功能。

§2.2 手工程序编制

一、数控标准

(一) 国际标准和国家标准

在数控设备的研究与设计、开发与生产、使用与维修之间，在生产企业与用户之间，在管理与操作之间，都要求有统一的技术要求。随着数控技术的发展，逐渐形成了两种国际通用标准，即ISO（International Standardization Organization）国际标准化组织标准和EIA（Electronic Industries Association）美国电子工业协会标准。

数控机床包括机械、电工、电子等几大部分，涉及许多方面的国际标准。

国际标准化组织（ISO）和国际电工委员会（IEC——International Electrotechnical

Commission）是世界上最大的两个标准化组织，IEC主要负责电工和电子领域的标准，ISO负责非电方面的广泛领域的标准，这两个组织一直密切合作。在ISO和IEC下面分别设立技术委员会（TC——Technical Committee）。TC下面又设立分技术委员会进行具体的标准工作。

数控机床标准所对口的标准化机构如下：

（1）ISO/T＜98/SC8电子计算机及信息处理系统技术委员会，其中SC8为数控机械分技术委员会。

（2）ISO/TC184工业自动化信息处理系统技术委员会，其中SC1为机床数控系统分技术委员会。

（3）IEC/TC44工业机械电气设备技术委员会。

（4）IEC/TC65工业流程测量和控制技术委员会。

此外，还有一些国家的行业组织制定的标准，与数控机床的标准也有关系。

美国电子工业协会（Electronic Industries Association）制定的EIA代码使用较早，至今许多数控系统仍在采用，成为数控的国际通用标准之一。

电气与电子工程师学会（Institute of Electrical and Electronies Engineers）制定的IEEE通信网络标准，在柔性制造系统和计算机集成制造系统中也采用。

世界上某些先进工业国制定的国家标准，在有些场合，也可以参考。

我国数控机床的标准包括国家标准、行业标准、部颁标准，由国家技术监督局，过去称国家标准化局统一管理，并设立了若干专业标准化技术委员会。其作用是引进先进技术，参与国际标准的制订、修订工作，积极采用国际标准，制订我国的数控标准。

我国的国家标准，简称国标，代号为"GB"。部标准由部主管部门批准，称为部标。如机械部的部标准代号为"JB"。某些行业形成的行业标准，也由主管部门批准，称为行业标准。

我国制订的数控标准很多，并且在完善和发展中，如JB3208-83是《数字控制程序段格式中的准备功能G和辅助功能M代码》的标准。

（二）常用的数控标准

在数控技术的研究、设计工作中，在数控机床的使用和维护中，应用较多的数控标准有以下几方面：

（1）数控的名词术语。

（2）数控机床的坐标轴和运动方向。

（3）数控机床的编码字符（ISO代码和EIA代码）。

（4）数控编程的程序段格式。

（5）准备功能和辅助功能。

（6）进给功能、主轴功能和刀具功能。

此外，还有关于数控机床机械方面，关于数控系统方面的许多标准。

二、程序编制的标准规定和代码

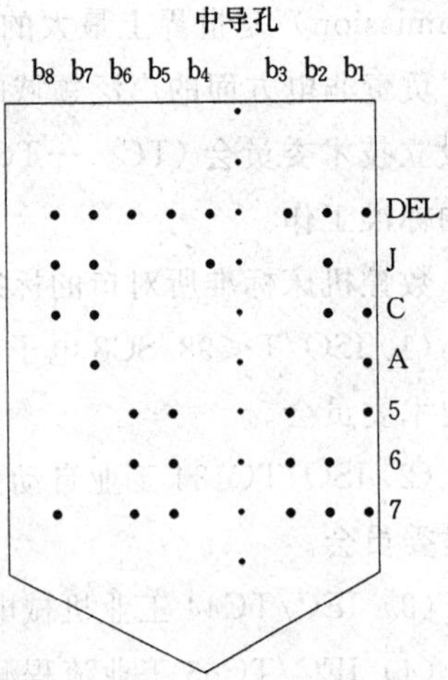

数控标准涉及面很多，下面仅就和编程方面有关的标准规定和代码作一介绍。

（一）ISO 和 EIA 代码

数控机床产生以来，穿孔纸带一直是主要输入介质之一。穿孔带上的信息必须使用规定的代码，且以一定的格式排列，数控装置读入后才能对它进行处理。现在使用的纸带为 1 英寸宽，一行共有 9 个孔，其中一个小孔称为"中导孔"或"同步孔"。其余 8 个大孔称为"信号孔"，用来记录数字、字母或符号信息。有孔表示二进制"1"，无孔表示二进制"0"，见图 2.2.1 所示。代码及其格式均已标准化。随着数控技术的发展，纸带的使用逐渐减少，直接用计算机编程。这时使用的代码与穿孔纸带上规定的代码相同，见表 2-1 和表 2-2。

图 2.2.1 穿孔带
1：有孔
0：无孔

表 2-1 ISO-840 代码

$b_4\ b_3\ b_2\ b_1$	b_7=0 b_6=0 b_5=0	b_7=0 b_6=0 b_5=1	b_7=0 b_6=1 b_5=0	b_7=0 b_6=1 b_5=1	b_7=1 b_6=0 b_5=0	b_7=1 b_6=0 b_5=1	b_7=1 b_6=1 b_5=0	b_7=1 b_6=1 b_5=1
0 0 0 0	NUL		SP	0		P		
0 0 0 1				1	A	Q		
0 0 1 0				2	B	R		
0 0 1 1				3	C	S		
0 1 0 0				4	D	T		
0 1 0 1			%	5	E	U		
0 1 1 0				6	F	V		
0 1 1 1				7	G	W		
1 0 0 0	BS	EM	(	8	H	X		
1 0 0 1	HT		)	9	I	Y		
1 0 1 0	LF or NL		*	:	J	Z		
1 0 1 1			+	;	K			
1 1 0 0			,		L			
1 1 0 1	CR		-	=	M			
1 1 1 0			.		N			
1 1 1 1			/		O			DEL

表 2-2 EIA RS-244A 代码

b_8 b_7 b_6	0 0 0	0 0 1	0 1 0	0 1 1	1 0 0
$b_4\ b_3\ b_2\ b_1$					
0 0 0 0	SP	0	—	+	CR or EOB
0 0 0 1	1	/	j	a	
0 0 1 0	2	S	k	b	
0 0 1 1	3	T	l	c	
0 1 0 0	4	U	m	d	
0 1 0 1	5	V	n	e	
0 1 1 0	6	W	o	f	
0 1 1 1	7	X	p	g	
1 0 0 0	8	Y	q	h	
1 0 0 1	9	Z	r	i	
1 0 1 0		BS	%	LC	
1 0 1 1	EOR	,			
1 1 0 0				UC	
1 1 0 1					
1 1 1 0	&	TAB			
1 1 1 1				DEL	

1. ISO 代码

ISO 代码是国际标准化组织制定的数控国际标准代码,其特点是:数字、字母及符号在孔位上有区别。数字编码在第五列和第六列上有孔,字母编码在第七列上有孔,其它符号在五至七列没孔或在第六列上有孔。ISO 代码是 7 位补偶码,第八列是补偶位。ISO 代码中字母、数字和符号共 128 个,常用的代码列于表 2-1 中。其中功能字符的意义如下:

SP:space 空格

NUL:null 空白纸带

BS:back space 退格

HT:horizontal tabulation 分隔符号

LF:line feed 程序段结束

NL:new line 与 LF 同一组孔,也是程序段结束

CR:carriage return 打印机架返回、数控机床不用此代码

EM:end of medium 纸带终了

%:program start 程序开始

(:control out 控制暂停

):control in 控制恢复

/:optional block skip 跳过任选程序段

::alignment function 对准功能

DEL:delete 注销

必须注意:在左括号和右括号之间出现的字符,对数控装置不起作用,且其间不允

许出现":"和"%"。

2. EIA 代码

EIA 代码是美国电子工业学会制定的标准代码,如表 2-2 所示。由于它出现的早,现在在国际上还在使用。该代码为补奇码,b_5 列为补奇位。常用代码列于表 2-2 中,除与表 2-1 中相同的"功能字符"外,其它的"功能字符"意义为:

EOR:end of record 程序结束或倒带停止
TAB:tabulation 分隔符
LC:lower case 小写字体
UC:upper case 大写字体
EOB:end of block 程序段结束

3. EIA 和 ISO 代码的区别

(1) 字母方面:EIA 为小写字母,ISO 为大写字母。

(2) 程序段结束符不一样:EIA 中用 EOB(也可用 CR),ISO 中用 LF 或 NL。

(3) EIA 中有 EOR 代码,用于倒带停止,ISO 中用%。

(4) ISO 中有左括号和右括号,两者之间的文字对数控装置没有影响,其中可以插入注解。

(5) ISO 中有":"代码,这个字符表示穿孔带上特定的位置。读入时将穿孔带送到此位置为止,或者返回到此位置。重复使用某一段程序用":"代码甚为方便。

(6) ISO 中的"/"与 EIA 中的程序段取消具有同样功能。

此外,还需指出,美国信息交换标准码(ASCII 码)与 ISO 码相同。

(二)数控机床的坐标轴和运动方向

为了保证数控机床的运行、操作及程序编制的一致性,数控标准统一规定了机床坐标和运动方向。其原则是:

1. 标准的坐标系统,采用右手法则,直角笛卡儿坐标系统。基本坐标轴为 x,y,z 直角坐标系,相应每个坐标轴的旋转坐标分别为 A,B,C,如图 2.2.2 所示。

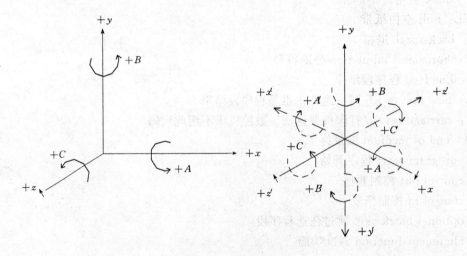

图 2.2.2

2. z 坐标为平行于机床主轴的坐标轴,如果机床有一系列主轴,则选尽可能垂直于工件装卡面的主要轴为 z 轴。z 轴的正方向,定义为从工件到刀具夹持的方向。

x 轴作为水平的、平行于工件装卡平面的轴,它平行于主要的切削方向,且以此为正向。y 轴的运动方向,根据 x 和 z 轴按右手法则确定。

旋转坐标轴 A,B 和 C 相应的在 x,y 和 z 坐标轴正方向上,按照右手螺旋前进的方向来确定。工件是固定的,而刀具移动时,坐标轴各 A、B 和 C 上不用标记"'"。但是当工件是移动的,而刀具固定时,坐标轴 A、B 和 C 上要标记"'"。

3. 附加直线轴和附加旋转轴,均有相应规定,见地址字符表(表 2-3)。

(三)程序段格式

数控机床程序由若干个"程序段"(block)组成,每个程序段由按照一定顺序和规定排列的"字"(word)组成。字是由表示地址的英文字母、特殊文字和数字集合而成。字表示某一功能的一组代码符号。如 X2500 为一个字,表示 X 向尺寸为 2500mm;F20 为一个字,表示进给速度为 20(具体值由规定的代码方法决定)。字是控制带或程序的信息单位。程序段格式是指一个程序段中各字的排列顺序及其表达形式。

程序段格式有许多种。如固定顺序程序段格式,有分隔符的固定顺序程序段格式,以及字地址程序段格式等。现在应用最广泛的是"可变程序段、文字地址程序段"格式(word address format)。下面一个程序段就是这种格式的例子。

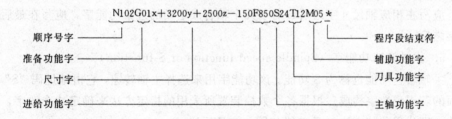

由这个例子可以看出,每一个程序段由顺序号字、准备功能字、尺寸字、进给功能字、主轴功能字、刀具功能字、辅助功能字和程序段结束符组成。此外,还有插补参数字。每个字都由字母开头,称为"地址"。ISO 标准规定的地址字符意义如表 2-3 所示。一个程序段中,各个字的意义如下:

表 2-3 地址字符表

字符	意　　义	字符	意　　义
A	关于 x 轴的角度尺寸	M	辅助功能
B	关于 y 轴的角度尺寸	N	顺序号
C	关于 z 轴的角度尺寸	O	不用,有的定为程序编号
D	第二刀具功能,也有定为偏置号	P	平行于 x 轴的第三尺寸,也有定为固定循环的参数
E	第二进给功能	Q	平行于 y 轴的第三尺寸,也有定为固定循环的参数
F	第一进给功能	R	平行于 z 轴的第三尺寸,也有定为固定循环的参数 圆弧的半径等
G	准备功能	S	主轴速度功能
H	暂不指定,有的定为偏置号	T	第一刀具功能
I	平行于 x 轴的插补参数或螺纹导程	U	平行于 x 轴的第二尺寸
J	平行于 y 轴的插补参数或螺纹导程	V	平行于 y 轴的第二尺寸
K	平行于 z 轴的插补参数或螺纹导程	W	平行于 z 轴的第二尺寸
L	不指定,有的定为固定循环返回次数,也有的定为子程序返回次数	X, Y, Z	基本尺寸

1. 程序段序号（Seguence number）

用来表示程序从起动开始操作的顺序，即程序段执行的顺序号。它用地址码"N"和后面的三位数字表示。数控装置读取某一程序段时，该程序段序号可在荧光屏上显示出来，以便操作者了解或检查程序执行情况，程序段序号还可用作程序段检索。

2. 准备功能字（Preparatory function or G-function）

准备功能是使数控装置作某种操作的功能，它紧跟在程序段序号的后面，用地址码"G"和两位数字来表示。G 功能的具体内容将在下面加以说明。

3. 尺寸字（Dimension word）

尺寸字是给定机床各坐标轴位移的方向和数据的，它由各坐标轴的地址代码、"十"、"一"符号和绝对值（或增量值）的数字构成。尺寸字安排在 G 功能字的后面。尺寸字的地址代码，对于进给运动为：X、Y、Z、U、V、W、P、Q、R；对于回转运动的地址代码为：A、B、C、D、E。此外，还有插补参数字（地址代码）：I、J 和 K 等。

4. 进给功能字（Feed function or F-function）

它给定刀具对于工件的相对速度，它由地址代码"F"和其后面的若干位数字构成。这个数字取决于每个数控装置所采用的进给速度指定方法。进给功能字（也称"F"功能）应写在相应轴尺寸字之后，对于几个轴合成运动的进给功能字，应写在最后一个尺寸字之后。

5. 主轴转速功能字（Spindle speed function or S-function）

主轴转速功能也称为 S 功能，该功能字用来选择主轴转速，它由地址码"S"和在其后面的若干位数字构成。根据各个数控装置所采用的指定方法来确定这个数字，其指定方法，即代码化的方法与 F 功能相同，详见后述。

6. 刀具功能字（Tool function or T-function）

该功能也称为 T 功能，它由地址码"T"和后面的若干位数字构成。刀具功能字用于更换刀具时指定刀具或显示待换刀号，有时也能指定刀具位置补偿。

一般情况下用两位数字，能指定"T00～T99"100 种刀具；对于不是指定刀具位置，而是利用能够指定刀具本身序号的自动换刀装置（如刀具编码键，也叫代码钥匙方案）的情况，则可用五位十进制数字；车床用的数控装置中，多数需要按照转塔的位置进行刀具位置补偿。这时就要用四位十进制数字指定，不仅能选择刀具号（前两位数字），同时还能选择刀具补偿拨号盘（后两位数字）。

7. 辅助功能字（Miscellaneous function or M-function）

该功能也称为 M 功能，该功能指定除 G 功能之外的种种"通断控制"功能。它用地址码"M"和后面的两位数字表示，详见后述。

8. 程序段结束符（End of block）

每一个程序段结束之后，都应加上程序段结束符。"＊"是某种数控装置程序段结束符的简化符号。

（四）进给速度和主轴回转速度的表示方法

1. 直接指定法

将实际速度的数值直接表示出来,小数点的位置在机床说明书中予以规定。一般进给速度单位为 mm/min,切削螺纹时用 mm/r 表示,在英制单位中用英寸表示。主轴速度单位用 mm/min,m/min 和 rpm/min 等表示。

2. 等比级数法或二位代码法

二位代码为二位十进制数字,它所表示的速度值为公比 $\sqrt[20]{10}$ 的等比级数。如 F60(或 S60),表示速度为 1 000mm/min,F61 代码则表示速度为 1 120mm/min。

3. 三、四和五位代码法或"幻 3"代码法

这是用 3 位、4 位或 5 位代码来表示进给速度和主轴回转速度的方法。代码的第一位数字是用实际速度值的小数点前的位数加上 3 得到的数字表示,其它位数字用实际速度的高位数字表示,其中最低位数字是用四舍五入方法得到的。例如,实际速度为 67.826 mm/min,用五位代码表示。代码的第一位数字为 2+3=5,其余位为 6783,则五位代码数值为 56783。其它例子见表 2-4。由于这种代码表示法中,使用了一个数字"3",故又称为"幻 3"代码法。

表 2-4 三、四和五位代码法

速 度	三位代码	四位代码	五位代码
1728	717	7173	71728
150.3	615	6150	61503
15.25	515	5153	51525
7.826	478	4783	47826
0.1537	315	3154	31537
0.01268	213	2127	21268
0.008759	188	1876	18759
0.000462	046	0462	04624

4. 符号法或一位代码法

该代码用一位数字符号表示,它可代表一种速度,其值在机床使用说明书中给予详细规定。

5. 进给速率数法 (FRN——Feed-rate number)

这种代码方法只用来表示进给速度。直线插补加工时

$$FRN = V/L \cdot 10 \qquad (2-1)$$

圆弧插补加工时

$$FRN = V/R \cdot 10 \qquad (2-2)$$

式中　　V (mm/min) ——进给速度;

　　　　L (mm) ——直线位移;

　　　　R (mm) ——圆弧半径;

　　　　FRN (1/min) ——进给速率数代码。

FRN 代码用 0001~9999 四位数字表示。

(五) 准备功能 (G) 和辅助功能 (M)

这两种功能是数控程序编制中重要的二种代码，本节对常用的 G 代码和 M 代码进行说明。附录表一和附录表二为 ISO-1056-1975（E）国际标准或我国 JB3208-83 标准中规定的 G 功能和 M 功能代码。G 代码、M 代码也称为准备功能指令和辅助功能指令，简称 G 指令、M 指令。

1. 一般准备功能 "G"

G 代码为与插补有关的准备性工艺指令，根据设备的不同，G 代码也会有所不同。G 代码有两种：一种是非模态代码，这种 G 代码只在被指定的程序段才有意义。另一种是模态代码，这种 G 代码在同组其它 G 代码出现以前一直有效。不同组的 G 代码，在同一程序段中可以指定多个。如果在同一程序段中指定了两个或两个以上的同一组 G 代码，则后指定的有效。

(1) G00：快速点定位　　绝对值表示时，用 G90 指令，刀具分别按各轴的快速进给速度，从刀具当前的位置移动到坐标系给定的点。增量值时用 G91 指令，刀具以各轴的快速进给速度，移动到距当前位置为给定值的点。各坐标轴独自运动，没有关联，无运动轨迹要求。

格式：$\begin{Bmatrix} G90 \\ G91 \end{Bmatrix}$ G00 α— β— γ— *

式中 α、β、γ 分别为 X、Y、Z、A、B、C 或 U、V、W（仅用于相对尺寸编程）。图 2.2.3 所示尺寸，其程序为：

G90 G00 X25.0 Y10.0 *

(2) G01：直线插补　　用于产生直线和斜线运动。可使机床沿 x、y、z 方向执行单轴运动，或在各坐标平面内执行具有任意斜率的直线运动，也可使机床三轴联动，沿任一空间直线运动。

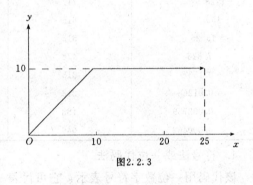

图 2.2.3

格式：$\begin{Bmatrix} G90 \\ G91 \end{Bmatrix}$ G01 α— β— γ— F— *

式中用 F 指令指定移动速度，其它符号意义同上。该指令根据当前是增量方式还是绝对值方式，决定要移动的坐标值是绝对值，还是增量值。各轴进给速度为

$$F_\alpha = \frac{\alpha}{L} F \qquad F_\beta = \frac{\beta}{L} F \tag{2-3}$$

其中　$L = \sqrt{\alpha^2 + \beta^2}$。

在三轴或多轴联动中，在直角坐标系中的计算方法同上。在有旋转坐标时，应将切削进给单位由角度单位变为直线移动单位（毫米或英寸），旋转轴的进给速度仍可按上式计算，只是它的单位变成了 rad/min。

(3) G02、G03：圆弧插补　　使机床在各坐标平面内执行圆弧运动，加工出圆弧轮廓。G02 为顺时针圆弧插补指令，G03 为逆时针圆弧插补指令。圆弧的顺、逆方向是向垂直于运动平面的坐标轴的负方向看其顺、逆来决定。

格式：（以 xy 平面，顺圆插补为例）：

第一种：G02 X—Y—I—J—F— *

第二种：G02 X—Y—R—F— *

第一种格式中，运动参数用圆弧终点坐标（x，y）值（绝对尺寸）或圆弧终点相对于其起点的距离（x 和 y 增量尺寸）。插补参数（I，J 或 K）为圆心坐标值，一般用增量坐标：圆心相对圆弧起点的 x 坐标距离为 I 值，圆心相对圆弧起点的 y 坐标距离为 J 值。由于插补运动平面不同，可以分为三组：

xy 平面，用 X，Y，I，J 地址符号；xz 平面，用 X，Z，I，K 地址符号；yz 平面，用 Y，Z，J，K 地址符号。编制一个整圆程序时，圆弧的终点等于圆弧的起点，并用 I，J 或 K 指定圆心，这时 X，Y 或 Z 可以省略（不同系统对此有不同的规定）。

第二种格式中，运动参数同第一种格式中的规定。插补参数为圆弧半径 R，$R \geqslant 0$ 时，加工出 $0° \sim 180°$ 的圆弧。$R < 0$ 时，加工出 $180° \sim 360°$ 的圆弧。R 值小于圆起点到终点距离的一半时，成为一个以圆弧起点和终点距离一半为半径的 $180°$ 圆弧。

圆弧插补举例：用 $F = 1\,000\text{mm/min}$ 的进给速度加工 xy 平面第一象限中的逆圆弧 $\overset{\frown}{AB}$，圆心为 C，半径 $R = 28\text{mm}$，起点为 A，终点为 B。其坐标尺寸如图 2.2.4。用绝对坐标系统，两种格式编程为：

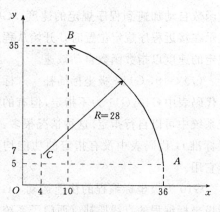

图2.2.4　圆弧插补

G90 G03 X10.0 Y35.0 I—32.0 J2.0 F1000 *

G90 G03 X10.0 Y35.0 R28.0 F1000　　*

用相对（增量）坐标系统，两种格式编程为：

G91 G03 X—26.0 Y30.0 I—32.0 J2.0 F1000 *

G91 G03 X—26.0 Y30.0 R28.0 F1000　　*

含有一个辅加轴的圆弧插补是许可的，要预先由参数设定哪个轴（xy 或 z）和辅加轴平行。如果附加轴不同任何轴平行，圆弧插补就不能实现。附加轴的地址可用 U、V、W（对应 x，y，z）。

除了圆弧插补指令之外，再规定一个和圆弧插补同步运动的另一轴的直线指令，就可以进行螺旋线插补。

（4）G04：暂停指令　　暂停指令用在下述情况：在棱角加工时，为了保证棱角尖锐，使用暂停指令；对不通孔加工作深度控制时，在刀具进给到规定深度后，用暂停指令停止进刀，待主轴转一转以上后退刀，以使孔底平整；镗孔完毕后要退刀时，为避免留下螺纹划痕而影响光洁度，应使主轴停止转动，并暂停 $1 \sim 3$ 秒，待主轴完全停止后再退刀；横向车削时，应在主轴转过一转以后再退刀，可用暂停指令；在车床上倒角或打中心孔时,为使倒角表面和中心孔锥面平整,可用暂停指令等等。

$$\text{格式:} G04 \begin{Bmatrix} X- \\ U- \\ P- \end{Bmatrix} *$$

这些指令格式中的任何一个都可用于暂停。在上一程序段运动结束后(即速度为0)开始执行暂停。暂停时间单位为毫秒。地址 P 不能用十进制小数点编程。不同系统还有些不同的规定。

(5) G06:抛物线插补　也是一种轮廓控制方式,它通过一个或两个程序中信息产生一段抛物线的弧线,形成这段弧线的各个坐标轴上的速度变化由数控装置控制。

(6) G08,G09:自动加、减速指令

G08 表示从当前的静止或运动状态以指数函数自动加速到程序规定的速度。G09 表示在接近程序规定位置时,开始从程序规定的速度以指数函数自动减速。

(7) G10,G11:极坐标插补　标准 G 代码表中 G10,G11 为不指定,但有的数控系统中可以自行指定。这种情况很多,只要标准 G 代码表中没有指定的功能均可作它用。

G10 为极坐标编程的快速运动,G11 为极坐标编程的直线插补(西门子系统中采用)。

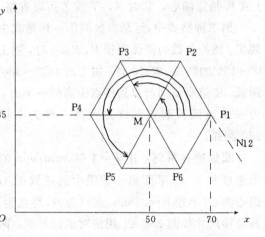

图2.2.5　极坐标编程

$$\text{格式:} \begin{Bmatrix} G90 \\ G91 \end{Bmatrix} \begin{Bmatrix} G10 \\ G11 \end{Bmatrix} X-Y-P-A--LF$$

式中　X、Y——点群中心点 M 的坐标值(mm)(可以是绝对值或增量值);

P——矢径(mm);

A——孔中心点或直线交点与点群中心点联线同水平轴的夹角(度)。

使用 G11 时,要给定 F。

加工图 2.2.5 的六边形,用绝对值坐标(G90),编程如下

```
N12  G90 G10 X50.0 Y35.0 P20.0 A0.0 LF
N13       G11                   A60.0  F750.0LF
N14                             A120.0        LF
N15                             A180.0        LF
N16                             A240.0        LF
N17                             A300.0        LF
N18                             A0.0          LF
```

(8) G17~G19:平面选择　G17 指定工件在 xy 平面上加工,G18、G19 分别在 zx、

yz 平面上加工。这些指令在进行圆弧插补和刀具补偿时必须使用。例如：

G18 G03 X－Z－R－F－ ＊

(9) G22，G23：存储行程极限　　刀具运动范围可用下述两个方法限制：

第一，存储行程限位1。用参数设定边界，设定的边界之外为禁止区。通常由机床制造厂设定，并设定在机床的最大行程处，即软件限位。

第二，存储行程限位2。由参数或指令规定边界，规定区域的内侧或外侧为禁止区。具体为内侧还是外侧由参数定。

用G22指令建立或改变禁区，G23指令用来解除禁区。

格式：G22 X－Y－Z－I－J－K－ ＊

式中　X、Y、Z——坐标轴的上限尺寸（大尺寸）；
　　　I、J、K——与之对应坐标的下限尺寸（小尺寸）。

G22和G23指令必须在单独程序段中指定。刀具进入禁区就产生报警，此时只能向反向移动。

有的系统用G25和G26指令设定可编程安全区。G25设定某坐标平面的安全区下限尺寸（小尺寸），G26设定上限尺寸（大尺寸）。

格式：G25 X－Z－LF
　　　G26 X－Z－LF

上面格式中，X、Z坐标尺寸为安全区的下限尺寸；

下面格式中，X、Z坐标尺寸为安全区的上限尺寸。

(10) G27～G29：自动返回参考点　　参考点是预先确定的机床各坐标轴上的点。

返回参考点检验G27：

该指令是检查返回到参考点的程序是否正确地返回到了参考点的功能。

格式：G27 α－β－γ－δ－ ＊

式中：α，β，γ，δ是地址X、Y、Z和辅加轴中的一个。它们可以用绝对值表示（G90时），也可以用增量值表示（G91时）。二轴联动的数控系统中，只有α和β，三轴联动时增加了γ，四轴联动时又增加了δ。

执行该指令时，刀具快速进给，在指令给定的位置上定位。该位置如果是参考点，则"返回参考点"指示灯亮。如果只是一轴返回参考点，则该轴指示灯亮。然后继续执行下一段程序。要使机床停止在这个程序段上，需要在同一程序段内加入程序停止辅助功能指令M00或计划停止指令M01。也可用单段运行达到停止目的。使用G27时，要在撤消刀补状态下，使指令中给定的公制（或英制）数值量与当前的公制系统（或英制系统）一致，否则，会产生返回参考点不准确问题。

自动返回参考点G28：

格式：G28 α－β－γ－σ－ ＊

式中符号的意义和用法同G27的说明。

该指令可使被指令轴返回参考点。根据G90/G91的状态，决定是绝对坐标值还是增量坐标值。指令中给定的点称为返回参考点的"中间点"。该点坐标存入存储器中，以备

G29 指令使用。G28 指令的动作顺序是：首先，被指令的所有轴以快速进给到中间点，然后再从中间点快速进给到参考点定位。该指令一般用于自动换刀，所以使用此指令时应取消刀补。在 G28 程序段中，各指令轴的坐标值均应给出，不能省略。在 G28 程序段中有旋转轴时，坐标轴转动量应在 360°以内，从中间点到参考点的方向应按旋转角最小的方向运动。

从参考点返回 G29：

格式：G29 α—β—γ—δ— *

式中符号的意义和用法同 G27 说明。

该指令使刀具经由指令轴的中间点而在指定的位置（即本指令给出的坐标值）上定位。G29 指令的动作顺序：首先，被指令的所有轴以快速从参考点移动到前面 G28 程序段定义的中间点；然后，再从中间点移动到被指令的点定位。

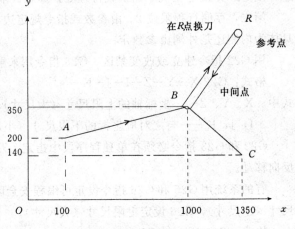

图 2.2.6 G28 和 G29 指令应用

G28 和 G29 指令应用举例如图 2.2.6，程序如下：

N10 G91 G28 X900.0 Y150.0 *（由 A 到 B 程序）
N15   M06 *（换刀）
N20 G29 X350.0 Y-210.0 *（由 B 到 C 程序）

本例表明，编程员不必计算中间点到参考点的实际距离。

返回第二、第三、第四参考点时，用 G30 指令，其格式为：

$$G30 \begin{Bmatrix} P2 \\ P3 \\ P4 \end{Bmatrix} \alpha-\beta-\gamma-\sigma- *$$

式中 P2，P3，P4 分别为第二、第三和第四参考点。其它符号的意义和用法同 G27 的说明。

第二、第三和第四参考点是由参数预先设定的。该指令与 G28 的功能相同，只是建立的参考点和中间点位置不同。该指令也用于自动换刀。执行 G30 指令之前，必须进行一次手动返回参考点或自动返回参考点（G28）。

（11）G92：坐标系设定   程序编制时，使用的是工件坐标系，其编程起点即为刀具开始运动的起刀点。但是在开始运动之前，应将工件坐标系告诉给数控系统。通过把程编中起刀点的位置在机床坐标系上设定，将两个坐标系联系起来。机床坐标系中设定的固定点（起刀点），称为参考点。G92 指令能指定起刀点与工件坐标系原点的位置关系。利用返回参考点的功能，刀具很容易移动到这个位置。这样一来，机床坐标系中的参考点就是程编中（工件坐标系）的起刀点。

用 G92 指令指定参考点在工件坐标系的位置。

格式：G92 X—Y—Z—γ—σ— *

式中　X、Y、Z——绝对值的基本直线坐标；

γ，σ——旋转坐标 A、B、C 或与 X、Y、Z 平行的第二坐标。

该指令设定了刀具（具体为刀位点）在工件坐标系中的坐标为 X、Y、Z、γ、σ，从而建立了工件加工坐标系。

设定参考点在工件坐标系中位置还可以通过"自动设定坐标系"的方法解决。该方法是用参数设定参考点，当手动返回参考点时，工件加工坐标系便自动设定了。

(12) G54～G59：原点偏移　　工件加工坐标系设定的另一种常用方法是采用原点偏移指令。事先用手动(MDI)输入或者程序设定各轴参考点到机床各轴坐标系零点的距离，然后用 G54～G59 调用。例如：

G55 G00 X100.0 Z 20.0 *
　　　X15.5 Z 25.5 *

表示该程序中的值是相对于第二工件坐标系（G55）给出的值，如果已设定了六个坐标系，则分别用 G54 到 G59 调用。

(13) G31：跳步指令　　该指令和 G01 一样，能够进行直线插补。若在此指令执行过程中，从外部输入跳步信号，则中断本程序段的剩余部分，开始执行下一程序段。G31 指令是非模态的，即仅在本程序段起使用。输入跳步信号后，下一个程序段的运动终点

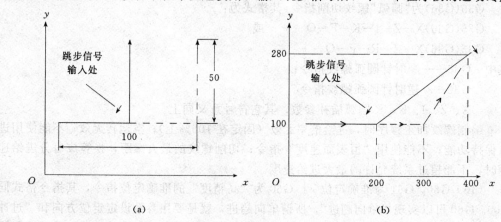

(a)　　　　　　　　　　　　(b)

图 2.2.7　跳步指令

取决于该程序段指令是增量的，还是绝对值的。图 2.2.7 为跳步指令应用的例子。(a) 图对应的程序为：

G91 G31 X 100.0 *
　　G01 Y 50.0 *

(b) 图对应的程序为：

G90 G31 X 300.0 *
　　G01 X 400.0 Y 280.0 *

图中，实线为输入跳步信号的刀具轨迹，虚线为不输入跳步信号的刀具轨迹。G31 用于移动量不明确的场合，如磨床的定尺寸进给，实现定量进给或刀具相对于工件定位。

(14) G33~G35：螺纹切削　　螺纹切削时，主轴旋转和刀具进给必须同步，为此主轴上必须安装位置编码器，同时利用编码器上"一转信号"，保证螺纹加工从一固定点开始。为了保证螺距精度，主轴速度还必须保持恒定。

切削锥螺纹时，x方向和z方向的值都必须指定，螺距在位移量大的坐标上。通常，由于伺服系统的滞后，使得螺纹切削在开始和终了处导程有误差。因此，指定的螺纹长度要比需要的长些。加工多头螺纹时，可在检测到主轴"一转信号"后滞后一定的角度，再开始螺纹切削。

G33为"等螺距"螺纹切削指令，其格式为：

G33 X(U)—Z(W)—F(E)—Q— *

式中　X——螺纹长度的x坐标（绝对值编程），直径编程、半径编程由机床参数决定，U为x方向的增量值；

Z——螺纹长度的z坐标（绝对值编程），W为z方向的增量值；

F——长轴方向的螺距，单位为$0.1\sim1\mu m$，E表示1英寸牙数；

Q——螺纹切削开始位置的偏移角度（0°~360°）。

G34为"变螺距"螺纹切削指令，其格式为：

G34 X(U)—Z(W)—F(E)—Q—K— *

式中　K——主轴一转时导程的增减值，其它符号同上。

G35(G36)为"圆弧"螺纹切削指令，其格式为：

G35(G36)X—Z—I—K—F—Q— *　或

G35(G36)X—Z—R—F—Q— *

式中　G35——顺时针圆弧螺纹指令；

G36——逆时针圆弧螺纹指令。

X、Z、I、K、R圆弧插补参数，其它符号意义同上。

编制螺纹加工程序时，进给倍率无效（固定在100%上）；空运转无效；不能使用进给保持功能；不能使用"恒表面速度"指令；切削螺纹的最大螺距，换算成每分进给速度时，不能超过系统允许的最大进给速度。

(15) G60，G61为准确定位　　G60为"高精度"的准确定位指令，其指令格式同G00。G60可以实现"单向趋进"，所谓单向趋进，就是要用参数设定定位方向和"过冲量"，过冲量是定位方向与运动方向不一致时，坐标轴运动超过给定点距离，冲过这段距离后，再反向定位到给定点。在一般数控系统单向定位时，即使坐标运动方向与定位方向一致时，也要在到达终点前的"过冲量"处停一下，然后再定位到给定点。

G61为"中等精度"的准确定位指令。在一个程序段序列中，如果一开始使用了G61指令，则每个程序段终点都要减速到0，才能开始执行下一个程序段，直到遇到G64指令（结束G61指令的指令），才能结束这种状态。

(16) G65，G66为调用宏指令开始和调用宏指令结束。

(17) G70，G71为英制、公制数据输入，G70用于英制，G71用于公制。

2. 刀具补偿

下面介绍的指令也属于G代码范畴，但是它们都用于刀具补偿。

数控装置根据刀具补偿指令，可以进行刀具轴向尺寸补偿、刀具半径尺寸补偿和刀具位置偏移。点位控制系统中，孔的径向尺寸不能补偿。轮廓铣削加工时，可以进行刀具半径补偿，它包括铣刀半径补偿和程序段间的尖角过渡。孔加工时，孔深可以通过刀具长度补偿进行精确控制。轮廓加工时，长度补偿不用考虑。数控车削时，可以进行刀具轴向尺寸补偿和刀尖圆角半径补偿。自动换刀数控机床可以进行刀具轴向尺寸补偿和铣刀半径尺寸补偿。

(1) G43、G44 为刀具长度补偿　　刀具长度补偿也叫刀具长度偏置。格式为：

$$\left.\begin{array}{l}G17\\G18\\G19\end{array}\right\}\left.\begin{array}{l}G43\\G44\end{array}\right\}\left.\begin{array}{l}Z-\\Y-\\X-\end{array}\right\}H-*$$

式中　Z、Y、X——补偿轴；

　　G17、G18、G19——与补偿轴垂直的相应坐标平面 xy、zx、yz 的代码；

　　H（有的系统用 D）——对应于刀补存储器中补偿值的补偿号代码。

补偿号代码为 2 位数，如 H00～H99、补偿值由刀补拨码开关输入、MDI 输入或程序设定输入，具体值不同机床有所不同。如 0～999.999mm。补偿号除用 H（或 D）代码外，还可用刀具功能 T 代码的低一位或低二位数字指定。

G43 为"加偏置"（+偏置），G44 为"减偏置"（-偏置）。无论是绝对指令（G90 时）还是增量指令（G91 时），当用 G43 时，将偏移存储器中用 H 代码设定的偏移量（包括符号的值）与程序中偏移轴移动的终点坐标值（包括符号的值）相加，G44 时相减，其结果的坐标值为终点坐标值。偏移值符号为"正"（"+"），用 G43 时，是向偏置轴"正"方向移动一个偏移量，用 G44 时，向负方向移动一个偏移量。偏移值的符号为"负"（"-"）时，分别与上述情况相反。

G43、G44 为模态代码，在本组的其它指令代码被指令之前，一直有效。取消刀具长度偏置可用 G40 指令（有的用 G49）或者偏置号为 H00 都可立即取消长度偏置。

作为特例，刀具长度补偿还有以下几种格式：

$$\left.\begin{array}{l}G17\\G18\\G19\end{array}\right\}\left.\begin{array}{l}G43\\G44\end{array}\right\}H-*$$

这种格式中，省略了偏置坐标，作用同下面格式：

$$\left.\begin{array}{l}G17\\G18\\G19\end{array}\right\}\left.\begin{array}{l}G43\\G44\end{array}\right\}\left.\begin{array}{l}Z0\\Y0\\X0\end{array}\right\}H-*$$

当只在 z 轴上进行长度补偿时，可用下面格式表示：

$$\left.\begin{array}{l}G43\\G44\end{array}\right\}Z-H-*$$　　同样，省略偏置轴 z 时，可用下面格式：

$$\left.\begin{array}{l}G43\\G44\end{array}\right\}H-*$$ 与 $$\left.\begin{array}{l}G43\\G44\end{array}\right\}G91\ Z0\ H-*$$ 相同

刀具长度补偿程序例如下：

N003　G90　G43　Z100.0　H01 *　　（设定 H01=10mm）

N005　G91　G43　Z－113.5　H02＊　　（设定 H02＝1.5mm）
N007　G90　G18　G44　Y－32.0　H03＊　　（设定 H03＝－4mm）
N009　G90　G18　G44　Y－32.0　T0203＊　　（设定偏置值为－4mm）

N003 程序段表示刀具在 z 轴上移动到 110.0mm 处；N005 程序段表示刀具移动到的终点坐标值加上一个偏置量 1.5mm；N007 程序段表示刀具在偏置轴 y 上移到－28mm 处；N009 程序段，刀具功能字用四位数字表示，前两位数字（02）是刀具号，后两位数字（03）是补偿号（或叫偏置号），刀具移动同 N007 程序段。

（2）G45～G52 为刀具位置偏置　　这组指令的功能使刀具位置在其运动方向上偏

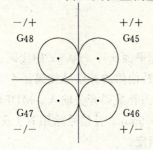
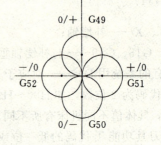

图2.2.8(a)　刀具位置偏置

置（或叫偏移），经常用于铣平行于坐标轴线的直线轮廓、凸台和凹槽等。只要在偏置存贮器中设定刀具半径值（可用 MDI 或程序设定），就可以利用偏置功能，将工件轮廓作为编程轨迹。偏置的位置如图 2.2.8 (a)。这组指令不同数控装置有不同的使用方法。下面介绍一种使用方法。G45 为沿刀具运动方向增加一个偏置量；G46 为沿刀具运动方向减少一个偏置量；G47 为沿刀具运动方向增加两倍偏置量；G48 为沿刀具运动方向减少二倍偏置量。指令格式为：

$$\left.\begin{array}{l}G45\\G46\\G47\\G48\end{array}\right\} X-Y-H(D)-*$$

式中，H 或 D 代码为对应于偏置存储器中刀具半径值的偏置号。

移动指令（即移动坐标）为"0"时，在绝对指令方式（G90）中，刀偏

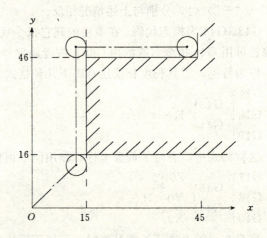

图2.2.8(b)　刀具位置偏移的应用

指令不起作用，机床不动作。在增量指令方式（G91）中，机床仅移动偏置量。G46 和 G48 指令中，移动指令值小于偏置值时，机床坐标的实际运动方向与编程方向相反。在圆弧插补和斜面轮廓加工时，尽量不采用 G45～G48 指令。刀具位置偏置应用例子见图2.2.8(b)，用 G90 编程，对应的程序为：

```
N01    M06 T1                      *   换上 T1 刀具
N02    G46 G00 X15.0 Y16.0 H01     *   刀偏号为 01
N03    G47 G01 Y46.0 F120.0        *   增加二倍的偏程
N04         X45.0                  *   没有位置偏差
```

(3) G40～G42 为刀具半径补偿　　轮廓铣削加工时,刀具中心轨迹在与零件轮廓相距刀具半径的等距线上。刀具半径补偿功能可以保证按零件轮廓尺寸编程时,刀具在已偏移的轨迹上运动,不需要编程者计算刀具中心运动轨迹。刀具半径补偿量用 H(或 D)代码号表示。其具体值可用拨码盘、键盘(MDI)或程序事先输入到存储器中。H 代码是模态的。当刀具磨损或重磨后,刀具半径变小,只需手工输入改变刀具半径或选择适当的补偿量,而不必修改已编好的程序。

G41 为左偏刀具半径补偿,G42 为右偏刀具半径。这两种指令具体确定方法为:对着零件,假设工件不动,沿着刀具运动方向看,刀具位于零件左侧为 G41 指令;而刀具位于零件右侧则为 G42 指令。G40 为取消刀具半径补偿,取消刀补也可用 H00 刀补号来实现。刀具半径补偿指令格式可分为使用 G00、G01 和 G02、G03 两种情况。

G00、G01 时的指令格式:

$$\left\{\begin{array}{l}G00\\G01\end{array}\right\}\left\{\begin{array}{l}G42\\G41\end{array}\right\} X-Y-H(D)- *$$

G02、G03 时的指令格式:

G41 (G42) ·················· *
　　　⋮

$$\left\{\begin{array}{l}G03\\G02\end{array}\right\} X-Y-R- *$$

或者 $\left\{\begin{array}{l}G02\\G03\end{array}\right\} X-Y-I-J- *$

G40 指令,仅能用在 G00,G01 情况,其格式为:

$$\left\{\begin{array}{l}G00\\G01\end{array}\right\} G40 X-Y- *$$

以上是在 G17 代码指定的平面(xy)内,G17 代码可省略。同样,G18,G19 代码指定的平面内,也有类似的指令格式。

刀具半径补偿有 B 刀补和 C 刀补,B 刀补只能实现本程序段内的刀具半径补偿,而对于程序段之间的夹角不能处理。C 刀补可以实现程序段间的尖角过渡,只需给出零件轮廓的程序数据,数控系统能自动地进行拐点处的刀具中心轨迹交点的计算。编程时,不用考虑尖角过渡问题。

刀具补偿的运动轨迹可分三种情况:刀具补偿建立的切入阶段、零件轮廓加工阶段和刀具补偿注销阶段。

由起刀位置到切入零件轮廓并开始形成刀具补偿的程序段称为建立刀补程序段,建立刀补只能在直线插补段(G00,G01 的情况下)用 G41 或 G42 指令形成。建立刀补程序段和其后联接的程序段,在拐角处的零件轮廓和刀具中心轨迹有各种情况。图 2.2.9 为其中的几种情况。

图中 S 表示单程序的终点坐标，L 表示直线，C 表示圆弧，α 为建立刀补程序段直接与后续程序段轨迹的夹角，r 为刀具半径。

在零件轮廓加工的刀补各程序段中，刀具处于零件轮廓的一侧（由 G41 和 G42 决定是左侧还是右侧），距离为刀具半径 r，在程序段内实现 B 刀补，在程序段间实现 C 刀补，其拐角处刀具中心轨迹有伸长型、缩短型、插入型等各种情况（详见后述）。

刀补注销程序段，使刀具中心与本程序给定的坐标点重合，其运动轨迹类似于建立刀补程序段轨迹的反向运动情况。

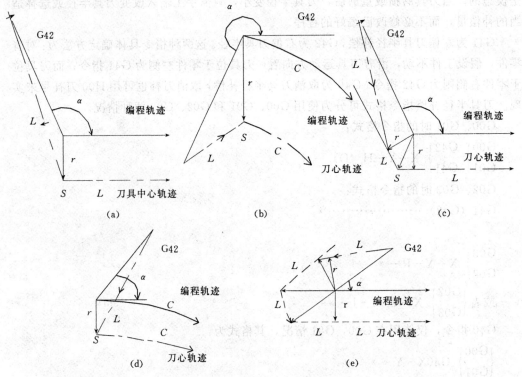

图2.2.9　建立刀补程序段后的拐角过渡轨迹

在特殊情况下，可通过 G41 和 G42 互相变换来改变偏置方向。

3. 固定循环指令

数控加工中，某些加工动作循环已经典型化。例如，钻孔、镗孔的动作是：孔位平面定位、快速引进、工作进给、快速退回等。此外，攻丝、车床上加工直线等等都有一系列典型化的动作。这样一系列典型的加工动作已经预先编好程序，存储在内存中，可用包含 G 代码的一个程序段调用，从而简化了编程工作。这种包含了典型动作循环的 G 代码称为固定循环指令。

(1) G73、G74、G76、G80～G89：钻削和镗削固定循环　孔加工类固定循环通常由下述六个动作构成（图 2.2.10）：x、y 轴定位；快速运动到 R 点（参考点）；孔加工；在孔底的动作；退回到 R 点（参考点）；快速返回到初始点。固定循环的数据表达形式可

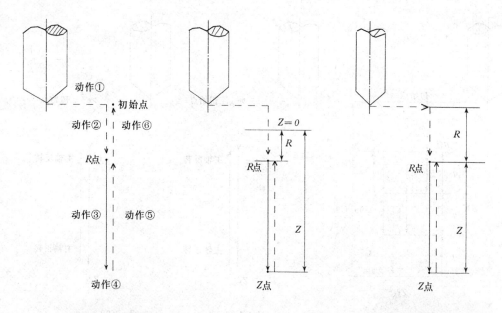

图2.2.10 固定循环动作
实线—切削进给
虚线—快速进给

图2.2.11 固定循环的数据形式
(a) G90,绝对坐标　(b) G91,相对坐标

以用绝对坐标(G90)和相对坐标(G91)表示,见图2.2.11。固定循环的程序格式包括数据形式、返回点平面、孔加工方式、孔位置数据、孔加工数据和循环次数。数据形式(G90 或 G91)在程序开始时就已指定,因此,在固定循环程序格式中可不注出。固定循环的程序格式如下(FANUC 系统):

G—G—X—Y—Z—R—Q—P—F—L— *

式中第一个 G 代码为返回点平面 G 代码:G98 或者 G99。G98 为返回初始平面;G99 为返回 R 点平面。第二个 G 代码为孔加工方式,即固定循环代码 G73、G74、G76 和 G81～G89 中的任一个。X、Y 为孔位数据,指被加工孔的位置。Z 为 R 点到孔底距离(G91 时)或孔底坐标(G90 时);R 为 R 点的坐标值(G90 时)或初始点到 R 点的距离(G91 时);Q 指定每次进给深度(G73 或 G83 时)或指定刀具位移增量(G76 或 G87 时);P 指定刀具在孔底的暂停时间;F 为切削进给速度;L 指定固定循环的次数。G73、G74、G76、G81～G89、Z、R、P、F、Q 是模态指令。G80、G01～G03 等代码可以取消固定循环。孔加工类固定循环指令介绍如下:

①G73:高速深孔加工循环　该固定循环用于 z 轴的间歇进给,使深孔加工时容易排屑,减少退刀量,可以进行高效率的加工。Q 值为每次的进给深度(q),退刀用快速,其值 d 用参数设定。使用 G98 代码时,加工结束,刀具返回到初始平面,使用 G99 代码时,刀具返回到 R 点平面。G73 指令动作循环见图2.2.12。

②G74:反攻丝循环　图2.2.13 中给出了 G74 指令的动作次序。攻反螺纹时主轴反转,到孔底时主轴正转,然后退回。退回点平面由于使用 G98 代码((a)图)或 G99 代码((b)图)而不同。攻丝时速度倍率不起作用。使用进给保持时,在全部动作结束前也不停止。

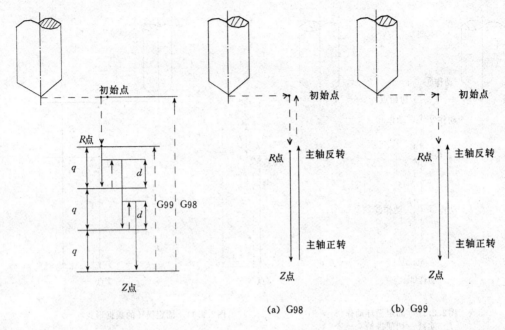

图2.2.12　G73指令动作图　　　　　　图2.2.13　G74指令动作图

③G76：精镗循环　　图2.2.14给出了G76指令的动作次序。精镗时，主轴在孔底定向停止，向刀尖反方向移动，然后快速退刀，退刀位置由G98或G99决定。这种带有让刀的退刀不会划伤已加工平面，保证了镗孔精度。刀尖反向位移量用地址Q指定，其

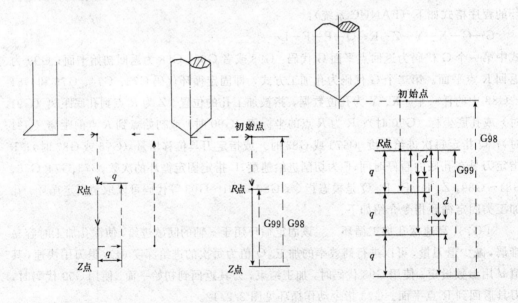

图2.2.14　G76指令动作图　　图2.2.15　G81指令动作图　　图2.2.16　G83指令动作图

值q只能为正值。Q值是模态的，位移方向由MDI设定，可为±X，±Y中的任一个。

④G81：钻孔和镗孔循环　　图 2.2.15 为 G81 指令的动作循环,包括 x、y 坐标定位、快进、工进和快速返回等动作。G81 是常用的钻孔、镗孔固定循环。

⑤G82：钻、扩、镗阶梯孔循环　　该指令除了要在孔底暂停外,其它动作与 G81 相同。暂停时间由地址 P 给出。此指令主要用于加工盲孔,以提高孔深精度。

⑥G83：深孔加工循环　　在图 2.2.16 的深孔加工循环中,每次进刀量用地址 Q 给出,其值 q 为增量值。每次进给时,应在距已加工面 d（mm）处将快速进给转换为切削进给。d 是由参数确定的。

⑦G84：攻丝循环　　图 2.2.17 为攻丝循环的动作图。从 R 点到 Z 点攻丝时,刀具正向进给,主轴正转。到孔底部时,主轴反转,刀具以反向进给速度退出。G84 指令中进给倍率不起作用,进给保持只能在返回动作结束后执行。

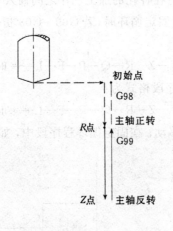

图 2.2.17　G84 指令动作图　　图 2.2.18　G87 指令动作图

⑧G85：镗孔循环　　该指令与 G84 指令相同,但在孔底时主轴不反转。

⑨G86：镗孔循环　　此指令与 G81 相同,但在孔底时主轴停止,然后快速退回。

⑩G87：反镗循环　　图 2.2.18 为 G87 指令动作图。在 x、y 轴定位后,主轴定向停止,然后向刀尖的反方向移动 q 值,再快速进给到孔底（R 点）定位。在此位置,刀具向刀尖方向移动 q 值。主轴正转,在 z 轴正方向上加工至 Z 点。这时主轴又定向停止,向刀尖反方向位移,然后从孔中退出刀具。返回到初始点（只能用 G98）后,退回一个位移量,主轴正转,进行下一个程序段的动作。本指令中,刀尖位移量及方向与 G76 指令相同。

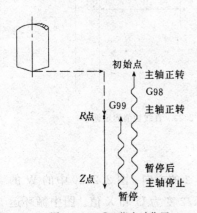

图 2.2.19　G88 指令动作图

⑪G88：镗孔循环　　图 2.2.19 中给出了该指令的循环动作次序。在孔底暂停,主轴停止后,变成停机状态。此时转换为手动状态,可用手动将刀具从孔中退出。到返回点平面后,主轴正转,再转入下一个程序段进行自动加工。

⑫G89：镗孔循环　　此指令与G86指令相同，但在孔底有暂停。

⑬G80：取消固定循环　　该指令能取消所有的固定循环，同时R点和Z点也被取消。

使用固定循环时应注意以下几点：在固定循环指令前应使用M03或M04指令使主轴回转；在固定循环程序段中，x、y、Z、R数据应至少有一个才能进行孔加工；在使用控制主轴回转的固定循环（G74、G84、G86）中，如果连续加工一些孔间距比较小，或者初始平面到R点平面的距离比较短的孔时，会出现进入孔的切削动作前，主轴还没有达到正常的转数。遇有这种情况，应在各孔的加工动作之间插入G04暂停指令，以获得时间；当用G00～G03指令之一注消固定循环时，若G00～G03指令之一和固定循环出现在同一程序段，如程序段格式为：

G00（或G02，G03）G—X—Y—Z—R—Q—P—F—L—＊时，

按G—指定的固定循环运行。若程序段格式为：

G—G00（或G02，G03）X—Y—Z—R—Q—P—F—L—＊时，

按G00（或G02，G03）进行X、Y移动；在固定循环程序段中，如果指定了辅助功能M，则在最初定位时送出M信号，固定循环结束时，等待M信号完成，才能进入下一个孔加工。

以上介绍的固定循环指令是日本FANUC公司数控装置使用的指令格式。西德SIEMENS公司数控装置中使用的钻镗类固定循环指令格式是用参数表示的。此外，还有加工孔群，铣槽群的"专用固定循环"。这里不再赘述。

（2）G77、G78、G79：直线车削、直螺纹/锥纹加工和端面切削固定循环

①直线切削固定循环（图2.2.20）

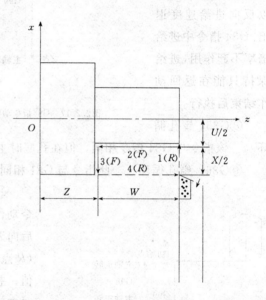

图2.2.20　直线切削固定循环

格式：G77X（U）—Z（W）—F—＊

在增量编程中，地址U、W值的符号取决于轨迹1、2的方向。图2.2.20中的W的符号为负，U的符号为正。在直径编程时，应将U/2、X/2变为U和X值。图中循环运动中，R表示快速，F表示进给速度。

②锥度切削固定循环（图2.2.21）

格式：G77X（U）—Z（W）—I—F—＊

在增量编程时，要注意U、W和I值的符号。

③直螺纹切削固定循环（图 2.2.22）

格式：G78X（U）—Z（W）—F—﹡

式中 F 表示螺纹导程地址。图中 R 表示快速，F 表示进给速度。r 是结束螺纹切削的退刀参数，其值与螺距有关系，要大于或等于螺距值。用增量编程时，根据轨迹 1 和 2 的方向设定 U 和 W 后面数值的符号。

④锥螺纹切削固定循环（图 2.2.23）

格式：G78X（U）—Z（W）—I—F—﹡

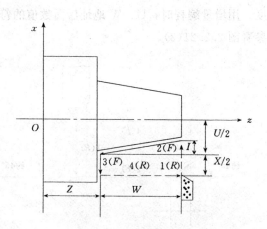

图2.2.21(1) 锥度切削固定循环

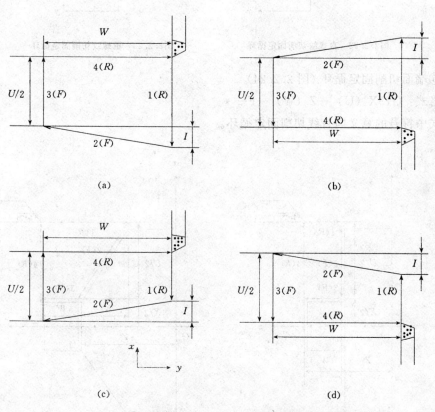

图2.2.21(2) 锥度切削符号与刀具轨迹关系图

(a) $U<0, W<0, I<0$ (b) $U>0, W<0, I>0$
(c) $U<0, W<0, I>0$ (d) $U>0, W<0, I<0$

式中 F表示螺纹导程地址，I表示与锥度有关的参数。图中R表示快速，F表示进给速度。用增量编程时，U、W地址后面数值的符号由1、2运动方向来确定。I值符号确定参看图2.2.21(2)。

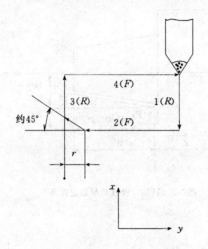

图2.2.22 直螺纹切削固定循环

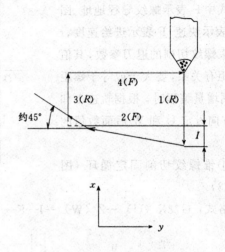

图2.2.23 锥螺纹切削固定循环

⑤端面切削固定循环（图2.2.24）
格式：G79X（U）—Z（W）—F—＊
式中符号的意义同直线切削固定循环。

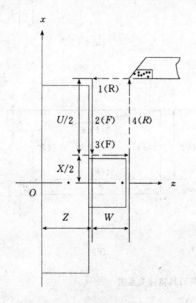

图2.2.24 端面切削固定循环

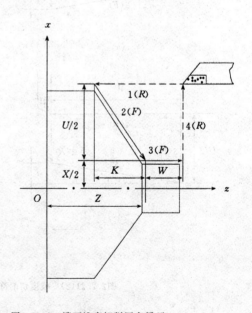

图2.2.25 端面锥度切削固定循环

⑥端面锥度切削固定循环（图2.2.25）

格式 G79X（U）—Z（W）—K—F— *

用增量编程时，轨迹1的方向在 z 坐标是负方向，则 W 是负值，同理可定 U 值的正负。K 是与端面锥度有关的地址，F 为进给速度。U、W 和 K 后面数值的符号与刀具轨迹间关系如图 2.2.26。

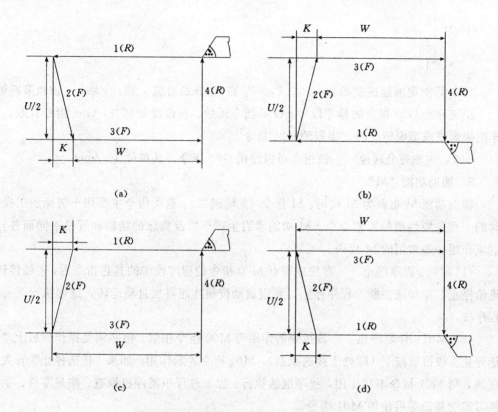

图2.2.26　端面锥度切削符号与刀具轨迹关系图

(a) $U<0, W<0, K<0$ (b) $U>0, W<0, K<0$
(c) $U<0, W<0, K>0$ (d) $U>0, W>0, K>0$

车削固定循环中，X（U）、Z（W）和 K 是模态的，如果这些值不变，在下一个程序可不指定。如果某个值要改变，才在下一个程序段中指定。若指定非模态 G 代码（除 G04 外）或 G00～G03 代码，则数值被取消。

除上述介绍的固定循环外，车削固定循环还有"复合式固定循环"，它们的功能是上面几种固定循环的不同组合，用于较复杂的复合加工情况。

4. 指定进给速度和主轴速度的 G 代码

(1) G93：时间倒数的进给率　　G93指令实际上就是进给速率数表示法。单位为 1/时间（1/min）。

(2) G94：每分进给量　　单位为 mm/min

(3) G95：主轴每转进给量　　单位为 mm/r

(4) G96:恒表面速度　　在数控车削端面或不同轴颈时,为使刀具与工件间的相对速度(称为表面速度)恒定,必须按车刀的瞬时径向位置调节主轴速度。恒表面速度的单位为 m/min,其格式:

$$G96P\begin{Bmatrix}1\\2\\3\\4\end{Bmatrix}*$$

式中 P 指定恒速控制的轴,P_1、P_2、P_3 和 P_4 分别对应 x 轴、y 轴、z 轴和第四轴。

快速移动 G00 指令的程序段中,G96 指令无效。在螺纹切削时,G96 指令有效。在车削锥螺纹或端面螺纹时,要取消 G96 指令。

G97:主轴每分转速　　该指令可以注销 G96 指令,其单位为 r/min。

5. 辅助功能 "M"

辅助功能 M 也称为 M 代码、M 指令(见附表二)。这类指令主要用于机床加工操作时的一些关断性质的工艺指令。M 功能常因生产厂家及机床的结构和规格不同而各异。这里介绍一些常用的 M 代码。

(1) M00:程序停止　　在完成编有 M00 指令的程序段中的其它指令后,主轴停转、进给停止、冷却液关断,程序停止。利用启动按钮才能再次自动运转,继续执行下一个程序段。

(2) M01:计划停止　　该指令的作用与 M00 指令相似。但必须是操作面板上"任选停止"按钮被按下(即处于接通状态),M01 指令才起作用。如果"任选停止"开关不接通,则 M01 指令不起作用,程序继续执行。加工过程中需停机检查、测量零件、手工换刀和交接班等可使用 M01 指令。

(3) M02:程序结束　　该指令用于程序全部结束。此时主轴、进给和冷却液全部停下,机床复位,纸带卷回到程序开始字符。

(4) M03、M04、M05:分别为主轴顺时针旋转、主轴逆时针旋转和主轴停止。

(5) M06:换刀　　该指令用于数控机床的自动换刀或显示待换刀号。自动换刀时换刀用 M06,选刀用 T 功能指令;对显示待换刀号的数控机床,换刀是用手动实现的。

(6) M07:2 号冷却液开　　用于雾状冷却液开。

(7) M08:1 号冷却液开　　用于液状冷却液开。

(8) M09:冷却液关　　注销 M07、M08、M50(3 号冷却液开)和 M51(4 号冷却液开)。

(9) M10、M11:夹紧、松开　　用于机床滑座、工件、夹具、主轴等的夹紧或松开。

(10) M19:主轴定向停　　该指令使主轴停止在预定的角度位置上。它主要用于镗孔时,镗孔穿过小孔镗大孔、反镗孔和精镗孔退刀不划伤已加工表面。自动换刀数控机床换刀时,也要用主轴定向停指令。

(11) M30：纸带结束　在完成程序段的所有指令之后，使主轴、进给和冷却液停止。用以使控制机和机床复位，程序返回到开始字符。

(12) M38、M39：主轴第一挡变速范围和主轴第二挡变速范围。

(13) M41、M42：主轴低速齿轮挡连接和高速齿轮挡连接。

(14) M62、M63：工件位移1和工件位移2　该指令使工件移到固定位置。

(15) M71～M78：工件角度位移　该指令使分度工作台转到第一至第八个位置。

(16) M98、M99：子程序调用指令　M98指令用于子程序调用，M99指令用于从子程序返回。

三、孔加工的程序编制

（一）孔加工程序编制的特点

孔加工一般在数控钻床、镗床和加工中心机床上进行，数控铣床上也可以实现孔加工。孔加工编程时，没有复杂的数学处理，所以编程比较简单。孔径尺寸由刀具保证，孔距的位置尺寸精度取决于数控系统和机械系统的精度。为了提高孔加工的精度和效率，程序编制中要注意以下几点：

1. 编程中坐标系统的选择应与图纸尺寸的标注方法一致，这样不但减少了尺寸换算，而且容易保证加工精度。

2. 注意提高对刀精度，如程序中要换刀，只要空间允许的话，可使换刀点安排在加工点上。

3. 使用刀具长度补偿功能，在刀具磨损，换刀后，长度尺寸变化时，使用刀具长度补偿可以保证孔深尺寸。

4. 在孔加工量很大时，为了简化编程，使用固定循环指令和对称功能（有的数控系统具有此功能）。

5. 程序编完后应进行程序原点返回检查，以保证程序正确性。

（二）孔加工手工编程举例

[例1] 使用刀具长度补偿和一般指令加工图2.2.27所示零件中A、B和C三个孔。

(1) 分析零件图纸，确定加工路线，工艺参数，进行工艺处理　工件定位选在底面和侧面，夹紧用压板。对刀点选在工件外，距工件上表面35mm处，并以此作为起刀点。根据孔径选用ϕ15mm的钻头，由于其长度磨损需要进行长度补偿，补偿量$b=-4$mm，刀补号为H01。补偿号H00的补偿量为0，可以用做取消刀补。主轴转数$S=600$r/min，刀具进给速度$F=1\,000$mm/min。在具有刀具长度补偿的数控钻床上加工，走刀路线见图2.2.27所示。

(2) 数学处理　钻削加工数学处理比较简单，根据图纸上尺寸，按照增量坐标（G91）或绝对坐标（G90）确定每个程序段中的各坐标值。

(3) 编写零件加工程序单　按照规定的程序格式编写的A、B和C三孔加工的程序单如下：

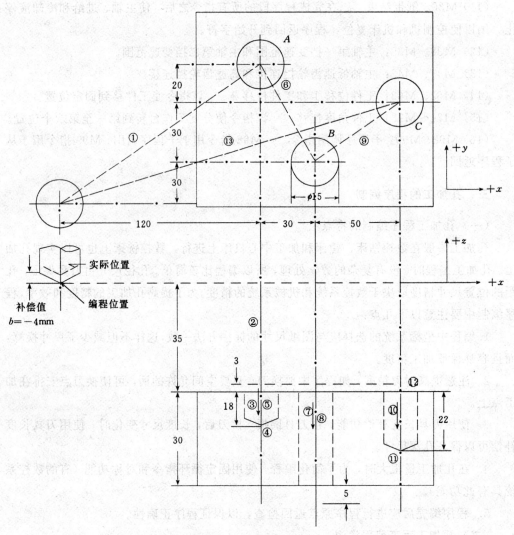

图2.2.27 钻三孔工件图

```
N01  G91  G00  X120.0  Y80.0      *定位到A点
N02  G43  Z-32.0  T1  H01          *刀具快速移动到工进起点，刀具长度补偿
N03  S600 M03                      *主轴启动
N04  G01  Z-21.0  F1000            *加工A孔
N05  G04  P2000                    *孔底停留2秒
N06  G00  Z21.0                    *快速返回到工进起点
N07       X30.0  Y-50.0            *定位到B点
N08  G01  Z-38.0                   *加工B孔
N09  G00  Z38.0                    *快速返回到工进起点
N10       X50.0  Y30.0             *定位到C点
N11  G01  Z-25.0                   *加工C孔
N12  G04  P2000                    *孔底停留2秒
```

N13　G00　Z57.0　H00　　　　　　＊z坐标返回到程序起点，取消刀补
N14　　　　X-200.0　Y-60.0　　　＊x、y坐标返回到程序起点
N15　M02　　　　　　　　　　　　＊程序结束

[例2] 使用刀具长度补偿和固定循环加工图2.2.28所示工件中的8个孔。

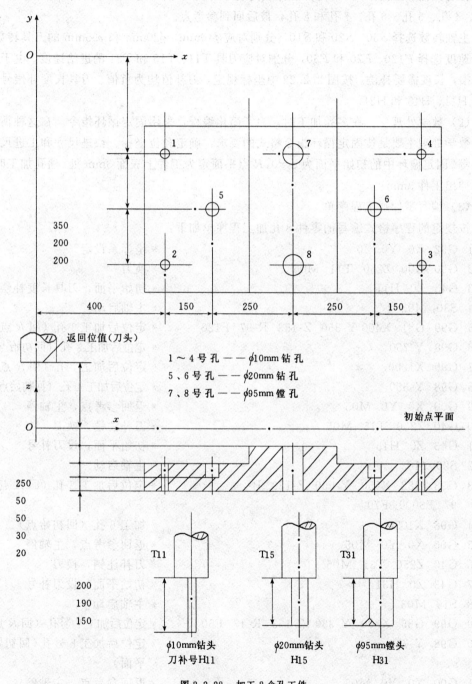

图2.2.28　加工8个孔工件

(1) 分析零件图纸，进行工艺处理　　该零件孔加工中，有通孔、盲孔和扩孔。故选择钻头 T11 和 T15、镗刀 T31。在具有刀补功能和自动换刀功能的数控钻床上进行加工。换刀点选在工件坐标系原点 z 坐标上 $+250$ mm 处。由于有三种孔径尺寸的加工，按先小孔后大孔加工的原则，确定加工路线为：从参考点开始，先加工 1 孔，然后加工 2 孔、3 孔、4 孔、5 孔、6 孔、7 孔和 8 孔，最后回到参考点。

　　主轴转数选择 $S30$、$S20$ 和 $S10$，分别对应 $\phi 10$ mm、$\phi 20$ mm 和 $\phi 95$ mm 的刀具转数。进给速度选择 $F120$、$F70$ 和 $F50$，分别对应刀具 T11、T15 和 T31 的进给速度。由于刀具磨损，长度需要补偿。按图 2.2.28 中坐标规定，刀补值均为负值。刀具长度补偿号分别为 H11、H15 和 H31。

(2) 数学处理　　在多孔加工时，为了简化编程，采用固定循环指令。在这种情况下，数学处理主要是按固定循环指令格式的要求，确定孔位坐标、快进尺寸和工进尺寸值等等。固定循环中的初始平面为 $z=0$，R 点平面定为工件上表面 3mm 处。通孔加工时，刀具伸出工件 3mm。

(3) 编写零件加工程序单

　　按规定的程序格式编写的零件 8 孔加工程序单如下：

```
N001  G92  X0  Y0  Z0                          *坐标系设定
N002  G90  G00  Z250  T11  M06                 *换刀
N003  G43  Z0  H11                             *初始平面，刀具长度补偿
N004  S30  M03                                 *主轴启动
N005  G99  G81  X400  Y-350  Z-153  R-97  F120 *定位后加工 1 孔（回 R 点）
N006  G98  Y-750                               *定位后加工 2 孔（回初始点）
N007  G99  X1200                               *定位后加工 3 孔（回 R 点）
N008  G98  Y-350                               *定位后加工 4 孔（回初始点）
N009  G00  X0  Y0  M05                         *返回参考点，主轴停
N010  G40  Z250  T15  M06                      *刀补注销，换刀
N011  G43  Z0  H15                             *初始平面，设刀补号
N012  S20  M03                                 *主轴启动
N013  G98  G82  X550  Y-550  Z-130  R-
      97  P3000  F70                           *定位后加工 5 孔（回 R 点）
N014  G98  X1050                               *加工 6 孔（回初始点）
N015  G00  X0  Y0  M05                         *返回参考点，主轴停
N016  G40  Z250  T31  M06                      *刀补注销，换刀
N017  G43  Z0  H31                             *初始平面，设刀补号
N018  S10  M03                                 *主轴启动
N019  G99  G85  X800  Y-350  Z-153  R-47  F50  *定位后加工 7 号孔（回 R 点）
N020  G98  Y-750                               *定位后加工 8 号孔（回初始
                                                平面）
N021  G00  X0  Y0  M05                         *返回参考点，主轴停
N022  G49  M02                                 *刀补注销，程序停
```

四、车削加工的程序编制

(一) 车削程序编制的特点

1. 坐标的取法及坐标指令　　数控车床径向为 x 轴、纵向为 z 轴。x 和 z 坐标指令，在按绝对坐标编程时使用代码 X 和 Z，按增量编程时使用代码 U 和 W。切削圆弧时，使用 I 和 K 表示圆弧起点相对圆心的相应坐标增量值或者使用半径 R 值代替 I、K 值。在一个零件的程序中或一个程序段中，可以按绝对坐标编程，或增量坐标编程，也可以用绝对坐标值与增量坐标值混合编程。

X 为径向的绝对坐标编程值，U 为径向的相对坐标编程值。在数控车床编程时，用直径还是用半径值由相应的机床基数决定。

2. 刀具补偿　　由于在实际加工中，刀具产生磨损及精加工时车刀刀尖磨成半径不大的圆弧；换刀时刀尖位置有差异以及安装刀具时产生误差等，都需要利用刀具补偿功能加以补偿。现代数控车床中都有刀具补偿功能。如果不具有刀具补偿功能，就需要进行复杂的计算。

3. 车削固定循环功能　　车削加工一般为大余量多次切除的过程，常常需要多次重复几种固定的动作。因此，在数控车床中具备各种不同形式的固定切削循环功能。如内、外圆柱面固定循环，内、外锥面固定循环，端面固定循环，切槽循环，内、外螺纹固定循环及组合面切削循环等。使用固定循环指令可以简化编程。

(二) 车削加工手工编程举例

现以图 2.2.29 零件为例说明车削手工编程的整个过程。该零件需要精加工，图中 $\phi 85$ 不加工。选用具有直线-圆弧插补功能的数控车床加工该零件。

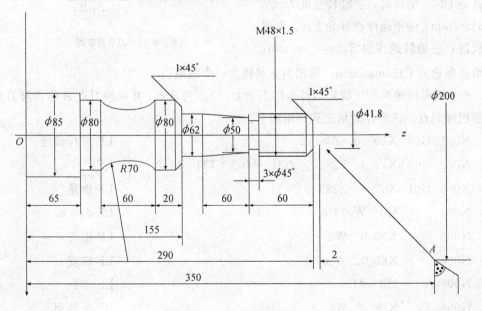

图 2.2.29　车削零件图

(1) 分析零件图纸，确定工艺方案及工艺路线　按先主后次、先粗后精的加工原则，确定加工路线为：

①先倒角→切削螺纹的实际外圆 $\phi47.8$（$\phi47.8$ 是 M48×1.5 螺纹的实际外径）→切削锥度部分→车削 $\phi62$ 外圆→倒角→车削 $\phi80$→切削圆弧部分→车削 $\phi80$。

②切槽。

③车螺纹。

(2) 选择刀具　根据加工要求，选用三把刀具。Ⅰ号刀车外圆，Ⅱ号刀切槽，Ⅲ号刀车螺纹。刀具布置图见图 2.2.30。采用对刀仪对刀，螺纹车刀刀尖相对于Ⅰ号刀尖在 z 向偏置 10mm，用刀具位置补偿来解决。刀补号用 T 指令后的第二位数字表示，如 T22 表示 2 号刀，2 号刀补，T10 表示 1 号刀，刀补值为 0。编程时应正确地选择换刀点，以换刀方便，不与工件、机床及夹具碰撞为原则。本例中，换刀点为 A。

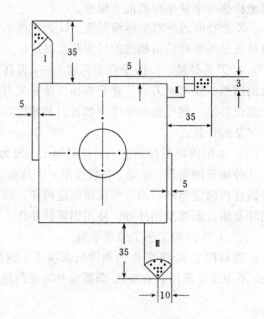

图2.2.30　刀具布置图

(3) 确定切削用量　车外圆时，主轴转速确定为 S31=630r/min，进给速度选择为 F15。切槽时，主轴转速为 S23=315r/min，进给速度选择为 F10。车削螺纹时，主轴转速定为 S22=220r/min，进给速度选为 F330mm/min，即相当于每转走一个螺距。

(4) 编写程序单　确定工件坐标系 xOz，O 点为原点。并将换刀点 A 作为对刀点，即是程序起点。该零件的加工程序单如下：

```
N001  G92  X200.0  Z350.0                        LF 坐标设定
N002  G00  X41.8   Z292.0  S31  M03  T11  M08    LF
N003  G01  X47.8   Z289.0  F15                   LF 倒角
N004       U0      W-59.0                        LF φ47.8
N005       X50.0   W0                            LF 退刀
N006       X62.0   W-60.0                        LF 锥度
N007       U0      Z155.0                        LF φ62
N008       X78.0   W0                            LF 车端面
N009       X80.0   W-1.0                         LF 倒角
N010       U0      W-19.0                        LF φ80
```

N011	G02	U0	W-60.0	I63.25	K-30.0		LF 圆弧
N012	G01	U0	Z65.0				LF φ80
N013		X90.0	W0				LF 退刀
N014	G00	X200.0	Z350.0	M05	T10	M09	LF 退刀
N015		X51.0	Z230.0	S23	M03	T22 M08	LF
N016	G01	X45.0	W0	F10			LF 割槽
N017	G04	U0.5					LF 延迟
N018	G00	X51.0	W0				LF 退刀
N019		X200.0	Z350.0	M05	T20	M09	LF 退刀
N020		X52.0	Z296.0	S22	M03	T33 M08	LF 车螺纹起始位置
N021	G78	X47.2	Z231.5	F330.0			LF 直螺纹循环
N022		X46.6	W-64.5				LF 直螺纹循环
N023		X46.1	W-64.5				LF 直螺纹循环
N024		X45.8	W-64.5				LF 直螺纹循环
N025	G00	X200.0	Z350.0	T30	M02		LF 退至起点

五、轮廓铣削加工的程序编制

（一）轮廓铣削编程特点

1. 铣削是机械加工最常用的方法之一，它包括平面铣削和轮廓铣削。使用数控铣床的目的在于：解决复杂的和难加工的工件的加工问题；把一些用普通机床可以加工（但效果不高）的工件，改用数控铣床加工，可以提高加工效率。数控铣床功能各异，规格繁多。编程选择机床要考虑如何最大限度地发挥数控机床的特点。二坐标联动数控铣床用于加工平面零件轮廓，三坐标以上的数控铣床用于难度较大的复杂工件的立体轮廓加工；铣削中心具有多种功能，可以多工位、多工件和多种工艺方法加工。

2. 数控铣床的数控装置具有多种插补方法，一般都具有直线插补和圆弧插补。有的还具有极坐标插补，抛物线插补，螺旋线插补等多种插补功能。编程时要合理充分地选择这些功能，以提高加工精度和效率。

3. 程序编制时要充分利用数控铣床齐全的功能，如刀具位置补偿、刀具长度补偿、刀具半径补偿和固定循环、对称加工等多种任选功能。铣削中心还具有自动换刀功能。

4. 平面铣削和由直线、圆弧组成的平面轮廓铣削的数学处理比较简单。非圆曲线、空间曲线和曲面的轮廓铣削加工，数学处理比较复杂，一般要采用计算机辅助计算和自动编程。

（二）铣削加工手工编程举例

[例1] 用刀具位置偏移指令铣削外轮廓的加工程序（内角按刀具圆弧过渡）

图 2.2.31 的零件由平行于坐标轴的直线和二段圆弧组成。用刀具偏置功能编制外轮

廓加工程序，刀具直径 ϕ20mm，偏置号 H01，偏置量 +10.0mm。偏置指令为非模态，仅在指定程序段有效。加工路线从 O 点开始，经过 A、B、C、D、E、F、G、H、H′、I′、I、J、A，又回到 O 点。其程序如下：

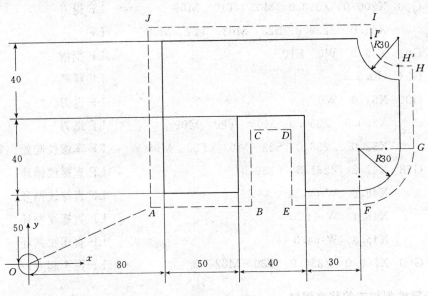

图2.2.31　铣削工件一

N01	G91	G46	G00	X80.0	Y50.0	H01	LF 刀具快速到 A 点
N02	G47	G01	X50.0	F120			LF 切削进给 AB
N03		Y40.0					LF 切削进给 BC
N04	G48	X40.0					LF 切削进给 CD
N05		Y-40.0					LF 切削进给 DE
N06	G45	X30.0					LF 切削进给 EF
N07	G45	G03	X30.0	Y30.0	I0	J30.0	LF 加工圆弧 FG
N08	G45	G01	Y20.0				LF y 向进给 GH
N09	G46	X0					LF x 向进给 HH′
N10	G46	G02	X-30.0	Y30.0	I0	J30.0	LF 加工圆弧 H′I′
N11	G45	G01	Y0				LF y 向进给 I′I
N12	G47	X-120.0					LF 直线进给 IJ
N13	G47	Y-80.0					LF 直线进给 JA
N14	G46	X-80	Y-50.0				LF 快速返回 O 点

［例2］具有刀具补偿功能（B 刀补、C 刀补）的外轮廓铣削加工程序。

图 2.2.32 是用立铣刀铣削工件外轮廓的加工示意图。立铣刀直径 ϕ20mm，刀具长度补偿 H03，刀具半径补偿 D30。其程序如下：

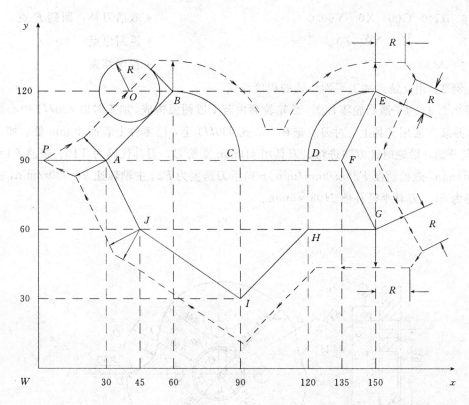

图 2.2.32 铣削工件二

N1	G92	X0	Y0	Z0		* 建立工件坐标系
N2	G30	P2	X0	Y0	Z250 M06 T07	* 返回第二参考点换刀
N3	G00	G90	X0	Y90.0		* 快速移至 P 点
N4	G43	Z0	H03	S440	M03	* 长度补偿,主轴正转
N5	G41	G17	X30.0	D30	F100	* 半径补偿,移至 A 点
N6	G01	X60.0	Y120.0			* 加工 AB 段
N7	G02	X90.0	Y90.0	I0	J-30.0	* 加工圆弧 $\overset{\frown}{BC}$
N8	G01	X120.0				* 加工 CD 段
N9	G02	X150.0	Y120.0	I30.0	J0	* 加工圆弧 $\overset{\frown}{DE}$
N10	G01	X135.0	Y90.0			* 加工 EF 段
N11		X150.0	Y60.0			* 加工 FG 段
N12		X120.0				* 加工 GH 段
N13		X90.0	Y30.0			* 加工 HI 段
N14		X45.0	Y60.0			* 加工 IJ 段
N15		X30.0	Y90.0			* 加工 JA 段

```
N16   G40  G00   X0   Y90.0              * 取消刀补,回到 P 点
N17        X0   Y0   Z0                  * 返回原点
N18   M30                                * 程序结束
```

[**例3**] 用立铣刀加工平面凸轮的程序编制。

图 2.2.33 为平面凸轮零件图,凸轮轮廓由若干段圆弧构成。加工时以 $\phi 30H1$ 中心孔定位,并装在通用夹具上。对刀点选在中心孔 $\phi 30H1$ 上,距零件上表面 40mm 处。加工从 A 点开始,沿逆时针方向进行。刀具用 $\phi 10mm$ 立铣刀,刀具代码为 T10。快速 $F1=300mm/min$,进给速度 $F2=80mm/min$。z 向下刀速度为 $F3$。主轴转速 $n=980r/min$,主轴代码为 S1。刀具半径补偿 $H03=5mm$。

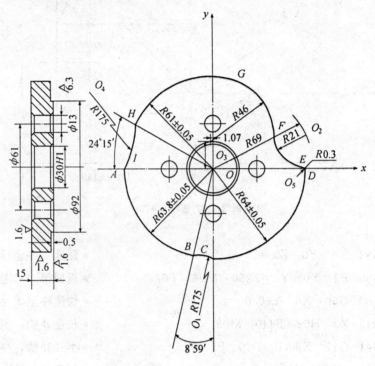

图 2.2.33　铣削工件三

基点计算:

$\overparen{BC}$ 弧的中心 O_1 点: $x = -(175 + 63.8)\sin 8°59' = -37.28$
$y = -(175 + 63.8)\cos 8°59' = -235.86$

$\overparen{EF}$ 弧的中心 O_2 点: $\left.\begin{array}{l} x^2 + y^2 = 69^2 \\ (x-64)^2 + y^2 = 21^2 \end{array}\right\}$ 联立

解之得　　　　　　　　　$x = 65.75, y = 20.93$

$\stackrel{\frown}{HI}$ 弧的中心 O_4 点： $x = -(175 + 61)\cos24°15' = -215.18$

$y = (175 + 61)\sin24°15' = 96.93$

$\stackrel{\frown}{DE}$ 弧的中心 O_5 点： $\left.\begin{array}{l} x^2 + y^2 = 63.7^2 \\ (x - 65.75)^2 + (y - 20.93)^2 = 21.30^2 \end{array}\right\}$联立

解之得： $x = 63.70, y = -0.27$

$\quad B$ 点： $x = -63.8\sin8°59' = -9.96$

$\qquad y = -63.8\cos8°59' = -63.02$

$\quad C$ 点： $\left.\begin{array}{l} x^2 + y^2 = 64^2 \\ (x + 37.28)^2 + (y + 235.86)^2 = 175^2 \end{array}\right\}$联立

解之得： $x = -5.57, y = -63.76$

$\quad D$ 点： $\left.\begin{array}{l} (x - 63.70)^2 + (y + 0.27)^2 = 0.3^2 \\ x^2 + y^2 = 64^2 \end{array}\right\}$联立

解之得： $x = 63.99, y = -0.28$

$\quad E$ 点： $\left.\begin{array}{l} (x - 63.70)^2 + (y + 0.27)^2 = 0.3^2 \\ (x - 65.75)^2 + (y - 20.93)^2 = 21^2 \end{array}\right\}$联立

解之得： $x = 63.72, y = 0.03$

$\quad F$ 点： $\left.\begin{array}{l} (x + 1.07)^2 + (y - 16)^2 = 46^2 \\ (x - 65.75)^2 + (y - 20.93)^2 = 21^2 \end{array}\right\}$联立

解之得： $x = 44.79, y = 19.60$

$\quad G$ 点： $\left.\begin{array}{l} (x + 1.07)^2 + (y - 16)^2 = 46^2 \\ x^2 + y^2 = 61^2 \end{array}\right\}$联立

解之得： $x = 14.79, y = 59.18$

$\quad H$ 点： $x = -61\cos24°15' = -55.62$

$\qquad y = 61\sin24°15' = 25.05$

$\quad I$ 点： $\left.\begin{array}{l} x^2 + y^2 = 63.8^2 \\ (x + 215.18)^2 + (y - 96.93)^2 = 175^2 \end{array}\right\}$联立

解之得： $x = -63.02, y = 9.97$

根据上面的数值计算，编写的凸轮加工程序如下：

N1 G92 X0 Y0   Z0   NL 建立工件坐标系

N2 G01 G17 G90 X-73.8   Y10.0 F1 T10 NL 由对刀点到加工开始点

N3   G18   Z0   S1 M03 NL 下刀至零件上表面

N4		Z16.0		F3	NL 下刀至零件下表面以下 1mm
N5	G17 G42	X-63.8	Y0	F2	NL 进刀至 A 点，加刀补
N6	G03	X-9.96 Y-63.02	R63.8		NL 加工$\overset{\frown}{AB}$
N7	G02	X-5.57 Y-63.76	R175.0		NL 加工$\overset{\frown}{BC}$
N8	G03	X63.99 Y-0.28	R64.0		NL 加工$\overset{\frown}{CD}$
N9		X63.72 Y0.03	R0.3		NL 加工$\overset{\frown}{DE}$
N10	G02	X44.79 Y19.6	R21.0		NL 加工$\overset{\frown}{EF}$
N11	G03	X14.79 Y59.18	R46.0		NL 加工$\overset{\frown}{FG}$
N12		X-55.26Y25.05	R61.0		NL 加工$\overset{\frown}{GH}$
N13	G02	X-63.02Y9.97	R175.0		NL 加工$\overset{\frown}{HI}$
N14	G03	X-63.80Y0	R63.8		NL 加工$\overset{\frown}{IA}$
N15	G01 G40	X-73.8 Y10.0		F1	NL 退刀，刀补注销
N16	G18	Z40.0			NL z 向返回起刀点
N17	G17	X0	Y0	M02	NL x、y 向返回起刀点，停机

§2.3 自动编程系统

一、自动编程概述

程序编制是进行数控加工的重要组成部分。零件形状简单时，可以直接根据图纸用手工编写程序。若零件的形状稍微复杂一些，则需要用计算器或计算机等计算坐标值。但是，零件形状极其复杂和三坐标以上切削加工时，往往需要复杂重复的计算，程序段的数目也非常多，采用手工编程几乎是不可能的，因此发展了应用计算机的自动编程方法。

（一）数控自动编程的产生及其发展

1952 年，美国麻省理工学院（MIT）研制成第一台数控铣床。为了充分发挥数控铣床的加工能力，解决复杂零件的加工问题，麻省理工学院伺服机构试验室在美国空军资助下，开始研究数控自动编程问题。研究成果于 1955 年公布，即 APT 系统（Automatical Programmed Tools）的第一版本 APT I。1956 年美国宇航工业协会（AIA）在 APT I 的基础上组织研究自动编程系统，于 1958 年发展为 APT II 系统。1961 年圣地亚哥规划集中了 14 名有经验的程序员，在贝茨（E. A. Bates）领导下搞出了 APT III 系统。后来 AIA 继续对 APT 进行改进，并成立了 APT 长期规划组织 ALRP（APT Long Range Program），由美国伊利诺斯理工学院负责。到了 70 年代，成立了计算机辅助制造的国际机构（CAM-1），它取代了 APTLRP，又发展了 APT IV 系统。

现在使用的 APT 系统有 APT II、APT III 和 APT IV。其中 APT II 是自由曲线（平面零件）的自动编程，APT III 是 3-5 坐标立体曲面的自动编程，APT IV 是自由曲面的自动编程，并可联机和图形输入，它是采用 FORTRAN-IV 算法语言写的数控程序系统的程序。

APT 是一个较大的系统,词汇丰富,定义的几何类型多,并配有 1 000 多种后置处理程序,在各国工业界得到广泛应用。但是由于该系统庞大,占用内存大,需使用大型计算机,费用昂贵。根据加工零件的特点和用户的不同需要,参考 APT 语言系统的思想,各国先后研究了许多各具特点的编程系统。如美国的 ADAPT、AUTOSPOT;英国的 2C、2CL、2PC;德国的 EXAPT-1(点位)、EXAPT-2(车削)、EXAPT-3(铣削);法国的 IFAPT-P(点位)、IFAPT-C(轮廓)、IFAPT-CP(点位、轮廓);日本的 FAPT、HAPT 等数控自动编程语言系统。国外有代表性的数控语言系统见表 2-5。

表 2-5 国外的主要自动编程数控语言系统

名 称	研制者	使用计算机	使用范围	特 点
APT Ⅱ APT Ⅲ APT Ⅳ	MIT 美国 HTRI	IBM704 IBM7090 大型机(多种)	通用 3~6 坐标	功能很强的数控语言系统
APT$_{AC}$		IBM370	4~5 坐标	用于连续控制
ADAPT		IBMS/360F	2 坐标	计算语句类似 FORTRAN,平面轮廓
AUTOSPOT		IBMS/360E	3 坐标	用于点位、直线、铣平面、铣槽、孔加工
AUTOMAP-1		IBM1620	2 坐标	平面轨迹连续控制
SPLIT	美国	IBM	2~3 坐标	点位控制、钻孔、镗孔,只需一次处理
COMPACT Ⅱ		COM SH 公司计算机	2~3 坐标	用于车削,专供分时用户
ACTION Ⅰ		IBM360	2~3 坐标	用于一般工业:铣、钻、镗、车
UNIAPT		微型机	3~4 坐标	功能与 APT 类似,但规模较小
EXAPT1	EXAPT 协会 (德国)	多种	2~3 坐标	点位　　能处理工艺问题
EXAPT2			2~3 坐标	车床、连续　　同上
EXAPT3			$2\frac{1}{2}$ 坐标	连续、铣床　　同上
2C 2CL 2PC	NEL (英国)	各种	2~3 坐标	车床二坐标轮廓加工 $2\frac{1}{2}$ 铣削 点位加工
IFAPT-P IFAPT-C IFAPT-CP	ADEPA (法国)	多种	2~3 坐标	点位 连续($2\frac{1}{2}$) 点位、连续
FAPT	富士通(日本)	FA00M270-10	$2\frac{1}{2}$~3 坐标	连续　符号语言、会话型

续表

名称	研制者	使用计算机	使用范围	特点
HAPT	日立（日本）	HIT-AC5020	2~3坐标	连续同上
PICNIC	英 PERA	IBM	2坐标	点位，适应30多种机床、40个APT词汇
MINIFAPT	法国	IBM	2坐标	点位、各种机床 用汇编程序
MITUIN	荷兰	分时计算机	2坐标	点位、车床、成组工艺、工艺参数、会话型
PAGET MODAPT	意大利	IBM360/40	2~3坐标	连续
САП СПС	苏联	МПНСК-22	2~3坐标	车削、铣削平面和立体零件

我国自50年代末期开始研制数控机床，60年代中期开始数控自动编程方面的研究工作。70年代已研制出SKC（用于航空工业平面零件、平面变斜角零件）、ZCX（用于 $2\frac{1}{2}$ 铣床加工）、ZBC-1（用于 $2\frac{1}{2}$~3坐标铣削）、CKY（用于车削）等数控自动编程系统。随着计算机技术的发展，微型机数控自动编程系统以其较高的性能价格比迅速发展起来。近年来推出了HZAPT、EAPT、SAPT等微型机数控自动编程系统。

从自动编程的发展过程看，一方面向大而全的方向发展，另一方面向小而专的方向发展。自动编程数控语言一般可分为两类：符号语言和词汇语言。符号语言用在小而专的自动编程系统中，简单、针对性强，一般只需一次处理。词汇语言通用性强、系统复杂。

数控自动编程系统的功能不断扩大发展，从只能处理几何参数发展到能处理工艺参数。即按加工的材料、零件几何尺寸、公差等原始条件，自动选择刀具、决定工序和切削用量等数控加工中的全部信息。

数控自动编程技术发展很快，今后的发展趋势如下：

1. 发展会话型自动编程系统

在会话系统中，编程人员可使用命令随时对计算机进行适当控制，如同与计算机对话一样。该系统具有随时更改源程序、重新定义几何元素、暂停执行、随时打印中间结果和程序单以及菜单输入等特点。

2. 数控图形编程系统

数控图形系统由光笔、荧光屏、键盘计算机和系统软件组成。该系统的特点是以图形要素为输入参数，而不用数控语言。从加工零件图形的再现，走刀轨迹的生成，加工过程的动态模拟直到数控加工指令的获得都是通过屏幕菜单驱动、图形交互方式得到的。具有形象、直观、效率高的优点。屏幕上的图形可以是主视、俯视、侧视图及轴侧图以及动态立体图等。

3. 数字化技术编程法

对无尺寸图形或实物模型进行编程时，要采用数字化技术获得程序单和控制带。这种方法需要三坐标测量机，将测得的数据直接送往数控程编系统，将其处理成数控加工指令，形成加工程序。

4. 语音数控自动编程

随着电子语言识别系统的应用,可以用音频数据输入编程系统。使用语音编程系统时,操作人员必须使用记录在计算机内的词汇,不需要有专门的程序编制技术,只要把所需指令讲给话筒就行了。

5. 计算机数控中的直接编程

计算机数控(CNC)和微机数控(MNC)中的计算机除用作控制外,还可用作编程。称为再线编程。这种系统可以由键盘或纸带输入零件源程序,并用会话形式进行操作,不输出中间结果,直接形成加工程序。

6. 发展模块化的多功能的编程系统

该种类型编程系统不仅能够对任意平面零件进行编程,并且具有复杂曲面的编程功能;不仅能够进行几何图形的处理,同时具有工艺处理功能,可自动确定工艺参数;不仅具有数控语言输入方式,还能够用图形输入;该系统还提供了与CAD的接口及与数控系统直接通讯的功能。

系统程序结构实现模块化。它不仅包括使用数控语言编程方式的车削、铣削、线切割、复杂模具型腔(三坐标至五坐标加工)、激光加工、点位程编等模块,同时还有图形输入、人机对话方式程编模块以及自学习模块,故障诊断模块等。

(二)数控自动编程系统的组成及特点

自动编程系统由硬件和软件组成。硬件部分由计算机、打印机、绘图机、穿孔机或磁带及磁泡盒等外部设备组成。软件主要包括数控语言及系统程序(编译程序)。

自动编程的整个过程是由计算机自动完成的,编程人员只需根据零件图纸的要求,使用数控语言编写出零件加工源程序。将该源程序送入计算机,经过计算处理后,自动地输出零件加工程序单,绘出零件加工走刀中心轨迹图,制备出穿孔纸带。自动编程过程见图2.3.1。

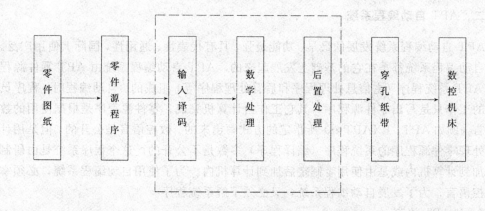

图2.3.1 自动编程过程

计算机是自动编程系统的主要硬件设备。大、中、小型及微型机都可被应用,根据自动编程系统的功能及使用范围,可选用不同类型的计算机。近年来,微型机数控编程系统得到很大发展。

从自动编程系统的软件程序来看，主要由三部分构成：零件源程序；主信息处理程序；后置信息处理程序。

1. 零件源程序

零件源程序（也叫零件程序）是一种用数控编程语言在程序单上写出工件的形状尺寸、加工该工件的刀具动作、指定的切削条件、机床的辅助功能等内容的程序。自动编程系统用的数控语言是一套规定好的基本符号、字母数字及由它们来描述零件加工的语法、词法规则。这些符号及规则接近于日常用语，这种语言直观、简单，使用方便。数控语言有许多种语句，如定义语句，切削语句和控制语句等，它们是书写零件源程序的主要语句。

2. 主信息处理程序

主信息处理程序与后置处理程序、输入译码翻译程序统称为"编译程序"，也叫系统程序。这个程序系统是由人工使用高级语言（以前有用汇编语言）编写的庞大程序。有了该程序，计算机才能进行自动编程。

零件源程序作为输入信息输给计算机，计算机就按输入数据计算刀具轨迹的一系列坐标值，并指定辅助功能，形成刀具位置数据和控制带。这样的控制带称为刀位控制带。处理这些输入数据的程序称为主信息处理程序。主信息处理程序及计算出的刀具位置信息对数控机床有通用性。

3. 后置处理程序

由于对某一特定的机床来说，数控装置的指令形式不同，机床的辅助功能也不一样，因此不能直接使用上述刀位控制带，而需要制作能在该特定机床上使用的程序和指令带。也就是要把记录在刀位控制带上的一般性计算结果作进一步的改变以便作成适合于特定数控机床用的指令带。把这一处理用的程序称为"后置处理程序"。

如上所述，后置处理程序必须根据数控装置和机床的组合特性一个一个地编写。

二、APT 自动编程系统

APT 自动编程系统发展的最早、功能最强，具有代表性、通用性，国际上使用广泛。其它自动编程系统都是在它的基础上发展起来的。APT 自动编程系统由 APT 零件源程序和 APT 系统程序（主信息处理程序和后置处理程序等）组成的。自动编程时，程序员要做的工作只是写出零件源程序，其它工作由计算机完成。零件源程序是根据使用的数控语言（例如 APT、EXAPT…）所指定的方式写出来的。数控语言是公开的，但是用计算机处理零件源程序的系统程序（编译程序）多数是不公开的。这个程序系统是由研制单位加到计算机内或是由使用者制定后加到计算机内。为了使用自动编程系统，必须掌握数控语言；为了发展自动编程系统，又必须了解系统程序。

（一）APT 语言

APT 自动编程系统已经发展到 APT-Ⅳ，从它的设计思想到系统的内部结构都与过去的 APT 有很大的不同。但是，它的外部规范（零件源程序及其数控语言）则完全按 APT Ⅲ的形式编写，下面以 APT Ⅲ为基础介绍自动编程系统。

1. 确定刀具轨迹的基本原则

(1) 控制面

在 APT 系统中，为了确定刀具在空间的运动轨迹，指定了与刀具有特定关系的三个控制面，如图2.3.2所示。面1为导动面，面2为零件面，面3为检查面或停止面。

导动面 DS（Drive Surface）是在指定的切削运动过程中，引导刀具保持在指定公差范围内运动的面。

零件面 PS（Part Surface）是指在刀具沿着导动面运动时控制刀具高度的面。在 APT 中，用 APT 词定义的面都可以作为零件面使用。

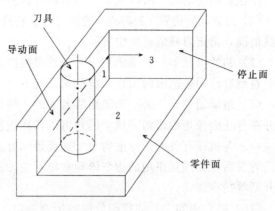

图2.3.2 控制面

检查面（停止面）CS（Check Surface）是指在轮廓运动中，刀具在保持给定的导动面和零件面关系的情况下运动停止的面。

将有关控制面的信息和刀具相对于控制面位置的信息输入计算机，就能计算刀具的轨迹。

(2) 刀尖

把刀具作为旋转的三坐标面来考虑，用刀尖的 x、y、z 坐标值（即刀位坐标）来表示刀具沿一对平面运动的任意点上的正确位置。刀尖是指刀具中心线与底面的交点。

(3) 静止的工件

APT 系统中计算刀具轨迹时，假定工件是静止的，而刀具是运动的。将工件坐标系固定在适当位置，这样计算出来的刀具轨迹坐标值称为一般解，叫做刀具位置 CL（Cutter Location）数据（Data）。它要通过后置处理阶段加以修正，使之符和特定机床的要求。

(4) 直线逼近

APT 系统中假设刀具沿直线运动。当刀具运动轨迹为曲线时，必须用许多微小的直线段代替曲线，即采用直线逼近的方法。但逼近误差应在指定的容许范围内。CL 数据就是这些直线段端点的坐标值。

2. 零件源程序的构成

零件源程序包括下面一些内容：

(1) 坐标系的选定　　在工件的适当位置按右手定则选定直角坐标系。选定坐标系有不同的方法，但一般应尽可能选择不需计算就能直接利用图纸上标注的数值的坐标系。

(2) 初始语句　　这是给零件源程序作标题用的语句。

(3) 定义语句　　为了规定刀具的运动，必须对所有几何要素进行定义并赋名。控制面的定义是主要项目，然后将这些名字记入零件图纸。

(4) 刀具形状的描述　　指定实际使用的刀具形状，这是计算刀具端点坐标所必须的。

(5) 容许误差的指定　　在 APT 系统中，刀具的曲线运动用直线逼近，所以要指定其近似的容许误差的大小。容许误差值越小，越接近理论曲线，但是，计算机运算所需的时间也就随之增加。所以选定合适的容许误差是很重要的。

（6）刀具起始位置（起刀点）的指定　在运动语句之前，要根据工件毛坯形状、工夹具情况，指定刀具的起始位置。

（7）初始（起动）运动语句　刀具沿控制面移动之前，先要指令刀具向控制面移动，直到容许误差范围内为止。此语句还规定了下一个运动的控制面。

（8）运动语句　为了加工出所要求的工件形状，需要使刀具沿导动面和零件面移动并在停止面停止的语句，这个语句可以依次重复进行。

（9）与机床有关的指令语句　这类语句有：根据指定使用的机床和数控装置，而调出有关后置处理程序用的指令语句和指示主轴旋转的启停、进给速度的转换、冷却液的开断等指令语句。

（10）其它语句　如打印数据的指令语句、与计算机处理无关的注释语句等。

（11）结束语句　零件源程序全部写完时，最后一定要写上结束语句。

3. APT语言的基本要素

（1）字符　在APT的零件源程序中使用的字符有下列三类：

①英文字母（只用大写字母）：A～Z，共26个字母。

②数字：0～9，十个字符。

③特殊符号：［=］，［/］，［,］，［.］，［（］，［）］，［+］，［-］，［*］，［**］，［$］，［$$］，十二个符号。

（2）数　在零件源程序中使用的数全为浮动小数点数。小数时，小数点后的位可表示12位；整数则可以表示$2^{35}-1$以内的数。

（3）符号　符号是给图形、标量或宏指令等起的名称。书写符号时必须遵守下列规定：

①应该是六个以内的英文字母或者英文字母和数字的组合，其中第一个字母必须是英文字母。

②不允许使用APT系统中的词汇。

（4）语句　图形定义、运动语句、运算语句、对机床的指示指令等含有独立意思的句子称为"语句"，它是执行基本运算和控制用的基本单位。

（5）特殊用字符　作为标点使用的符号一共有三个：［/］、［,］、［=］。斜线号［/］在语句中是分隔主语（也称主字）和谓语（也称次字）用的。主语部分写的是决定语句形式的要素，谓语部分给出的是为说明主语部分所需要的信息。逗号［,］是分隔APT用字和各种数据用的。等号［=］用于图形和标量等的定义中，用它把符号和它的要素分隔开来。

作为运算符使用的符号有：［+］、［-］、［/］、［*］、［**］等，它们分别代表加、减、除、乘和乘方。

一组封闭括号［（）］的作用是：把加入部分括起来；把运算语句中的变量括起来；把假定语句中的判断值括起来等等。

一个美元括号［$］，如写在程序语句行的末尾时，表示该语句接续到下一行。这个

符号的作用是：一个语句超过72列（APT零件源程序一行规定72列）时把语句代码分成两行来写。

二个美元符号［＄＄］表示：写有这个符号的一行，在［＄＄］后各列所写的不是要计算机执行处理的语句指令，而是要打印在清单上。［＄＄］前面写的信息依然有效。

4. APT 的语句

（1）初始语句：PARTNO

该语句为 part number 的意思，但不要用数字来写。此单词后的字母不限，作用是说明本程序的名字。例如：

PARTNO SADDLE SURFFACE TEST

此语句只能命令打印，对 APT 系统无任何作用。这个词必须写在第 1 列到第 6 列之间。

（2）注释语句：REMARK

这个语句在零件源程序中要插入一行与执行处理无关系的注释内容时使用。REMARK 这个词要写在第 1 到第 6 列之间。［＄＄］符号也起注释作用，但注释部分是该符号后面的信息。注释语句仅能用来命令打印，对 APT 系统不起作用。

（3）打印 CL 数据语句：CLPRNT

此单词为 cutter location print 的缩写。其意义是命令打印计算所得的全部 CL 数据或刀具端点的坐标值一览表。

（4）图形定义语句（定义语句）

定义语句用来定义点、线和面等几何学要素并赋名。定义语句的一般形式是：

符号＝几何要素种类/几何要素的信息

APT 中能够定义的几何要素有点、线、平面、圆柱、锥体、球、二次曲面等，极为丰富。各个几何要素又可以用各种方式定义。下面以图 2.3.3 为例说明图形定义语句。

P0＝POINT/0，0

P1＝POINT/－3，18

P2＝POINT/10，－5

C1＝CIRCLE/CENTER，P1，RADIUS，8

C2＝CIRCLE/CENTER，P2，P0

L1＝LINE/P1，P2

P3＝POINT/YSMALL，INTOF，L1，C1

L2＝LINE/P3，LEFT，TANTO，C2

上述语句中 POINT（点）、CIRCLE（圆）、RADIUS（半径）、CENTER（圆心）、LINE（线）、YSMALL（Y 小）、INTOF（相交）、LEFT（左）、TANTO（相切）等均为 APT 语句的词汇。P0、P1、P2 各点均以坐标 x、y 定义、圆 C1 以圆心 P1 和半径 8 定义。圆 C2 以圆心 P2 并通过 P0 点的圆定义。直线 L1 通过 P1 和 P2 点。P3 点

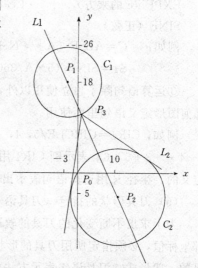

图2.3.3 APT的图形定义

是直线 L1 和圆 C1 的两个交点中，位于 y 坐标值偏小的一点。L2 直线的定义：通过 P3 点，左切（由 P3 点向圆 C2 看左面那条切线）C2 的一条直线。APT 语言定义语句很多，详见参考文献 [12]。

(5) 运算语句

在程序中，为了指出点、面的定义或刀具的运动，往往要进行中间运算。APT 系统不仅能作四则运算，而且也能进行乘方运算和使用函数的复杂计算。使用运算语句时注意下面的规定：

①运算的优先顺序：先是乘方（＊＊），然后是乘法（＊）、除法（/），最后是加法（＋）、减法（－）。

例如 R＝3＋7/2＋4＊＊3－5＊6

②括号"（）"内的运算优先进行，有二层三层等括号时，运算顺序是先内层，后外层。

③可以把已定义了数值符号当作数使用。

④在 APT 零件源程序中，等号［＝］还有置换（或代入）的意思。

例如，希望 C 值改变，则可用下式

$$C = C + B$$

C 原来是 3，B 是 2，则新的 C 值是 5。

⑤APT 系统中可以进行的函数运算如下：

ABSF（绝对值）　　　COSF（余弦）
SQRTF（平方根）　　 ATANF（反正切）
LOGF（自然对数）　　DOTF（矢量内积）
EXPF（e 的乘方）　　LNTHF（矢量的长度）
SINF（正弦）

例如：　C＝ABSF〔A＊＊N－M＊(B－5)〕
　　　　S1＝SINF（5×A/360）

⑥运算语句除了独立使用以外，也能把它插入在几何图形定义语句里面使用。

例如，CIR1＝CIRCLE/5，4，1〔R＝(3＋7)/2－4＊＊3＋5＊6〕表示圆 CIR1 用圆心坐标和半径定义的，半径 R 用运算语句表示出的。

(6) 刀具形状的指定（刀具语句）

为了求出不断变化的刀具的轨迹位置，即刀具端部坐标值，必须指定所用刀具的形状。图 2.3.4 是刀具的一般形式，刀具语句表示方法如下：

CUTTER/D，r，E，F，α，β，h

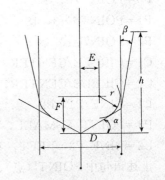

图 2.3.4　刀具定义的一般形式

图 2.3.5 表示常用刀具形状，可用简略方法表示。未指定刀具长度（h）值时，其值默认为 12.7 吋。

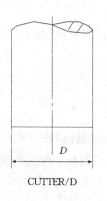 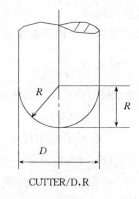 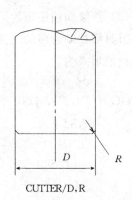

图2.3.5 刀具定义的简略形式

(7) 容差的指定

APT 系统中，虽然控制面和图形可严密定义，但刀具运动是按直线逼近的，因此需要确定逼近容许误差范围。指定容差的语句有三种：OUTTOL、INTOL、TOLER。

图 2.3.6 中，语句 OUTTOL/t 为逼近折线在工件表面外侧的距离 t 以内，成为"切余"的状态；语句 INTLO/t 为逼近折线在工件表面内侧的距离 t 以内，成为"切进"的状态；图（c）中，为同时使用 OUTTOL 和 INTOL。

TOLER/t 语句是在已经使用了 OUTTOL 和 INTOL 情况下，使用 TOLER 再指定，则 OUTTOL 值被重新定义。而 INTOL 被指定为 0，即取消 INTOL。

(8) 刀具起始位置（起刀点）的指定

指定起刀点的语句，必须写在启动语句之前，书写形式为：

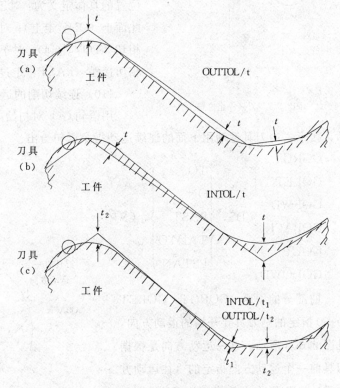

图2.3.6 容差的指定

FROM { 已定义过的点的符号　　　如，FROM/SETPT
       引用括号的点的定义　　　　FROM/ (POINT/1, 4, 2)
       x、y、z 坐标值　　　　FROM/1, 0, 3

（9）连续切削用初始运动（启动）语句

刀具沿控制面移动之前，首先必须将刀具向控制面送进至容许误差范围内。启动语句的一般形式为：

$$GO / \begin{Bmatrix} TO \\ ON \\ PAST \end{Bmatrix}, DS, \begin{Bmatrix} TO \\ ON \\ PAST \end{Bmatrix}, PS, \begin{Bmatrix} TO \\ ON \\ PAST \end{Bmatrix}, CS$$

启动语句中规定了运动的控制面DS、PS、CS，其中DS、PS也是下一个运动的控制面。这三个面的指定必须遵守正确的顺序。语句中修饰字TO、ON、PAST的意义见图2.3.7。

例如， FROM/SETPT

GO/ON，S1，TO，S2，PAST，S3

表明刀具从起始点SETPT移动到规定的位置，这个位置的具体定义为：对于平面S1（DS），刀具中心在此面上（ON：走上）；对于S2面（PS），刀具刚与之相切（TO：走到）；对于S3面（CS），刀具走过头但相切接触（PAST：走过）。

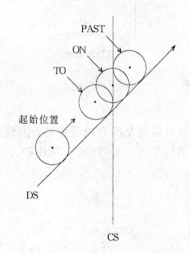

图2.3.7 刀具停止位置

（10）连续切削的运动语句

用语句GO/对初始的刀具运动给定了DS、PS以后，接下去的刀具运动用下面的连续运动指令语句给出。

$$\begin{Bmatrix} GORGT \\ GOLFT \\ GOFWD \\ GOBACK \\ GOUP \\ GODOWD \end{Bmatrix} / DS, \begin{Bmatrix} TO \\ ON \\ PAST \\ TANTO \\ PSTAN \end{Bmatrix}, CS$$

前部分的用语（GORGT，GOLET……）指定的是刀具要开始的运动方向，见图2.3.8所示。这一运动方向是根据刀具前一个运动方向指定的（往运动方向看）。CS面前面的修饰语TO、ON、PAST意义同前。TANTO和PSTAN的意义见图2.3.9。TANTO的使用表示刀具停在导动面和检查面相切的切点上。PSTAN表示刀具停在零件面和检查面刚好相切的切点上。

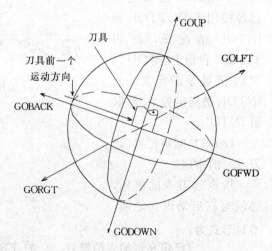

图2.3.8 刀具运动方向

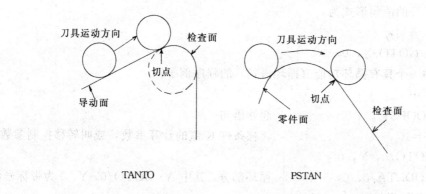

图2.3.9 两种修饰语

(11) 使用GOTO/、GODLTA/的刀具运动语句（点位运动语句）

前面叙述的刀具运动是利用三个控制面得到正确的刀具轨迹的。语句GOTO/和GODLTA/是在与控制面无关系的情况下移动刀具时所使用的。

语句GOTO/是要移动到空间某特定点的位置时使用的，形式为：

GOTO/X、Y、Z 或 GOTO/PNT1

其中X、Y、Z为坐标值表示点，PNT1为已定义的点。

语句GODLTA/是从现在的刀具位置移动一个距离增量时使用的语句，形式为：

GODLTA/ΔX, ΔY, ΔZ

(12) 重复命令语句

把完全同样的语句指令群或者每次有部分改变的一连串指令群作若干次重复的操作是经常出现的，这种情况下，程序就成为大量指令语句的罗列。在APT语句中为了编制重复性程序使用了循环语句、宏指令和复制功能。

①循环语句

循环语句的范围为由语句LOOPST开始到语句LOOPND结束的一组指令。在循环语句范围内的转移指令有IF（条件转移）和JUMPTO（无条件转移）两种。语句IF的形式为：

IF（K）ID1，ID2，ID3

其中，K是单一的标量值或者是结果值为单一标量值的运算式。ID1、ID2、ID3是加在语句中的标号。根据K值：$K<0$、$K=0$、$K>0$，分别转移到ID1、ID2、ID3标号处的语句执行程序。

语句JUMPTO/的形式为：

JUMPTO/ID

它的意义是程序无条件转移到标号处语句执行

带有标号的语句形式为：

标号）语句，

例如：A1）GOTO/X，0，0

下面举一个具有循环功能（循环语句）的程序例子：

```
      ……
      LOOPST              起始语句
      Y=10                转移条件 K 值的计算参数，或叫转移控制参数
  A）GOTO/0，Y，0    ⎫
      GODLTA/0，0，-10  ⎬ 循环部分，其中 A）GOTO/0，Y，0 为带标号语句
      GODLTA/0，0，10   ⎭
      Y=U+20              循环控制参数计算式
      IF（90-Y）B，A，A  循环语句，或叫转移语句
  B）LOOPND              循环结束语句，该语句也带有标号
      ……
```

②宏指令（MACRO）

宏指令是指可以被 CALL 语句调用的由 MACRO/语句开头和 TERMAC 语句结束的一连串指令群。语句 MACRO/的一般形式是：

符号=MACRO/A，B，C，……

其中符号是宏指令用的特有的名称。A，B，C，……是包含在宏指令语句中的宏变量。在被调出（CALL）时，才开始被定义。

CALL/调用语句的一般形式是：

CALL/宏指令的符号，A=…，B=…，C=…，…

其中 A、B、C…是前面 MACRO 已定义的符号，作为宏变量。

如果把前面循环语句中的例子改用宏指令，写出程序如下：

```
      ……
      M1=MACRO/Y          宏指令定义开始
      GOTO/0，Y，0    ⎫
      GODLTA/0，0，-10  ⎬ 宏体
      GODLTA/0，0，10   ⎭
      TERMAC              宏指令结束语句
      ……
      CALL/M1，Y=10       调用指令语句
      CALL/M1，Y=30
      CALL/M1，Y=50
      CALL/M1，Y=70
      CALL/M1，Y=90
      ……
```

③复制功能（COPY）

复制功能是一种对刀具中心位置进行坐标变换并重复的功能。TRACUT 语句也有同样功能，但不能进行同一变换的重复。复制功能的范围，在 INDEX/n 语句和COPY/n 语句之间，用指定的坐标变换方法对所求的刀具中心位置进行重复。复制功能程序结构如下：

……

INDEX/n

……

……

……

$$\text{COPY}/n,\begin{Bmatrix}\text{TRANSL}, X\text{坐标}, Y\text{坐标}, Z\text{坐标}\\ \text{XYROT}, \alpha\\ \text{MODIFY}, \text{矩阵符号}\\ \text{SAMF},\end{Bmatrix}, m$$

其中 n 为复制功能的嵌套层数；m 为坐标变换后的重复次数；TRANSL，X，Y，Z 为按增量值坐标平移的方法；XYROT，α 是以 Z 坐标为轴，使坐标系回转 α° 的方法；MODIFY，矩阵符号是利用矩阵来变换坐标系的方法；SAME 表示不作坐标变换。

(13) 括号语句

定义几何要素时可以用括号语句，例如

PSIS/（PL1=PLANE/0，0，1，3）

它的意义与下列两个语句相同

PL1=PLANE/0，0，1，3

PSIS/PL1

(14) 与机床有关的指令语句（后置处理程序语句）

后置处理程序的作用是将主信息处理程序得到的一般解变成符合特定机床要求的信息。此时，与机床有关的信息，如主轴转速、主轴旋转方向、进给速度、冷却液的开关等指令也能同时进行处理。完成这些工作的语句称为后置处理程序语句。该种语句随着机床的不同而不同。现在介绍一些主要语句。为了说明方便，假定某数控机床的参数如下：

三轴联动轮廓控制铣床，命名为 UNIV

单一垂直主轴，主轴固定；

主轴转速：10～1 750r/min，CLW 或 CCLW；

进给速度：0～15 000mm/min，快速进给 15 000mm/min

冷却液控制：FLOOD，MIST，OFF；

①MACHIN/UNIV　机床语句

该语句指定准备用于上述机床 UNIV 的后置处理程序，有的斜杠后写数控装置名称或其编号等。

②SPINDL/n，CLW 或 CCLW　主轴速度语句

这个语句是为了对后置处理程序发出要主轴按顺时针方向（CLW）或逆时针方向（CCLW）以 n 转旋转的代码。

③FEDRAT/f 进给速度语句

根据此语句，后置处理程序产生合成进给速度 f（吋/分或毫米/分）代码。指示进给速度还可用在 FROM/, GO/, GOFWD/, GOLFT/, GODLTA/, GOTO/等运动语句的后面加写进给速度的写法。

如 GOTO, L2, TO, PL1, PAST, L1, f

④COOLNT/$\begin{cases} ON \\ FLOOD \\ MIST \\ OFF \end{cases}$ 冷却液语句

此语句指示冷却液的开闭或者油雾冷却的开闭。

⑤TRANS/X, Y, Z 工件坐标系与机床坐标系变换语句

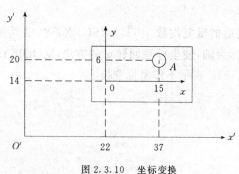

图 2.3.10 坐标变换

如图 2.3.10 所示，xyz 为编程时在工件上设定的坐标系，$x'y'z'$ 为机床坐标系。为了将刀具定位到 A 点上，零件源程序上的命令语句为：

GOTO/15, 6, 0

此坐标值为设定在工件坐标系上的值，它与机床毫无关系。A 点在机床坐标系中应该是（37, 20, 0），为了加工，作为 CL 数据必须表示在机床坐标系 $x'y'z'$ 上。

TRANS/语句使后置处理程序执行坐标变换。在图 2.3.10 的情况中：

TRANS/22, 14, 0

变换的数值是机床坐标系的原点 O' 在工件坐标系中的坐标值。

⑥MCHTOL/ε 机床容差语句

此单词是 machine tolerance 的缩写，表示机床容差，该语句主要指加工时越程的最大容许值。例如 MCHTOL/0.02 表示后置处理程序可根据越程小于 0.02mm 的条件计算适当的减速值。

⑦STOP 停止语句

这个语句表示主轴、冷却液、数据读入器处于停止状态（OFF），但数控装置仍处于工作状态（ON）。

⑧END 加工结束语句

该语句不仅使读带机、冷却液和主轴等停止，而且也给控制装置发结束命令。

(15) 程序终了命令语句

零件源程序写完后，最后一行必须写上 FINI 语句。

（二）APT 自动编程语言的系统程序

在数控机床上使用自动编程系统进行加工时，程序员要做的工作只是写出零件源程

序。然而要研究和开发自动编程系统，必须了解系统程序的结构、组成和设计方法。

1. APT 系统程序的结构

APT 自动编程语言的系统程序主要由主信息处理程序和后置处理程序两大部分组成。图 2.3.11 为 APT 系统程序结构框图。主信息处理程序完成刀具运动中心轨迹的计算，得到刀位数据（CLD）。后置处理程序将刀位数据变成针对某一特定数控机床的加工程序。

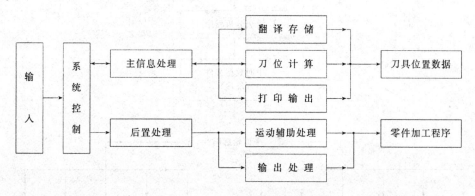

图 2.3.11　APT 系统程序结构框图

系统程序的工作过程是：将用 APT 语言编写的零件源程序作为系统的输入。首先，将零件源程序翻译成机器语言，并将所描述的分类信息记入存储器，以供打印用。然后，计算机进行数学处理计算出刀具中心轨迹坐标，得到刀具位置数据文件，该数据文件可以打印出来或制成纸带。它包括了零件形状和刀具轨迹信息。刀具位置文件上的数据是通用数据，或称一般解。将这些数据作为后置处理程序的输入，根据所用数控机床和数控装置的具体条件再进行计算，同时考虑了工艺参数和辅助信息等处理成具体的数控系统所要求的指令和程序格式。并能自动地输出零件加工程序单，穿孔纸带或由计算机将加工指令通过通讯接口直接传送给数控系统。由于数控机床及数控装置类型、功能、规格品种等不同，所以后置处理程序很多，APT 自动编程系统的后置处理程序有 1000 多种，而且还在增加。

2. 主信息处理程序的组成和功能

主信息处理程序（Main Processor）也叫前置处理程序，它主要由输入翻译程序模块和计算程序模块组成。主信息处理程序框图见图 2.3.12。下面介绍各程序模块的组成及功能。

（1）输入翻译程序的组成及功能

这部分包括输入模块，词法分析，语法分析模块。将源程序输入后，首先进行词法分析。计算机对源程序依次进行扫描，对构成源程序的字符串进行分解，识别单词。然后进行语法分析，把单词符号串分解成各类语法单位，确定整个输入串是否构成语法正确的句子。检查零件源程序中哪些地方不符合语法规定，发现错误及时进行修改。

（2）计算程序的组成及功能

经过词法和语法分析，得到没有错误的零件源程序。然后就进入计算阶段，求得零件几何元素相交（相切）的基点，按插补方法和逼近误差分段的节点和刀具运动的中心

轨迹,即刀位数据。该部分由下面一些程序组成:

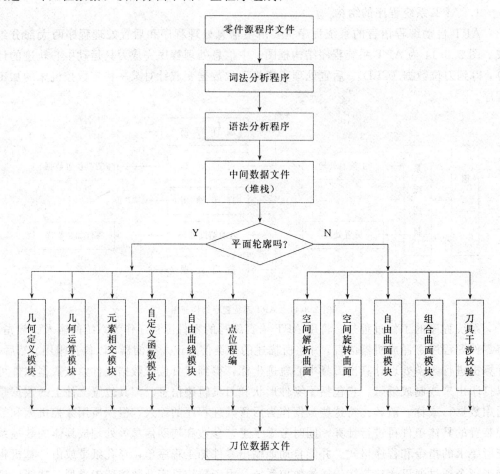

图 2.3.12　主信息处理程序

①常规几何运算程序　该程序包括二、三维平移、旋转、对称,点到直线距离,矢量叉乘,线段中点计算,三点求平面,平面平移,一点沿定矢量平移,二、三维投影计算等等。

②几何定义程序　该程序确定了各种常用的直线、圆弧、空间直线、平面、球、圆柱、圆锥、圆环、矢量、螺旋面,一般二次曲线的各种定义形式,编程时可自由选择不同的定义方式,并允许嵌套定义。

③几何元素相交程序　该程序具有两条直线相交,直线圆弧相交,两圆弧相交,两圆弧相切,直线圆弧相切,直线平面相交,直线球面相交,直线椭圆面相交,两平面相交,三平面相交,直线圆柱相交,直线圆锥相交,直线和一般二次曲面相交,直线和自定义参数曲线相交,圆弧和自定义参数曲线相交,两直线间圆角过渡,直线圆弧间圆角过渡,两圆弧间圆角过渡,直线和自定义参数曲线间圆角过渡,圆弧和自定义参数曲线间圆角过渡等的数学处理和计算功能。

④点位与辅助功能程序　该程序具有钻孔、攻丝、镗孔、组孔加工、槽加工等点

位编程功能。同时还有程序名、平面选择、容差、刀具偏移、刀具补偿、换刀、进给、转速、主轴停转、冷却、取参数、程序结束等辅助处理功能。

⑤平面编程程序　该程序可以对由直线圆弧组成的平面零件轮廓的源程序进行词法和语法分析，并进行编程。

⑥自定义函数程序　该程序允许用户以表达式的形式输入数值和几何参数，能够处理用户任意定义的参数曲线。

⑦自由曲线编程程序　该程序提供了按点列或给出位矢量与切矢量两种类型方法描述的自由曲线的处理和编程功能，并提供了端点条件。

⑧空间解析曲线程序　该程序具有对球面、圆柱面、圆锥面、圆环面、螺旋面，以及由任意平面曲线绕任意轴旋转构成的曲面的数学处理和编程功能。

⑨自由曲面程序　该程序具有对点阵描述的曲面按 Coons 曲面，Fergson 曲面插值功能，同时对用截面描述的曲面进行处理和编程。

⑩组合曲面程序　该程序能将不同表面组合在一起，具有对复杂形体进行数学处理和编程功能。

⑪刀位检验模块　该程序根据多面体数控加工方法，自动检验铣削加工时的刀具干涉问题，并为提高加工精度或切削效率分别给出最大的刀具切削半径或深度。

⑫绘图程序　该模块程序，能使用户在屏幕上快速绘图，也允许用户在绘图仪上进一步绘图校验。能根据用户需要绘制 xOy、xOz、zOy 面中的正投影，二等测、三等测投影图和透视投影图等。并具有放大、缩小功能。

⑬公用程序包　该程序模块包括正切计算、正弦计算、行列式计算、求最大值、存取几何元素、存取切削数据、刀具偏置、高斯法解方程、追赶法解方程等许多子程序。

⑭系统管理程序　系统的硬、软件资源由该模块统一管理，调用。

3. 后置处理程序的组成和功能

后置处理程序（post processor）是将刀具位置数据，相应的切削条件和辅助信息等处理成特定数控系统所要求的指令和程序格式，并制成穿孔纸带及打印出零件加工程序单。

后置处理程序是根据数控机床的要求设计的，它能被数控机床的数控装置所接受，具有专用性。数控装置种类繁多，规格和功能差别很大，所以要设计很多后置处理程序。

后置处理程序由控制、输入、辅助、运动、输出和诊断等六部分程序组成。其结构框图见图 2.3.13。

（1）控制程序　该程序用来控制输入、运动、辅助、输出和诊断部分的程序，在适当的时候调用这个程序，从而控制后置处理程序的流程。

（2）输入程序　这一部分的功能是将刀具位置数据变换成后置处理程序能够处理的形式。刀具位置数据文件中包括刀具移动点的坐标值，还包括使数控机床各种功能工作的数据。它是按一定格式作成的，国际标准 ISO/TC97/SC5/WG1 规定了刀位数据（CLDATA）格式。CLDATA 表示为连续的逻辑记录形式。记录分很多类型，如 1000 类型记录为输入顺序；2000 类型记录为后置处理程序指令；3000 类型记录为圆、圆柱等曲面数据；5000 类型记录为刀具位置（与运动信息有关），等等多种类型记录。每个记录由

$W_1 \sim W_n$很多位组成,其中每位代表不同意义,可能是整数、实数和文字。对此,标准中有具体规定(而且标准也在修改完善)。输入程序将刀位数据变换成能够处理的形式后传送到预定的记录单元中。

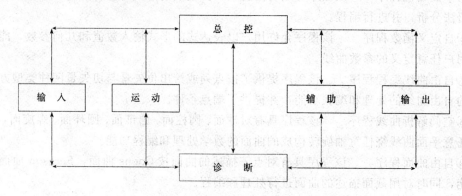

图 2.3.13 后置处理程序框图

(3) 辅助处理程序　该程序主要处理使特定机床的辅助功能动作的一些信息,如 F,S,T,M 等功能(2000 类型记录的刀具位置数据)。此外还能处理主信息不能处理的数控机床的一些特殊功能指令。

(4) 运动处理程序　该程序主要处理刀具位置数据中(5000 记录和 3000 记录)与机床运动(G 功能)有关的数据。运动处理程序完成如下工作:

①从零件坐标系到机床坐标系的变换。
②行程极限校验、间隙校验。
③进给速度码计算。
④对超前、滞后、同步校验并减少它们的误差。
⑤线性化。
⑥插补处理(直线插补、圆弧插补等)。

(5) 输出程序　该程序的作用是分别将辅助处理和运动处理结果的信息转换成数控装置输入的格式,并在编排以后输出。这样经过对刀位数据一系列处理,最后得到适用于特定数控机床的数控带和零件加工程序。

(6) 诊断程序　诊断程序的功能是诊断在以上五个部分中所发现的任何一个错误,报警,并进行修改。

三、APT 零件源程序的编制

采用自动编程系统编制零件加工程序时,程序员只要编出零件源程序,输给计算机后,其它工作均由计算机完成,最后得到数控加工程序和控制带。零件源程序也可以用计算机辅助和人机对话方式由计算机帮助完成。

APT 自动编程系统是一个功能齐全的大系统,如果要编制 4 坐标、5 坐标或 6 坐标的数控加工程序,那就只能选用 APT 语言系统,因为只有 APT 具有编制多坐标零件程序的功能。然而 APT 系统不能处理工艺信息,因而就不可能直接得到包括工艺信息在内的输出。编制 3 坐标以下的零件加工程序,既可选用 APT,又可选用其它语言系统。APT

语言系统本身也在发展中。

（一）APT语言零件源程序编制的要点

1. 在书写零件程序前，应进行工艺分析，确定加工路线，工艺参数，然后选择工卡具。这些工作与手工编程类似。

2. APT语言是词汇型语言系统，用词汇语句来描述工件，计算和切削参数，走刀运动以及和机床有关的信息。所以记住语句的格式，应用范围和使用方法是最基本的。

3. 书写源程序要按规定的顺序、内容、基本结构规则和切削顺序进行。初始语句写在最前面，然后写计算参数语句和后置处理语句（后置处理语句也可写在后面）。但进给速度语句应在运动语句前和运动语句间出现，接着要写几何定义语句和运动语句。在给几何元素命名时应注意不重复，并且不能用APT语言词汇。运动语句应按加工顺序写出，运动语句中所用几何名字，应在几何定义语句中定义过，即先定义后使用。最后写程序结束语句。

4. 为了简化编程，注意使用宏指令循环功能和复制功能。

5. 在点位源程序编制中，使用线点群，圆点群几何定义和点群图形的刀具运动语句可以简化编程。

6. APT语言系统有些特殊的编程方法，如矩阵的定义，定义图形时的坐标变换，走刀时的坐标变换等功能，编程时要注意使用。

（二）零件源程序的编程举例

〔例1〕用一般指令语句编制点位加工零件源程序

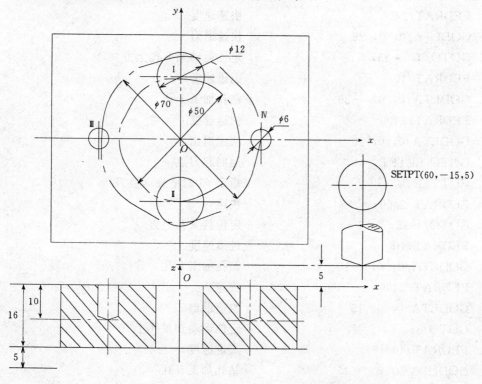

图 2.3.14　APT源程序—零件图

图 2.3.14 为板类零件，要求加工 φ12 孔两个，φ6 孔两个，用 APT 语言编制零件源程序。加工该零件时选用 φ12 和 φ6 的钻头，快速用 2400mm/min，钻头进给速度为 10mm/min。加工起刀点在 SETPT，先加工 φ12 孔，然后加工 φ6 孔。零件源程序如下：

PARTNO PLATE·N01	初始语句
REMARK/TYPE·KS—002	注释语句
REMARK/WANG·15—06—1983	
$ $	空一行
MACHIN/BOWE3	机床语句，后置处理程序的调出
CLPRNT	打印语句
TRANS/200，100，0	设定坐标系
SPINDL/900，CLW	主轴旋转启动
FEDRAT/2400	进给速度（快速）
SETPT=POINT/60，−15，5	起刀点的定义
CUTTER/12	指定 φ12 的钻头
FROM/SETPT	起刀点的指定
GOTO/0，25，5	刀具定位运动到 I 孔上方
FEDRAT/10	进给速度指定
COOLNT/FLOOD	冷却液
GODLTA/0，0，−26	钻孔加工 I 孔
FEDRAT/2400	快速速度
GODLTA/0，0，26	快速退刀
GOTO/0，−25，5	定位运动到 II 孔上方
FEDRAT/10	工进速度
GODLTA/0，0，−26	钻孔加工 II 孔
FEDRAT/2400	快速速度
GODLTA/0，0，26	快速退出
GOTO/SETPT	返回起刀点
CUTTER/6	指定 φ6 的钻头（换刀）
FEDRAT/2400	快速
GOTO/−35，0，5	定位到 III 孔上方
FEDRAT/10	进给速度
GODLTA/0，0，−15	钻孔加工 III 孔
FEDRAT/2400	快速
GODLTA/0，0，15	快速退出
GOTO/35，0，5	定位运动到 IV 孔上方
FEDRAT/10	工进速度
GODLTA/0，0，−15	钻孔加工 IV 孔
FEDRAT/2400	快速

GODLTA/0,0,15	从孔中快速退出
GOTO/SETPT	返回到起刀点
END	机床停止
FINI	程序结束

〔**例 2**〕使用宏指令和点位控制切削时刀具运动指令语句的源程序编制。

图 2.3.15 六个孔加工（钻、铰）的零件源程序如下：

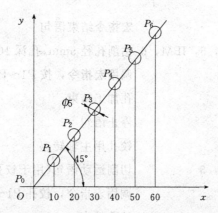

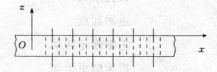

图 2.3.15 APT 源程序二零件图

PARTNO NO2. TEST	起始语句
REMARK/16-06-1985	注释语句
MACHIN/OKIMSK	机床语句
CUTTER/5	刀具语句
SPINDL/800，CLW	主轴语句
FEDRAT/2400	速度语句（用于定位移动）
$ $	空一行
P0=POINT/0，0，5	
P1=POINT/10，10	
P2=POINT/20，20	
P3=POINT/30，30	定义语句
P4=POINT/40，40	
P5=POINT/50，50	
P6=POINT/60，60	
FROM/P0	初始运动起点
M1=MACRO/	宏定义开始

GOTO/P1	
GOTO/P2	
GOTO/P3	宏体（宏指令）
GOTO/P4	
GOTO/P5	
GOTO/P6	
TERMAC	宏指令结束语句
CYCLE/DRILL，10，5，IPM，6	钻削孔径 5mm，孔深 10mm，进给速度 6mm/min
CALL/M1	调用宏指令，按 P1～P6 进行加工
CYCLE/OFF	孔加工结束
STOP	停止语句
SPINDL/900，CLW	铰孔用主轴转速
CYCLE/REAM，10，5	切削运动语句（用于铰孔：直径 $\phi 5$，深度 10mm）
CALL/M1	调用宏指令，铰孔 P1～P6
CYCLE/OFF	铰孔结束
GOTO/P0	返回起点
SPINDL/OFF	主轴停止转动
END	机床结束语句
FINI	结束语句

〔例 3〕轮廓加工 APT 语言源程序的编制。

图 2.3.16 的零件轮廓由直线和圆弧组成，加工该零件选用 $\phi 10$ 立铣刀。快速用 2400mm/min，铣削进给速度为 100mm/min。工件坐标系如图，机床原点为 O'（200，−60，0）。铣削起刀点为 SETPT，加工路线如图中箭头所指示的方向。该零件的源程序如下：

PARTNO 零件名称	初始语句
REMARK 零件类型 KS−02	
REMARK 编程员　年　月　日	注释语句
$ $	
MACHIN/FANUC·6M	后置处理程序的调出
CLPRNT	打印刀具轨迹数据
OUTTOL/0.002	
INTOL/0.002	容差的指定
TRANS/200，−60，0	机床原点在工件坐标系中位置
CUTTER/10 $ $ 平头立铣刀，$\phi=10$mm	刀具形状的指定

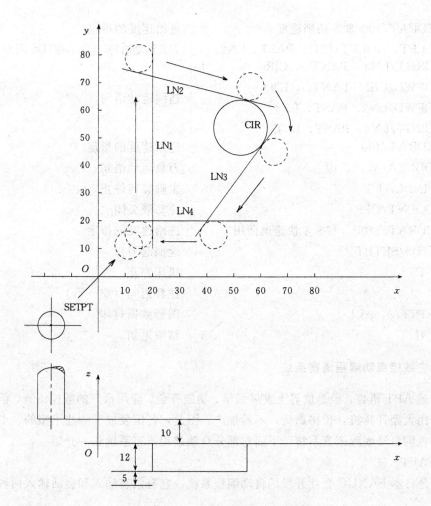

图 2.3.16 APT源程序三零件图

```
LN1=LINE/20,20,20,70
LN2=LINE/(POINT/20,70),ATANGL,75,LN1          ATANGL 表示夹角
LN3=LINE/(POINT/40,20),ATANGL,45,LN4
LN4=LINE/20,20,40,20                           几何图形的定义
CIR=CIRCLE/YSMALL,LN2,YLARGE,LN3,RADIUS,10    YLARGE 表示 Y 大
XYPL=PLANE/0,0,1,0 $ $ xy平面
SETPT=POINT/-20,-20,10
FROM/SETPT                                    起刀点的指定
FEDRAT/2400 $ $ 快速                           进给速度的指定
GODLTA/30,30,-5                               刀具运动语句
SPINDL/ON                                     主轴旋转启动
COOLNT/ON                                     冷却液开
FEDRAT/400 $ $进给速度                          进给速度的指定
GO/TO, LN1, TO, XYPL, TO, LN4                 初始运动语句
```

· 75 ·

FEDRAT/100　$$切削速度	进给速度的指定
TLLFT，GOLFT/LN1，PAST，LN2	刀具运动语句(连续)，在(DS面)左
GORGT/LN2，TANTO，CIR	
GOFWD/CIR，TANTO，LN3	连续运动语句
GOFWD/LN3，PAST，LN4	
GORGT/LN4，PAST，LN1	
FEDRAT/400	进给速度的指定
GODLTA/0，0，10	刀具运动语句
SPINDL/OFF	主轴旋转停止
COOLNT/OFF	冷却液关闭
FEDRAT/2400　$$快速退回用	进给速度的指定
GOTO/SETPT	返回起刀点
END	机床停止
$$	注释语句（空一行）
PRINT/3，ALL	图形数据打印
FINI	结束语句

四、其它数控自动编程语言系统

如前所述 APT 语言，虽是世界上发展最早、功能齐全、应用最广的数控语言，但由于该系统需用大型计算机，价格昂贵，不易推广。因此，各国发展了一些小型的、专用的、各有特色的自动编程语言系统。下面对部分自动编程语言系统作一介绍。

（一）FAPT

FAPT 是日本 FANUC 会社开发的自动编程系统。它有语言输入和会话输入两种形式。

1. FAPT 系统的构成

FANUC SYSTEM P-MODEL G 是 FANUC 公司典型的自动编程语言系统。它配备有图形显示和数控带穿孔装置。它还能与外部存储设备、xy 绘图仪、磁带机等各种输入输出装置相连结，构成 CAD/CAM 系统。P-MODEL G 包括车削加工、铣削加工、电缆剪切、三维自由曲面、转位冲压加工、磨削螺旋插补等软件。FAPT 是一种符号型数控语言。

2. 会话形式的自动编程系统

根据制定的加工类型和不同的工件形状，自动编程系统向操作者顺序提出必须回答的问题，在输入回答问题所必要的数据后，就可以得到加工程序单并制作数控带。这就是对话形式的自动编程系统。FAPT SYSTEM P MODEL G 的 SYMNBOLIC FAPT 系统可以用会话形式编写加工自由形状工件的程序。此系统配备了用于车床、铣床、加工中心等数控机床的自动编程软件。操作者可以通过此系统自动地生成数控带，而不必了解自动编程语言和数控带格式等有关规定。

（二）HAPT

HAPT 是日本日立公司研制的自动编程语言，现在有多种软件，适应各种应用场合。

HAPT 也是符号语言,以二坐标和部分三坐标控制编程为主。主要的子系统有:HAPT－2D、HMESH、HAPT－DS、HAPT－3D、HAPT－2DM、HAPT－2DL、HAPT－7D 等。

（三）AUTOSPOT

AUTOSPOT 语言为钻孔专用语言,它是美国 IBM 公司研制的。在一定条件下也能用于第四坐标与轮廓加工。它可以和 ADAPT 语言相配。

（四）ADAPT

ADAPT 是 IBM 公司和美国空军协同研制的自动编程系统,主要适应于二坐标加工,有充分的二坐标功能,也能用于某些三坐标的情况。该系统可在小型计算机上运行。其规范和语法与 APT 完全互换,ADAPT 的零件源程序可在 APT 系统中执行。

（五）AUTOMAP

AUTOMAP 是用于二坐标轮廓连续加工的程序,能自动连续提供铣削工序的成套指令语言。该语言是可以和 APT 相配的子集合。AUTOMAP 允许对源程序的个别部分进行修正而无需重写整个程序。该语言系统使用方便,使用者不需专门训练。

（六）COMPACT

COMPACT 是数控自动编程的子程序系统,由计算机分时公司研制。它适用于多种点位工作以及某些 $2\frac{1}{2}$ 坐标的轮廓工作。COMPACT 原来设计的功能与 ADAPT 接近。后来又研制了旋转程序,使功能扩大到第四坐标。

（七）EXAPT

前面介绍的自动编程语言,几乎都是以几何形状处理为主体,加工中许多工艺参数由编程人员考虑。从这一点来看,编写零件源程序的人,需要具有相当程度的切削加工方面的知识,而且即便是这样的人,也不一定能总选取出最佳条件编写出程序来。

以自动化加工为目标制备数控加工程序单和控制带时,经常要处理的问题有两个,即有关几何形状的描述和如何规定最佳的加工条件与加工过程。

EXAPT 系统的目标则是在几何处理后便于实现加工技术操作,而且能高速自动地处理加工所需要的信息,因此可以说 EXAPT 是一种面向加工的自动编程语言。它是由德国 EXAPT 协会研制的。

EXAPT 是扩大了的 APT 的部分配组,从几何形状处理来看,它是 APT 的子系统,而在加工技术的编程方面作了大幅度的扩展。EXAPT 包括三个语言系统。

EXAPT1　　钻孔以及简单的铣削用。
EXAPT2　　车削以及同心圆钻孔,镗孔用。
EXAPT3　　$2\frac{1}{2}$ 维的铣削用。

EXAPT 与 APT 相比,它适用于简单形状的零件,而比 APT 在自动化水平上有大幅度提高,这主要表现在工艺处理方面,能自动地确定加工顺序;从刀具文件中自动选择刀具;自动地确定进给速度,切削速度等加工技术的数据。

（八）2CL

2CL 自动编程语言系统和其它语言系统一样,都以作为 APT 的子语言为目的而研制的信息处理程序系统。它是英国国家工程研究所（NEL）研制的。2CL 的特点是:

1. 能使用于小型计算机。
2. 槽腔功能比 APT 优越。
3. 在代表性词汇方面预先准备有同义用语。
4. 它是以二坐标轮廓切削为主的程序系统。

§2.4 程序编制中的数学处理

一、数学处理的概念

程序编制中数学处理的任务是根据零件图纸和加工路线计算出机床控制装置所需输入数据,也就是进行机床各坐标轴位移数据的计算和插补计算。在编制点位加工程序时,往往不需要数值计算。对于形状较简单(由直线、圆弧构成)的轮廓零件,若控制系统具有直线、圆弧插补功能和刀具补偿功能,则数学处理也比较简单,此时只需算出零件轮廓上相连几何元素的交点或切点的坐标值。当零件形状比较复杂或零件形状与机床控制装置的插补功能不一致时,就需要进行比较复杂的计算。在用直线插补功能逼近曲线(APT 自动编程语言系统中,也采用直线逼近曲线的原则)时,用一段一段的直线来逼近曲线,此时数学处理的任务是计算出各分隔点的坐标值,并使逼近误差小于容许值。

零件图纸上,数据是按轮廓尺寸给出的。加工时刀具按刀具中心轨迹运动,所以仅计算轮廓上的插补点坐标值是不够的,还要计算刀具轨迹上各点的坐标值,同时还须求出尖角过渡转折点的坐标值。

对于飞机、舰船、航天器等上的许多零件轮廓并不是用数学方程式描述,而是用一组离散的坐标点描述。编程时,首先需要决定这些离散点(Discrete Point)之间轨迹变化的规律。现在经常使用样条(Spline)插值函数达到这一目的。但是,用样条拟合的轮廓曲线仍然是任意曲线,而一般控制系统只有直线、圆弧插补功能,于是还须将样条曲线进一步处理成直线信息或圆弧信息,以便作为机床控制装置的输入。我国发展的圆弧样条和英国发展的双圆弧曲线计算方法,可以不用 Spline 处理,而直接利用图纸上给出的离散点坐标值来拟合轮廓曲线。

关于曲面的数学处理,尤其是用离散点描述的曲面处理就更为复杂。

当采用自动编程语言系统时,上述数学处理工作由计算机进行,因此编程人员只需用数控语言书写零件源程序,而不必直接进行数值计算。这些计算由自动编程系统的软件实现。

二、线性逼近的基本方法

线性逼近又叫线性插补是经常使用的逼近曲线方法,它也是各种插补方法的基础。用直线可以逼近圆弧、非圆曲线等许多复杂曲线。这里以直线逼近内轮廓圆弧为例讨论线性插补计算方法。

线性插补方法有如图 2.4.1 所示的三种。图(a)为弦线插补法,用弦线逼近圆弧,其插补误差是弦线至弧形轮廓间的最大距离;图(b)为切线插补法,用轮廓的切线逼近圆弦；图（c）为割线插补法，用割线逼近圆弧。

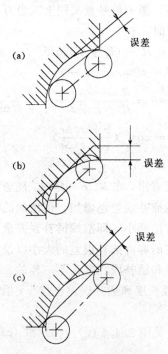

图 2.4.1 弦线、切线和割线逼近法

1. 弦线插补计算　图 2.4.2 中，r 为刀具半径，R 为工件圆弧轮廓半径，T 为刀具半径为零时的插补误差，t 为刀具半径为 r 时的插补误差，θ 为弦线所对应的圆心角的一半。

因此
$$T = R(1 - \cos\theta) \quad (2\text{-}3)$$
$$t = T - r(1 - \cos\theta) \quad (2\text{-}4)$$

解两式得　$\cos\theta = \dfrac{\Delta r - t}{\Delta r} = 1 - \dfrac{t}{\Delta r}$

$$\theta = \cos^{-1}(1 - \dfrac{t}{\Delta r}) \quad (2\text{-}5)$$

式中　$\Delta r = R - r$

由上面式子可看出，当 r 和 R 为一定时，θ 角越大，插补误差也越大。

2. 切线插补计算　图 2.4.3 所示为切线插补计算简图，图中参数同上。当考虑刀具半径和刀具半径为零时，有下式
$$T = R/\cos\theta - R \quad (2\text{-}6)$$
$$t = T - r/\cos\theta + r \quad (2\text{-}7)$$

解二式得　$\cos\theta = (1 + \dfrac{t}{\Delta r})^{-1}$

$$\theta = \cos^{-1}(1 + \dfrac{t}{\Delta r})^{-1} \quad (2\text{-}8)$$

式中　$\Delta r = R - r$

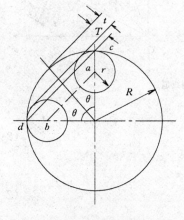

图 2.4.2 弦线插补

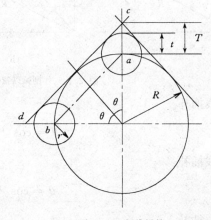

图 2.4.3 切线插补

与弦线插补一样，在 R，r 一定时，θ 越大，t 也越大。在插补直线段一定的情况下，切线插补误差比弦线大。

3. 割线插补计算 图 2.4.4 所示为割线插补计算简图，图中符号意义同上。当刀具半径等于零和 r 时，有

$$t = R - (R+T)\cos\theta$$
$$T - t = r/\cos\theta - r$$

解两式得

$$\cos\theta = \frac{R-r-t}{R-r+t} = \frac{1-t/\Delta r}{1+t/\Delta r}$$

$$\theta = \cos^{-1}\left(\frac{1-t/\Delta r}{1+t/\Delta r}\right) \tag{2-9}$$

式中 $\Delta r = R - r$

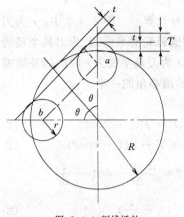

图 2.4.4 割线插补

由上式可看出，在 R、r 一定时，随着 θ 角的增大，割线插补误差也增加。但增加的程度比上面二种方法都小，即割线插补误差最小。

线性插补的三种方法，要根据轮廓精度要求所决定的容许插补误差的大小以及允许程序的长短加以选择。三种插补方法所得的插补点密度和插补段长度是不一样的。但总的来说，都是 θ 角越小，刀具轨迹上的点数越多，插补段长度和插补误差也越小；但程序段数目增加，从而使程序变长。

外圆弦轮廓同样可用弦线、切线和割线加以逼近，见图 2.4.5（a）、（b）和（c）。用上述类似方法计算出 θ，其结果是

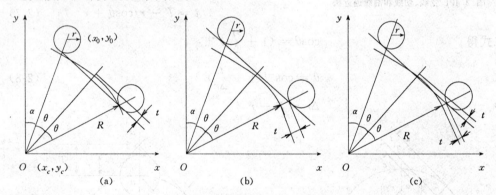

图 2.4.5 外圆弧以弦线、切线和割线逼近

弦线插补

$$\theta = \cos^{-1}\left(1 - \frac{t}{R}\right) \tag{2-10}$$

切线插补

$$\theta = \cos^{-1}\left(\frac{R}{t+R}\right) \tag{2-11}$$

割线插补

$$\theta = \cos^{-1}\left(\frac{1-t/R}{1+t/R}\right) \tag{2-12}$$

对于弦线插补，在计算出 θ 角之后，可以按下式计算刀具中心轨迹上插补点的坐标。

$$\left.\begin{array}{l}x_i = x_c + (R + r\sec\theta)\sin(\alpha + 2k\theta)\\ y_i = y_c + (R + r\sec\theta)\cos(\alpha + 2k\theta)\end{array}\right\} \quad (2\text{-}13)$$

式中 α——初始角度；

i——插补点数，共有 n 个点，$i=0,1,\cdots,n-1$；

k——插补段数，共有 m 段，即 $k=1,2,\cdots,m$；

x_c、y_c——圆心坐标。

切线和割线逼近时的坐标计算公式略有不同，此处从略。

三、已知平面零件轮廓方程式的数学处理

无论是手工编程，还是自动编程，都要按已确定的加工路线和允许的编程误差，计算出数控装置所需输入数据，这一工作称为数值计算。数值计算包括下面内容：

基点和节点的计算。一个零件的轮廓线可能由许多不同的几何元素所组成，如直线、圆弧、二次曲线等。各几何元素的联结点称为基点。如两相邻直线的交点，直线与圆弧的交点或切点等。此外，将组成零件轮廓的曲线，按数控系统插补功能的要求，在满足允许程序编制误差的条件下进行分割，各分割点为节点。如用直线逼近零件轮廓时，相邻两直线的交点为节点。立体型面零件应根据铣削面几何形状精度要求分割成不同的铣道，各铣道上的轮廓曲线也要计算基点和节点。

刀位点轨迹的计算。对刀时是使刀位点与对刀点相重合，数控系统从对刀点开始控制刀位点运动，并由刀具切削部分加工出要求的零件轮廓。用球头刀加工三坐标立体型面的零件时，程序编制要算出球头刀球心轨迹，而由外缘切削刃加工出零件轮廓。带摆角的数控机床加工立体型面零件或平面变斜角零件时，程序编制要算出刀具摆动中心的轨迹和相应摆角值。

辅助计算，包括增量计算、辅助程序的数值计算，等等。

（一）基点计算

1. 直线、圆弧类零件的基点计算

由直线、圆弧组成的平面轮廓的数值计算比较简单，主要是基点的计算。按选定的坐标系计算出相邻几何元素的交点和切点。根据目前生产中的零件，将直线按定义方式归纳若干种，并变成标准形式。这样可使基点计算标准化。由直线和圆弧组成的零件轮廓，可归纳为直线与直线相交、直线与圆弧相交、直线与圆弧相切、圆弧与圆弧相交和圆弧与圆弧相切等五种情况，推导出通用基点计算公式，可使基点计算更加方便。

2. 用方程描述的轮廓曲线的基点计算

平面轮廓曲线除直线和圆弧外，还有椭圆、双曲线、抛物线、一般二次曲线、阿基米德螺线等以方程式给出的曲线。这类曲线的计算过程比较复杂，其基点计算可分为下面几种情况。

（1）直线与二次曲线的切点或交点计算。

直线方程用法线式，该计算可用解析法。其原始方程

$$\left.\begin{array}{l}ax + by = d \qquad (a^2 + b^2 = 1)\\ Ax^2 + 2Bxy + Cy^2 + 2Dx + 2Ey + F = 0\end{array}\right\} \text{联立}$$

当 $a \leqslant 0.5$ 时,$x = \dfrac{-h \pm \sqrt{h^2 - gi}}{g}$

$$y = -\dfrac{a}{b}x + \dfrac{d}{b} \tag{2-14}$$

式中
$$g = A - 2B\dfrac{a}{b} + C\dfrac{a^2}{b^2}$$
$$h = B\dfrac{d}{b} - C\dfrac{ad}{b^2} + D - E\dfrac{a}{b}$$
$$i = C\dfrac{d^2}{b^2} + 2E\dfrac{d}{b} + F$$

$h^2 - gi < 0$ 时无解。

当 $a > 0.5$ 时,$x = -\dfrac{b}{a}y + \dfrac{d}{a}$

$$y = \dfrac{-h \pm \sqrt{h^2 - gi}}{g} \tag{2-15}$$

式中
$$g = A\dfrac{b^2}{a^2} - 2B\dfrac{b}{a} + C$$
$$h = -A\dfrac{bd}{a^2} + B\dfrac{d}{a} - D\dfrac{b}{a} + E$$
$$i = A\dfrac{d^2}{a^2} - 2D\dfrac{d}{a} + F$$

考虑到计算机的计算误差,直线与二次曲线相切时可能出现 $h^2 - gi < 0$ 的情况,因此应给一定的误差值。一般认为 $|h^2 - gi| < 10^{-1} \sim 10^{-2}$ 时可以认为直线与二次曲线相切。

(2) 二次曲线与二次曲线的切点或交点计算。

这种情况最好用迭代法求解,常用切线-法线法(图 2.4.6)。其原始方程

$$\left. \begin{array}{ll} S_1: & A_1x^2 + 2B_1xy + C_1y^2 + 2D_1x + 2E_1y + F_1 = 0 \\ S_2: & A_2x^2 + 2B_2xy + C_2y^2 + 2D_2x + 2E_2y + F_2 = 0 \end{array} \right\} \tag{2-16}$$

在 S_1 上取一点 P_1,过 P_1 作 S_1 的切线 L_1

$$a_1 x + b_1 y = d_1 \tag{2-17}$$

式中
$$a_1 = A_1 x_1 + B_1 y_1 + D_1$$
$$b_1 = B_1 x_1 + C_1 y_1 + E_1$$
$$d_1 = -(D_1 x_1 + E_1 y_1 + F_1)$$

求 L_1 与 S_2 的交点。若无交点时,过 P_1 点作 S_1 的法线 L_2

$$b_1 x - a_1 y = b_1 x_1 - a_1 y_1 \tag{2-18}$$

求 L_2 与 S_2 的交点可得 P_2、P'_2 两点,选取距 P_1 较近的一点 P_2。$P_1 P_2$ 的距离为 l_1

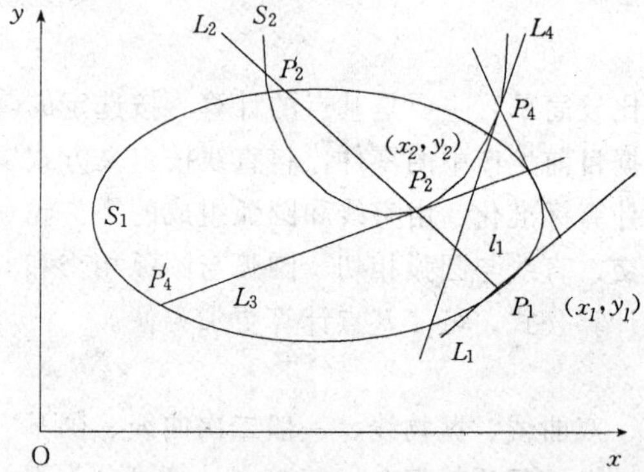

图 2.4.6 二次曲线切线法线求交点

$$l_1 = \sqrt{(x_1 - x_2)^2 + (y_1 - y_2)^2} \tag{2-19}$$

检查 l_1,当 $l_1 \leqslant \varepsilon$ 时,P_2 点为所求,迭代结束。当 $l_1 > \varepsilon$ 时,过 P_2 点作 S_2 的切线(或法线),再重复上述作法。直到 $l_1 \leqslant \varepsilon$ 时止。ε 值一般取为 $10^{-6} \sim 10^{-8}$,该值对机械加工的精

度要求已经足够了，这时迭代次数一般小于 10 次。迭代初始点选取很重要，选得不合适可能不收敛，也可能有的点找不到。

（3）直线与阿基米德螺线的切点或交点计算，阿基米德螺线与二次曲线的交点或切点的计算。

这两种情况均可用切线-法线迭代法求解。

（4）阿基米德螺线与阿基米德螺线的交点计算。

由两条阿基米德螺线相交时，其向径相等及与 x 轴夹角相等的条件下，可用解析法求解其交点。

（二）节点计算

数控机床的数控装置一般都具有直线插补和圆弧插补功能，当加工非直线非圆曲线轮廓时，需要将轮廓曲线分段，用直线或圆弧逼近，因此要进行节点计算。

1. 用直线逼近零件轮廓的节点计算

目前常用的节点计算方法有等间距法、等程序段法和等误差法。

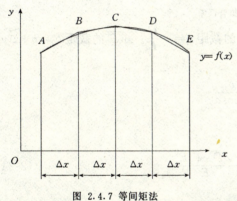

图 2.4.7 等间矩法

（1）等间距法　已知工件轮廓曲线的方程式为 $y=f(x)$，它是一条连续曲线（图 2.4.7）。等间距法是将曲线的某一坐标轴分成等间距，如图 2.4.7 所示的 x 轴，然后求出曲线上相应的节点 A、B、C、D 和 E 等的 x、y 坐标值。在极坐标中，间距用相邻节点间的转角坐标增量或向径坐标增量相等的值确定。等间距法计算过程比较简单。由起点开始，每次增加一个坐标增量值（间距），代入原始方程求出另一个坐标值。这种方法的关键是确定间距值，该值应保证曲线 $y=f(x)$ 和相邻两节点连线间的法向距离小于允许的程序编制误差 $\delta_允$，$\delta_允$ 一般取为零件公差的 1/5~1/10。在实际生产中，根据零件加工精度要求凭经验选取间距值，然后验算误差最大值是否小于 $\delta_允$。下面介绍一种验算误差的方法。

当插补间距确定后，插补直线段两端点 A 和 B（见图 2.4.8）的坐标可求出为 (x_A, y_A) 和 (x_B, y_B)，则直线 $\overline{AB}$ 的方程式为

$$\frac{x-x_A}{y-y_A} = \frac{x_A-x_B}{y_A-y_B} \tag{2-20}$$

令 $D=y_A-y_B$，$E=x_A-x_B$，$C=y_Ax_B-x_Ay_B$，则上式可改写成

$$Dx - Ey = C \tag{2-21}$$

它的斜率为

$$k = \frac{D}{E} \tag{2-22}$$

根据允许的 $\delta_允$，可画出表示公差带范围的直线 $\overline{A_0B_0}$，它与 $\overline{AB}$ 平行，且法向距离为 $\delta_允$。这时可能会有图 2.4.8 所示的三种情况之一，(a) 表示逼近误差等于 $\delta_允$，(b) 表示

逼近误差小于 $\delta_{允}$，(c) 表示逼近误差大于 $\delta_{允}$（超差）。

为了计算逼近误差，先求出直线 $\overline{A_0B_0}$ 的方程式。设 $\overline{A_0B_0}$ 的方程为斜截式
$$y = k_0 x + b_0 \tag{2-23}$$
因为 $\overline{A_0B_0} /\!/ \overline{AB}$，所以 $k_0 = k$，b_0 可如下求出：

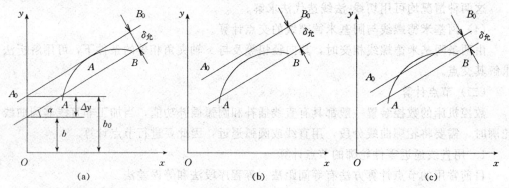

图 2.4.8 允许的拟合误差

令 (2-21) 中 $x = 0$，则 $y = -C/E$，即 AB 的截距 $b = -\dfrac{C}{E}$。$\overline{A_0B_0}$ 的截距 $b_0 = b + \Delta y$，其中 Δy（见图 2.4.8 (a)）可由下式得出
$$\Delta y = \pm \frac{\delta_{允}}{\cos \alpha}$$
因为 $k = \mathrm{tg}\,\alpha = \dfrac{D}{E}$，则 $\cos \alpha = \dfrac{E}{\pm \sqrt{D^2 + E^2}}$

所以
$$b_0 = -\frac{C}{E} \mp \delta_{允} \frac{\sqrt{D^2 + E^2}}{E} \tag{2-24}$$
上式中的 $\pm$ 号考虑允许 $\delta_{允}$ 有时可以在负方向。

将 (2-22) 和 (2-24) 式代入 (2-23) 式，化简后得直线 $\overline{A_0B_0}$ 方程式为
$$Dx - Ey = C \pm \delta_{允} \sqrt{D^2 + E^2} \tag{2-25}$$
(2-25) 式与轮廓方程式 $y = f(x)$ 联立，可以求得各节点坐标
$$\begin{cases} y = f(x) \\ Dx - Ey = C \mp \delta_{允} \sqrt{D^2 + E^2} \end{cases} \tag{2-26}$$

式 (2-26) 如无解，表示直线 $\overline{A_0B_0}$ 与曲线 $y = f(x)$ 不相交如图 2.4.8 (b) 情况，拟合误差在允许范围；如只一个解，表示图 2.4.8 (a) 的情况，拟合误差等于 $\delta_{允}$；如有二个解，且 $x_A \leqslant x \leqslant x_B$，则为图 2.4.8 (c) 的情况，表示超差，此时应减小间距（Δx）重新计算。

（2）等程序段法（等步长或等弦长法） 这种方法是使所有逼近线段的弦长相等（见图 2.4.9）。由于零件轮廓曲线 $y = f(x)$ 的曲率各处不等，因此各程序段的程序编制误差 δ 不等，这就要使整个零件轮廓各程序段的最大误差 $\delta_{大}$ 小于 $\delta_{允}$，才能满足程序编制的精度要求。在用直线逼近曲线时，可以认为误差的方向是在曲线 $y = f(x)$ 的法向，同时误差最大值发生在曲率半径最小处。等程序段法数学处理过程如下：

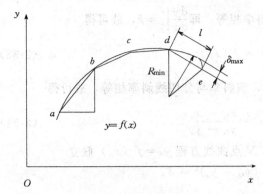

图 2.4.9 等步长法

① 确定步长（弦长） 弦长应根据加工精度的要求确定。等步长，最大误差 $\delta_{\max}$ 在最大曲率，最小曲率半径 $R_{\min}$ 处（图2.4.9中的 de 段），则步长应为

$$l = 2\sqrt{R_{\min}^2 - (R_{\min} - \delta_{允})^2}$$
$$\approx 2\sqrt{2R_{\min}\delta_{允}} \quad (2\text{-}27)$$

② 确定 $R_{\min}$ 已知函数 $y=f(x)$ 任一点的曲率半径为

$$R = \frac{(1+y'^2)^{3/2}}{y''} \quad (2\text{-}28)$$

当 $\dfrac{dR}{dx}=0$，即 $3y''^2 y' - [1+(y')^2] y''' = 0$ 时得 $R_{\min}$，根据曲线方程 $y=f(x)$ 求得 y'、y''、y''' 的值代入上式，即得 x 值。将 x 值代入曲率半径 R 公式中即得到 $R_{\min}$。

③ 确定步长的圆方程 以曲线的起点 $a(x_a, y_a)$ 为圆心，步长 l 为半径的圆方程为

$$(x-x_a)^2 + (y-y_a)^2 = l^2 = 8R_{\min}\delta_{允} \quad (2\text{-}29)$$

④ 解圆与曲线的联方程

$$\begin{cases} y = f(x) \\ (x-x_a)^2 + (y-y_a)^2 = l^2 = 8R_{\min}\delta_{允} \end{cases} \quad (2\text{-}30)$$

即得 b 点坐标值。

顺次以 b、c、d…为圆心，重复步骤③及④的计算即可求得 c、d、e 各点的坐标值。

等步长直线逼近曲线的方法，计算较简单，但插补段数多，编程工作量较大。对于程序不多及曲线各处的曲率半径相差不多的零件比较有利。

(3) 等误差法 用等误差法以直线拟合轮廓曲线时，使每段的逼近误差相等且小于或等于允许误差 $\delta_{允}$。用这种方法确定的各程序段长度不等，程序段数目较少，可以大大缩短纸带长度。但等误差法的计算过程较复杂，要由计算机辅助完成，算法也较多，而且还在发展中。先介绍两种算法。

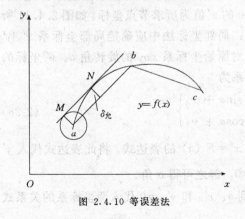

图 2.4.10 等误差法

① 平行线法（图2.4.10） 该方法的计算过程是：

以曲线 $y=f(x)$ 的起点为圆心，以允许误差 $\delta_{允}$ 为半径作圆。设起点 a 的坐标为 (x_a, y_a)，则此圆的方程为（在 M 点）

$$(x_M - x_a)^2 + (y_M - y_a)^2 = \delta_{允}^2 \quad (2\text{-}31)$$

求上述圆与曲线的公切线的斜率

$$k = \frac{y_N - y_M}{x_N - x_M}, \quad (2\text{-}32)$$

曲线上过 N 点的切线斜率为 $\dfrac{dy}{dx}\bigg|_N = f'(x_N)$，

由于起点圆与轮廓曲线有公切线，他们的斜率相等，即 $\left.\dfrac{dy}{dx}\right|_N = k$，故可得

$$\frac{y_N - y_M}{x_N - x_M} = f'(x_N) \tag{2-33}$$

过 M 点圆 a 的切线的斜率为 $-\dfrac{x_M - x_a}{y_M - y_a}$，该斜率与公切线斜率相等，故可得

$$\frac{y_N - y_M}{x_N - x_M} = -\frac{x_M - x_a}{y_M - y_a} \tag{2-34}$$

式（2-31）、式（2-33）、式（2-34）与 N 点曲线方程 $y_N = f(x_N)$ 联立

$$\begin{cases} (x_M - x_a)^2 + (y_M - y_a)^2 = \delta_允 \\ \dfrac{y_N - y_M}{x_N - x_M} = f'(N) \\ \dfrac{y_N - y_M}{x_N - x_M} = -\dfrac{x_M - x_a}{y_M - y_a} \\ y_N = f(x_N) \end{cases} \tag{2-35}$$

可以求出 x_M、x_N、y_M、y_N。

过 a 点 (x_a, y_a) 作平行 MN 并与曲线 $y = f(x)$ 相交于 b 点的弦 ab，弦长 ab 的方程为

$$y - y_a = k(x - x_a) \tag{2-36}$$

解联立方程组

$$\begin{cases} y = f(x) \\ y = k(x - x_a) + y_a \end{cases} \tag{2-37}$$

可求得 b 点的坐标 x_b、y_b。重复上述计算过程，顺次可求得 c，d，e…各点坐标值。

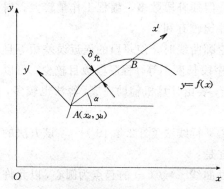

图 2.4.11 局部坐标法

②局部坐标法　采用局部坐标求节点，首先要建立局部坐标系。以上一节点为局部坐标原点，x'坐标轴通过所求的下一个节点，方向为自坐标原点至所求节点。显然，曲线 $y = f(x)$ 在局部坐标系中用 $y' = f_1(x')$ 表示，其中 y' 坐标的极值应等于 $\delta_允$。$y' = 0$ 的 x' 值为所求节点坐标。如图 2.4.11 所示，局部坐标法中应确定局部坐标系 $x'Ay'$ 相对原始坐标系 xoy 的旋转角 α。两坐标的关系为

$$\left. \begin{array}{l} x = x'\cos\alpha - y'\sin\alpha + x_A \\ y = x'\sin\alpha + y'\cos\alpha + y_A \end{array} \right\} \tag{2-38}$$

在局部坐标系中，由 $\dfrac{dy'}{dx'} = 0$ 的条件，求得 $x' = F(\alpha)$ 的表达式。将此表达式代入 $y' = f_1(x')$ 中，并使 $y' = \delta_允$，则得：$F(\alpha) = 0$，解之可得 α 角。

由 $y' = f_1(x') = 0$，可求得 x'_B。将求得到 α、x'_B 和 $y'_B = 0$ 代入两坐标系的关系式中，可求得 x_B 和 y_B。

求坐标旋转角 α，即解方程 $F(\alpha)=0$，通常要用迭代法。

2. 用圆弧逼近零件轮廓的节点计算

轮廓曲线 $y=f(x)$，可以用圆弧来逼近，并使逼近误差小于或等于 $\delta_{允}$。用圆弧逼近工件轮廓曲线既可以用相交圆逼近，也可以用相切圆弧逼近。

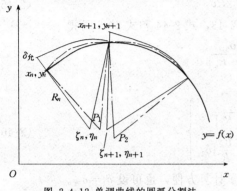

图 2.4.12 单调曲线的圆弧分割法

(1) 用彼此相交圆弧逼近轮廓曲线

① 圆弧分割法　该方法应用在曲线 $y=f(x)$ 是单调的情形。如果不是单调曲线，则应在拐点或凸点处将曲线分段，使每段曲线为单调曲线。单调曲线用圆弧分割法计算步骤如下（图 2.4.12）。

从曲线起点 (x_n, y_n) 开始作曲率圆，其

圆心
$$\left.\begin{aligned}\zeta_n &= x_n - \frac{dy}{dx_n} \cdot \frac{1+(dy/dx_n)^2}{d^2y/dx_n^2} \\ \eta_n &= y_n + \frac{1+(dy/dx_n)^2}{d^2y/dx_n^2}\end{aligned}\right\} \quad (2\text{-}39)$$

曲率半径 R_n

$$R_n = \frac{[1+(dy/dx_n)^2]^{3/2}}{|d^2y/dx_n^2|} \quad (2\text{-}40)$$

考虑编程的允许误差 $\delta_{允}$，将曲率圆方程与曲线方程联立

$$\begin{cases}(x-\zeta_n)^2+(y-\eta_n)^2=(R_n\pm\delta_{允})^2 \\ y=f(x)\end{cases} \quad (2\text{-}41)$$

可解得交点 (x_{n+1}, y_{n+1})，然后再求过 (x_n, y_n) 和 (x_{n+1}, y_{n+1}) 两点，半径为 R_n 圆的圆心，即求

$$\begin{cases}(x-x_n)^2+(y-y_n)^2=R_n^2 \\ (x-x_{n+1})^2+(y-y_{n+1})^2=R_n^2\end{cases} \quad (2\text{-}42)$$

的交点 P_1 的坐标值，同理可以求出下一个圆心 P_2，从而得出二个逼近曲线 $y=f(x)$ 的相交圆弧，如图中虚线圆所示。

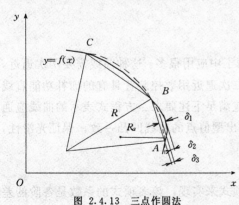

图 2.4.13 三点作圆法

② 三点作圆法　该方法是先用直线逼近零件轮廓，然后再通过连续三点作圆。直线逼近轮廓的节点用以前叙述过的方法计算，其逼近误差为 δ_1（图 2.4.13），圆弧与轮廓曲线的误差为 δ_2 则 $\delta_2<\delta_1$。为减少圆弧段的数目，并保证编程精度，应使 $\delta_2=\delta_{允}$。现求 $\delta_2=\delta_{允}$ 时的直线逼近误差 δ_1 值。δ_3 为圆弧与逼近直线的误差

由图中可得

$$\delta_2 = |\delta_1 - \delta_3| \quad (2\text{-}43)$$

由直线与 $y=f(x)$ 曲线（应用 2-27 式）得

$$\overline{AB} = 2\sqrt{2R_a\delta_1 - \delta_1^2} \approx 2\sqrt{2R_a\delta_1} \tag{2-44}$$

式中 R_a 为 $y=f(x)$ 曲线在 A 点的曲率半径。

由直线和圆弧（应用 2-27 式）得

$$\overline{AB} = 2\sqrt{2R\delta_3} \tag{2-45}$$

式中 R 为过 A、B、C 三点的圆之半径，由式 2-43，式 2-44 和式 2-45 可得

$$\delta_1 = \frac{R\delta_2}{|R - R_a|}$$

由于 $\delta_2 = \delta_允$，则

$$\left. \begin{array}{l} \delta_1 = \dfrac{R\delta_允}{|R - R_a|} \\ \delta_允 = \left|1 - \dfrac{R_a}{R}\right|\delta_1 \end{array} \right\} \tag{2-46}$$

或

R 为所求圆的半径，可用迭代法求解，为了计算方便，也可设 $\delta_1 = \delta_允$。

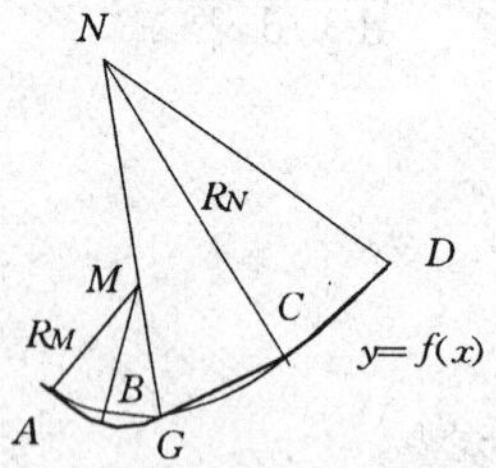

(2) 用彼此相切圆弧逼近零件轮廓

这种方法的特点是，逼近轮廓的相邻各圆弧彼此是相切的，同时逼近圆弧与轮廓曲线间的最大误差等于 $\delta_允$。若曲线上有四点 A、B、C、D（图 2.4.14），AD 段曲线用两个相切圆弧 M 和 N 逼近。两圆弧的切点为 G。曲线与 M、N 圆弧的最大误差分别发生在 B、C 两点，从而满足条件

$$|R_M - R_N| = MN$$

图 2.4.14 相切圆弧逼近轮廓线

$$|AM - BM| \leqslant \delta_允$$
$$|DN - CN| \leqslant \delta_允$$

计算原理是：由曲线起点开始，任意选定 B、C、D 三点。由 A、B 两点法线可求出 M 点坐标。由 C、D 两点的法线求出 N 点坐标。然后用迭代法解联立方程组，求出 B、C、D 三点坐标值，从而得出两个圆弧的半径。

四、列表曲线平面轮廓的数学处理方法

用列表点（离散点）描述轮廓曲线在机械加工中应用很多。这种曲线需要两次逼近，第一次逼近要用数学方程式逼近列表曲线，第二次逼近用数控装置具有的插补功能直线或圆弧逼近。第一次逼近时所用的数学方程式应满足下述要求：方程式表示的曲线应通过给出点（型值点）；方程式表示的曲线应与给出型值点的曲线凹凸一致；保证光滑性。列表曲线的数学处理常用的方法有下面几种。

(一) 牛顿插值法

牛顿插值法可用通过型值点的牛顿插值多项式来实现，该多项式的系数是各阶的差商。在数控编程时，如果用一个高次多项式去描述整个曲线，不但计算太复杂，而且实际上也不必要。实际应用中，采用牛顿插值多项式的前三项，逼近精度已能满足要求。通

过三个型值点得到一个二次插值三项式
$$y = y_0 + f(x_0, x_1)(x - x_0) + f(x_0, x_1, x_2)(x - x_0)(x - x_1) \tag{2-47}$$
式中 $f(x_0, x_1)$，$f(x_0, x_1, x_2)$ 为一阶差商和二阶差商。

设一阶差商 $A_1 = \dfrac{y_i - y_{i-1}}{x_i - x_{i-1}}$；$A_2 = \dfrac{y_{i+1} - y_i}{x_{i+1} - x_i}$；二阶差商 $B_1 = \dfrac{A_2 - A_1}{x_{i+1} - x_{i-1}}$

式中，$i = 0, 1, \cdots\cdots, n$。则式（2-47）可写成
$$y = B_1 x^2 + (A_1 - B_1 x_{i-1} - B_1 x_i) x + (B_1 x_{i-1} x_i - A_1 x_{i-1} + y_{i-1}) \tag{2-48}$$
上式是一族具有垂直轴的抛物线。

根据插值多项式的误差分析，在 x_{i-1}、x_i、x_{i+1} 三点的二次插值式中，在区间 $[x_{i-1}, x_i]$ 内插值误差最小，式（2-48）用来表示区间 $[x_{i-1}, x_i]$ 零件轮廓是适宜的。通过三个型值点用牛顿插值多项式表示两点间的曲线形状，即有一段重叠的逼近方法，可以保证型值点两边的导数差较小。

牛顿插值法适用列表点比较平滑的情况。

当给出点对坐标轴等间距时，可以由一般牛顿插值多项式推出牛顿等距分布的插值公式，同样用通过三个型值点的方法得出牛顿二次前插公式
$$y = y_{i-1} + \dfrac{x - x_{i-1}}{h} \Delta y_{i-1} + \dfrac{(x - x_{i-1})(x - x_{i-1} - h)}{2h^2} \Delta^2 y_{i-1} \tag{2-49}$$
式中 h——间距。
$$\Delta y_{i-1} = y_i - y_{i-1}$$
$$\Delta y_i = y_{i+1} - y_i$$
$$\Delta^2 y_{i-1} = \Delta y_i - \Delta y_{i-1} = y_{i-1} + y_{i+1} - 2y_i$$

对于最后两点，即在 $[x_{n-1}, x_n]$ 要用牛顿后插公式
$$y = y_n - \dfrac{x - x_n}{h} \nabla y_n + \dfrac{(x - x_n)(x - x_n + h)}{2h^2} \nabla^2 y_n \tag{2-50}$$
其中
$$\nabla y_n = y_n - y_{n-1}$$
$$\nabla y_{n-1} = y_{n-1} - y_{n-2}$$
$$\nabla^2 y_n = \nabla y_n - \nabla y_{n-1}$$

∇y_n 叫向后差分，相应地，前式中 Δy_i 叫向前差分。

（二）双圆弧法

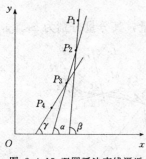

图 2.4.15 双圆弧法直线逼近

双圆弧法是用连续的圆弧逼近列表曲线，此法具有"保凸"性，可应用在曲率较大的情况，特别是它有计算方法简单以及可直接用于圆弧插补的数控机床，而不必进行节点计算的优点。

双圆弧法是通过连续四个型值点确定中间两个型值点间的几何元素和参数。由于连续四点的分布情况不同，逼近中间两点的几何元素和确定方法也不一样。

1. 直线元素的确定　　如果连续四个型值点的分布如图 2.4.15 所示，P_1、P_2、P_3、P_4 四个点在一个直径很大的圆弧上，近似认为在一条直线上。其条件是

$$\left.\begin{array}{l}|\sin(\alpha-\beta)| \leqslant 0.00085 \\ |\sin(\alpha-\gamma)| \leqslant 0.00085\end{array}\right\} \quad (2-51)$$

式中 α——P_2、P_3 二点连线与 x 轴的夹角；

β——P_1、P_2 二点连线与 x 轴的夹角；

γ——P_3、P_4 二点连线与 x 轴的夹角。

这时，中间两点 P_2、P_3 可用直线逼近。

2. 内切圆的确定　　连续四个型值点中的第一点和第四点在中间两点连线的同侧时（图2.4.16），可用两个彼此内切的圆弧逼近中间两点。

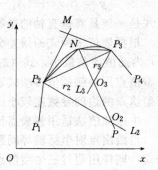

过 P_2 点作 $\angle P_1P_2P_3$ 的角平分线 P_2L_2 的垂线 P_2M，过 P_3 点作 $\angle P_2P_3P_4$ 的角平分线 P_3L_3 的垂线 P_3M；过 P_2 点作 $\angle P_3P_2M$ 的角平分线 P_2N，过 P_3 点作 $\angle P_2P_3M$ 的角平分线 P_3N；过 P_2N 和 P_3N 的交点 N 作 P_2P_3 的垂线 PN；PN 与 P_2L_2 交于 O_2 点，与 P_3L_3 交于 O_3 点，则 O_2 和 O_3 为所求两圆的圆心，P_2O_2 和 P_3O_3 为所求两圆的半径；O_2 圆

图 2.4.16 内切圆弧逼近

和 O_3 圆彼此相切于 N 点，O_2 圆在 P_2 点与 P_2M 相切，O_3 圆在 P_3 点与 P_3M 相切。显然，在型值点处的相邻两圆也彼此相切。

两圆的圆心 O_2 和 O_3，半径 r_2 和 r_3，接点 N 的坐标可通过矢量计算，解向量方程得出下面计算公式

$$\left.\begin{array}{l}r_2 = [dx_3(y_2+x_3) - dy_3(x_2-y_3)]/D \\ r_3 = [dx_3(y_1+x_3) - dy_3(x_1-y_3)]/D\end{array}\right\} \quad (2-52)$$

式中 d——矢量 $\boldsymbol{P_2P_3}$ 的模 $|P_2P_3|$。

$$D = (x_1-y_3)(y_2+x_3) - (y_1+x_3)(x_2-y_3)$$

$$\left.\begin{array}{l}\boldsymbol{O_2} = \boldsymbol{P_2} + r_2\boldsymbol{V_1} \\ \boldsymbol{O_3} = \boldsymbol{P_3} + r_3\boldsymbol{V_2} \\ \boldsymbol{N} = \boldsymbol{O_2} + r_2\boldsymbol{V_4}\end{array}\right\} \quad (2-53)$$

式中 $\boldsymbol{V_1}$、$\boldsymbol{V_2}$、$\boldsymbol{V_3}$、$\boldsymbol{V_4}$ 分别为 $\boldsymbol{P_2O_2}$、$\boldsymbol{P_3O_3}$、$\boldsymbol{P_2P_3}$、$\boldsymbol{O_2N}$ 的单位矢量，其分量分别为 x_1、y_1、x_2、y_2、x_3、y_3、x_4 $(x_4=-y_3)$、y_4 $(y_4=x_3)$。

由给出的 P_1、P_2、P_3、P_4 点，可确定 d、D，从而可求出 r_2、r_3、O_2、N。

3. 外切圆的确定　　连续四个型值点中的第一个和第四个点在中间两点连线的两侧，或其中一点在连线上时，可用两个彼此外切的圆弧逼近中间两点（图2.4.17）。

过 P_2 点作 $\angle P_1P_2P_3$ 角平分线 P_2L_2 的垂线

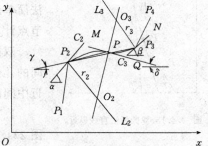

图 2.4.17 外切圆弧逼近

P_2M，P_2M 与 x 轴夹角为 α；过 P_3 点作 $\angle P_2P_3P_4$ 角平分线 P_3L_3 的垂线 P_3N，P_3N 与 x 轴夹角为 β。以两个圆心 O_2，O_3 分别在 P_2L_2 和 P_3L_3 上，并且 $O_2O_3=O_2P_2+O_3P_3$ 为原则，选择彼此相切的两圆 C_2 和 C_3，使 C_2 圆的 P 点至 P_2 的弧长等于 C_3 圆的 P 点至 P_3 点的弧长。由此得

$$\delta = 2\gamma - \frac{\alpha+\beta}{2}$$

式中　δ——P 点公切线 PQ 与 x 轴夹角；

　　　γ——P_2P_3 直线与 x 轴夹角。

两圆的半径、圆心和切点的计算如下式

$$\begin{aligned}
r_2 &= d[x_3(y_2-y_4)-y_3(x_2-x_4)]/D \\
r_3 &= d[x_3(y_1+y_4)-y_3(x_1+x_4)]/D \\
\boldsymbol{O_2} &= \boldsymbol{P_2} + r_2\boldsymbol{V_1} \\
\boldsymbol{O_3} &= \boldsymbol{P_3} + r_3\boldsymbol{V_2} \\
\boldsymbol{P} &= \boldsymbol{O_2} + r_2\boldsymbol{V_4} \\
D &= (x_1+x_4)(y_2-y_4)-(y_1+y_4)(x_2-x_4)
\end{aligned} \tag{2-54}$$

式中　d——矢量 $\boldsymbol{P_2P_3}$ 的模；

　　　$\boldsymbol{V_1}$、$\boldsymbol{V_2}$、$\boldsymbol{V_3}$、$\boldsymbol{V_4}$——矢量 $\boldsymbol{P_2O_3}$、$\boldsymbol{P_3O_3}$、$\boldsymbol{P_2P_3}$、$\boldsymbol{O_2P}$ 的单位矢量，其分量分别为 x_1、y_1、x_2、y_2、x_3、y_3、x_4、y_4。

（三）样条函数法

样条函数曲线是分段的三次函数，该函数通过所有型值点，并且在型值点处具有一阶和二阶导数。三次样条函数比较"光顺"，有连续曲率。

1. 二阶导数为系数的三次样条函数

如果把样条看成弹性细梁，加上两个压铁使之逐点通过各支撑点（型值点）。压铁看成作用在细梁上的集中载荷，则样条曲线可看成是在外界载荷作用下，弹性细梁的弯曲变形曲线。由材料力学可知，梁的弯曲变形曲线 $y=f(x)$ 的微分方程为

$$k(x) = \frac{M(x)}{EJ} \tag{2-55}$$

式中　$k(x)$——变形曲线的曲率；

　　　E——弹性模量；

　　　J——惯性矩；

　　　$M(x)$——弯矩（力矩）。

曲线的曲率为

$$k(x) = \frac{y''(x)}{[1+y'^2(x)]^{3/2}} \tag{2-56}$$

式 (2-56) 为一非线性微分方程，它的解不能用初等函数表示，对于小挠度的情况，$|y'|\ll 1$，可忽略 y' 项，并假定 $EJ=1$，使问题得到简化。上式变为

$$y''(x) = M(x) \tag{2-57}$$

式（2-57）表示 y 的二阶导数是它的力矩。由于两压铁之间无外力作用，弯矩 $M(x)$ 是 x 的线性函数，即
$$y''(x) = ax + b$$
由此可知原函数 $y = f(x)$ 为三次多项式。将三次样条函数写成一般形式，得
$$s(x) = a_j x^3 + b_j x^2 + c_j x + d \tag{2-58}$$
式中 $x_{j-1} \leqslant x \leqslant x_j$；$j = 0, 1 \cdots n$

于是
$$\frac{ds}{dx} = 3a_j x^2 + 2b_j x + c$$

$$\frac{d^2 s}{dx^2} 6a_j x + 2b$$

因为 $y = s(x)$ 通过型值点 $p_j(x_j, y_j)$，所以 $s(x_j) = y_j$。在区间 $[x_{j-1}, x_j]$ 上有
$$\left. \begin{array}{l} a_j x_{j-1}^3 + b_j x_{j-1}^2 + c_j x_{j-1} + d_j = y_{j-1} \\ a_j x_j^3 + b_j x_j^2 + c_j x_j + d_j = y_j \end{array} \right\} \tag{2-59}$$

若以 M_{j-1}, M_j 表示 $s(x)$ 在 x_{j-1}, x_j 处的二阶导数，则有
$$6a_j x_{j-1} + 2b_j = M_{j-1} \tag{2-60}$$
$$6a_j x_j + 2b_j = M_j \tag{2-61}$$

将方程式（2-58）、（2-59）、（2-60）、（2-61）联立，可解得
$$\left. \begin{array}{l} a_j = \dfrac{M_j + M_{j-1}}{6} \\[2mm] b_j = \dfrac{M_{j-1} x_j - M_j x_{j-1}}{2h_j} \\[2mm] c_j = \dfrac{M_{j-1}(3x_j^2 - h_j^2) + M_j(h_j^2 - 3x_{j-1}^2)}{6h_j} + \dfrac{y_j - y_{j-1}}{h_j} \\[2mm] d_j = \dfrac{-M_{j-1} x_j(h_j^2 - x_j^2) + M_j x_{j-1}(h_j^2 - x_{j-1}^2)}{6h_j} + \dfrac{y_{j-1} x_j - y_j x_{j-1}}{h_j} \end{array} \right\} \tag{2-62}$$

其中 $h_j = x_j - x_{j-1}$

将式（2-62）代入式（2-58）经变换、整理可得"M 关系式"
$$\mu_j M_{j-1} + 2M_j + \lambda_j M_{j+1} = D_j \tag{2-63}$$
式中 $\mu_j = \dfrac{h_j}{h_j + h_{j+1}}$；$\lambda_j = 1 + \mu_j$；$D_j = \dfrac{6}{h_j + h_{j+1}} \left(\dfrac{y_{j+1} + y_j}{h_{j+1}} - \dfrac{y_j - y_{j-1}}{h_j} \right)$

M 关系式是关于变量 M 的 $n-1$ 个方程的方程组，若解出 $n+1$ 个 M 值，还需两个端点条件。

第一种给出两端点 x_0 和 x_n 处二阶导数，即
$$M_0 = \frac{d^2 y}{dx_0^2}；\quad M_n = \frac{d^2 y}{dx_n^2} \tag{2-64}$$

实际上常把 $\dfrac{d^2 y}{dx_0} = 0$，$\dfrac{d^2 y}{dx_n} = 0$ 称为自由端点条件。几何意义是在 x_0 的左边以及 x_n 的右边各与直线相切。

第二种，给出两端点 x_0、x_n 处的一阶导数 $\dfrac{ds}{dx_0} = \dfrac{dy}{dx_0}$，$\dfrac{ds}{dx_n} = \dfrac{dy}{dx_n}$。这可由推导式（2-63）过程中求得

$$2M_0 + M_1 = \frac{6}{h}\left(\frac{y_1 - y_n}{h_1} - \frac{dy}{dx_0}\right) \\ M_{n-1} + 2M_n = \frac{6}{h_n}\left(\frac{dy}{dx_n} - \frac{y_n - y_{n-1}}{h_n}\right) \right\} \quad (2\text{-}65)$$

实际问题中，可能是一端给出一阶导数，另一端给出二阶导数；或者与已知直线和圆相切于端点。这需要由端点条件作不同处理。没有指明端点条件时，可通过三个连续起点或连续的三个终点作圆或抛物线，以起、终点处圆或抛物线斜率作为端点条件。

目前样条函数的计算程序已经标准化，一般可在给出列表点数值和端点条件后，调出标准程序求解。

常用的三次样条函数还有以一阶导数为系数的三次样条函数。

使用三次样条函数要注意以下几点：

① 三次样条适用于小挠度的情况。对于大挠度情形（$|\frac{dy}{dx}|>1$），若仍用给定坐标系下各型值点的坐标作三次样条，就可能有较大误差，出现多余的拐点。这时可采用坐标旋转法，或者用参数样条逼近。

② 当端点条件出现无穷大时，可对样条作适当处理，如把所求样条曲线 $s(x)$ 看成是一条抛物线与另一条样条曲线 $s_1(x)$ 的迭加。

③ 型值点以极坐标（ρ_j, θ_j）形式给出时，可不必作坐标变换，把 ρ 和 θ 看成是直角坐标系下的坐标值，并利用相应公式。

2. 参数样条函数

设平面上给出 $n+1$ 个点 P_j（$j=0, 1, \cdots n$），选择适当参数 t，对 x_j 和 y_j 关于 t 分别作三次样条函数 $x_j(t)$ 和 $y_j(t)$，这样构成的曲线方程，称为三次参数样条。例如，把相邻两个型值点连接起来的弦长作累加（图 2.4.18）。

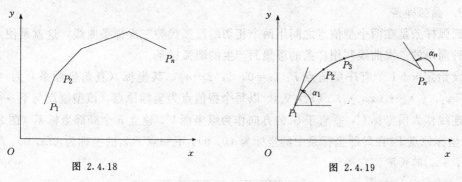

图 2.4.18　　　　　　　　　图 2.4.19

这样对于每个型值点都有一个确定的累加弦长与之对应。选取累加弦长作为曲线参数方程中的参数，作 x、y 关于 t 的三次样条，便得到需要的参数样条曲线函数 s。

在应用参数样条曲线时，必须注意此时的端点条件是对参数 t 的，如一阶导数的端点条件不能取作

$$\left|\frac{dy}{dx}\right|_{x=x_0} \text{ 和 } \left|\frac{dy}{dx}\right|_{x=x_n}$$

而应取作

$$\left|\frac{\mathrm{d}x}{\mathrm{d}t}\right|_{t=0}, \left|\frac{\mathrm{d}y}{\mathrm{d}t}\right|_{t=0} 和 \left|\frac{\mathrm{d}x}{\mathrm{d}t}\right|_{t=t_n}, \left|\frac{\mathrm{d}y}{\mathrm{d}t}\right|_{t=t_n}$$

由于

$$\frac{\mathrm{d}y}{\mathrm{d}x} = \frac{\frac{\mathrm{d}y}{\mathrm{d}x}}{\frac{\mathrm{d}x}{\mathrm{d}t}} = \mathrm{tg}\alpha_n = \frac{\sin\alpha_n}{\cos\alpha_n}$$

式中　α_n——曲线切线与 x 轴夹角（图 2.4.19），n 为顺序号。
所以

$$\left|\frac{\mathrm{d}y}{\mathrm{d}t}\right|_{t=0} = \sin\alpha_0; \quad \left|\frac{\mathrm{d}x}{\mathrm{d}t}\right|_{t=0} = \cos\alpha_0$$

$$\left|\frac{\mathrm{d}y}{\mathrm{d}t}\right|_{t=t} = \sin\alpha_n; \quad \left|\frac{\mathrm{d}x}{\mathrm{d}t}\right|_{t=t} = \cos\alpha_n$$

用三次参数样条函数描述的曲线能通过给定的各列表点（型值点），在各连结点处的一阶导数，二阶导数连续，得到一条光滑曲线。该曲线与给定的列表点曲线凸凹性一致，没有多余拐点。同时三次参数样条是用参数方程表示的，不依赖坐标系的选择，具有几何不变性，而且对大挠度曲线、封闭曲线、空间曲线的拟合问题都能解决，适应范围广。

参数样条形式有多种，虽然样条曲线的数学概念并不复杂，但是即使在给出点很少的情况下，也要做冗长的运算，现在样条曲线都由计算机完成。自动编程语言中有关于样条的几何定义语句，例如：

$$\text{spline} = \text{SPLINE}/\text{pt}_1, \text{pt}_2, \text{pt}_3, \cdots, \text{pt}_n$$

图纸上只要给出列表点（pt_1，$\text{pt}_2\cdots\text{pt}_n$）坐标，以及有关样条的切矢、插值和法线等，就可以运算了。

3. 圆弧样条

圆弧样条是在两个型值点之间用两个相切的圆弧代替三次样条曲线，这就是使用圆弧这种简单的二次曲线利用样条的思想而产生的圆弧样条。

设给定 $n+1$ 个有序型值点 P_i（$i=0, 1, 2\cdots n$），其坐标（直角坐标系）为（x_0, y_0）、（x_1, y_1）$\cdots$（x_i, y_i）、（x_n, y_n）。以每个型值点为坐标原点，该型值点与下一个型值点连线作为横坐标 U，垂直于 U 的方向作为纵坐标 V，建立 n 个局部坐标系（图 2.4.20）。坐标原点 P_i 在局部坐标系中的坐标为（0，0），下一点 P_{i+1} 的坐标为（L_i，0）。L_i 为折线 $\overline{P_iP_{i+1}}$ 的长度，它等于

$$L_i = \sqrt{(x_{i+1} - x_i)^2 + (y_{i+1} - y_i)^2} \tag{2-66}$$

圆弧样条逼近是利用局部坐标系，在子区间 $\overline{P_iP_{i+1}}$ 之间用两个相切的圆弧拟合，每个型值点两侧为不同圆弧，且圆弧的半径不等。如图 2.4.20 所示，过 P_i 点作一圆弧，它在 P_i 点的切线为 m_1；过 P_{i+1} 点作一圆弧，它在 P_{i+1} 点的切线为 m_2。m_1 和 m_2 相交于 G 点，切线 m_1 与弦 $\overline{P_iP_{i+1}}$ 的夹角为 θ_1，切线 m_2 与弦 $\overline{P_iP_{i+1}}$ 的夹角为 θ_2。θ_1 与 θ_2 均为有向角且为给定值，它们的方向在图中均为正角，如果 θ_1、θ_2 画在 $\overline{P_iP_{i+1}}$ 下面，则均为负角。

用双圆弧逼近，$\overline{P_iP_{i+1}}$ 之间的两个圆弧必须相切。在平面上唯一确定两个圆弧需要 6

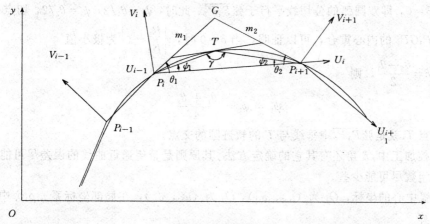

图 2.4.20 圆弧样条

个条件。现在只具备 5 个条件：P_i 和 P_{i+1} 点的位置及它们的切线方向，同时还有两个圆弧相切的条件。所以两个圆弧不是唯一确定的，即两个圆弧切点 T 的位置是可变的。可以证明切点 T 的轨迹是一个圆，此轨迹圆过 P_i、P_{i+1} 两点，且过 $\Delta P_i P_{i+1} G$ 的内心。

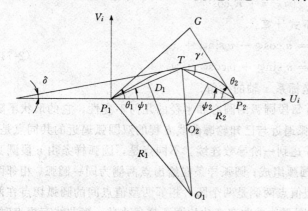

图 2.4.21 双圆弧半径、圆心的求法

圆弧的半径和圆心可由图 2.4.21 推导计算出来。为了方便，假定切点 T 的位置由 T 点的切线与弦 $P_1 P_2$ 的夹角 δ 表示，在图中所示位置为正值。$\overline{P_1 P_2}$ 的长度为 L_1，两相切圆弧的圆心和半径分别为 O_1 和 O_2 和 R_1、R_2，切点为 T。在 $\Delta P_1 T P_2$ 中，由正弦定理可得：

$$\overline{P_1 T} = \frac{\sin\psi_2}{\sin\gamma} L_1 = \frac{\sin\dfrac{\theta_2 - \delta}{2}}{\sin\dfrac{\theta_1 + \theta_2}{2}} L_1$$

作 $O_1 D_1 \perp \overline{P_1 T}$，在直角 $\Delta O_1 P_1 D_1$ 中求得

$$R_1 = \frac{\overline{P_1 D_1}}{\sin(\theta_1 - \psi_1)} = \frac{\overline{P_1 T}}{2\sin(\theta_1 - \psi_1)} = \frac{\sin(\dfrac{\theta_2 - \delta}{2}) L_1}{2\sin(\dfrac{\theta_1 - \delta}{2}) \sin(\dfrac{\theta_1 + \theta_2}{2})} \tag{2-67}$$

同样可得出

$$R_2 = \frac{\sin(\dfrac{\theta_1 + \delta}{2}) \cdot L_1}{2\sin(\dfrac{\theta_2 + \delta}{2}) \sin\dfrac{\theta_1 + \theta_2}{2}} \tag{2-68}$$

当 $\theta_1 = \theta_2$ 时，不论 δ 为何值，由式 2-67，式 2-68 可看出，$R_1 = R_2 = \dfrac{L_1}{2\sin\theta_1}$。

决定双圆弧切点位置，就是如何选择 δ 角，常用的选择方法有两种。

(1) $\delta=0$,即双圆弧的公切线平行于弦$\overline{P_1P_2}$,此时,$\psi_1=\theta_1/2$,$\psi_2=\theta_2/2$,切点 T 与三角形 $\triangle P_1GP_2$ 的内心重合,可以证明,当 $\delta=0$ 时,$\left|\dfrac{R_1}{R_2}-1\right|$ 为极小值

(2) $\delta=\dfrac{\theta_2-\theta_1}{2}$,则

$$\psi_1=\psi_2=\dfrac{\theta_1+\theta_2}{4}$$

此时,切点 T 就是弦 $\overline{P_1P_2}$ 中垂线与 T 的轨迹圆的交点。

在数控加工中,δ 角还有其它的确定方法。其原则是希望逼近曲线的误差尽可能小些和双圆弧组数尽可能少些。

双圆弧中心的坐标,O_1 为 $(u_{c1}、v_{c1})$,O_2 为 $(u_{c2}、v_{c2})$,在局部坐标系 $u_ip_1v_i$ 中,可用下式计算

$$\begin{cases}u_{c1}=R_1\sin\theta_1\\v_{c1}=-R_1\cos\theta_1\end{cases} \qquad (2\text{-}69)$$

$$\begin{cases}u_{c2}=L_1-R_2\sin\theta_2\\v_{c2}=-R_2\cos\theta_2\end{cases} \qquad (2\text{-}70)$$

在整体 xOy 坐标系中,可用下式计算

$$\begin{cases}x_c=u_c\cos\varphi_i-v_c\sin\varphi_i+x_i\\y_c=u_c\sin\varphi_i+v_c\cos\varphi_i+y_i\end{cases} \qquad (2\text{-}71)$$

式中 φ_i 为局部坐标系 u 轴与整体坐标系 x 轴的夹角。

圆弧样条的双圆弧逼近法具有每段圆弧的圆心和半径的几何不变性,它的形状不随坐标选择而变化。圆弧样条的双圆弧逼近与已知轮廓曲线方程的双圆弧逼近的共同点是,都是采用一组圆弧作曲线逼近,并达到一阶导数连续。不同点是,圆弧样条由 n 段圆弧组成,双圆弧逼近由 $2(n-1)$ 段圆弧组成;圆弧样条在给出点两侧为同一圆弧、相邻两圆弧切于弦中垂线上,双圆弧在型值点两侧是两个圆,相邻两型值点间的圆弧切点在两弦切角分角线的交点上。因此,双圆弧法的曲率变化比圆弧样条小些。当曲线有拐点时,圆弧样条要分段处理,而双圆弧法不用分段。

圆弧样条与三次样条比较,圆弧样条只需一次数学处理,计算方法比三次样条简单、准确,同时可以解决大挠度问题。圆弧样条的稳定性较高。

圆弧样条的一阶导数是连续的,而二阶导数是不连续的。但要控制二阶导数(或曲率 ρ)不要变化太大,并希望逐渐变化。

五、立体曲面零件的数学处理

从编程的角度看,立体曲面可以分为解析曲面和列表曲面。解析曲面包括圆柱体、圆锥体、球体和二次曲面,也包括直纹面、立体曲线投影图、多圆锥射影等曲面。列表曲面是自由设计,自由造型的面,或是复合的立体形状,称为自由曲面,雕塑面(Sculptred Surfaces)。由于这些曲面不能用解析法描述,常用型值点给定,即三维的列表点。

(一)解析曲面的数学处理

解析曲面是方程表示的立体曲面,它可以是单一几何体,也可以由多种几何体构成

的组合曲面。可以通过曲面方程和曲面求交等方法来处理，但都有一定的局限性。下面介绍一种处理方法——最高点法。

最高点法的主要任务就是求对应于投影面上 (x, y) 的各曲面元素的 z 坐标。

1. 平面上 z 坐标的计算

该方法允许平面定义方式为：不在一条直线上的三点；平面上一点及其法向矢量；平面上一点及与之相切的圆锥或圆柱；平行平面及它与定义平面的距离；平面方程 $ax+by+cz+d=0$。

无论用何种方式定义平面，都要将平面处理为 $ax+by+cz+d=0$ 的标准形式。此时，z 可以表示为 x, y 的函数，$z=-(ax+by+d)/c$，由此，对应于每个点 (x, y) 的 z 坐标可以求出。

2. 圆柱面、圆锥面、椭球面、椭圆抛物面、椭圆柱面、旋转面上 z 坐标的计算

这些曲面的标准方程为：

圆柱面　　　$x^2+y^2=R^2$　　设中心轴为 z 轴

圆锥面　　　$x^2+y^2=(z \text{tg} \alpha)^2$　　设中心轴为 z 轴

椭圆柱面　　$x^2/a^2+y^2/b^2=1$　　设中心轴为 z 轴

旋转面　　　母线方程 $ax^2+by^2+cz+d=0$ (a 不为 0；b, c 不同时为零)　　设旋转轴为 z 轴，则旋转面方程为 $a(x^2+y^2)+bz^2+cz+d=0$

椭球面　　　$x^2/a^2+y^2/b^2+z^2/c^2=1$

椭球面抛物面　$x^2/a^2+y^2/b^2=2z/c$

这些立体曲面的标准方程是在特定的局部坐标系中表示出来的。上面几种曲面可用下列方程统一表示

$$ax^2+by^2+cz^2+dz+e=0 \tag{2-72}$$

在已知 (x, y) 时，如何求出曲面上对应的 z 值呢？显然，若能求出这些曲面在整体坐标系中的方程，问题就可以解决了。由于局部坐标与整体坐标系的位置关系是任意的，为此，采取如下方法：

取两点 $P_1(x, y, 0)$, $P_2(x, y, m)$，其中 m 为不等于零的任意值，过这两点有一直线 l，经过旋转、平移等坐标变换，得出它们在局坐标系中的对应坐标值 $P_1(x_1, y_1, z_1)$, $P_2(x_2, y_2, z_2)$，从而直线 l 在局部坐标系的参数方程为

$$\begin{aligned} x &= x_1+(x_2-x_1) \cdot t \\ y &= y_1+(y_2-y_1) \cdot t \\ z &= z_1+(z_2-z_1) \cdot t \end{aligned} \tag{2-73}$$

式中 t 为参数

将 (2-73) 式代入 (2-72) 式得

$$a[x_1+(x_2-x_1) \cdot t]^2+b[y_1+(y_2-y_1)t]^2+c[z_1+(z_2-z_1) \cdot t]^2+ \\ d[z_1+(z_2-z_1)t]+e=0 \tag{2-74}$$

解得 t_1, t_2，即可求出两个交点在局部坐标系中的坐标。再经过旋转平移求出这两点在整体坐标系中的坐标。

3. 已知二次曲面方程 $A_1x^2+A_2y^2+A_3z^2+A_4xy+A_5yz+A_6zx+A_7x+A_8y+A_9z+$

$A_{10}=0$ 求对应于 (x, y) 的 z 坐标

二次曲面的普通方程可化成以 z 为未知数的二次方程
$$az^2 + bz + c = 0 \tag{2-75}$$

其中
$$a = A_3$$
$$b = A_5 y + A_6 + A_9$$
$$c = A_1 x^2 + A_2 y^2 + A_4 xy + A_7 x + A_8 y + A_{10}$$

解方程（2-75），即可得对应于 (x, y) 的 z 值
$$z = \frac{-b \pm \sqrt{b^2 - 4ac}}{2a} \tag{2-76}$$

（二）列表曲面的数学处理

1. 自由曲面的数学处理方法

由列表数据（或由各种截面曲线）构成的自由曲面，常常是以三维坐标点 (x_i, y_i, z_i) 表示的。自由曲面拟合方法有多种，如 B 样条法，Bezier 法，Ferguson 法，Coons 曲面拟合法等。B 样条方法、Bezier 法需用反求法实现插补。因而在数控加工中，粗加工和半精加工时用 Ferguoson 曲面拟合法，对精加工曲面用 Coons 曲面法。

2. 组合曲面的数学处理方法

组合曲面是由多种曲面（列表曲面），也包括解析曲面及自由曲面相贯组成的复杂曲面。这种曲面在航天器、飞机、船舰、汽车、模具以及其它制造业有着广泛的应用。

组合曲面在 CAD/CAM 中是一个较难解决的问题。现在比较常用的有网格法、康斯（Coos）曲面法和最高点法等。

网格法是处理列表曲面的一种方法。它以基础截面的列表曲线为基础，在垂直于基础截面的若干截面内作纵向曲线。截面间距离取决于零件表面允许的不平度。加工时，刀具沿纵向曲线运动。这时要将纵向曲线按允许程编误差要求分割节点。在各节点处作平行于基准截面的横向曲线。再在节点处求出纵向曲线和横向曲线的切矢，由两切矢求出节点处曲线的法矢。最后求出刀具中心坐标。

康斯曲面法可用于列表曲面的逼近，康斯曲面法的数学处理包括：确定曲面的参数方程及矢量方程；确定曲面片的要素；双三次样条曲面片的生成；双三次参数样条的插值及曲面的切削等五个方面问题。

六、刀具中心轨迹的数学计算

轮廓加工时，刀具是沿刀具中心轨迹运动，与工件轮廓相差一个刀具半径。刀具中心轨迹为工件轮廓的等距线。另外刀具在加工两个几何元素过渡段的棱角时，为了防止干涉、过切，需要进行增长、插入或缩短一段行程。

编程时是按工件轮廓数据进行处理的，所以在数控加工时要进行上面的数学计算。由于现代数控机床的数控装置都具有刀具半径补偿功能，如 B 刀补为计算等距线（刀具中心轨迹）的功能，C 刀补为处理拐角的功能。所以编程人员不用考虑这两个问题。数控装置的软件具有这两种情况的计算程序。该内容见第四章。

第三章 机床数控装置的插补原理

§3.1 概 述

一、插补的基本概念

机床数字控制的核心问题,就是如何控制刀具或工件的运动。对于平面曲线的运动轨迹需要两个运动坐标协调的运动,对于空间曲线或立体曲面则要求三个以上运动坐标产生协调的运动,才能走出其轨迹。数控加工时,只要按规定将信息送入数控装置就能进行控制。输入信息可以用直接计算的方法得出,如 $y=f(x)$ 的轨迹运动,可以按精度要求递增给出 x 值,然后按函数式算出 y 值。只要定出 x 的范围,就能得到近似的轨迹,正确控制 x、y 向速比,就能走出精确的轨迹来。但是,这种直接计算方法,曲线阶次越高,计算就越复杂,速比也越难控制。另外,还有一些用离散数据表示的曲线,曲面(列表曲线、曲面)又很难计算。所以数控加工不采用这种直接计算方法作为控制信息的输入。

直线和圆弧是简单的、基本的曲线,机床上进行轮廓加工的各种工件,大部分由直线和圆弧构成。若加工对象由其它二次曲线和高次曲线组成,可以采用一小段直线或圆弧来拟合(有些场合,需要抛物线或高次曲线拟合),就可以满足精度要求。这种拟合的方法就是"插补"(Interpolation)。它实质上是根据有限的信息完成"数据密化"的工作,即数控装置依据编程时的有限数据,按照一定方法产生基本线型(直线、圆弧等),并以此为基础完成所需要轮廓轨迹的拟合工作。

无论是普通数控(硬件数控 NC)系统,还是计算机数控(CNC,MNC)系统,都必须有完成"插补"功能的部分,能完成插补工作的装置叫插补器。NC 系统中插补器由数字电路组成,称为硬件插补,而在 CNC 系统中,插补器功能由软件来实现,称为软件插补。

二、对插补器的基本要求

插补是数控系统的主要功能,它直接影响数控机床加工的质量和效率。对插补器的基本要求是:

1. 插补所需的原始数据较少;
2. 有较高的插补精度,插补结果没有累计误差,局部偏差不能超过允许的误差(一般应保证小于规定的分辨率);
3. 沿进给路线,进给速度恒定且符合加工要求;
4. 硬件线路简单可靠,软件插补算法简捷,计算速度快。

三、插补方法的分类

插补器的形式很多,由上所述,插补工作可以由硬件电路或软件程序完成,从而分为硬件插补器和软件插补器。软件插补器结构简单(CNC 装置的微处理器和程序),灵活易变。现代数控系统都采用软件插补器。完全是硬件的插补器已逐渐被淘汰,只在特殊应用场合或作为软件、硬件结合插补时的第二级插补使用。从产生的数学模型来分,有一次(直线)插补器,二次(圆,抛物线等)插补器,及高次曲线插补器等。大多数数控机床的数控装置都具有直线插补器和圆弧插补器。根据插补所采用的原理和计算方法的不同,可有许多插补方法。目前应用的插补方法分为两类。

(一)基准脉冲插补

基准脉冲插补又称为行程标量插补或脉冲增量插补。这种插补算法的特点是每次插补结束,数控装置向每个运动坐标输出基准脉冲序列,每个脉冲代表了最小位移,脉冲序列的频率代表了坐标运动速度,而脉冲的数量表示移动量。基准脉冲插补的实现方法较简单(只有加法和移位),容易用硬件实现。而且,硬件电路本身完成一些简单运算的速度很快。目前也可以用软件完成这类算法。但它仅适用于一些中等精度或中等速度要求的计算机数控系统。

基准脉冲插补方法有下列几种:

1. 数字脉冲乘法器插补法;
2. 逐点比较法;
3. 数字积分法;
4. 矢量判别法;
5. 比较积分法;
6. 最小偏差法;
7. 目标点跟踪法;
8. 单步追踪法;
9. 直接函数法;
10. 加密判别和双判别插补法。

(二)数据采样插补

数据采样插补又称为时间标量插补或数字增量插补。这类插补算法的特点是数控装置产生的不是单个脉冲,而是标准二进制字。插补运算分两步完成。第一步为粗插补,它是在给定起点和终点的曲线之间插入若干个点,即用若干条微小直线段来逼近给定曲线,每一微小直线段的长度 ΔL 都相等,且与给定进给速度有关。粗插补在每个插补运算周期中计算一次,因此,每一微小直线段的长度 ΔL 与进给速度 F 和插补周期 T 有关,即 $\Delta L = FT$。第二步为精插补,它是在粗插补算出的每一微小直线段的基础上再作"数据点的密化"工作。这一步相当于对直线的脉冲增量插补。

数据采样插补方法适用于闭环、半闭环以直流和交流伺服电机为驱动装置的位置采样控制系统。粗插补在每个插补周期内计算出坐标实际位置增量值,而精插补则在每个采样周期内采样闭环或半闭环反馈位置增量值及插补输出的指令位置增量值。然后算出各坐标轴相应的插补指令位置和实际反馈位置,并将二者相比较,求得跟随误差。根据所求得的跟随误差算出相应轴的进给速度,并输给驱动装置。我们一般将粗插补运算称为插补,用软件实现。而精插补可以用软件,也可以用硬件实现。

插补计算是计算机数控系统中实时性很强的一项工作,必须在有限时间内完成计算任务,为了提高计算精度,缩短计算时间,人们按以下三种结构方式进行改进。

第一种,采用软/硬件结合的两级插补的单微机系统

第二种,具有单台高性能微型计算机的数控系统。如采用 Inter 80386,80486 等 32 位以上微机数控系统。

第三种,具有分布式,多微处理器的微机数控系统。在这种系统中,将数控功能划分为几个子系统,专门有一个微处理器(CPU)承担插补工作。其它功能由另外的微处理器实现。这种系统具有较高的性能/价格比,代表数控发展的一个方向。

数据采样插补采用时间分割的思想,根据编程的进给速度,将轮廓曲线分割为采样周期的进给段(轮廓步长),即用弦线或割线逼近轮廓轨迹。注意,这里的"逼近"是为了产生基本的插补曲线(直线、圆等)。编程中的"逼近"是用基本的插补曲线代替其它曲线。

数据采样插补方法很多,下面几种插补方法是常用的。

1. 直线函数法;
2. 扩展数字积分法;
3. 二阶递归扩展数字积分插补法;
4. 双数字积分插补法;
5. 角度逼近圆弧插补法;
6. "改进吐斯丁"(Improved Tustin Method——ITM)法。

§3.2 基准脉冲插补

基准脉冲插补适用于以步进电机为驱动装置的开环数控系统、闭环系统中粗精二级插补的精插补以及特定的经济型数控系统。这种插补方法中,数字脉冲乘法器,逐点比较法和数字积分法得到了广泛应用。这些插补方法最初是在 NC 装置中用硬件实现,现在在 CNC 系统中用软件来模拟这些插补的算法。下面介绍它们的插补原理。

一、数字脉冲乘法器

数字脉冲乘法器即是二进制比例乘法器(Binary Rate Multiplier——BRM),世界上第一台数控机床数控装置的插补方法就是数字脉冲乘法器,它是由美国麻省理工学院(MIT)研制的,所以该方法又叫 MIT 法。

(一)数字脉冲乘法器的基本原理

假定插补是在 x-y 平面内进行的,则无论被加工零件的轮廓是由直线还是由某种类型的曲线构成,刀具中心运动轨迹上的每一点,在 x 和 y 两个方向上都存在有速度分量 ΔV_x 和 ΔV_y,如图 3.2.1 所示。在保证切线方向速度不变的条件下,这两个速度分量,依零件轮廓形状的不同,保持一个确定的比例关系,对直线插补来说在两点之间保持不变,对

于圆弧插补或其它曲线插补来说是变化的。脉冲乘法器是一种直线插补器,其原理就是根据给定的比值 k,计算出 x 方向的进给脉冲 Δx 和 y 方向的进给脉冲 Δy,它们始终保持如下关系

$$\frac{\Delta x}{\Delta y} = \frac{\Delta V_x}{\Delta V_y} = k \qquad (3-1)$$

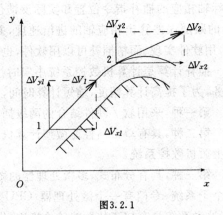

图 3.2.1

脉冲乘法器由分频器、寄存器、控制门和脉冲源等组成,其逻辑原理图如图 3.2.2。图中 Q_1、Q_2、$\cdots$、Q_n 是二进制计数器,可以起分频的作用。将脉冲源的主计数脉冲输入后,各级触发器输出端分别得到 $f/2$,$f/2^2$,$f/2^3$,$\cdots$,$f/2^n$ 各种频率的脉冲列(f 为脉冲源发出脉冲频率),见图 3.2.3。x 工作寄存器存放着控制 x 轴脉冲总数的二进制数 $a_1 a_2 a_3 \cdots a_n$($a_i =$ 1 或 0),门 A_i 为与门,当 $a_i = 1$ 时,Q_i 脉冲的上升沿的微分窄脉冲波(图中未画)可通过 A_i 门进入 A 线;当 $a_i = 0$ 时,A_i 无脉冲输出。

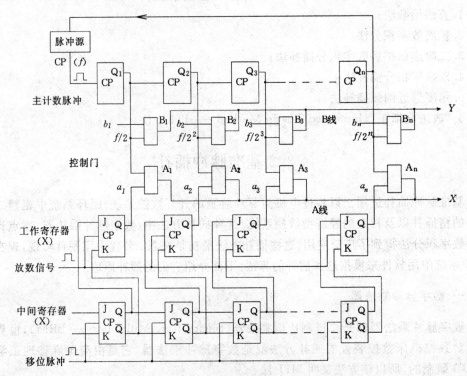

图 3.2.2 数字脉冲乘法器

由于通过各 A_i 门的脉冲在时间上不重叠,所以,当脉冲源发出二进制计数器一个计数循环个脉冲数 s($s = 2^n$,n 为计数器位数)时,由 A 线输出的脉冲总数为

$$\Delta x = a_1 \cdot \frac{s}{2} + a_2 \frac{s}{2^2} + a_3 \frac{s}{2^3} + \cdots + a_n \frac{s}{2^n}$$

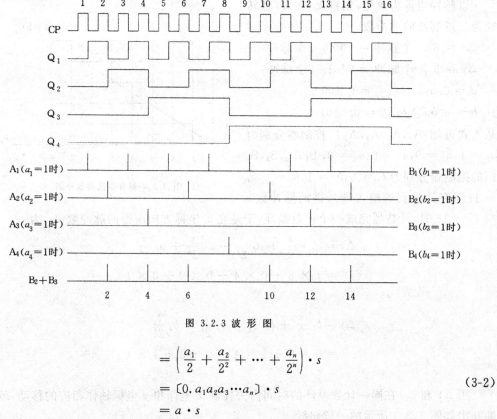

图 3.2.3 波形图

$$= \left(\frac{a_1}{2} + \frac{a_2}{2^2} + \cdots + \frac{a_n}{2^n}\right) \cdot s$$
$$= [0. a_1 a_2 a_3 \cdots a_n] \cdot s \qquad (3-2)$$
$$= a \cdot s$$

式中 a 为二进制小数，$a = 0. a_1 a_2 a_3 \cdots a_n$。可见进入 A 线并输出的脉冲数 Δx 等于二进制小数 a 与脉冲源发出的一个计数循环脉冲数 s 的乘积，故称为数字脉冲乘法器。

同理，若 y 工作寄存器（图中未画）存放着控制 y 轴脉冲总数的二进制数 $b_1 b_2 b_3 \cdots b_n$（b_i 为 1 或 0），则通过各 B_i 门进到 B 线并输出的脉冲总数为

$$\Delta y = \left(\frac{b_1}{2} + \frac{b_2}{2^2} + \frac{b_3}{2^3} + \cdots + \frac{b_n}{2^n}\right) \cdot s = b \cdot s \qquad (3-3)$$

在同一单位时间内（即一个计数循环内），a 和 b 两个数是根据速度分量 ΔV_x 和 ΔV_y 确定的，它们之间的关系为

$$\frac{a}{b} = \frac{\Delta V_x}{\Delta V_y} \qquad (3-4)$$

从而可得到

$$\frac{\Delta x}{\Delta y} = \frac{a \cdot s}{b \cdot s} = \frac{\Delta V_x}{\Delta V_y} = k \qquad (3-5)$$

由此可见，只要将两个工作寄存器所存之数与两坐标速度分量保持式(3-4)、式(3-5)的关系，就能正确地在 x 和 y 轴方向分配脉冲，从而加工出要求的一定斜率的直线。

假定二进制计数器有四位，即 $n = 4$，所需加工的零件轮廓为一直线 OA，脉冲当量为一个坐标单位，直线终点 A 坐标值为 $(8,5)$，即 $\Delta x = 8, \Delta y = 5$，起点为坐标原点 O，如图 3.2.4 所示。

以脉冲当量为单位，先将Δx和Δy都转换为二进制数的脉冲数

$\Delta x = 8_{(十)}$个脉冲 $= 1000_{(二)}$个脉冲

$\Delta y = 5_{(十)}$个脉冲 $= 0101_{(二)}$个脉冲

$a = 0.a_1a_2a_3a_{4(二)} = 0.1000_{(二)}$

$b = 0.b_1b_2b_3b_{4(二)} = 0.0101_{(二)}$

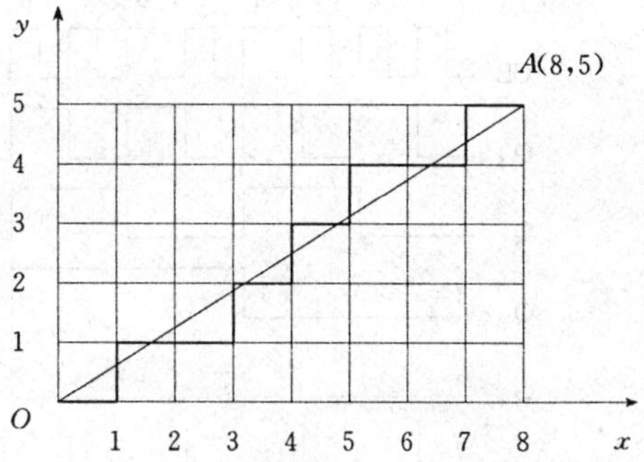

图 3.2.4 脉冲乘法器插补例

从上式可知：A_1, A_2, A_3, A_4门控制端分别为$a_1 = 1, a_2 = 0, a_3 = 0, a_4 = 0$；$B_1, B_2, B_3, B_4$门的控制端分别为$b_1 = 0, b_2 = 1, b_3 = 0, b_4 = 1$。当在计数器的输入端送进的脉冲数$s = 2^4 = 16$时，计数器完成一个计数循环，于是在$x$坐标方向所得的脉冲数$\Delta x$为

$$\begin{aligned}\Delta x &= a_1 \cdot \frac{s}{2} + a_2 \frac{s}{2^2} + a_3 \frac{s}{2^3} + a_4 \frac{s}{2^4} \\ &= 1 \times 8 + 0 \times 4 + 0 \times 2 + 0 \times 1 \\ &= 8\end{aligned}$$

$$\begin{aligned}\Delta y &= b_1 \frac{s}{2} + b_2 \frac{s}{2^2} + b_3 \frac{s}{2^3} + b_4 \frac{s}{2^4} \\ &= 0 \times 8 + 1 \times 4 + 0 \times 2 + 1 \times 1 \\ &= 5\end{aligned}$$

用Δx和Δy在同一计数循环的时间内去控制x坐标和y坐标轴作相应的移动，就可插补出如图 3.2.4 所示的一般斜线。

脉冲乘法器的插补终点判断是利用一个计算循环，计数器最末一级触发器产生的脉冲信号去关闭脉冲源来实现。图 3.2.2 中的中间寄存器的作用是为了缩短两个程序段之间的停刀时间。其原理是，在本程序段加工运算过程中，已将下一程序段输入完毕，坐标值寄存在此中间寄存器中，待本程序段加工运算完毕后，马上产生放数信号，将中间寄存器的数据移入工作寄存器中，进行下一程序段的加工运算。

数字脉冲乘法器插补方法简单，易于实现多坐标联动，经常作为二坐标直线插补器和三坐标空间直线插补器。特殊要求情况下由 BRM 也可构成圆弧插补器、抛物线插补器、双曲线插补器和椭圆插补器等。

(二)数字脉冲乘法器插补速度分析

1. 脉冲分配的不均匀性问题

从图 3.2.3 最下面一个波形图中可以看出，当y坐标要求输出 6 个脉冲时，$b_1 = 0, b_2 = 1, b_3 = 1, b_4 = 0$，则$B_2$、$B_3$门打开，输出的 6 个脉冲是不均匀的。一般来看，由 BRM 构成的插补器存在着分配脉冲不均匀的问题，这种不均匀的脉冲将使驱动电机运动速度不均匀，降低了工作频率，而且引起所插补的折线与实际直线的偏差增大。改善插补脉冲分配不均匀的方法是增加均匀器，即在图 3.2.2 中的 A 线及 B 线上加K个计数接法的触发器。均匀器输出的脉冲再送给相应的坐标轴。均匀器是一个除法器，输出的脉冲数为输入脉冲数的$\frac{1}{2^K}$倍。为了保证输给坐标轴的脉冲数不变，从 A 线、B 线输给均匀器的脉冲数

应是未加均匀器时脉冲数的 2^K 倍。为此，只要在主计数器后再加 K 级计数器（称倍乘器），从此计数器的最末级输出的脉冲作为关闭脉冲源的信号。为了保持原有的最大进给速度，脉冲源的最高工作频率相应的增加 2^K 倍。一般均匀器选一到四级。二级均匀器效果已经很好，四级以上均匀效果并不明显。

2. 直线插补的插补速度

设脉冲源的频率为 f，T 为计数器的周期，x 为 x 方向输出的指令脉冲数，f_x 为其脉冲频率，则有下式

$$f_x = \frac{x}{T} \tag{3-6}$$

当计数器为 n 位时

$$T = \frac{2^n}{f}$$

故

$$f_x = \frac{x}{2^n} \cdot f \tag{3-7}$$

同理，y 方向指令脉冲频率为

$$f_y = \frac{y}{2^n} \cdot f \tag{3-8}$$

则 x 方向的线速度为

$$V_x = f_x \cdot \delta = \frac{x}{2^n} \cdot f \cdot \delta = \frac{x}{2^n} \cdot V_{Mf} \tag{3-9}$$

式中 δ ——脉冲当量；

V_{Mf} ——脉冲源（当量）速度。

y 方向的线速度为

$$V_y = f_y \delta = \frac{y}{2^n} f \delta = \frac{y}{2^n} V_{Mf} \tag{3-10}$$

合成速度为

$$V = \sqrt{V_x^2 + V_y^2} = \frac{L}{2^n} V_{Mf} \tag{3-11}$$

式中 L ——直线长度。

由上式可得

$$\frac{V}{V_{Mf}} = \frac{L}{2^n} \tag{3-12}$$

脉冲乘法器的主计数器容量 N 和脉冲源的频率 f 为定值，每一个插补程序段所需时间不变，由式(3-12)可知，直线段长，则进给速度快；直线段短，则进给速度慢，这是不符合加工要求的。插补直线段长度 L 变化范围为 $L = (0 \sim \sqrt{2})2^n$（因为 x 或 y 的变化范围为 $0 \sim 2^n$），则合成速度的变化范围 $v = (0 \sim \sqrt{2})V_{Mf}$。

为了保持加工时不变的合成进给速度，需要对脉冲乘法器的进给速度进行稳速控制。稳速控制的方法常用的有两种，一是按进给速率数(FRN)选择进给速度 F 代码。脉冲源的频率是由速度代码 F 指定的，而 F 代码是根据编程时要求的切削速度 V。选择的。

令
$$F = FRN = \frac{V}{L} \tag{3-13}$$
则
$$V = LF \tag{3-14}$$

在编程时,速度是用 $FRN = \frac{V_0}{L}$ 表示的,即 $F = \frac{V_0}{L}$,则
$$V = LF = V_0$$

由该式可知进给速度等于给定的加工速度 V_0,与长度无关。

另一种方法是在原来数字脉冲乘法器线路中,增加一个进给脉冲源,其频率较高,用进给脉冲源控制指令脉冲输出达到稳速目的,这里不再详述。

(三)数字脉冲乘法器的插补误差

由数字脉冲乘法器插补出来的轨迹,因为在时间上脉冲分配不均匀,在某些地方偏离理想直线较大,将产生较大的插补误差。最大插补误差为

$$E_{\max} \approx \frac{n}{4} \cdot \delta \tag{3-15}$$

式中　n——数字脉冲乘法器的级数;
　　　δ——脉冲当量。

采用均匀器不但使分配给坐标轴的脉冲均匀了,而且插补误差也大大地减小。据有关文献推导,采用均匀器后的最大插补误差($E_{\max(D)}$)为

$$E_{\max(D)} \approx \frac{E_{\max}}{D} \tag{3-16}$$

式中 $D = 2^k$,k 为均匀器级数,由上式可知,在一般情况下($n \leqslant 32$),当采用三级均匀器时($D = 2^k = 2^3 = 8$),可使最大插补误差减小到一个脉冲当量左右,这已经能够满足加工精度要求。

(四)采用计算机通用接口芯片组成的数字脉冲乘法器

使用可编程定时计数器 Z80-CTC、8253 和 8254 芯片,以及可编程阵列逻辑 GAL 芯片,在微处理机的基础上,采用数字脉冲乘法器的原理均可构成软硬件结合的多坐标联动直线插补器。下面介绍一种用定时计数器 8254 芯片组成的数字脉冲乘法器。

1.插补器的组成

图 3.2.5 为用可编程定时计数器 8254 组成的三坐标联动、具有切换功能的脉冲乘法器的硬件逻辑原理图。8254 芯片是一种具有三个独立通道的可编程器件,每一个通道都可由程序选择工作在定时方式或计数方式,该器件总共有六种工作模式,这里选择为模式 2 或模式 3 分频方式。三个通道都具有计数脉冲输入 $C_i(i=0,1,2)$,门控信号 $G_i(i=0,1,2)$ 和脉冲输出 $OUT_i(i=0,1,2)$ 三个引脚。每两个通道作为一个坐标的分频器,三坐标联动占用两个 8254 芯片(Ⅰ号和Ⅱ号),共 6 个通道。每两个通道组成一个坐标的分频器,并以切换方式工作,其目的是为了减小改变分频比时,程序重新设定参数,因时间的延迟造成的误差。图中Ⅲ号 8254 芯片的 1 通道和 2 通道计数器(作为主计数器)组成双路切换的一个程序段结束的终点判别线路。该芯片的 0 号通道作为速度控制,完成变速加减速任务。其原理是时钟脉冲输入后,不断连续改变分频比,使输出脉冲频率连续平稳地上升

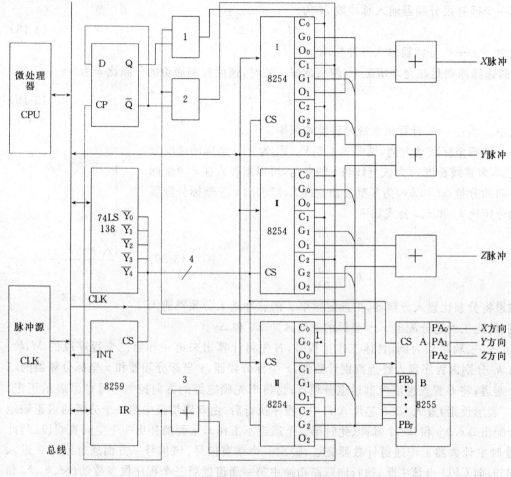

图3.2.5 由8254芯片构成的脉冲乘法器

或下降,从而达到加减速控制。如分频比固定,则频率不变。

可编程中断控制器8259和或门3,D触发器和与门1、2组成切换控制电路,完成对不同斜率插补程序段进行连续切换控制。可编程并行接口芯片8255的A口输出信号作为各坐标进给脉冲的方向控制信号。B口输出信号与各8254芯片的门控引脚相连,达到控制程序正确运行的目的。

该插补器是在微处理机的基础上工作的,所以还包括译码器(74LS138)、脉冲源、总线和CPU等计算机系统中不可缺少的电路。

2. 工作原理

机械加工时,要求沿轨迹的切削速度不变,当已知插补直线段长度时,可求得一个插补线段所需的时间 Δt

$$\Delta t = \frac{V}{L} \tag{3-17}$$

式中　V——插补速度;
　　　L——插补直线段长度。

则一个插补段分频器输入脉冲数 M 为
$$M = f \cdot \Delta t \tag{3-18}$$
式中　f——分频器输入脉冲频率。

f 的选择原则是在允许情况下,越高越好。这时,速度控制通道的分频比 k 为
$$k = \frac{f_{CLK}}{f} \tag{3-19}$$
式中　f_{CLK}——计算机系统时钟脉冲频率。

以两坐标联动为例,见图 3.2.6。V_x、V_y 为 x、y 坐标的速度分量。L 为直线长度,α 为该直线与 x 轴夹角,可以求得 L 在 x、y 坐标方向的分量 Δx 和 Δy。为了插补出直线 L,需求出 x、y 坐标分频器的分频比 k_x 和 k_y,公式如下
$$\left. \begin{array}{l} k_x = \dfrac{M}{\Delta x} \\ k_y = \dfrac{M}{\Delta y} \end{array} \right\} \tag{3-20}$$

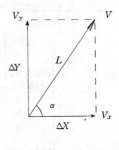

图 3.2.6

如果将分频比置入分频器,把选定频率 f 的脉冲送入分频器输入端,就能正确地分配出 x、y 坐标的进给脉冲 Δx 和 Δy。

以三轴联动为例,具体工作过程是,首先将计算出来第一和第二个程序段的 M,k_x、k_y、k_z 分别由程序置入终点判别计数器,x 坐标分频器,y 坐标分频器和 z 坐标分频器的二个通道;将 k 置入速度控制通道分频器;再将事先确定好的方向控制信号("0"表示正走,"1"表示反走)置入 8255 芯片 A 口中。程序执行后,由双路切换中第一个分频通道正确地分配出 Δx、Δy 和 Δz 个脉冲(此时第二个通道不工作),从而插补出一个空间直线段。与此同时主计数器工作通道计数器完了,输出一个结束信号。该信号一方面通过或门 3 进入 8259,向 CPU 申请中断,执行向双路切换中第一通道置第三个程序段参数的(M、k_x、k_y 和 k_z)的任务。另一方面直接送到切换电路中 D 触发器的 CP 端,D 触发器翻转,输出状态信号通过与门 1 或 2(与门 1 和 2 轮流工作)完成切换任务,启动各坐标分频器和终点判断计数器。双路切换中第二个通道在切换后(置第三段程序参数前)马上运行,从而消除了程序置数的时间,由第二个通道向 x、y、z 坐标分配脉冲(此时第一个通道不工作),加工出第二个直线段,如此交替进行下去,直到加工完了。

用可编程接口芯片组成数字脉冲乘法器,具有更大的灵活性,功能强,而且输出脉冲是均匀的。插补速度很快,它是由主时针频率决定的,使用比较高的输入脉冲频率,插补误差大大减小。

二、逐点比较法

(一)插补原理

逐点比较法又称代数运算法、醉步法。这种方法的基本原理是:计算机在控制加工过程中,能逐点地计算和判别加工误差,与规定的运动轨迹进行比较,由比较结果决定下一步的移动方向。逐点比较法既可以作直线插补,又可以作圆弧插补。这种算法的特点是,运算直观,插补误差小于一个脉冲当量,输出脉冲均匀,而且输出脉冲的速度变化小,调节

方便,因此,在两坐标联动的数控机床中应用较为广泛。

1. 直线插补　　直线插补时,以直线起点为原点,给出终点坐标(x_e,y_e),直线方程为

$$\left.\begin{array}{c}\dfrac{x}{y}=\dfrac{x_e}{y_e}\\ yx_e-xy_e=0\end{array}\right\} \quad (3-21)$$

改写为

直线插补时插补偏差可能有三种情况(图 3.2.7),以第一象限为例,插补点位于直线上方,下方和直线上。对位于直线上方的点 A,则有

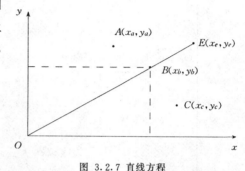

图 3.2.7 直线方程

$$y_a x_e - x_a y_e > 0$$

对于位于直线上的点 B,则

$$y_b x_e - x_b y_e = 0$$

对于位于直线下方的点 C,则

$$y_c x_e - x_c y_e < 0$$

因此可以取判别函数 F 为

$$F = y x_e - x y_e \quad (3-22)$$

用以判别插补点和直线的偏差。$F>0$ 时,应向 $+x$ 方向走一步,才能接近直线。当 $F<0$ 时,应向 $+y$ 方向走一步,才能趋向直线。当 $F=0$ 时,为了继续运动可归入 $F>0$ 的情况。整个插补工作,从原点开始,走一步,算一算,判别一次 F,再趋向直线,步步前进。

为了便于计算机计算,下面将 F 的计算予以简化。设第一象限中的点(x_i,y_i)的 F 值为 $F_{i,j}$

$$F_{i,j} = y_j x_e - x_i y_e \quad (3-23)$$

若沿 $+x$ 方向走一步,即

$$\begin{cases}x_{i+1}=x_i+1\\ F_{i+1,j}=y_j x_e-(x_i+1)y_e=F_{i,j}-y_e\end{cases} \quad (3-24)$$

若沿 $+y$ 方向走一步,即

$$\begin{cases}y_{j+1}=y_j+1\\ F_{i,j+1}=(y_j+1)x_e-x_i y_e=F_{i,j}+x_e\end{cases} \quad (3-25)$$

直线插补的终点判别,可采用两种方法,一是每走一步判断最大坐标的终点坐标值(绝对值)与该坐标累计步数坐标值之差是否为零,若等于零,插补结束。二是把每个程序段中的总步数求出来,即 $n=x_e+y_e$,每走一步,进行 $n-1$,直到 $n=0$ 时为止。因而直线插补方法可归纳为:

当 $F \geqslant 0$ 时,沿 $+x$ 方向走一步,然后计算新的偏差和终点判别计算

$$\begin{array}{c}F \leftarrow F-y_e\\ n \leftarrow n-1\end{array} \quad (3-26)$$

当 $F<0$ 时,沿 $+y$ 方向走一步,则计算

$$F \leftarrow F + x_e$$
$$n = n - 1$$

(3-27)

2. 圆弧插补

逐点比较法进行圆弧加工时(以第一象限逆圆加工为例),一般以圆心为原点,给出圆弧起点坐标 (x_0, y_0) 和终点坐标 (x_e, y_e),如图 3.2.8(a)所示。

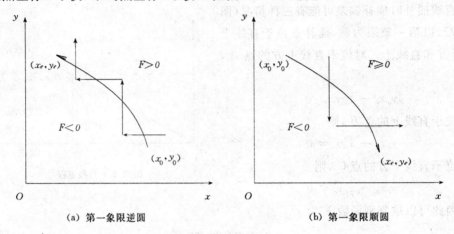

(a) 第一象限逆圆   (b) 第一象限顺圆

图 3.2.8 圆弧插补

设圆弧上任一点坐标为 (x, y),则下式成立

$$(x^2 + y^2) - (x_0^2 + y_0^2) = 0$$

选择判别函数 F 为

$$F = (x_i^2 + y_j^2) - (x_0^2 + y_0^2)$$

(3-28)

其中 (x_i, y_j) 为第一象限内任一点坐标。根据动点所在区域不同,有下列三种情况

$F > 0$ 动点在圆弧外
$F = 0$ 动点在圆弧上
$F < 0$ 动点在圆弧内

我们把 $F>0$ 和 $F=0$ 合并在一起考虑,按下述规则,就可以实现第一象限逆时针方向的圆弧插补。

当 $F \geqslant 0$ 时,向 $-x$ 走一步;

当 $F < 0$ 时,向 $+y$ 走一步。

每走一步后,计算一次判别函数,作为下一步进给的判别标准,同时进行一次终点判断。

F 值可用递推计算方法由加、减运算逐点得到。设已知动点 (x_i, y_j) 的 F 值为 $F_{i,j}$,则

$$F_{i,j} = (x_i^2 + y_j^2) - (x_0^2 + y_0^2)$$

动点在 $-x$ 方向走一步后

$$F_{i+1,j} = (x_i - 1)^2 + y_j^2 - (x_0^2 + y_0^2)$$

$$= F_{i,j} - 2x_i + 1 \tag{3-29}$$

动点在 $+y$ 方向走一步后

$$F_{i,j+1} = x_i^2 + (y_j+1)^2 - (x_0^2 + y_0^2)$$

$$= F_{i,j} + 2y_j + 1 \tag{3-30}$$

终点判断可采用与直线插补相同的方法。归纳起来 $F \geqslant 0$ 时,向 $-x$ 方向走一步。其偏差计算,坐标值计算和终点判别计算用下面公式

$$\left.\begin{array}{l} F_{i+1,j} = F_{i,j} - 2x_i + 1 \\ x_{i+1} = x_i - 1 \\ y_{j+1} = y_j \\ n \leftarrow n - 1 \end{array}\right\} \tag{3-31}$$

$F<0$ 时,向 $+y$ 走一步。其偏差计算,坐标值计算和终点判别计算公式如下

$$\left.\begin{array}{l} F_{i,j+1} = F_{i,j} + 2y_j + 1 \\ x_{i+1} = x_i \\ y_{j+1} = y_j + 1 \\ n \leftarrow n - 1 \end{array}\right\} \tag{3-32}$$

3. 逐点比较法插补举例

〔例1〕 直线插补。设 OA 为第一象限的直线,其终点坐标 $x_A = 4, y_A = 5$,用逐点比较法加工出直线 OA(图 3.2.9)。

插补从直线起点开始,因为起点总是在直线上,所以 $F_{0,0} = 0$,表 3-1 列出了直线插补运算过程

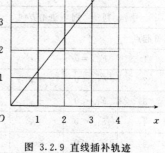

图 3.2.9 直线插补轨迹

表 3-1 直线插补运算过程

序号	判别	进给方向	运	算	
0			$F_{0,0} = 0$	$x_0 = 0$	$y_0 = 0$
1	$F_{00} = 0$	$+x$	$F_{10} = F_{00} - y_A = 0 - 5 = -5$	$x_1 = 1$	
2	$F_{10} < 0$	$+y$	$F_{11} = F_{10} + x_A = -5 + 4 = -1$		$y_1 = 1$
3	$F_{11} < 0$	$+y$	$F_{12} = F_{11} + x_A = -1 + 4 = 3$		$y_1 = 2$
4	$F_{12} > 0$	$+x$	$F_{22} = 3 - 5 = -2$	$x_2 = 2$	
5	$F_{22} < 0$	$+y$	$F_{23} = -2 + 4 = 2$		$y_3 = 3$
6	$F_{23} > 0$	$+x$	$F_{33} = 2 - 5 = -3$	$x_3 = 3$	
7	$F_{33} < 0$	$+y$	$F_{34} = -3 + 4 = 1$		$y_4 = 4$
8	$F_{34} > 0$	$+x$	$F_{44} = 1 - 5 = -4$	$x_4 = 4$	
	$F_{44} < 0$	$+y$	$F_{45} = -4 + 4 = 0$		$y_5 = 5$

〔例2〕 圆弧插补。设 $\overset{\frown}{AB}$ 为第一象限逆圆弧,起点为 $A(x_A=6, y_A=0)$,终点为 $B(x_B=0, y_B=6)$,用逐点比较法加工 $\overset{\frown}{AB}$(图 3.2.10)。

终点判别值

$$n=(6-0)+(6-0)=12$$

开始加工时,刀具从 A 点开始,即在圆弧上,$F_{0,0}=0$,加工运算过程如表 3-2。

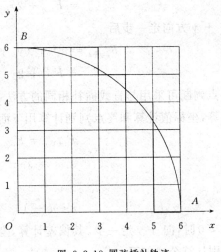

图 3.2.10 圆弦插补轨迹

表 3-2 圆弧插补运算过程

序号	判别	进给方向	运算		终点判别
0 起点			$F_{0,0}=0$	$x_0=6, y_0=0$	$n=12$
1	$F_{0,0}=0$	$-x$	$F_{1,0}=F_{0,0}-2x+1=0-2\cdot 6+1=-11$	$x_1=5, y_0=0$	11
2	$F_{1,0}<0$	$+y$	$F_{1,1}=F_{1,0}+2y+1=-11+2\cdot 0+1=-10$	$x_1=5, y_1=1$	10
3	$F_{1,1}<0$	$+y$	$F_{1,2}=-10+2\cdot 1+1=-7$	$x_1=5, y_2=2$	9
4	$F_{1,2}<0$	$+y$	$F_{1,3}=-7+2\cdot 2+1=-2$	$x_1=5, y_3=3$	8
5	$F_{1,3}<0$	$+y$	$F_{1,4}=-2+2\cdot 3+1=5$	$x_1=5, y_4=4$	7
6	$F_{1,4}>0$	$-x$	$F_{2,4}=5-2\cdot 5+1=-4$	$x_2=4, y_4=4$	6
7	$F_{2,4}<0$	$+y$	$F_{2,5}=-4+2\cdot 4+1=5$	$x_2=4, y_5=5$	5
8	$F_{2,5}>0$	$-x$	$F_{3,5}=5-2\cdot 4+1=-2$	$x_3=3, y_5=5$	4
9	$F_{3,5}<0$	$+y$	$F_{3,6}=-2+2\cdot 5+1=9$	$x_3=3, y_6=6$	3
10	$F_{3,6}>0$	$-x$	$F_{4,6}=9-2\cdot 3+1=4$	$x_4=2, y_6=6$	2
11	$F_{4,6}>0$	$-x$	$F_{5,6}=4-2\cdot 2+1=1$	$x_5=1, y_6=6$	1
12	$F_{5,6}>0$	$-x$	$F_{6,6}=1-2\cdot 1+1=0$	$x_6=0, y_6=6$	0

(二)象限处理

1.直线插补的象限处理

直线插补运算公式(3-22)~(3-27)只适用于第一象限的直线,若不采取措施不能适用于其它象限的直线插补。

对于第二象限,只要取 $|x|$ 代替 x 即可,至于输出驱动,应使 x 轴步进马达反向旋转,而 y 轴步进马达仍为正向旋转。

同理第三、四象限的直线也可以变换到第一象限。插补运算时,取 $|x|$ 和 $|y|$ 代替 x、y。输出驱动原则是:在第三象限,点在直线上方,向 $-y$ 方向步进;点在直线下方,向 $-x$ 方向步进。在第四象限,点在直线上方,向 $-y$ 方向步进;点在直线下方,向 $+x$ 方向步进。四

个象限各轴插补运动方向如图 3.2.11 所示。由图中看出，$F \geqslant 0$ 时，都是在 x 方向步进，不管 $+x$ 向还是 $-x$ 向，$|x|$ 增大。走 $+x$ 或 $-x$ 可由象限标志控制，一、四象限走 $+x$，二、三象限走 $-x$。同样，$F<0$ 时，总是走 y 方向，不论 $-y$ 向或 $+y$ 向、$|y|$ 增大。走 $+y$ 或 $-y$ 由象限标志控制，一、二象限走 $+y$，三、四象限走 $-y$。

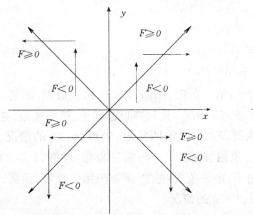

图 3.2.11 四个象限进给方向

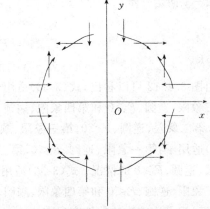

图 3.2.12 四个象限步进方向

2. 圆弧插补的象限处理

在圆弧插补中，仅讨论了第一象限的圆弧插补，实际上圆弧所在的象限不同，顺逆不同，则插补公式和运动点的走向均不同，因而圆弧插补有八种情况，表示在图 3.2.12 中。

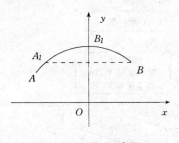

图 3.2.13 圆弧过象限

为了获得较好的算法，需要解决圆弧插补过象限问题。所谓圆弧过象限，即圆弧的起点和终点不在同一象限内，如图 3.2.13 所示的 $\overset{\frown}{AB}$。因为在插补计算时，比较方便的办法是运动点和终点坐标均采用绝对值参加运算。但由此会引起一些问题。例如图 3.2.13 中，A_1 和 B 点的坐标的绝对值是一样的，从 A 向 B 插补时，走到 A_1 就会停止。因此在编制加工零件程序时，就要求将 $\overset{\frown}{AB}$ 分成两段：$\overset{\frown}{AB_1}$ 和 $\overset{\frown}{B_1B}$。

如果采用带有正负号的代数坐标值进行插补运算，就可以正确地解决终点判断问题。根据图 3.2.12 可推导出用代数值进行插补计算的公式如下：

沿 $+x$ 向走一步

$$\left.\begin{array}{l} x_{i+1} = x_i + 1 \\ F_{i+1,j} = F_{i,j} + 2x_i + 1 \\ x_e - x_{i+1} = 0? \end{array}\right\} \tag{3-33}$$

沿 $-x$ 向走一步

$$\left.\begin{array}{l} x_{i+1} = x_i - 1 \\ F_{i+1,j} = F_{i,j} - 2x_i + 1 \\ x_e - x_{i+1} = 0? \end{array}\right\} \tag{3-34}$$

沿 $+y$ 向走一步

$$\left.\begin{array}{l} y_{j+1} = y_j + 1 \\ F_{i,j+1} = F_{i,j} + 2y_j + 1 \\ y_e - y_{j+1} = 0? \end{array}\right\} \quad (3-35)$$

沿 $-y$ 向走一步

$$\left.\begin{array}{l} y_{j+1} = y_j - 1 \\ F_{i,j+1} = F_{i,j} - 2y_j + 1 \\ y_e - y_{j+1} = 0? \end{array}\right\} \quad (3-36)$$

由图 3.2.12 可以看出,式(3-33)适用于:第一象限、顺圆、$F<0$;第二象限、顺圆、$F \geqslant 0$;第三象限、逆圆、$F \geqslant 0$ 和第四象限、逆圆、$F<0$ 情况。式(3-34)适用于:第一象限、逆圆、$F \geqslant 0$;第二象限、逆圆、$F<0$;第三象限、顺圆、$F<0$ 和第四象限、顺圆、$F \geqslant 0$ 的情况。式(3-35)适用于:第一象限、逆圆、$F<0$;第二象限、顺圆、$F<0$;第三象限、顺圆,$F \geqslant 0$ 和第四象限、逆圆、$F \geqslant 0$ 的情况。式(3-36)适用于:第一象限、顺圆、$F \geqslant 0$;第二象限、逆圆、$F \geqslant 0$;第三象限、逆圆、$F<0$ 和第四象限、顺圆、$F<0$ 的情况。

(三)逐点比较法的软件实现方法

硬件数控由逻辑电路实现逐点比较插补法。在 CNC 系统中,用软件实现逐点比较法插补是很方便的。根据直线插补的象限处理原则,四个象限直线插补软件流程图见图 3.2.14。圆弧插补程序可按式(3-33)～(3-36)编制,以第一象限逆圆弧插补为例,其软件流程如见图 3.2.15。

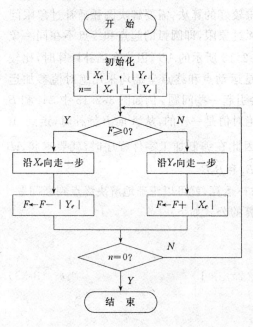

图 3.2.14 四个象限直线插补流程图

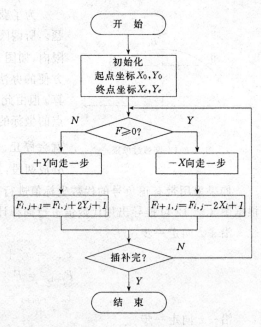

图 3.2.15 第一象限逆圆插补流程图

三、数字积分法

数字积分法又称数字微分分析法 DDA(Digital Differential Analyzer)。数字积分法具有运算速度快、脉冲分配均匀、易于实现多坐标联动及描绘平面各种函数曲线的特点,应用比较广泛。其缺点是速度调节不便,插补精度需要采取一定措施才能满足要求。由于计算机有较强的计算功能和灵活性,采用软件插补时,上述缺点易于克服。

根据积分的基本原理,函数 $x=f(t)$ 在 $t_0 \sim t_n$ 区间的积分,就是该函数曲线与横坐标 t 在区间 $(t_0 \sim t_n)$ 所围成的面积(见图 3.2.16),并可近似地看成是该曲线下面的许多小矩形面积之和。用式子表示

$$s = \int_0^t f(t) \mathrm{d}t$$
$$= \sum_{i=1}^{n} x_{i-1} \Delta t \tag{3-37}$$

式中 x_i 为 $t=t_i$ 时的 $f(t)$ 值。这个公式说明,求积分的过程可以用数的累加来近似。在数学运算时,若 Δt 取为最小的基本单位"1",上式简化为

$$s = \sum_{i=1}^{n} x_{i-1} \tag{3-38}$$

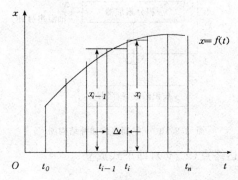

图 3.2.16 函数 $x=f(t)$ 的积分

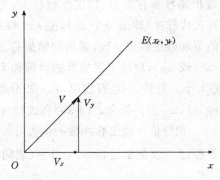

图 3.2.17 直线插补

(一)DDA 直线插补

1. DDA 直线插补原理

设要对 xy 平面上的直线进行加工,如图 3.2.17 所示,起点在原点、终点为 $E(x_e, y_e)$。根据式(3-37)用积分的原理在 x 轴、y 轴方向上分配脉冲,其微小位移增量 Δx、Δy 应为

$$\Delta x = V_x \cdot \Delta t$$
$$\Delta y = V_y \cdot \Delta t$$

对于直线函数来说,V_x 和 V_y 是常数并符合下式

$$\frac{V_x}{V_y} = \frac{x_e}{y_e}$$

即

$$\frac{V_x}{x_e} = \frac{V_y}{y_e} = k$$

式中 k 为常数,从而有

$$V_x = k \cdot x_e$$
$$V_y = k \cdot y_e$$

因此坐标轴的位移增量为

$$\begin{aligned} \Delta x &= k x_e \Delta t \\ \Delta y &= k y_e \Delta t \end{aligned} \tag{3-39}$$

各坐标轴的位移量为

$$\left.\begin{aligned} x &= \int_0^t k x_e \mathrm{d}t = k \sum_{i=1}^{n} x_e \Delta t = k \sum_{i=1}^{n} x_e \\ y &= \int_0^t k y_e \mathrm{d}t = k \sum_{i=1}^{n} y_e \Delta t = k \sum_{i=1}^{n} y_e \end{aligned}\right\} \tag{3-40}$$

所以，动点从原点走向终点的过程，可以看作是各坐标轴每经过一个单位时间间隔 Δt，分别以增量 kx_e 及 ky_e 同时累加的过程。据此，可以作出直线插补器，如图 3.2.18 所示。平面直线插补器由两个数字积分器组成，每个坐标的积分器由累加器和被积函数寄存器所组成。终点坐标值存在被积函数寄存器中，其工作过程为：每发一个插补迭代脉冲（即来一个 Δt），使 kx_e 和 ky_e 向各自的累加器里累加一次，累加的结果有无溢出脉冲 Δx（或 Δy），取决于累加器的容量和 kx_e（或 ky_e）的大小。但是，一旦有溢出，x、y 积分器的溢出脉冲 Δx，Δy 必然符合式(3-39)和式(3-40)。

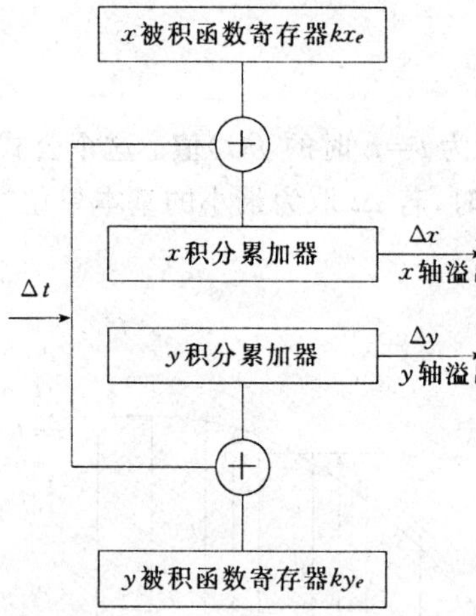

图 3.2.18 xy 平面直线插补结构图

即　　　积分值＝溢出脉冲数＋余数

若经过 m 次累加后，x 和 y 分别（或同时）到达终点(x_e, y_e)，即下式成立

$$\left.\begin{aligned} x &= \sum_{i=1}^{m} k x_e \Delta t = k x_e m = x_e \\ y &= \sum_{i=1}^{m} k y_e \Delta t = k y_e m = y_e \end{aligned}\right\} \tag{3-41}$$

式中　k、x_e、y_e 为常数，$\Delta t = 1$，m 为累加器容量（即累加总次数）。

式(3-41)成立的条件为

$$mk = 1 \quad 或 \quad m = \frac{1}{k}$$

上式表明比例常数 k 和累加（迭代）次数 m 的关系，由于 m 必须是整数，所以 k 一定是小数。

k 的选择主要考虑每次增量 Δx 或 Δy 不大于 1，以保证坐标轴上每次分配进给脉冲不超过一个，也就是说，要使下式成立

$$\left.\begin{aligned} \Delta x &= k x_e < 1 \\ \Delta y &= k y_e < 1 \end{aligned}\right\} \tag{3-42}$$

式中 x_e、y_e 的最大允许值受系统中寄存器容量所限制。假定寄存器有 n 位,则 x_e 及 y_e 的最大值为寄存器的最大容量值 2^n-1。为满足 $kx_e<1$ 及 $ky_e<1$ 的条件,即

$$kx_e = k(2^n - 1) < 1$$
$$ky_e = k(2^n - 1) < 1$$

则
$$k < \frac{1}{2^n - 1}$$

一般取
$$k = \frac{1}{2^n} \tag{3-43}$$

如 $k=\frac{1}{2^n}$,则满足 $\Delta x = kx_e = \frac{2^n-1}{2^n} < 1$

$$\Delta y = ky_e = \frac{2^n-1}{2^n} < 1$$

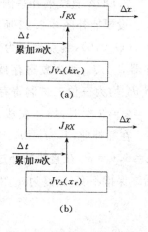

图 3.2.19 数字积分器方块图

故累加次数 m 为

$$m = \frac{1}{k} = 2^n \tag{3-44}$$

因为 $k=1/2^n$,对于一个二进制数来说,使 kx_e(或 ky_e)等于 x_e 乘以 $1/2^n$ 是很容易实现的,即 x_e(或 y_e)数字本身不变,只要把小数点左移 n 位即可。所以一个 n 位的寄存器存放 x_e(或 y_e)和存放 kx_e(或 ky_e)的数字是相同的,后者只认为小数点出现在最高位数前面,其它没有差异。这样积分器的方块图可表示为图 3.2.19(a)、(b)的形式,其逻辑符号如图

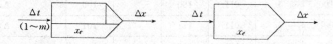

图 3.2.20 积分器逻辑符号

3.2.20 所示。图中 J_{Vx} 为被积函数寄存器,J_{Rx} 为累加寄存器寄存余数,又称余数寄存器。显然,在作直线插补时,要实现两个坐标方向的累加,即实现 $\Delta x = kx_e \Delta t$ 和 $\Delta y = ky_e \Delta t$ 的累加,须用两个积分器来进行,这样组成的直线插补数字积分器如图 3.2.21 所示。写成增量形式,即

$$\begin{cases} \Delta x = x_e \Delta t \\ \Delta y = y_e \Delta t \end{cases}$$

写成积分形式,即为

$$\begin{cases} x = \int x_e dt \\ y = \int y_e dt \end{cases}$$

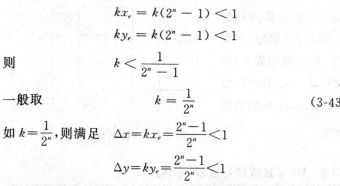

图 3.2.21 DDA直线插补器

若从直线方程直接求微分,同样可得到上式。由此可看出 DDA 名称的由来。

数字积分法直线插补终点判别比较简单,设一个位数为 n 的计数器 J_E,用加计数(事先清 0)或减计数(事先置入累加次数 $m=2^n$)来计算累加脉冲数,当插补(累加)2^n 次时,J_E 的最高位即有溢出,停止插补运算。

2. DDA 直线插补举例

设要插补图 3.2.22 所示直线轨迹 OA,起点坐标为 $O(0,0)$,终点坐标为 $A(5,3)$,若被积函数寄存器 J_{Vx},J_{Vy} 和余数寄存器 J_{Rx},J_{Ry} 以及终点计数器 J_E 均为三位二进制寄存器,则迭代(累加)次数 $m=2^3=8$ 次时,插补完成,其插补过程如表3-3所示。在插补前,J_E、J_{Rx}、J_{Ry} 均为零,J_{Vx}、J_{Vy} 分别存放 $x_e=5$,$y_e=3$。在直线插补过程中,J_{Vx}、J_{Vy} 中的数值始终保持不变(始终为 x_e 和 y_e)。

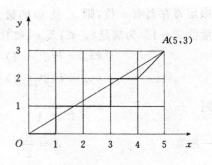

图 3.2.22 DDA直线插补例

表 3-3 DDA 直线插补过程(举例)

累加次数 (Δt)	x 积分器			y 积分器			终点计数器 J_E	备 注
	J_{Vx} (x_e)	J_{Rx}	溢出 Δx	J_{Vy} (y_e)	J_{Ry}	溢出 Δy		
0	101	000		011	000		000	初始状态
1	101	101		011	011		001	第一次迭代
2	101	010	1	011	110		010	J_{Rx} 有进位,Δx 溢出脉冲
3	101	111		011	001	1	011	J_{Ry} 有进位,Δy 溢出脉冲
4	101	100	1	011	100		100	Δx 溢出
5	101	001	1	011	111		101	Δx 溢出
6	101	110		011	010	1	110	Δy 溢出
7	101	011	1	011	101		111	Δx 溢出
8	101	000	1	011	000	1	000	Δx、Δy 同时溢出 $J_E=0$,插补结束

(二)DDA 圆弧插补

1. DDA 圆弧插补原理

从上面的叙述可知,数字积分直线插补的物理意义是使动点沿速度矢量的方向前进,这同样适合圆弧插补。如图 3.2.23 所示,以第一象限逆圆为例,设刀具沿圆弧 $\overset{\frown}{AB}$ 移动,半径为 R,刀具切向速度为 V,P 为动点,坐标为 x、y。由图可看出切向速度与分速度 V_x 和 V_y,应满足下式

$$\frac{V}{R}=\frac{V_x}{y}=\frac{V_y}{x}=k \tag{3-45}$$

k 为比例常数。因为切向速度 V 要求不变,半径 R 为常数。

在单位时间增量 Δt 内,x、y 位移增量方程为

$$\begin{cases} \Delta x = -V_x \cdot \Delta t = -ky\Delta t \\ \Delta y = V_y \cdot \Delta t = kx\Delta t \end{cases} \quad (3\text{-}46)$$

与 DDA 直线插补一样,取累加器容量为 2^n, $k = \dfrac{1}{2^n}$, n 为累加器、寄存器位数,则各坐标的位移量为

$$\begin{cases} x = \int_0^t -ky\,dt = -\dfrac{1}{2^n}\sum_{i=1}^{m} y_i \Delta t \\ y = \int_0^t kx\,dt = \dfrac{1}{2^n}\sum_{i=1}^{m} x_i \Delta t \end{cases} \quad (3\text{-}47)$$

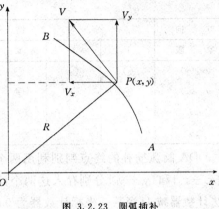

图 3.2.23 圆弧插补

由此可构成如图 3.2.24 所示的 DDA 圆弧插补原理框图。图中系数 k 省略的原因和 DDA 直线插补时类同。但要注意:第一,坐标值 x、y 存入被积函数寄存器 J_{V_x}、J_{V_y} 的对应关系与直线不同,恰好相反,即 x 存入 J_{V_y},而 y 存入 J_{V_x} 中。第二,J_{V_x}、J_{V_y} 寄存器中寄存的数值与 DDA 直线插补有本质的区别,直线插补时,寄存的是终点坐标值,为常数。而在 DDA 圆弧插补时寄存的是动点坐标,是个变量。因此在插补过程中,必须根据动点位置的变化来改变 J_{V_x} 和 J_{V_y} 中的内容。J_{V_x}、J_{V_y} 中的数值影响插补速度,所以又称为速度寄存器。在起点时,J_{V_x}、J_{V_y} 分别寄存起点坐标值 y_0、x_0;在插补过程中,J_{R_y} 每溢出一个 Δy 脉冲,J_{V_x} 应该加 1;反之,当 J_{R_x} 溢出一个 Δx 脉冲时 J_{V_y} 应该减 1,减 1 的原因是因为进行逆圆插补,x 坐标向负方向进给,动点 x 坐标不断减少。图 3.2.24 中用 ⊕ 及 ⊖ 表示修改动点坐标时这种加 1 或减 1 的关系。图 3.2.24(b)为第一象限逆时针走向的 DDA 圆弧插补的逻辑符号图。

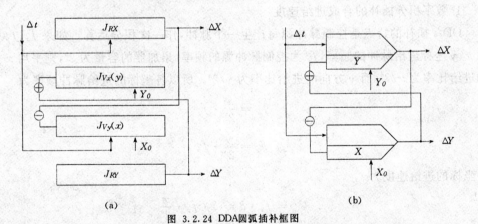

图 3.2.24 DDA 圆弧插补框图

xy 平面中各象限坐标位移与被积函数的修正关系如表 3-4 所示。

表 3-4

方向	顺圆				逆圆			
象限	I	II	III	IV	I	II	III	IV
$J_{Vx}(y)$	⊖	⊕	⊖	⊕	⊕	⊖	⊕	⊖
$J_{Vy}(x)$	⊕	⊖	⊕	⊖	⊖	⊕	⊖	⊕
Δx	+	+	−	−	−	−	+	+
Δy	−	+	+	−	+	−	−	+

DDA 圆弧插补的终点判别利用两个终点减法计数器,把 x、y 坐标所需输出的脉冲数 $|x_e-x_0|$ 和 $|y_e-y_0|$ 分别存入这两个计数器中,x 或 y 积分器每输出一个脉冲,相应的减法计数器减 1,当某一坐标计数器为 0 时,该坐标达到终点,这时,该坐标停止迭代。当两个计数器均为 0 时,圆弧插补结束。

2. DDA 圆弧插补举例

已知第一象限逆圆弧 $\widehat{AB}$,起点为 $A(5,0)$,终点为 $B(0,5)$,脉冲当量为一个单位,要求用 DDA 圆弧插补加工逆圆弧 $\widehat{AB}$。

取 J_{Vx}、J_{Vy}、J_{Rx}、J_{Ry} 以及 x、y 两个终点寄存器均为二进制三位寄存器,J_{Vx} 中存入 0,J_{Vy} 中存入 $101_二(5_+)$,J_{Rx}、J_{Ry} 清零,以及两个终点寄存器各置入 $101_二(5_+)$。

插补轨迹见图 3.2.25,脉冲分配过程详见表 3-5。

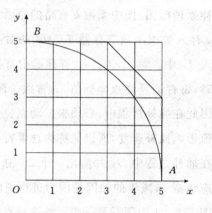

图 3.2.25 DDA圆弧插补例

(三)DDA 插补的合成进给速度及稳速控制

1. 数字积分插补的合成进给速度

DDA 插补的特点是控制脉冲源每产生一个脉冲,作一次积分运算。如果 f_x、f_y 分别为 x、y 坐标进给脉冲的频率,f_g 为控制脉冲源的频率,累加器的容量为 2^n,则平均 x 方向的进给比率为 $x/2^n$,而 y 方向的进给比率为 $y/2^n$。所以各坐标的进给脉冲频率为

$$f_x = \frac{x}{2^n} \cdot f_g$$

$$f_y = \frac{y}{2^n} \cdot f_g$$

各坐标的进给速度为

$$V_x = f_x \cdot \delta = \delta \cdot f_g \cdot \frac{x}{2^n}$$

$$V_y = f_y \cdot \delta = \delta \cdot f_g \cdot \frac{y}{2^n}$$

式中 δ 为脉冲当量,合成速度为

表 3-5 DDA 圆 弧 插 补

运算次序	x 积分器			x 终	y 积分器			y 终	备 注
	J_{Vx} (y_i)	J_{Rx} (Σy_i)	Δx		J_{Vy} (x_i)	J_{Ry} (Σx_i)	Δy		
0	000	000	0	101	101	000	0	101	初始状态
1	000	000	0	101	101	101	0	101	第一次迭代
2	000 001	000	0	101	101	010	1	100	产生 Δy 修正 y_i
3	001	001	0	101	101	111	0	100	
4	001 010	010	0	101	101	100	1	011	y 积分器再次溢出 修正 J_{vx}(即修 y_i)
5	010 011	100	0	101	101	001	1	010	产生 Δy 修正 y_i
6	011	111	0	101	101	110	0	010	
7	011 100	010	1	100	101 100	011	1	001	同时产生 Δx、Δy 修正 x_i、y_i
8	100	110	0	100	100	111	0	001	
9	100 101	010	1	011	100 011	011	1	000 000	产生 Δy、Δx、y 到达终点,停止 y 迭代
10	101	111	0	011	011	011	0	000	
11	101	100	1	010	011 011	011	0	000	产生 Δx、修正 x_i 值
12	101 001	001	1	001	010 011	011	0	000	产生 Δx 修正 x_i
13	101	110	0	001	001	011	0	000	
14	101	011	1	000	001 000	011	0	000	产生 Δx、x 终点到插补结束

$$V = \sqrt{V_x^2 + V_y^2} = \delta \frac{f_g}{2^n} \sqrt{x^2 + y^2} = \delta \frac{L}{2^n} f_g$$

一般频率的量纲为 1/秒,速度中的时间单位是分,故上式可写成

$$V = 60\delta \frac{L}{2^n} f_g \tag{3-48}$$

式中 $L = \sqrt{x^2 + y^2}$,当插补段为直线时,L 为直线长度。当插补段为圆弧时,L 应改为圆弧半径 R。

插补合成的轮廓速度与插补迭代控制脉冲源虚拟速度(假定每发一个插补控制脉冲后坐标轴走一步)的比值称为插补速度变化率,其表达式如下

$$\frac{V}{V_g} = \frac{L}{N} \tag{3-49}$$

式中 V_g 为虚拟速度，$N=2^n$。

可见，速度变化率与程序段的 L（或 R）成正比。当插补迭代控制脉冲源频率 f_g 一定时，行程长，脉冲溢出快，走刀快；行程短，脉冲溢出慢，走刀慢。数据段行程的变化范围在 $0\sim 2^n$ 间，所以合成速度的变化范围是：$V=(0\sim 1)V_g$。

2. 稳速控制

如上所述，插补合成速度变化很大，这种变化在加工时是不允许的。为此采用如下措施来稳定进给速度。

(1) 左移规格化　直线插补时，在被积函数数据送入寄存器时，进行左移，直到 x 或 y 寄存器有一个最高位为"1"时，左移停止，转入插补运算。寄存器中的数其最高位为"1"的数称为规格化数。反之，最高位为"0"的数称为非规格化数。显然，规格化的数累加两次必有一次溢出，而非规格化的数必须作两次以上的多次累加才有一次溢出。直线插补经过左移规格化处理后，x、y 两方向脉冲分配速度扩大同样倍数（即左移次数），而两者数值之比不变，所以斜率也不变。因为规格化后，每累加运算两次必有一次溢出，溢出速度比较均匀，所以加工的效率和质量都大为提高。

由于左移，迫使数据段的行程增大，为了使发出的脉冲总数不变，就要相应的减少累加次数。如果左移 Q 次，累加次数为 2^{n-Q}。要达到这个目的，只要在 J_{V_x}、J_{V_y} 左移的同时，终点判别计数器 J_E（使用加计数时）把"1"信号从最高位输入，进行右移，使之 J_E 使用长度（位数）缩小 Q 位，实现累加次数减少的目的。

圆弧插补的左移规格化处理与直线插补基本相同，唯一的区别是：圆弧插补的左移规格化是使坐标值最大的被积函数寄存器的次高位为"1"（即保持一个前"0"），也就是说，在圆弧插补中将 J_{V_x}、J_{V_y} 寄存器中次高位为"1"的数称其为规格化数。这是由于在圆弧插补过程中，J_{V_x}、J_{V_y} 寄存器中的数 x、y，随着加工过程的进行不断地修改（作加1、减1修正），如某坐标作加1修正时，可能会出现溢出。规格化提前后，就避免了溢出。另外，由于规格化数提前一位产生，要求寄存器的容量必须大于被加工圆弧半径的二倍。

左移规格化，还有另一个新问题，左移 Q 位，相当于坐标 x、y 扩大了 2^Q 倍，亦即 J_{V_x} 和 J_{V_y} 寄存器中的数分别为 $2^Q x$ 和 $2^Q y$，这样 y 积分器有一个溢出脉冲 Δy 时，则 J_{V_x} 寄存器中的数应修正为

$$2^Q y \rightarrow 2^Q(y+1) = 2^Q y + 2^Q$$

上式指明，规格化处理后，插补中的坐标修正，加"1"变成了加 2^Q。同理减"1"变成了减 2^Q。

综上所述，虽然直线插补和圆弧插补时规格化数不一样，但均能提高溢出速度。直线插补时，经规格化后最大坐标的被积函数可能的最大值为 $11\cdots 111$，可能的最小值为 $100\cdots 000$，最大坐标每次迭代都有溢出，最小坐标两次迭代也会有溢出，可见其溢出速率仅相差一倍；而在圆弧插补时，经规格化后最大坐标的被积函数可能的最大值为 $011\cdots 111$，可能的最小值为 $010\cdots 000$，其溢出速率也相差一倍。因此，经过左移规格化后，不仅提高了溢出速度，而且使溢出脉冲变得比较均匀。

(2) F 功能采用进给速率数"FRN"   为了实现不同长度程序段的恒速加工,可以采用程编进给速度功能 F 的进给速率数"FRN"表示法。它的实质是控制迭代频率 f_g,f_g 与 F 后面的数字成正比。FRN$=V/L$(直线插补)或 FRN$=V/R$(圆弧插补)当插补尺寸(L 或 R)不同时,F 也不同,使迭代频率也作相应的改变,从而保证了所选定的进给速度 V。使用这种方法稳定和保证要求的进给速度时要注意一点,当尺寸变化范围很大时,因为寄存器容量是按最大尺寸设计或选定的,要保证最小尺寸也具有相同的进给速度上限,则要求 f_g 很高,有时就不可能达到。

(3) 自动改变迭代频率 f_g 程序编制时 F 功能直接用进给速度 V 表示,而在程序输入数控装置后,由 F 后面的数字直接来控制迭代频率 f_g,但当尺寸变化时,数控装置能自动地改变 f_g。计算机数控软件插补很容易实现 f_g 的改变。其方法如下:

①软件定时。

②可变频外部实时时钟中断。

(4) 一次插补多步(如八步)   插补结果并行输出并寄存,然后按 f_g 频率由外部硬件进行并变串后发送,串行完成时发生插补中断。插补计算与串行输出同一时间完成。即第一次插补计算的八步结果依次存入寄存器中各位,然后并行传送到硬件寄存器中,在 f_g 作用下串行送出进给脉冲。在串行输出的同时,插补计算出第二个字节的结果,这样以 f_g 的频率连续地发出脉冲,没有插补的等待延迟。

(5) 比值积分   直线(平面或空间直线)插补时,每来进给脉冲有三种可能的走法:x、y、z 三个方向仅一个方向走一步,如 x 方向;两个方向同时走一步,如 x、y;三个方向同时各走一步。从合成速度方向看,这三种情况分别为走一步、$\sqrt{2}$ 步和 $\sqrt{3}$ 步。欲使合成速度恒定不变,则应使控制脉冲源的频率 f_g 变化。

实现的方法,可用一个 $1/N$ 分频器,输入脉冲频率为 $3f_g$。令:

一个方向走一步时,$N=3$。

两个方向同时走一步时,$N=4$。

三个方向同时各走一步时,$N=5$。

即一个方向时

$$f'_g = \frac{3f_g}{3} = f_g \quad \text{周期 } T'_g = T_g$$

两个方向时

$$f'_g = \frac{3f_g}{4} \quad \text{周期 } T'_g = \frac{4}{3}T_g = T_g + \frac{1}{3}T_g$$

三个方向时

$$f'_g = \frac{3f_g}{5} \quad \text{周期 } T'_g = \frac{5}{3}T_g = T_g + \frac{1}{3}T_g + \frac{1}{3}T_g$$

由此可见,每增加一个进给方向时,周期增加 $\frac{1}{3}T_g$,则一个程序(设 x 向最大)的时间 T 为

$$T = xT_g + y\frac{1}{3}T_g + z\frac{1}{3}T_g = T_g(x + \frac{1}{3}y + \frac{1}{3}z)$$

或

$$\frac{T}{T_g} = x + \frac{1}{3}y + \frac{1}{3}z$$

合成速度与进给脉冲源虚拟速度之比为

$$\frac{V}{V_g} = \frac{L/T}{f_g \cdot \delta} = \frac{\delta \sqrt{x^2+y^2+z^2}/T}{\delta/T_g}$$

$$= \frac{\sqrt{x^2+y^2+z^2}}{T/T_g} = \frac{\sqrt{x^2+y^2+z^2}}{x + \frac{1}{3}y + \frac{1}{3}z} \tag{3-50}$$

可见合成速度随终点坐标值不同而变化。当 $x:y:z=3:1:1$ 时,合成速度有最小值,代入式(3-50)得

$$\left.\frac{V}{V_g}\right|_{\min} \doteq 0.904$$

当 $x:y:z=1:0:1$ 或 $1:1:0$ 时,合成速度有最大值

$$\left.\frac{V}{V_g}\right|_{\max} \doteq 1.06$$

故速度变化范围为 $V=(0.904\sim 1.06)V_g$。

（四）数字积分法插补精度

DDA 直线插补的插补误差小于一个脉冲当量;但是 DDA 圆弧插补的插补误差有可能大于一个脉冲当量,其原因是:由于数字积分器溢出脉冲的频率与被积函数寄存器的存数成正比,当在坐标轴附近进行插补时,一个积分器的被积函数值接近于 0,而另一个积分器的被积函数值接近最大值(圆弧半径),这样,后者连续溢出,而前者几乎没有溢出脉冲,两个积分器的溢出脉冲速率相差很大,致使插补轨迹偏离理论曲线。圆弧插补误差小于或等于两个脉冲当量。

减小插补误差的方法有:

1. 减小脉冲当量

减小脉冲当量,则误差的几何尺寸减小。但信息量变大,寄存器的容量需加大,而且欲获得同样的进给速度,需要提高运算插补速度。

2. 余数寄存器预置数

在 DDA 插补之前,余数寄存器 J_{Rx}、J_{Ry} 置某一数值(不为零),常用的则是预置最大容量值和预置 0.5。下面以预置 0.5 为例来说明。预置 0.5 称为"半加载",在 DDA 迭代前,余数寄存器的初值置为 100…00(即 0.5),这样,只要再迭加 0.5,余数寄存器就可以产生第一个溢出脉冲。这在被积函数较小、迟迟不能产生溢出的情况下,有很大的实际意义,它改善了溢出脉冲的时间分布,减小了插补误差。

§3.3 数据采样插补

随着数控技术的发展,以直流伺服,特别是交流伺服为驱动元件的计算机闭环数字控制系统已成为数控的主流。在这些系统中,插补原理一般都采用不同类型的数据采样方法。

一、概述

(一)数据采样插补的基本原理

数据采样插补是根据程编的进给速度,将轮廓曲线分割为插补采样周期的进给段——即轮廓步长。在每一插补周期中,插补程序被调用一次,为下一进给周期计算出各坐标轴应该行进的增长段(而不是单个脉冲)Δx 或 Δy 等,然后再计算出相应插补点(动点)位置的坐标值。数据采样插补的核心问题是计算出插补周期的瞬时进给量。

对于直线插补,用插补所形成的步长子线段逼近给定直线,与给定直线重合。在圆弧插补时,用切线、弦线和割线逼近圆弧,常用的是弦线或割线。

(二)插补周期与采样周期

插补周期 T 虽已不直接影响进给速度,但对插补误差及更高速运行有影响,选择插补周期是一个重要问题。插补周期与插补运算时间有密切关系,一旦选定了插补算法,则完成该算法的时间也就确定了。一般来说,插补周期必须大于插补运算所占用的 CPU 时间。这是因为当系统进行轮廓控制时,CPU 除了要完成插补运算外,还必须实时地完成其它的一些工作,如显示、监控甚至精插补。所以插补周期 T 必须大于插补运算时间与完成其它实时任务所需时间之和。

插补周期与位置反馈采样周期有一定的关系,插补周期和采样周期可以相同,也可以不同。如果不同,则选插补周期是采样周期的整数倍。

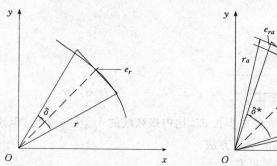

图 3.3.1 弦线、割线逼近

(三)插补精度及其与插补周期、速度的关系

在直线插补时,插补所形成的每个小直线段与给定直线重合,不会造成轨迹误差。在圆弧插补时,用内接弦线或内外均差弦线来逼近圆弧,如图 3.3.1 所示。这种逼近必然会造成轨迹误差,对内接弦线,最大半径误差 e_r 与步距角 δ 的关系为

$$e_r = r\left(1 - \cos\frac{\delta}{2}\right) \quad \text{或} \quad \cos\frac{\delta}{2} = 1 - \frac{e_r}{r} \tag{3-51}$$

若 e_r 为允许的最大半径误差,则最大允许角步距

$$\left.\begin{aligned} \delta_{\max} &= 2\arccos\left(1 - \frac{e_r}{r}\right) \\ \cos\frac{\delta_{\max}}{2} &= 1 - \frac{e_r}{r} \end{aligned}\right\} \tag{3-52}$$

对于半径为 r 的圆弧的内外均差弦线，在直线段中点处的圆弧内侧，产生一个半径偏差 e_{ri}，在半径为 r_a 的圆上的交点处向圆弧 r 外产生一个偏差 e_{ra}。当 $e_{ri}=e_{ra}=e_r$ 时，得到的内外均差弦线的最大允许角步距为

$$\left.\begin{aligned} \delta_{\max}^* &= 2\arccos\left(\frac{1-\dfrac{e_r}{r}}{1+\dfrac{e_r}{r}}\right) \\ \text{或}\quad \cos\frac{\delta_{\max}^*}{2} &= \frac{1-\dfrac{e_r}{r}}{1+\dfrac{e_r}{r}} \\ \text{从而}\quad e_r &= r\left[\left(1-\cos\frac{\delta_{\max}^*}{2}\right)\Big/\left(1+\cos\frac{\delta_{\max}^*}{2}\right)\right] \end{aligned}\right\} \quad (3\text{-}53)$$

式(3-52)、式(3-53)中的 $\cos\dfrac{\delta_{\max}}{2}$ 和 $\cos\dfrac{\delta_{\max}^*}{2}$ 可用幂级数展开式表达

$$\cos\frac{\delta_{\max}}{2} = 1 - \frac{e_r}{r} = 1 - \frac{\left(\dfrac{\delta_{\max}}{2}\right)^2}{2!} + \frac{\left(\dfrac{\delta_{\max}}{2}\right)^4}{4!} - \cdots$$

$$\cos\frac{\delta_{\max}^*}{2} = \frac{1-\dfrac{e_r}{r}}{1+\dfrac{e_r}{r}} = 1 - \frac{\left(\dfrac{\delta_{\max}^*}{2}\right)^2}{2!} + \frac{\left(\dfrac{\delta_{\max}^*}{2}\right)^4}{4!} - \cdots$$

由于

$$\frac{\left(\dfrac{\delta}{2}\right)^4}{4!} = \frac{\delta^4}{384} \ll 1$$

得

$$\frac{\delta_{\max}^*}{\delta_{\max}} \approx \sqrt{\frac{2}{1+e_r/r}} \approx \sqrt{2} \qquad (e_r/r \ll 1)$$

可见内外均差弦线的允许最大角步长 $\delta_{\max}^*$ 比内接弦线的 $\delta_{\max}$ 大 $\sqrt{2}$ 倍，但这种方法费用较贵，一般宁愿采用内接弦线的逼近方法。

用轮廓进给步长 l 代替弧长，可有

$$\delta = l/r \tag{3-54}$$

而

$$l = TV \tag{3-55}$$

式中 T——插补周期；

V——刀具移动速度。

将 $e_r = r(1-\cos\dfrac{\delta}{2})$ 式中 $\cos\dfrac{\delta}{2}$ 用幂级数展开式表达，得

$$\begin{aligned} e_r &= r - r\cos\frac{\delta}{2} \\ &= r\left\{1 - \left[1 - \frac{(\delta/2)^2}{2!} + \frac{(\delta/2)^4}{4!} - \cdots\right]\right\} \\ &= \frac{\delta^2}{8}r \qquad \left(\frac{(\delta/2)^4}{4!} \ll 1\right) \end{aligned}$$

将式(3-54)、(3-55)代入上式，得

$$e_r = \frac{l^2}{8} \cdot \frac{1}{r} = \frac{(TV)^2}{8} \cdot \frac{1}{r} \tag{3-56}$$

由式(3-56)可以看出,在圆弦插补时,插补周期 T 分别与精度 e_r、半径 r 和速度 V 有关。如果以弦线误差作为最大允许的半径误差,要得到尽可能大的速度,则插补周期要尽可能的小;当 e_r 给定,小半径时比大半径时的插补周期小(小半径,曲率大,要求轮廓步长小),由于插补周期对速度减小的影响率比半径对速度增加的影响率大,因此,小半径时可以得到一个最大允许轨迹速度。

二、直线函数法

这是 System-7CNC 系统首先采用的"时间分割"方法,以弦线逼近圆弧。

(一)直线插补

如图 3.3.2 所示,在 x-y 平面插补加工直线 OP。终点 P 的坐标分量分别为 x_e 和 y_e,OP 与 x 轴夹角为 α,插补进给步长为 l,则

$$\left.\begin{array}{l}\Delta x = l\cos\alpha \\ \Delta y = \dfrac{y_e}{x_e}\Delta x\end{array}\right\} \tag{3-57}$$

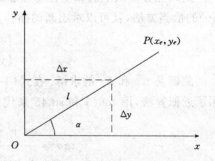

图 3.3.2 直线插补

(二)圆弧插补

在图 3.3.3 中,顺圆上的点 B 是继 A 点之后的插补瞬时点,其坐标分别为 $A(x_i, y_i)$、$B(x_{i+1}, y_{i+1})$。所谓插补,在这里是指由已加工点 A 求出下一点 B,实质上是求在一个插补周期的时间内,x 轴和 y 轴的进给增量 Δx 和 Δy。图中弦 AB 正是圆弧插补时每周期的进给步长 l。AP 是 A 点的切线,M 是弦的中点,$OM \perp AB$,$ME \perp AF$,E 为 AF 的中点。圆心角具有下面的关系

$$\phi_{i+1} = \phi_i + \delta$$

式中 δ——进给步长 l 对应的角增量,称为角步距。

因为　　　　　$OA \perp AP$

所以　　　　　$\angle AOC = \angle PAF = \phi_i$

则　　　　　　$\triangle AOC \sim \triangle PAF$

因为 AP 为切线,所以

$$\angle BAP = \frac{1}{2}\angle AOB = \frac{1}{2}\delta$$

$$\alpha = \angle PAF + \angle BAP = \phi_i + \frac{1}{2}\delta$$

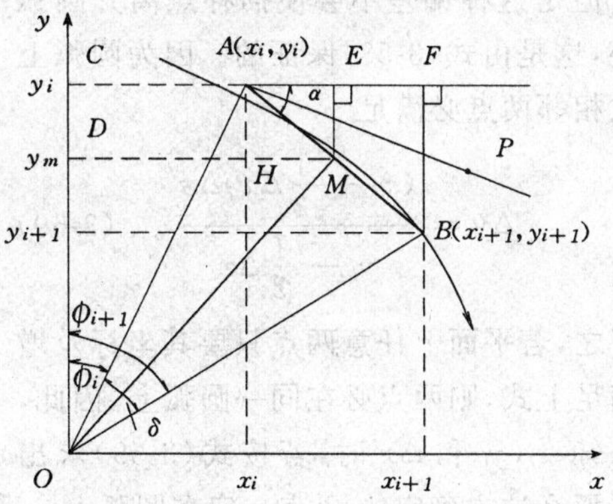

在 $\triangle MOD$ 中　$\text{tg}(\phi_i + \frac{1}{2}\delta) = \dfrac{DH + HM}{OC - CD}$

图 3.3.3 圆弧插补

将 $DH = x_i$,$OC = y_i$,$HM = \frac{1}{2}l\cos\alpha = \frac{1}{2}\Delta x$ 和 $CD = \frac{1}{2}l\sin\alpha = \frac{1}{2}\Delta y$ 代入上式,则有

$$\text{tg}\alpha = \text{tg}(\phi_i + \frac{1}{2}\delta) = \frac{x_i + \frac{1}{2}\cos\alpha \cdot l}{y_i - \frac{1}{2}\sin\alpha \cdot l} \tag{3-57'}$$

又因为
$$\text{tg}\alpha = \frac{FB}{FA} = \frac{\Delta y}{\Delta x}$$

由此可以推出 (x_i, y_i) 与 Δx、Δy 的关系式

$$\frac{\Delta y}{\Delta x} = \frac{x_i + \frac{1}{2}\Delta x}{y_i - \frac{1}{2}\Delta y} = \frac{x_i + \frac{1}{2}l\cos\alpha}{y_i - \frac{1}{2}l\sin\alpha} \tag{3-58}$$

上式充分反映了圆弧上任意相邻的两插补点坐标之间的关系。只要找到计算 Δx（或 Δy）的恰当方法，就可以求出新的插补点坐标

$$\begin{cases} x_{i+1} = x_i + \Delta x \\ y_{i+1} = y_i - \Delta y \end{cases}$$

关键是 Δx 和 Δy 的求解。在式(3-57')中，$\cos\alpha$ 和 $\sin\alpha$ 都是未知数，难以求解，所以采用了近似算法，用 $\cos 45°$ 和 $\sin 45°$ 来代替，即

$$\text{tg}\alpha = \frac{x_i + \frac{1}{2}l\cos\alpha}{y_i - \frac{1}{2}l\sin\alpha} \approx \frac{x_i + \frac{1}{2}l\cos 45°}{y_i - \frac{1}{2}l\sin 45°}$$

从而造成了 $\text{tg}\alpha$ 的偏差，在 $\alpha = 0°$ 处，且进给速度较大时偏差大。如图 3.3.4 所示，由于近似计算 $\text{tg}\alpha$，使 α 角成为 α'（在 $0 \sim 45°$ 间，$\alpha' < \alpha$），使 $\cos\alpha'$ 变大，因而影响到 Δx 之值，使之为 $\Delta x'$

$$\Delta x' = l'\cos\alpha' = AF'$$

但是这种偏差不会使插补点离开圆弧轨迹，这是由式(3-58)保证的。因为圆弧上任意相邻两点必满足

$$\Delta y = \frac{(x_i + \frac{1}{2}\Delta x)\Delta x}{y_i - \frac{1}{2}\Delta x} \tag{3-59}$$

反言之，若平面上任意两点只要其坐标及增量满足上式，则两点必在同一圆弧上。因此，当已知 x_i、y_i 和 $\Delta x'$ 时，若按式(3-59)求出

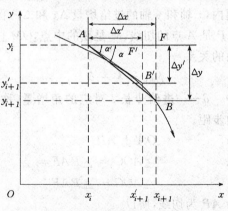

图 3.3.4 速度偏差

$\Delta y'$，那么这样确定的 B' 点一定在圆弧上。采用近似计算引起的偏差仅仅是 $\Delta x \rightarrow \Delta x'$，$\Delta y \rightarrow \Delta y'$，$AB \rightarrow AB'$，即 $l \rightarrow l'$。这种算法能够保证圆弧插补每一插补点位于圆弧上，它仅造成每次插补进给量 l 的微小变化，实际进给速度的变化小于指令进给速度的 1%，这种变化在加工中是允许的，完全可以认为插补的速度是均匀的。

在圆弧插补中，由于是以直线（弦）逼近圆弧，因此插补误差主要表现在半径的绝对误差上。该误差取决于进给速度的大小，进给速度越高，则一个插补周期进给的弦长越长，误

差就越大。为此,当加工的圆弧半径确定后,为了使径向绝对误差不致过大,对进给速度要有一个限制。

由公式(3-56)可以求出

$$l \leqslant \sqrt{8e_r r}$$

式中 e_r——最大径向误差;

r——圆弧半径。

当 $e_r \leqslant 1\mu$ 时,插补周期 $T=8\text{ms}$,则进给速度

$$V \leqslant \sqrt{8e_r r}/T = \sqrt{450000r}$$

式中 V——进给速度,mm/min。

三、扩展 DDA 数据采样插补

美国 A-B 公司的 7360CNC 系统最早采用了扩展 DDA 数据采样插补算法。扩展 DDA 算法是在 DDA 积分法基础上发展起来的,它是将 DDA 切线逼近圆弧的方法改变为割线逼近。

(一)直线插补原理

假设要加工直线 OP,如图 3.3.5 所示,起点为 O,终点为 $P(x_e, y_e)$。根据进给速度的要求,在时间 T 内走完该直线段。刀具在任一时刻 t 的位置,可由各坐标轴向速度分量积分得到

$$x = \int_0^t V_x \mathrm{d}t = \int_0^t \frac{x_e - x_0}{T} \mathrm{d}t$$

$$y = \int_0^t V_y \mathrm{d}t = \int_0^t \frac{y_e - y_0}{T} \mathrm{d}t$$

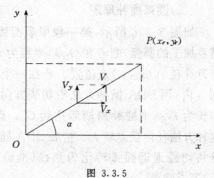

图 3.3.5

将时间 T 用采样周期 Δt 分割为 n 个子区间(n 取大于等于 $T/\Delta t$ 最接近的整数),由此可得直线的 DDA 插补公式

$$\begin{cases} x_i = \sum_{i=1}^{n} \dfrac{x_e - x_0}{n} = \sum_{i=1}^{n} \Delta x_i \\ y_i = \sum_{i=1}^{n} \dfrac{y_e - y_0}{n} = \sum_{i=1}^{n} \Delta y_i \end{cases}$$

由上式可导出直线 DDA 插补的迭代公式

$$\begin{cases} x_{i+1} = x_i + \Delta x_{i+1} \\ y_{i+1} = y_i + \Delta y_{i+1} \end{cases} \tag{3-60}$$

在直线插补中,每次迭代形成一个子线段,其斜率等于给定直线的斜率,即

$$\frac{\Delta y}{\Delta x} = \frac{y_e - y_0}{n} \bigg/ \frac{x_e - x_0}{n}$$

轮廓步长在坐标轴上的分量 Δx 和 Δy 的大小取决于编程速度值,表达式为

$$\begin{cases} \Delta x = V\Delta t\cos\alpha = \dfrac{V(x_e - x_0)\Delta t}{\sqrt{(x_e - x_0)^2 + (y_e - y_0)^2}} = \lambda_t \cdot \text{FRN} \cdot (x_e - x_0) \\ \Delta y = V\Delta t\sin\alpha = \dfrac{V(y_e - y_0)\Delta t}{\sqrt{(x_e - x_0)^2 + (y_e - y_0)^2}} = \lambda_t \cdot \text{FRN} \cdot (y_e - y_0) \end{cases} \quad (3\text{-}61)$$

式中　V——编程的进给速度，mm/min；

　　　FRN——进给速率数，进给速度的一种表示方法；

$$\text{FRN} = \dfrac{V}{\sqrt{(x_e - x_0)^2 + (y_e - y_0)^2}} = \dfrac{V}{L} \quad (L \text{ 直线长度})$$

　　　Δt——采样周期(ms)；

　　　λ_t——经时间换算的采样周期。

对于同一条直线来说，由于 FRN 和 λ_t 均为已知常数，因此式中的 FRN·λ_t 可用常数 λ_d 表示，称为步长系数。故式(3-61)可写成

$$\begin{cases} \Delta x = \lambda_d(x_e - x_0) \\ \Delta y = \lambda_d(y_e - y_0) \end{cases} \quad (3\text{-}62)$$

式(3-62)在插补准备程序中完成，式(3-60)在插补程序中完成。

(二) 圆弧插补原理

如图 3.3.6 所示，第一象限顺圆弧 $\widehat{AQ}$ 为需要加工的圆弧，圆心在 O 点，半径为 R。设现时刀具在 $A_i(x_i, y_i)$ 点位置。若在一个采样周期 λ_t 内，用 DDA 插补方法沿切线方向进给的步长为 l，一个插补周期后达到 C''_{i+1} 点，显然这种方法径向误差较大。扩展 DDA 插补算法是将切线逼近圆弧转化为弦线(准确说是割线)逼近圆弧。

如果通过 $A_iC''_{i+1}$ 线段的中点 B 作半径为 OB 的圆弧的切线 BC'_{i+1}，再通过 A_i 点作 BC'_{i+1} 的平行线 A_iH，即 $A_iH \parallel BC'_{i+1}$，并在

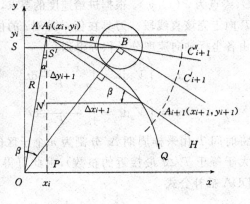

图 3.3.6

A_iH 上截取 $A_iA_{i+1} = A_iC''_{i+1} = l$(容易证明 A_{i+1} 点在圆弧外侧)。扩展 DDA 用 A_iA_{i+1} 线段进给代替切线 $A_iC''_{i+1}$ 逼近圆弧，使径向误差减小了。

现在来计算在采样周期 λ_t 内轮廓进给步长 l 的坐标分量 Δx_{i+1} 和 Δy_{i+1} 值，由此就可以得到一个采样周期后所达到 A_{i+1} 点的坐标位置。

由图 3.3.6 可见，在直角 $\triangle OPA_i$ 中，

$$\sin\alpha = \dfrac{OP}{OA_i} = \dfrac{x_i}{R} \quad (3\text{-}63)$$

$$\cos\alpha = \dfrac{A_iP}{OA_i} = \dfrac{y_i}{R} \quad (3\text{-}64)$$

设进给速度为 V，则 $A_iA_{i+1} \approx l = V\lambda_t$。过 B 点作 x 轴的平行线 BS 交 y 轴于 S 点，交

A_iP 线段于 S' 点。过 A_{i+1} 点作 $A_{i+1}N'$ 平行 x 轴，交 A_iP 于 N'。

从图中还可以看出，直角 $\triangle OSB$ 与直角 $\triangle A_iN'A_{i+1}$ 相似，从而有比例关系

$$\frac{N'A_{i+1}}{A_iA_{i+1}} = \frac{OS}{OB} \tag{3-65}$$

式中

$$N'A_{i+1} = \Delta x_{i+1};$$
$$A_iA_{i+1} = l = V\lambda_t;$$

OS 可通过直角 $\triangle A_iS'B$ 先求出 A_iS'，再由 $OS = A_iP - A_iS'$ 得出，即

$$OS = A_iP - A_iS' = y_i - \frac{1}{2}l\sin\alpha$$

OB 可通过直角 $\triangle OA_iB$ 求出

$$OB = \sqrt{(A_iB)^2 + (OA_i)^2} = \sqrt{(\frac{1}{2}l)^2 + R^2}$$

将以上各式都代入式(3-65)中，得

$$\frac{\Delta x_{i+1}}{l} = \frac{y_i - \frac{1}{2}l\sin\alpha}{\sqrt{(\frac{1}{2}l)^2 + R^2}}$$

将式(3-63)代入并整理，得

$$\Delta x_{i+1} = \frac{l(y_i - \frac{1}{2}l\frac{x_i}{R})}{\sqrt{(\frac{1}{2}l)^2 + R^2}}$$

因为 $l \ll R$，将 $(\frac{1}{2}l)^2$ 略去不计，则可得

$$\Delta x_{i+1} \approx \frac{l}{R}(y_i - \frac{1}{2}l\frac{x_i}{R})$$
$$= \frac{V}{R} \cdot \lambda_t(y_i - \frac{1}{2}\frac{v}{R} \cdot \lambda_t \cdot x_i)$$

若令

$$\lambda_d = \frac{V}{R} \cdot \lambda_t = \text{FRN} \cdot \lambda_t$$

则

$$\Delta x_{i+1} = \lambda_d(y_i - \frac{1}{2}\lambda_d x_i) \tag{3-66}$$

从直角 $\triangle OSB$ 与直角 $\triangle A_iN'A_{i+1}$ 相似，还可得出

$$\frac{A_iN'}{A_iA_{i+1}} = \frac{SB}{OB}$$

即

$$\frac{A_iN'}{A_iA_{i+1}} = \frac{SS' + S'B}{OB} \tag{3-67}$$

将

$$A_iA_{i+1} = l = V\lambda_t$$
$$OB = \sqrt{(\frac{1}{2}l)^2 + R^2}$$
$$S'B = A_iB\cos\alpha = \frac{1}{2}l\frac{y_i}{R} \text{（由直角 } \triangle A_iS'B \text{ 求出）}$$

$$SS' = x_i$$

代入式(3-67),可求得

$$\Delta y_{i+1} = A_i N' = \frac{l\left(x_i + \frac{1}{2}l\frac{y_i}{R}\right)}{\sqrt{\left(\frac{1}{2}l\right)^2 + R^2}}$$

因 $l \ll R$,故略去 $\left(\frac{1}{2}l\right)^2$ 不计,则

$$\Delta y_{i+1} \approx \frac{l}{R}\left(x_i + \frac{1}{2}\frac{l}{R}y_i\right)$$

令 $\lambda_d = \frac{l}{R} = \frac{V}{R} \cdot \lambda_t$,则

$$\Delta y_{i+1} = \lambda_d\left(x_i + \frac{1}{2}\lambda_d y_i\right) \tag{3-68}$$

A_{i+1} 点的坐标值,可用下式求得

$$\begin{cases} x_{i+1} = x_i + \Delta x_{i+1} \\ y_{i+1} = y_i - \Delta y_{i+1} \end{cases} \tag{3-69}$$

式(3-66)、(3-68)和式(3-69)为第一象限顺圆插补计算公式,依照此原理,不难得出其它象限及其走向的扩展 DDA 圆弧插补计算公式。

扩展 DDA 数据采样插补计算公式也可用下面方法推导出来。

在图 3.3.7 中,圆弧插补动点坐标 $P_i(x_i, y_i)$ 用角度参量解析式给出,顺圆插补恒定的轨迹速度为 V,插补周期为 λ_t,则每次插补的角步距为

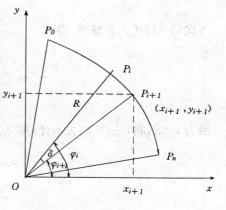

图 3.3.7

$$\delta = \frac{V\lambda_t}{R} = \lambda_d$$

因而每次插补运算的插补点的角度值 $\phi_{i+1} = \phi_i - \delta$,故插补动点坐标为

$$x_{i+1} = R\cos\phi_{i+1} = R\cos(\phi_i - \delta)$$
$$y_{i+1} = R\sin\phi_{i+1} = R\sin(\phi_i - \delta)$$

由三角函数公式

$$x_{i+1} = R\cos(\phi_i - \delta) = R\cos\phi_i\cos\delta + R\sin\phi_i\sin\delta$$
$$y_{i+1} = R\sin(\phi_i - \delta) = R\sin\phi_i\cos\delta - R\cos\phi_i\sin\delta$$

则

$$\begin{cases} x_{i+1} = x_i\cos\delta + y_i\sin\delta \\ y_{i+1} = y_i\cos\delta - x_i\sin\delta \end{cases} \tag{3-70}$$

式(3-70)为一阶递归插补公式。

将式(3-70)中的三角函数 $\cos\delta$ 和 $\sin\delta$ 用幂级数展开,并进行二阶近似,即

$$\cos\delta \approx 1 - \frac{1}{2}\delta^2$$

$$\sin\delta \approx \delta$$

将上式代入式(3-70)，且将 $\delta = \lambda_d$ 代入，得

$$\begin{cases} x_{i+1} = x_i(1 - \frac{1}{2}\delta^2) + y_i\delta \\ \qquad = x_i - \frac{1}{2}\lambda_d^2 x_i + y_i\lambda_d \\ y_{i+1} = y_i(1 - \frac{1}{2}\delta^2) - x_i\delta \\ \qquad = y_i - \frac{1}{2}\lambda_d^2 y_i - x_i\lambda_d \end{cases} \quad (3\text{-}71)$$

$$\begin{cases} \Delta x_{i+1} = x_{i+1} + x_i = y_i\lambda_d - \frac{1}{2}\lambda_d^2 x_i \\ \qquad = \lambda_d(y_i - \frac{1}{2}\lambda_d x_i) \\ \Delta y_{i+1} = y_i - y_{i+1} = x_i\lambda_d + \frac{1}{2}\lambda_d^2 y_i \\ \qquad = \lambda_d(x_i + \frac{1}{2}\lambda_d y_i) \end{cases} \quad (3\text{-}72)$$

式(3-71)和式(3-72)是二阶近似的 DDA 算法。由此可看出，由一阶递归和二阶近似的推导得出的结果与式(3-66)、式(3-68)和式(3-69)是一致的。因此扩展 DDA 插补也可称为一阶递归二阶近似插补。

由近似计算，可知插补点 A_{i+1} 不能落在圆弧上，总是在圆的外侧。插补线段是一条内差大，外差小的割线。因此扩展 DDA 插补的径向误差 e_r 介于内接弦线和内外均差弦线（即割线）的径向误差之间，即

$$R[(1 - \cos\frac{\delta}{2})/(1 + \cos\frac{\delta}{2})] \leqslant e_r < R(1 - \cos\frac{\delta}{2})$$

式中 R——半径；

δ——步距角。

扩展 DDA 插补需要进行加减法和二次乘法运算，没有超越函数的计算，具有一定的简单性和高速性。为了进一步简化插补运算，可用二阶递归算法（这里不再叙述）。

四、其它插补方法简介

现代计算机数控机床大多采用数据采样插补方法，其原理都是按时间分割为插补段，用弦线或割线逼近圆弧。在实现用直线逼近圆弧的插补算法上有各种各样方法，而且还在发展。研究插补算法遵循的原则：一是算法简单，速度快；二是插补误差小、精度高。下面对其它一些适用于时间标量的插补方法做一简单介绍。

（一）双 DDA 插补算法

一般的 DDA 圆弧插补用于数据采样插补，以切线逼近圆弧，误差较大。其方法是在

求一点 (x_i, y_i) 处增量 Δx_i、Δy_i 时,是以该点所对应的坐标值来求得的,然后用得到的增量值去修正此点的坐标,得到下一点 (x_{i+1}, y_{i+1}),也即得到下一步长圆弧插补的被积函数。

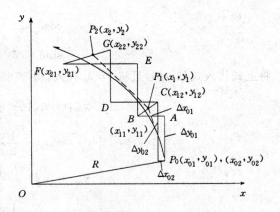

双 DDA 插补采用二套数据,第一套数据由第一组公式计算出,即得到插补点 B、F、$\cdots$。第二套数据由第二组公式计算出来,得到插补点 C、G、$\cdots$。将二套数据相对应的两点(如 B 和 C,F 和 G 等)联结,求出中点坐标(如 P_1 和 P_2 点坐标),P_1

图 3.3.8 双DDA插补

和 P_2 点即为双 DDA 圆弧插补的步长分隔点,插补轨迹如图 3.3.8 中虚线所示。

双 DDA 圆弧插补分二组公式计算

第一组

第一步 $\quad \Delta y_{01} = \left(\dfrac{V}{R}\right) x_{01}$, $y_{11} = y_{01} + \Delta y_{01}$

$\Delta x_{01} = -\left(\dfrac{V}{R}\right) y_{11}$, $x_{11} = x_{01} + \Delta x_{01}$

第二步 $\quad \Delta y_{11} = \left(\dfrac{V}{R}\right) x_{11}$, $y_{21} = y_{11} + \Delta y_{11}$

$\Delta x_{11} = -\left(\dfrac{V}{R}\right) y_{21}$, $x_{21} = x_{11} + \Delta x_{11}$

第二组

第一步 $\quad \Delta x_{02} = -\left(\dfrac{V}{R}\right) y_{02}$, $x_{12} = x_{02} + \Delta x_{02}$

$\Delta y_{02} = \left(\dfrac{V}{R}\right) x_{12}$, $y_{12} = y_{02} + \Delta y_{02}$

第二步 $\quad \Delta x_{12} = -\left(\dfrac{V}{R}\right) y_{12}$, $x_{22} = x_{12} + \Delta x_{12}$

$\Delta y_{12} = \left(\dfrac{V}{R}\right) x_{22}$, $y_{22} = y_{12} + \Delta y_{12}$

式中,Δy_{01}、Δx_{01} 和 Δy_{02}、Δx_{02} 为采样周期 λ 时间内,从起点开始第一组和第二组坐标轴方向的进给增量;

V 为合成速度,R 为圆弧半径;

x_{01}、y_{01} 和 x_{02}、y_{02} 分别为第一组和第二组插补起点(第 0 点)的坐标值;

y_{11}、x_{11} 和 x_{12}、y_{12} 为一个插补周期后,第一组和第二组分别得到的新插补点(第一点)的坐标值;

式中其它符号意义类同。

双 DDA 插补用第一组插补公式先求 Δy_i,然后修正 y 值,用修正的 y 值去求 Δx_i,再修正 x 值,从而得到第一组新的插补点 (x_{i1}, y_{i1})。以此类推,循环进行下去,可以计算出许多插补点 B、$F \cdots$。

第二组先求出 Δx_i,修正 x 值,然后用修正后的 $x_{i+1}(x_{i+1}=x_i+\Delta_i)$ 去求这一点的 Δy 值,从而得到该点的坐标值 (x_{i2},y_{i2}),即第二组新的插补点。同上,也可以求出许多插补点 C、G、…。

每次取两组计算的平均值作为本采样周期的数字增量值。即

第一步

$$\begin{cases} \Delta y_0 = \dfrac{\Delta y_{01}+\Delta y_{02}}{2} \\ \Delta x_0 = \dfrac{\Delta x_{01}+\Delta x_{02}}{2} \end{cases}$$

第二步

$$\begin{cases} \Delta y_1 = \dfrac{\Delta y_{11}+\Delta y_{12}}{2} \\ \Delta x_1 = \dfrac{\Delta x_{11}+\Delta x_{12}}{2} \end{cases}$$

写成一般式

$$\Delta y_i = \dfrac{\Delta y_{i1}+\Delta y_{i2}}{2}$$

$$\Delta x_i = \dfrac{\Delta x_{i1}+\Delta x_{i2}}{2}$$

经过取平均值处理,使原来一组坐标点在圆内,另一组坐标点在圆外的误差大大减小。在图 3.3.8 中,加工起点在 P_0,用第一组公式的第一步求出 $B(x_{11},y_{11})$ 点和第二组公式第一步求出 $C(x_{12},y_{12})$ 点,取 B 点和 C 点的中值得实际插补点坐标 $P_1(x_1,y_1)$。然后用第一组公式的第二步以 B 点为基点求出 $F(x_{21},y_{21})$ 和第二组公式的第二步以 C 为基点求出 $G(x_{22},y_{22})$ 点,取 F 点和 G 点的中值求得实际第二步的插补点坐标 $P_2(x_2,y_2)$。依次类推,求出一系列的 P_1、P_2、…、P_i…。

(二)角度逼近圆弧插补算法

数据采样插补轮廓步长插补段的形成有各种算法。角度逼近法步长插补段的分隔点(插补点)是由圆弧半径矢量移动角来确定,不同的角度能确定不同的插补点,用这些点间的小直线段来逼近圆弧。

如图 3.3.9 所示,$\overparen{P_0P_e}$ 是圆心在坐标原点的逆圆弧,$P_0(x_0,y_0)$ 是圆弧起点,$P_e(x_e,y_e)$ 是圆弧终点,R 是圆弧半径。V 是刀具沿圆弧的移动速度。

下面说明角度逼近圆弧插补算法的原理。

由已知可推出

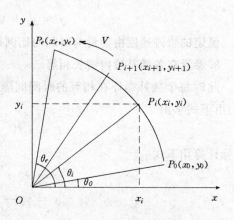

图 3.3.9 角度逼近插补

起始角

$$\theta_0 = \text{arctg}\,\dfrac{y_0}{x_0}$$

终点角
$$\theta_e = \text{arctg}\frac{y_e}{x_e}$$

每个插补周期半径矢量移动角 $\Delta\theta = \dfrac{VT}{R}$（$T$ 插补周期），每个插补周期半径矢量与 x 轴正向夹角

$$\theta_1 = \theta_0 + \Delta\theta$$
$$\theta_2 = \theta_1 + \Delta\theta$$
$$\vdots$$
$$\theta_i = \theta_{i-1} + \Delta\theta$$

角度逼近法主要是根据 θ_i 角，求插补点 p_i 的坐标值 x_i 和 y_i

$$x_i = R\cos\theta_i$$
$$y_i = R\sin\theta_i$$

插补点 P_i 坐标值计算可以用各种方法，如"角度逼近定理"等。

（三）直接函数计算法（DFB）

该方法是对以参量形式出现的空间曲线方程式进行计算。几何尺寸和轨迹速度的产生可以结合起来，所用方法有三种：

1. 与时间 t 成比例的参数 τ 作参量

已知　　　　　　　　$\tau_0 = 0,\quad \tau_n = 1$

则　　　　　　　　　$x = x_0 + (x_e - x_0)\tau$　　　　　（x_e：终点 x 坐标）

$$y = y_0 + (y_e - y_0)\tau \quad (y_e：终点\ y\ 坐标)$$

各进给坐标运动方程式由空间曲线的坐标方程式产生。

2. 空间曲线以行程 s 作参量

已知　　　　$s_0 = 0\ ,\quad s_n = \overline{P_0 P_e}$　　　　（$\overline{P_0 P_e}$ 曲线方程的逼近直线）

$$x = x_0 + (x_e - x_0)\cdot s/s_n$$
$$y = y_0 + (y_e - y_0)\cdot s/s_n$$

恒定的轨迹速度由参量与时间的比例得出。

3. 参量在各插补段内增长相等

此时每个插补循环在相等的时间间隔 Δt 内调用一次。插补总时间（T）和插补段数（n）由下式求出

$$T = s_n/V\ ,\quad n = T/\Delta t$$

坐标计算用下式

$$x = x_0 + (x_e - x_0)t/T$$
$$y = y_0 + (y_e - y_0)t/T$$
$$x_k = x_0 + \frac{x_e - x_0}{n}k$$
$$y_k = y_0 + \frac{y_e - y_0}{n}k$$

式中　V——进给速度(mm/s)；

　　　s_n——行程距离(mm)；

　　　Δt——采样周期(输出插补段时间)，s；

　　　k——插补段输出序号 $0\sim n$。

直接函数法可用于一级或二级插补，能实现固定时间或可变时间的输出。

圆弧插补可用舍项幂级数进行三角函数近似的 DFB 法。

(四)递归函数计算法(RFB)

在扩展 DDA 中已介绍过递归计算法。这里对递归函数计算法的基本概念和算法作一总结。

RFB 法是建立在空间曲线参量表达式的基础上的一种插补方法，它不计算曲线方程式，而是由前面已计算过的空间直线的中间点，得到下一个中间点。参量的选择和轨迹速度的产生与 DFB 法相同。RFB 法的优点在于递归公式比较简单。这种方法可用于一级或二级插补，能实现固定时间和可变时间的输出。RFB 法的缺点是累积误差，因此要求算法要非常精确。

1. 圆弧的一阶递归计算公式(见 3-70 式)如下

第一象限逆圆弧　　$\begin{cases} x_{k+1} = x_k\cos\delta - y_k\sin\delta \\ y_{k+1} = y_k\cos\delta + x_k\sin\delta \end{cases}$

式中　δ——步距角。

$$\delta = V\frac{\Delta t}{r}$$

步距角受半径 r、轨迹速度 V 和时间标量 Δt 的限制。在 $\cos\delta$ 和 $\sin\delta$ 的数值计算中将产生误差。

由三角函数的一阶近似($\sin\delta \doteq \delta,\cos\delta \doteq 1$)，可得插补公式

$$\begin{cases} x_{k+1} = x_k - \delta y_k \\ y_{k+1} = y_k + \delta x_k \end{cases}$$

该插补引起的半径误差

$$e_{rk} = [(1+\delta^2)^{\frac{k}{2}} - 1]r$$

一阶近似误差较大，常采用二阶近似($\sin\delta \doteq \delta, \cos\delta \doteq 1 - \dfrac{\delta^2}{2}$)，二阶近似时的插补公式如下

第一象限逆圆弧　　$\begin{cases} x_{k+1} = x_k\left(1 - \dfrac{\delta^2}{2}\right) - \delta y_k \\ y_{k+1} = y_k\left(1 - \dfrac{\delta^2}{2}\right) + \delta x_k \end{cases}$

插补公式引起的半径误差

$$e_{rk} = [(1 + \dfrac{\delta^4}{4})^{\frac{k}{2}} - 1]r$$

2. 圆弧的二阶递归插补计算公式如下

第一象限逆圆弧
$$\begin{cases} x_k = r\cos\phi_k = r\cos(\phi_0 + k\delta) \\ y_k = r\sin\phi_k = r\sin(\phi_0 + k\delta) \end{cases}$$

可得
$$\begin{cases} x_{k+2} = x_k - 2y_{k+1}\sin\delta \\ y_{k+2} = y_k + 2x_{k+1}\sin\delta \end{cases}$$

上式表示的二阶递归圆弧插补,除加、减计算外,只执行一次乘法,因此计算速度快。步距角 δ 的误差只对轨迹速度有影响,对半径误差无影响。采用二阶递归时,必须有第一点和第二点值,这样必须应用直接函数计算法或其它方法求取。$\sin\delta$ 可用泰勒级数展开,根据精度要求选取多少项。

(五)直线插补算法

在直线函数法和扩展 DDA 插补算法中,做过直线插补的介绍,这里对实用直线插补方法作一总体介绍。

1. 直线插补算法原理

如图 3.3.10 所示,OP_e 为需要插补加工的直线。起点为原点 $O(0,0)$,终点为 $P_e(x_e, y_e)$,在这一程序段中,刀具沿直线移动速度为 V,设插补周期为 λ_t,则每个插补周期的进给步长为
$$l = V\lambda_t$$
x 轴和 y 轴的位移增量分别为 x_e、y_e,直线段长度
$$L = \sqrt{x_e^2 + y_e^2}$$

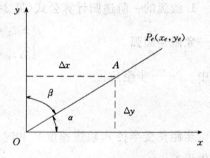

图 3.3.10 直线插补

从图 3.3.10 中可以得到如下关系
$$\frac{\Delta x}{x_e} = \frac{l}{L}$$

$$\frac{\Delta y}{y_e} = \frac{l}{L}$$

设
$$\frac{l}{L} = k$$

则
$$\begin{cases} \Delta x = \frac{l}{L}x_e = kx_e \\ \Delta y = \frac{l}{L}y_e = ky_e \end{cases} \tag{3-73}$$

而插补第 i 点的动点坐标为
$$\begin{cases} x_i = x_{i-1} + \Delta x_i = x_{i-1} + kx_e \\ y_i = y_{i-1} + \Delta y_i = y_{i-1} + ky_e \end{cases} \tag{3-74}$$

2. 实用直线插补算法

在数控装置中,对一种曲线的插补计算通常分成两步完成。第一步是插补准备,它完成一些在插补计算过程中固定不变的常值的计算,如公式(3-73)中的 k 值计算。插补准备计算程序在每个程序段中只调用一次。第二步是插补计算,它要求每个插补周期计算一次,并算出一个插补点 (x_i, y_i)。在直线插补中,根据插补准备计算和插补计算所完成的任务不同,可以有以下几种计算方法

① 进给率数法

插补准备
$$k = \frac{l}{L}$$

插补计算
$$\Delta x_i = k x_e$$
$$\Delta y_i = k y_e$$
$$x_i = x_{i-1} + \Delta x_i$$
$$y_i = y_{i-1} + \Delta y_i$$

② 方向余弦法 1

插补准备
$$\cos\alpha = \frac{x_e}{L}$$
$$\cos\beta = \frac{y_e}{L}$$

插补计算
$$\Delta x_i = l\cos\alpha$$
$$\Delta y_i = l\cos\beta$$
$$x_i = x_{i-1} + \Delta x_i$$
$$y_i = y_{i-1} + \Delta y_i$$

③ 方向余弦法 2

插补准备
$$\cos\alpha = \frac{x_e}{L}$$
$$\cos\beta = \frac{y_e}{L}$$

插补计算
$$L_i = L_{i-1} + l$$
$$x_i = L_i \cos\alpha$$
$$y_i = L_i \cos\beta$$
$$\Delta x_i = x_i - x_{i-1}$$
$$\Delta y_i = y_i - y_{i-1}$$

④ 直接函数法

插补准备
$$\Delta x_i = \frac{l}{L} x_e$$
$$\Delta y_i = \frac{\Delta x_i}{x_e} y_e$$

插补计算 $\qquad x_i = x_{i-1} + \Delta x_i$
$\qquad\qquad\qquad\qquad y_i = y_{i-1} + \Delta y_i$

⑤一次计算法

插补准备 $\qquad \Delta x_i = \dfrac{l}{L} x_e$

$\qquad\qquad\qquad\qquad \Delta y_i = \dfrac{l}{L} y_e$

插补计算 $\qquad x_i = x_{i-1} + \Delta x_i$
$\qquad\qquad\qquad\qquad y_i = y_{i-1} + \Delta y_i$

以上几种直线插补算法都是在国内外计算机数控系统中实际使用过的算法。

第四章 计算机数字控制装置

§4.1 概 述

一、计算机数控系统的组成

计算机数控系统（简称CNC系统）是本世纪70年代发展起来的新的机床数控系统，它用一台计算机代替先前硬件数控所完成的功能。所以，它是一种包含有计算机在内的数字控制系统。其原理是根据计算机存储的控制程序执行数字控制功能。数控系统分轮廓控制和点位控制系统。轮廓控制系统比较复杂，功能齐全，有的还包括了点位控制功能的内容；点位控制系统比较简单（如钻、镗），这里主要介绍轮廓数控系统。

CNC数控系统由程序、输入输出设备、计算机数字控制装置、可编程控制器（PC）、主轴驱动装置和进给驱动装置等组成。图4.1.1为CNC系统框图。

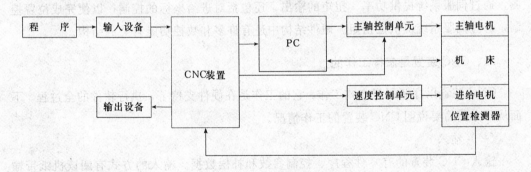

图4.1.1　CNC系统框图

数控系统的核心是计算机数字控制装置。随着半导体技术、计算机和计算技术的发展，现代数控装置以微型计算机数控装置（MNC）为主体，统称为（CNC）数控装置。使用微处理机和微型计算机后，使得CNC数控装置的性能和可靠性不断提高，成本不断下降，其优越的性能价格比，推动了数控机床的发展。

二、CNC装置的结构

CNC装置是数控加工用专用计算机，除具有一般计算机的结构外，还有和数控机床功能有关的功能模块结构和接口单元。CNC装置由硬件和软件组成，软件在硬件的支持下运行，离开软件，硬件便无法工作；两者缺一不可。硬件的组成如图4.1.2。软件包括管理软件和控制软件两大类。管理软件由零件程序的输入输出程序、显示程序和诊断程序等组成。控制软件由译码程序、刀具补偿计算程序、速度控制程序、插补运算程序和位置控制程序等组成。数控软件是一种用于机床实时控制的特殊的操作系统。

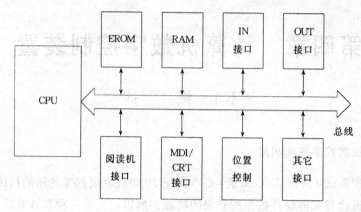

图4.1.2 CNC装置硬件组成

硬件结构中,中央处理单元(CPU)实施对整个系统的运算、控制和管理。存储器用于储存系统软件和零件加工程序,以及运算的中间结果等。输入输出接口用来交换数控装置和外部的信息。MDI/CRT接口完成手动数据输入和将信息显示在CRT上。位置控制部分是CNC装置的一个重要组成部分,它包括对主轴驱动的控制,以便完成速度控制,通过伺服系统提供功率、扭矩的输出,还包括对进给坐标的控制,以便完成位置控制,通过伺服系统提供恒扭矩。硬件结构中还有许多和数控功能有关的结构。

三、CNC装置是怎样工作的

CNC装置以存储程序方式工作,它的工作是在硬件支持下,执行软件的全过程。下面从几方面简要说明CNC装置的工作情况。

(一)输入

输入CNC装置的有零件程序、控制参数和补偿数据。输入的方式有阅读机纸带输入、键盘手动输入、磁盘输入、光盘输入、通讯接口输入(串口)以及连接上级计算机的DNC(直接数控)接口输入。CNC装置在输入过程中还要完成校验和代码转换等工作。输入的全部信息都放到CNC装置的内部存储器中。

(二)译码

在输入的零件加工程序中,含有零件的轮廓信息(线型、起终点坐标)、加工速度(F代码)和其它的辅助信息(M.S.T代码等)。CNC装置按一个程序段为单位,根据一定的语言规则解释成计算机能够识别的数据形式,并以一定的数据格式存放在指定的内储专用区间。在译码过程中,还要完成对程序段的语法检查等工作,发现错误立即报警。

(三)数据处理

数据处理包括刀具补偿,速度计算以及辅助功能的处理等。

刀具补偿分刀具长度补偿和刀具半径补偿两种。通常CNC装置的零件程序是以零件轮廓轨迹来编程。刀具补偿的作用是把零件轮廓轨迹转换成刀具中心轨迹。现代的CNC装置中，刀具补偿工作还包括程序段之间的自动转接和过切削判断。

速度计算是按编程所给的合成进给速度计算出各坐标轴运动方向的分速度。另外对机床允许的最低速度和最高速度的限制进行判别并处理。在有些CNC装置中，软件的自动加减速也是在这里处理。

辅助功能如换刀、主轴启停、冷却液开停等大部分都是些开关量信号，这里主要工作是识别、存储设标志，在程序执行时发出信号，让机床相应部件执行这些动作。

（四）插补

插补的任务是通过插补计算程序在一条已知起点和终点的曲线上进行"数据点的密化"。插补程序在每个插补周期运行一次，在每个插补周期内，根据指令进给速度计算出一个微小的直线数据段。通常经过若干个插补周期后，插补加工完一个程序段，即完成从程序段起点到终点的"数据密化"工作。具体方法是，在一个插补周期内，计算出一个微小数据段的各坐标分量（如 Δx、Δy），经过若干插补周期，可以计算出从起点到终点之间的若干个微小直线数据段。每个插补周期所计算出的微小直线段都应足够小，以保证轨迹精度。

目前一般CNC装置中，仅能对直线、圆弧和螺旋线进行插补计算。在一些专用的或较高档的CNC装置中还能完成对椭圆、抛物线、正弦线和一些专用曲线的插补计算。

插补计算实时性很强，要尽量缩短一次插补运算的时间，以便更好地处理其它工作，并使进给的最大速度得以提高。

（五）位置控制

位置控制可以由软件来实现，也可以由硬件完成。它的主要任务是在每个采样周期内，将插补计算的理论位置与实际反馈位置相比较，用其差值去控制进给电机。在位置控制中，还要完成位置回路的增益调整、各坐标方向的螺距误差补偿和反向间隙补偿，以提高机床的定位精度。

（六）I/O处理

I/O处理主要是处理CNC装置与机床之间的强电信号的输入、输出和控制。

（七）显示

CNC装置的显示主要是为操作者提供方便，通常有：零件程序的显示、参数显示、刀具位置显示、机床状态显示、报警显示等。高档CNC装置中还有刀具加工轨迹的静、动态图形显示，以及在线编程时的图形显示等。

（八）诊断

现代CNC装置都具有联机和脱机诊断能力。联机诊断是指CNC装置中的自诊断程序，这种自诊断程序融合在各个部分，随时检查不正常的事件。脱机诊断是指系统不工作，但在运转条件下的诊断，一般CNC装置配备有各种脱机诊断程序纸带，以检查存储器、外围设备、I/O接口等。脱机诊断还可以采用远程通讯方式进行，即把用户的CNC装置通过电话线与远程通讯诊断中心的计算机相连，由诊断中心计算机对CNC装置进行诊断、故障定位和修复。

四、CNC 装置的功能

CNC 装置采用了微处理器、微型计算机，通过软件可以实现很多功能。数控装置有多种系列，性能各异，选用时要仔细考虑其功能。数控装置的功能通常包括基本功能和选择功能。基本功能是数控系统必备的功能，选择功能是供用户根据机床特点和用途进行选择的功能。CNC 装置的功能主要反映在准备功能 G 指令代码和辅助功能 M 指令代码上。根据数控机床的类型、用途、档次的高低，CNC 装置的功能有很大的不同，下面介绍其主要功能。

（一）控制轴数和联动轴数

CNC 装置能控制的轴数以及能同时控制（即联动）的轴数是主要性能之一。控制轴有移动轴和回转轴，有基本轴和附加轴。联动轴可以完成轮廓轨迹加工。一般数控车床只需二轴控制二轴联动，一般铣床需要三轴控制，$2\frac{1}{2}$ 轴联动，一般加工中心为三轴联动，多轴控制。控制轴数越多，特别是同时控制轴数越多，CNC 装置的功能越强，同时 CNC 装置就越复杂，编制程序也越困难。

（二）点位与连续移动功能

点位移动系统用于定位式的加工机床，如钻床、冲床；连续（或称轮廓）系统用于刀具轨迹连续形式的加工机床，如车床、铣床、复杂型面的加工中心等。连续控制系统必须有两个以上进给坐标具有联动功能。

（三）程编单位与坐标移动分辨率

多数系统程编单位与坐标移动分辨率一致。对于直线移动坐标，大部分系统为 0.001mm；近几年开发的系统，可达 $0.1\mu m$。对于回转坐标，大部分系统为 0.001 度。有的系统允许程编单位与坐标移动分辨率不一致。

（四）最大指令值

这是各种指令允许的最大输入值。使用时需要根据机床的实际情况，在允许范围内使用。

（五）插补功能

CNC 装置通过软件进行插补，特别是数据采样插补是当前的主要方法。插补计算实时性很强，现在有采用高速微处理器的一级插补，以及粗插补和精插补分开的二级插补。

一般数控装置都有直线和圆弧插补，高档数控装置还具有抛物线插补、螺旋线插补、极坐标插补、正弦插补、样条插补等。

（六）固定循环加工功能

用数控机床加工零件，一些典型的加工工序，如钻孔、攻丝、镗孔、深孔钻削、切螺纹等，所需完成的动作循环十分典型，将这些典型动作预先编好程序并存储在内存中，用 G 代码进行指令，这就形成了固定循环指令。使用固定循环指令可以简化编程。

固定循环加工指令有钻孔、镗孔、攻丝循环；车削、铣削循环；复合加工循环；车螺纹循环等。

（七）进给功能

进给功能用F直接指令各轴的进给速度。

1. 切削进给速度　一般进给量为1mm/min～24m/min。在选用系统时，该指标应和坐标轴移动的分辨率结合起来考虑，如24m/min的速度是在分辨率为1μm时达到的。FANUC-15系统分辨率为1μm时，进给速度可达100m/min；分辨率为0.1μm时，进给速度为24m/min。

2. 同步进给速度　为主轴每转时进给轴的进给量，单位为mm/rpm。只有主轴上装有位置编码器（一般为脉冲编码器）的机床才能指令同步进给速度。

3. 快速进给速度　一般为进给速度的最高速度，它通过参数设定，用G00指令快速。还可通过操作面板上的快速倍率开关分档。

4. 进给倍率　操作面板上设置了进给倍率开关，倍率可在0％～200％之间变化，每档间隔10％。使用倍率开关不用修改程序就可以改变进给速度。

（八）主轴速度功能

1. 主轴转速的编码方式　一般用S2位数和S4位数表示，单位为r/min或mm/min。

2. 恒定线速度　该功能对保证车床或磨床加工工件端面质量很有意义。

3. 主轴定向准停　该功能使主轴在径向的某一位置准确停止，有自动换刀功能的机床必须选取有这一功能的CNC装置。

（九）刀具功能

这项功能包括能选取的刀具数量和种类；刀具的编码方式；自动换刀的方式，即固定刀位换刀还是随机换刀。

（十）补偿功能

1. 刀具长度、刀具半径补偿和刀尖圆弧的补偿。这些功能可以补偿刀具磨损以及换刀时对准正确位置。

2. 工艺量的补偿。包括坐标轴的反向间隙补偿；进给传动件的传动误差补偿，如丝杠螺距补偿，进给齿条齿距误差补偿；机件的温度变形补偿等。

（十一）其它的准备功能（G代码）

上面介绍过的插补功能、固定循环和刀具长度、半径补偿等都属于准备功能。实际上和加工、运算、控制有关的准备功能很多，如程序暂停、平面选择、坐标设定、基准点返回、米英制转换、软件限位，等等。

（十二）辅助功能（M代码）

辅助功能是数控加工中不可缺少的辅助操作，可能有M00～M99一百种。各种型号的数控装置具有辅助功能多少差别很大，而且有许多是自定义的。常用的辅助功能有程序停，主轴启、停、转向，冷却泵的接通和断开，刀库的起、停等。

（十三）字符图形显示功能

CNC装置可配置9英寸单色或14英寸彩色CRT，通过软件和接口实现字符和图形显示。可以显示程序、参数、各种补偿量、坐标位置、故障信息、人机对话编程菜单、零件图形、动态刀具轨迹等。

（十四）程序编制功能

1. 手工编程　用键盘按零件图纸，遵循系统的指令规则打入零件程序。此时机床不能加工，因而耗费机时，只适用于简单零件。较先进的系统则采用符号提示，人机对话和利用参数化编程法，可提高编程效率。

2. 背景（后台）编程　后台编程也叫在线编程，程序编制方法同上，但可在机床加工过程中进行，因此不占机时。这种CNC装置中内部有专用于编程的CPU。

3. 自动编程　CNC装置内有自动编程语言系统，由专门的CPU来管理编程。如FANUC的符号自动编程语言系统FAPT可用于FANUC-11 CNC装置，Olivetti的GTL语言用于AB公司的8600 CNC装置。当然，这种编程方法也可在背景状态下实现。

此外，有的CNC装置具有蓝图直接编程功能。有的CNC装置备有用户宏程序及订货时确定的用户宏程序。用户宏程序是用户根据CNC装置提供的一套编程语言——宏程序编程指令自己编写的一些特殊加工子程序，使用时由零件主程序调入，可以重复使用。宏程序编程指令与零件编程指令不同，更接近于机器执行的汇编语言指令，所以执行较快。这是用户参与CNC装置控制程序设计的一个窗口。近期开发的CNC装置都为用户提供了这一功能。

（十五）输入、输出和通讯功能

一般的CNC装置可以接多种输入、输出外设，实现程序和参数的输入、输出和存储。在没有背景编程和机内计算机辅助编程的情况下，为了节省机时，采取外部编程。其程序存储介质为纸带、磁带和软磁盘。因此常用的外设是纸带阅读机、纸带穿孔机、盒式磁带机、软磁盘驱动器。为了能打印出程序，可以接电传打字机。这些设备多数为串行方式传送信息，所以通常与CNC装置的RS-232C接口连接。

由于DNC和FMS等的要求，CNC装置必须能够和主机（加工单元计算机或加工系统的控制计算机）通讯，以便能和物料运输系统或搬运、装卡机器人的控制系统通讯。能够用于DNC和FMS的CNC装置，主要有FANUC10、11、12、15以上系统，西门子850、880以上等系统，AB公司的8600以上等系统，PHILIPS公司的3460系统，辛辛那提公司的950系统等。

有的CNC装置有功能更强的通讯功能，可以与MAP（制造自动化协议）相连，接入工厂的通讯网络，适应FMS、CIMS的要求。

（十六）自诊断功能

CNC装置中设置了各种诊断程序，可以防止故障的发生或扩大。在故障出现后可迅速查明故障类型及部位，减小故障停机时间。

不同的CNC装置设置的诊断程序不同，可以包含在系统程序中，在系统运行过程中进行检查和诊断。也可作为服务性程序，在系统运行前或故障停机后进行诊断，查找故障部位。有的 CNC 装置可以进行远程通讯诊断。

总之，CNC 数控装置的功能多种多样，而且随着技术的发展，功能越来越丰富。

五、CNC 装置的特点

1. 灵活性大

与硬逻辑数控装置相比，灵活性是 CNC 装置的主要特点，只要改变软件，就可以改变和扩展其功能，补充新技术。这就延长了硬件结构的使用期限。

2. 通用性强

在 CNC 装置中，硬件有多种通用的模块化结构，而且易于扩展，主要依靠软件变化来满足机床的各种不同要求。接口电路标准化，给机床厂和用户带来方便。这样用一种 CNC 装置就能满足多种数控机床的要求，对培训和学习也十分方便。

3. 可靠性高

CNC 装置的零件程序在加工前一次送入存储器，并经过检查后方可被调用，这就避免了在加工过程中由纸带输入机的故障产生的停机现象。许多功能由软件实现，硬件结构大大简化，特别是采用大规模和超大规模通用和专用集成电路，使可靠性得到很大提高。

4. 可以实现丰富的复杂的功能

CNC 装置利用计算机的高度计算能力，实现许多复杂的数控功能，如高次曲线插补，动静态图形显示，多种补偿功能，数字伺服控制功能等。

5. 使用维修方便

CNC 装置的诊断程序使维修非常方便。CNC 装置有对话编程、蓝图编程、自动在线编程，使编程工作简单方便。而且编好的程序可以显示，通过空运行，将刀具轨迹显示出来，检查程序是否正确。这些都表现了较好的使用性。

6. 易于实现机电一体化

由于半导体集成电路技术的发展及先进的制造安装技术的采用，使 CNC 装置硬结构尺寸大为缩小，非常紧凑，与机床结合为一体。占地面积小，操作方便。由于通讯功能的增强，容易组成数控加工自动线，如 FMC、FMS、DNC 和 CIMS 等。

§4.2 计算机数控装置的硬件结构

从 1974 年微处理机问世以来，以微处理机为基础的微型计算机数控（MNC）取代了小型计算机数控。现在生产和新研制的数控机床大都采用微型计算机数控装置，现在所说的 CNC 装置就是指 MNC 装置。CNC 装置从功能水平来分类有低、中、高三类；从价格、功能、使用等综合指标考虑可以分为经济型数控装置和标准型（全功能型）数控装置；从硬件结构上一般分为单微处理机和多微处理机结构两大类。随着机械制造技术的发展，对数控机床提出复杂功能、高进给速度和高加工精度要求，以适应 FMS、CIMS 等更高层次的要求。因此，多微处理机结构得到迅速发展，它代表了当今数控系统的新水平。

一、单微处理机数控装置的结构

单微处理机数控装置以一个中央处理器（CPU）为核心，CPU通过总线与存储器以及各种接口相连结，采取集中控制，分时处理的工作方式，完成数控加工中各个任务。有的CNC装置虽然有两个以上的微处理机（如做浮点运算的协处理器，以及管理键盘的CPU等），但其中只有一个微处理器能控制总线，其它的CPU只是辅属的专用智能部件，不能控制总线，不能访问主存储器。它们组成主从结构，故被归类为单微处理机结构中。图4.2.1为单微处理机数控装置结构框图（虚线以上部分）。

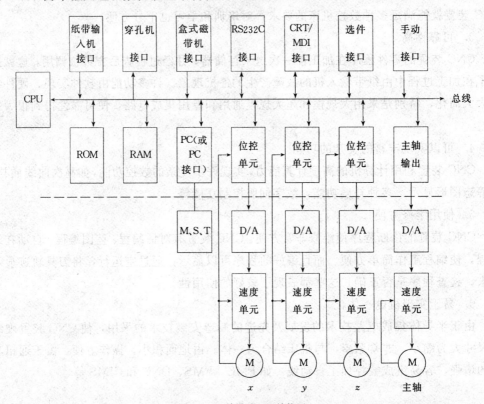

图4.2.1 单微处理机结构图

单微处理机结构中包括了微型计算机系统的基本结构：微处理器和总线、I/O接口、存储器、串行接口和CRT/MDI接口等；还包括了数控技术中的控制单元部件和接口电路，如位置控制单元、可编程控制器PC、主轴控制单元、手动输入接口、穿孔机和纸带阅读机接口，以及其它选件接口等。下面介绍其主要组成部分。

（一）微处理机和总线

微处理机主要完成控制和运算两方面的任务。控制功能主要包括：内部控制、对零件加工程序输入、输出的控制，对机床加工现场状态信息的记忆控制；内部控制功能，用于保持CNC装置内各功能部件的动作以及各部件间的协调；输入、输出控制，用于保持对外联系和机床的控制状态信息输入和输出。

运算任务是完成一系列的数据处理工作：译码、刀补计算、运动轨迹计算、插补计算和位置控制的给定值与反馈值的比较运算等。

CNC数控装置中常用的微处理器有8位、16位和32位CPU，如Intel公司的8085、8086、80186、80286、80386、80486；Motorola公司的6800、68000、68010、68020、68030、68040；Zilog公司的Z80、Z8000、Z80000等。选用CPU时，要根据实时控制、数据宽度、寻址能力和运算速度几方面考虑。现在以16位、32位乃至64位CPU为主要对象。

总线是CPU与各组成部件、接口等之间的信息公共传输线，包括控制、地址和数据三总线。传输信息的高速度和多任务性，使总线结构和标准也在不断发展。

（二）存储器

CNC装置中的存储器包括只读存储器（ROM）和随机存储器（RAM）两类。系统程序存放在只读存储器EPROM中，由生产厂家固化。即使断电，程序也不会丢失。程序只能被CPU读出，不能写入。必要时经擦除后，再重写。

运算的中间结果，需显示的数据，运行中的状态、标志信息等存放在随机存储器RAM中。它可以随时读出和写入，断电后，信息就消失。

加工的零件程序、机床参数、刀具参数存放在有后备电池的CMOS RAM中，或者存在磁泡存储器中，这些信息在这种存储器中能被随机读出，还可以根据操作需要写入或修改，断电后，信息仍保留。图4.2.2为CMOS RAM存储器框图。

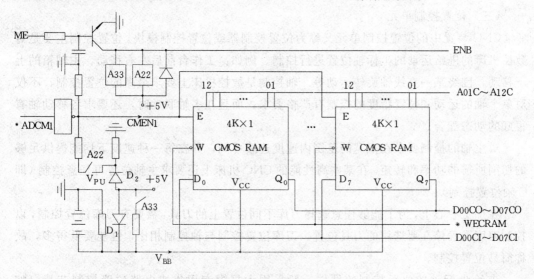

图4.2.2　CMOS RAM存储器框图

CMOS RAM存储器读写原理与计算机RAM存储器相同。图中A01C～A12C为地址线，D00CI～D07CI为输入数据线，D00CO～D07CO为输出数据线。*WECRAM为读写（负信号极性）控制信号，与芯片的W脚相连。芯片的E脚为选通或使能允许端，它与选通允许信号 CMEN1 相连。ENB 为其它使用（如去伺服）允许信号。这里主要介绍后备电池如何保存信息。

后备电池维持电路见图 4.2.2 中左边电路图。在正常供电时，由 +5V 电源经一只二极管 D_1 将电压 V_{BB} 加到 CMOS RAM 芯片电源引脚，向 CMOS RAM 供电，同时对干电池充电。这时微型继电器 A33、A22 的线圈通电，其触点闭合接通，V_{PU} 电压和非门的上拉电阻接通，使译码信号 *ADCM1 变反形成 CMOS RAM 芯片选通信号。

当电源停电时，改由干电池供电维持 CMOS RAM 的信息。此时，微型继电器 A33、A22 线圈断电，V_{PU} 电压和非门输出上拉电阻断开，则 0 电压通过下拉电阻加到非门输出端，使非门输出为"0"，即 CMEN1 信号为 0，CMOS RAM 不选通，停止读写工作。

磁泡存储器是一种非易失性存储器，可以写入和读出。磁泡是在单晶的强磁场薄膜上外加垂直磁场的作用，产生直径很小（微米数量级）的圆柱形磁畴，这种圆柱形磁畴的"有""无"表示二进制信息。磁泡在外加水平磁场控制下，可以在薄膜中移动。如果在薄膜中制出各种电磁通路图形，通以各种功能的脉冲电流，控制磁泡的产生、传输、存储、检测和消除，就构成磁泡存储器。

写入时控制磁泡的发生，并沿写入通道向前移动写入的数据，再控制磁泡的转入，实现信息写入。写入后的磁泡由于旋转磁场的作用，在封闭的存储环中不断地循环移动，若旋转磁场移动停止，磁泡也停止移动。由于偏磁场是永磁体产生的，因此断电时磁泡仍存在，信息并不丢失，从而实现非易失性的存储。控制磁泡的复制，并沿读出通道传至检测器，便实现了信息的非破坏性读出。控制磁泡的缩灭，可实现信息的清除。

（三）位置控制单元

CNC 装置中的位置控制单元又称为位置控制器或位置控制模块。位置控制主要是对数控机床的进给运动的坐标轴位置进行控制。例如：工作台前后左右移动、主轴箱的上下移动，围绕某一直线轴旋转运动等。轴控制是数控机床上要求最高的位置控制，不仅对单个轴的运动和位置精度的控制有严格要求，而且在多轴联动时，还要求各移动轴有很好的动态配合。

对主轴的控制要求在很宽的范围内速度连续可调，并在每一种速度下均能提供足够的切削所需的功率和转矩。在某些高性能的 CNC 机床上还要求主轴位置可任意控制（即 C 轴位置控制）。

在加工中心上，为了能够任意选择刀库不同位置上的刀具，需要有刀库位置控制，以控制刀库准确停在要选用的刀具位置。刀库位置控制与轴控制相比，性能要低得多，故称简易位置控制。

进给坐标轴的位置控制的硬件一般采用大规模专用集成电路位置控制芯片（如 FANUC 公司的 MB8720、MB8739、MB87103 等）和位置控制模板等。

1. 位置控制芯片

位置控制芯片 MB8739 的结构如图 4.2.3，CPU 输出的位置指令，经过芯片 MB8739 处理后，送往 D/A 变换，再经过速度控制单元以控制电机运动。电机的轴上装有光电脉

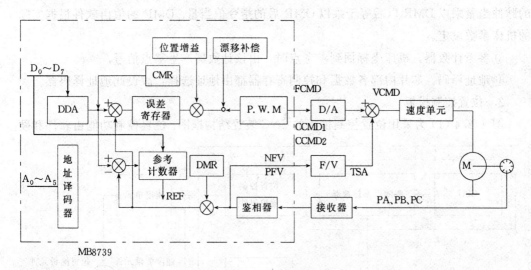

图4.2.3 位置控制芯片

冲发生器,随着电机转动产生系列脉冲。该脉冲经接收器后反馈到 MB8739,然后将其分为两路,一路作为位置量的反馈,一路经频率/电压(F/V)变换,作为速度量的反馈信号送往速度控制单元。

位置控制芯片 MB8739 是 FANUC 公司专门设计的,它包括位置测量与反馈的全部线路,集成度非常高,其结构主要包括以下几部分:

①DDA 插补器。该插补器作粗精二级插补结构的第二级插补——细插补,它的输入是第一级软件插补一个插补周期的信息。

②CMR。这是指令值倍乘比,其作用是将指令值乘以一个比例系数。因为程编的指令单位与实际机床移动单位可能不一致,所以需用 CMR 和 DMR(见下述)进行调整,使其一致,以便进行比较。

③误差寄存器。实现指令位置与实际位置的比较,并寄存比较后的误差(实际上是多位可逆计数器)。指令值来自 DDA 插补器,反馈值来自鉴相器。

④位置增益控制。对上述误差乘以一定的比例系数,这是为了调整整个位置伺服系统的开环增益 K_V。K_V 是由软件根据实际系统的要求设定的。

⑤误差的脉宽调制 P.W.M。误差被调制成某一固定频率,且宽度与误差值成正比的矩形脉冲波,经 PWM 后,输出粗误差指令:CCMD1 和 CCMD2 和精误差指令 FCMD。

⑥漂移补偿控制。伺服系统中经常受到漂移的干扰。即在无位置指令输出时,坐标轴可能出现移动,从而影响机床的精度。漂移补偿控制的作用是当漂移到某一程度时(可用软件参数设定),自动予以补偿。

⑦鉴相器。该线路用来处理脉冲编码器的反馈信号。从接收器输出的两组相位差 90°的脉冲信号,经该线路变为能表示运动方向的一系列脉冲。该线路包括辨向与倍频线路。

⑧DMR。它是实际值的倍乘比,其目的是与滚珠丝杠的螺距相匹配,使实际位移值

的脉冲当量乘以 DMR 以后等于乘以 CMR 后的指令值当量。DMR 的值由软件根据实际的机床参数设定。

⑨参考计数器。机床坐标回到参考点时,由该计数器产生零点信号。

⑩地址译码。芯片内部各数据和控制寄存器都由地址选择,故设此地址译码器。

2. 位置控制模板

图 4.2.4(1)为采用位置控制模板的 CNC 装置结构框图。位置控制功能由软件和硬

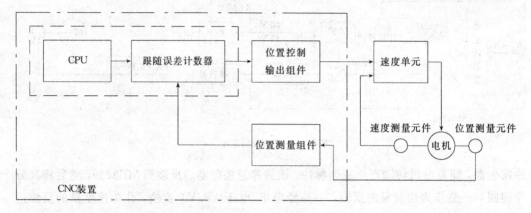

图4.2.4(1) 位置控制模板

件两部分共同实现,软件负责跟随误差和进给速度指令数值的计算。硬件由位置控制输出模板和位置测量模板组成,接收进给指令,进行 D/A 变换,为速度单元提供命令电压;同时位置反馈信号被处理,去"跟随误差计数器"与指令值进行比较。

位置控制输出模板由五个环节组成:缓冲寄存器;二进制计数器;数值检出器;方向控制;比较放大器。该模板结构如图 4.2.4(2)所示。

缓冲寄存器由四组 D 型触发器组成,每组有四个 D 型触发器,四组共 16 个,存放表示跟随误差的十六位二进制数的每一位。每一个采样周期,在地址译码信号、数据输出请求的输入信号、数据选通输入信号(均为低电平有效)同时有效时,发出一个采样脉冲。利用采样脉冲的后沿,将数据总线上数据和符号,读入到缓冲寄存器中。

二进制计数器由四组二进制计数器组成,并接成加法计数形式。缓冲寄存器存有跟随误差数值后,经一定的延时,在 D/A 传送信号和计数时钟同步后产生置入脉冲信号,将数据置入二进制计数器中。置入计数器的数据有 15 位表示数值($\overline{BIT0}\sim\overline{BIT14}$),一位表示符号($\overline{BIT15}$)。当符号位为高电平时,表示数值为负,反之为正。数据置入以后,马上开始加法计数。由于数据是以反码形式传送的,因此,当计数器全 1(有效位)时,所需要的脉冲数恰好等于跟随误差的数值。

本系统采用了有效位 12 位用来计数,即用了$\overline{BIT0}\sim\overline{BIT11}$进行计数,$\overline{BIT12}$、$\overline{BIT13}$、$\overline{BIT14}$和$\overline{BIT11}$由"1"变"0"产生的进位信号 CO_3 用于控制,它们和置入脉冲一起接入到与非门 1 的输入端。通过与非门 2 再接到数值鉴别触发器 D 端。当 CO_3 和$\overline{BIT12}$、$\overline{BIT13}$、$\overline{BIT14}$中只要有一个是低电位,而置入脉冲为高电平时,数值鉴别触发器 D 端就

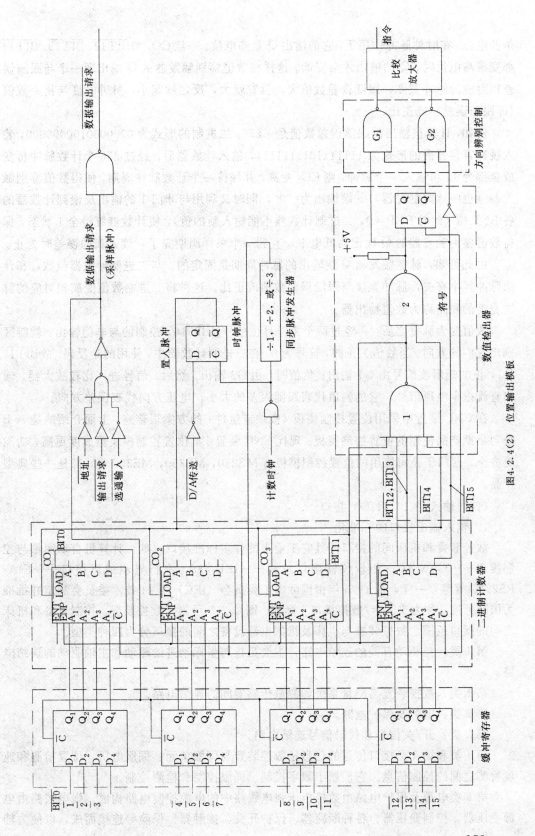

图4.2.4(2) 位置输出模板

是低电位,在时钟脉冲作用下,它的输出 Q 是高电位。一旦 CO_3 和 $\overline{BIT12}$、$\overline{BIT13}$、$\overline{BIT14}$ 都变成高电位时,$\overline{Q}$ 的输出才会变低。这样在数值鉴别触发器的 $\overline{Q}$ 端出现一个与跟随误差相对应的脉冲宽度,跟随误差数值大,脉宽就大,反之脉宽小,脉冲宽度与指令数值(即跟随误差)成正比。

例如,计算机输出的跟随误差数值是 +256,二进制的形式为 0000000100000000,装入缓冲寄存器后的形式为 1111111011111111,输入计数器后,经过 256 个计数脉冲将变成全部为 1,再输入一个脉冲,则 CO_3 变高,并保持一个计数脉冲周期,使得数值鉴别触发器(也叫脉宽触发器)$\overline{Q}$ 端输出为"0",同时又利用与非门 1 的输出反馈到计数器的各 ENP 端(此时 ENP=0,二进制计数器不能输入新的值),使计数器维持全 1 状态,保持数值鉴别触发器的 $\overline{Q}$ 输出为低电平,直到一个采样周期完了,读入新的误差时为止。

由此可知,脉宽触发器 $\overline{Q}$ 端输出的脉冲周期是固定的,与二进制计数器位数,和计数脉冲频率有关,脉冲宽度与跟随误差数值成正比。这种将二进制数值变成相对应的脉冲宽度的线路称为数值检出器。

数值变为脉宽之后,再经过两个由符号位信号($\overline{BIT15}$)控制的与非门输出,就能区别出它们的方向。当数值为正时,符号为 0,在二进制计数器中,使用的是反码,故 $\overline{BIT15}$=1,正的矩形波信号由 G1 输出;负值时,由 G2 输出。然后,信号进入比较放大器,输出直流指令电压信号,它的幅值代表跟随误差的大小,电压方向代表误差方向。

在 CNC 装置中采用位置控制模板(模块或组件)的方案很普遍,上面介绍的是 A-B 公司早期产品使用的位置控制模板。现代 CNC 装置中,位置控制模块集成度更高,功能更齐全。西门子公司使用的位置控制模板有 MS230,MS250,MS300 等,都是一些典型产品。

(四)输入/输出(I/O)接口

1. 输入输出接口的标准化

数控装置和机床间的接口同其它工业上的许多标准接口(如:计算机自动测量与控制接口——CAMAC,测量仪器接口总线——IEE-488,串行异步通讯接口——EIA-RS232C 等等)一样,于 1975 年由国际电工委员会(IEC)第 44 技术委员会制定并批准为国际标准,称为"机床/数控接口"标准。图 4.2.5 示出了数控装置、控制设备和机床之间的接口范围。数控装置与机床及机床电器设备之间的接口分为四种类型。

第Ⅰ类:与驱动有关的连结电路,主要是指与坐标轴进给驱动和主轴驱动的连结电路。

第Ⅱ类:数控装置与测量系统和测量传感器间的连结电路。

第Ⅲ类:电源及保护电路。

第Ⅳ类:开/关信号和代码信号连结电路。

第Ⅰ类和第Ⅱ类接口传送的信息是数控装置与伺服单元、伺服电机、位置检测和速度检测之间的控制信息。它们属于数字控制、伺服控制和检测控制。

第Ⅲ类电源及保护电路由数控机床强电线路中的电源控制电路构成。强电线路由电源变压器、控制变压器、各种断路器、保护开关、接触器、保险等连接而成,以便为辅

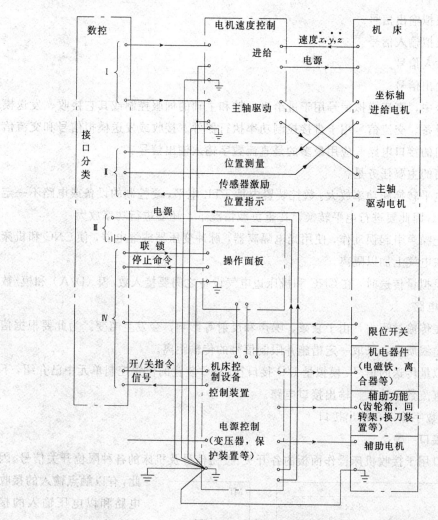

图 4.2.5 CNC装置,控制设备和机床之间连结

助交流电机(如风扇电机、冷却泵电机等)、电磁铁、离合器、电磁阀等功率执行元件供电。强电线路不能与低压下工作的控制电路或弱电线路直接连接。只能通过断路器、热动开关、中间继电器等器件转换成在直流低电压下工作的触点的开合动作,才能成为继电器逻辑电路、PC(可编程控制器)可以接受的电信号。反之亦然。

第Ⅳ类开/关信号和代码信号是数控装置与外部传送的输入、输出控制信号。当数控机床不带 PC 时,这些信号直接在数控装置和机床间传送。当数控机床带有 PC 时,这些信号除极少的高速信号外,均通过 PC 传送。

2. 输入、输出信号的分类及接口电路的任务

对 CNC 装置来说,由机床(MT)向 CNC 传送的信号称为输入信号;由 CNC 向 MT 传送的信号称为输出信号。输入、输出信号的主要类型有:

① 直流数字输入信号。

② 直流数字输出信号。

③直流模拟输出信号。
④直流模拟输入信号。
⑤交流输入信号。
⑥交流输出信号。

这些信号中，直流模拟信号用于进给坐标轴和主轴的伺服控制或其它接收、发送模拟量信号的设备。交流信号用于直接控制功率执行器件。接收或发送模拟信号和交流信号需要有专门的接口电路。应用最多的是直流数字输入输出信号。

接口电路的主要任务是：

①进行电平转换和功率放大。数控装置内是 TTL 电平，要控制的设备或电路不一定是 TTL 电平。因此要进行电平转换，在重负载情况下，还要进行功率放大。

②为防止噪声引起误动作，使用光电隔离器，脉冲变压器或继电器，使 CNC 和机床之间的信号在电气上加以隔离。

③采用模拟量传送时，在 CNC 和机床边电气设备之间要接入数/模（D/A）和模/数（A/D）转换电路。

④信号在传输过程中，由于衰减、噪声和反射等影响，会发生畸变。为此要根据信号类别及传输线质量，采取一定措施并限制信号的传输距离。

直流模拟量传送的信号、模拟量 I/O 接口在 CNC 装置的位置控制单元中已介绍，下面主要介绍直流数字输入、输出接口电路。

3. 直流数字输入、输出接口

①输入接口

输入接口用于接收机床操作面板的各开关、按钮信号及机床的各种限位开关信号。因此，有以触点输入的接收电路和以电压输入的接收电路。

触点（接点）输入电路分为有源和无源两类，信号为无源触点的输入情况，见图 4.2.6（a）所示。这时 CNC 接口中有触点供电回路，信号使用双线。信号为有源的触点输入情况，如图 4.2.6（b）所示，信号使用单线。信号滤波常采用阻容滤波器，电平转换采用晶体三极管或光电隔离电平转换器。光电隔离器既有隔离信号防干扰的作用，又起到了电平转换的作用，在 CNC 接口电路中被大量使用。

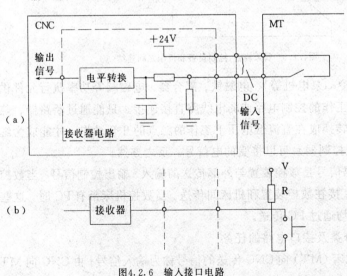

图 4.2.6　输入接口电路

触点输入电路中最大问题是防止接点抖动。只用滤波的方法不能根本解决问题，现在经常采用斯密特电路或 R-S 触发器来整形，如图 4.2.7 所示。

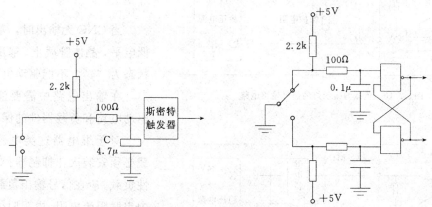

图4.2.7 触点抖动消除电路

以电压输入的接收电路见图 4.2.8。

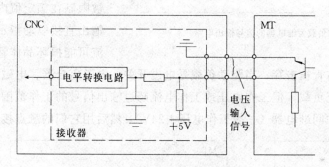

图4.2.8 电压输入接口电路

②输出接口

输出接口是将机床各种工作状态送到机床操作面板上用灯显示出来，把控制机床动

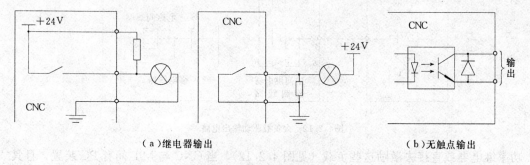

（a）继电器输出　　　　　　　　　　　（b）无触点输出

图4.2.9 输出接口电路

作的信号送到强电箱。因此，有继电器输出电路和无触点输出电路（图 4.2.9）。

图 4.2.10 是负载为指示灯的典型信号输出电路；图 4.2.11 是负载为继电器线圈的典型信号输出电路。当 CNC 有信号输出时，基极为高电平，晶体管导通。此时输出状态

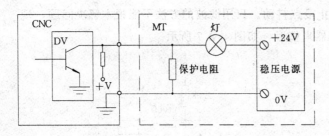

图4.2.10 负载为指示灯的信号输出电路

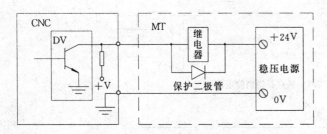

图4.2.11 负载为继电器的信号输出电路

为"0",电流流过指示灯或继电器线圈,使指示灯点亮或继电器动作。

当CNC无输出时,基极为低电平,晶体管截止,输出信号状态为"1",不能驱动负载。

在输出电路中需要注意对驱动电路和负载器件的保护。

对于继电器这类电感性负载必须安装火花抑制器;对于容性负载,应在信号输出负载线路中串联限流电阻。电阻阻值应确保负载承受的瞬时电流和电压被限制在额定值内;在用晶体管输出直接驱动指示灯时,冲击电流可能损坏晶体管。为此应设置保护电阻以防晶体管被击穿;当驱动负载是电磁开关、电磁离合器、电磁阀线圈等交流负载,或虽是直流负载,但工作电压或工作电流超过输出信号的工作范围时,应先用输出信号驱动小型中间继电器(一般工作电压+24V),然后用它们的触点接通强电线路的

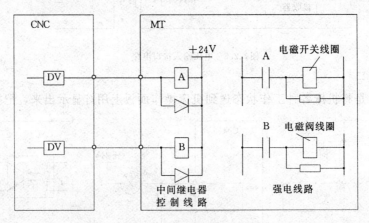

图4.2.12 大负载驱动输出电路

功率继电器或直接去激励这些负载(见图4.2.12)。当CNC与MT间有PC装置,且具有交流输入、输出信号接口,或有用于直流大负载驱动的专用接口时,输出信号就不必经中间继电器过渡,即可以直接驱动负载器件(这种方案最可靠安全)。

③直流数字输入、输出信号的传送

直流数字输入、输出信号即开/关量I/O信号,它们在CNC和机床之间传送通过接

口存储器进行。机床上各种I/O信号均在存储中占有某一位,该位的状态是二进制的"0"或"1",分别表示开、关或继电器处于"断开"、"接通"状态。CNC装置中的CPU定时从接口存储器回收状态,并由软件进行相应处理。同时又向接口输出各种控制命令,控制强电箱的动作。图4.2.13为一种I/O接口电路信号传送框图。

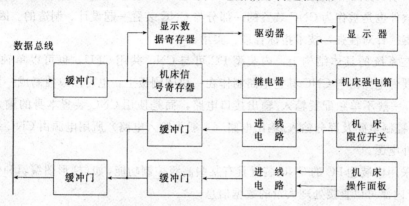

图4.2.13　I/O接口信号传送框图

(五) 可编程控制器 (PC)

现代数控机床使用PC (Programmable Controller) 替代传统的机床强电的继电器逻辑 (RLC——Relay Logic Circuit),利用PC的逻辑运算功能实现各种开关量控制。数控机床中的PC多采用内装式,因此,它已成为CNC装置的一个部件。

数控机床用PC可分为两类。一类是为实现数控机床顺序控制而专门设计制造的"内装型"PC。另一类是技术规范、功能和参数能满足数控机床要求的"独立型"PC。

"内装型"PC从属于CNC装置,PC与NC间的信号传送在CNC装置内部实现。PC与MT(机床)间则通过CNC输入/输出接口电路实现信号传送,如图4.2.14所示。

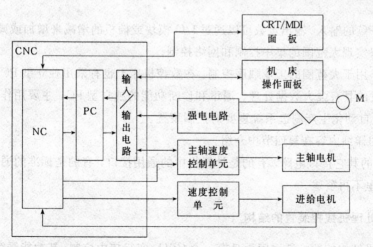

图4.2.14　有内装型PC的CNC机床系统

内装型PC有如下特性:

①内装型 PC 实际上是 CNC 装置带有的 PC 功能，一般是作为一种基本的或可选的功能提供给用户。

②内装型 PC 的性能指标（如：输入/输出点数、程序最大步数、每步执行时间、程序扫描周期、功能指令数目等）是根据从属的 CNC 系统及适用机床的类型等确定的。其硬件、软件也是被作为 CNC 装置的一部分与 CNC 装置一起设计、制造的。因此，整体结构紧凑，针对性强，技术指标合理、实用。

③在系统的具体结构上，内装型 PC 可与 CNC 共用 CPU，也可以单独使用一个 CPU；硬件电路可与 CNC 其它电路制作在一块印刷板上，也可以单独制成一块附加板；内装 PC 一般不单独配置输入/输出接口电路，而是使用 CNC 装置本身的输入/输出电路；PC 控制电路及部分输入/输出电路（一般为输入电路）所用电源由 CNC 装置提供，不设另外电源。

④采用内装型 PC 的 CNC 装置具有某些高级控制功能，如：梯形图编辑和传送功能；在 CNC 内部可以直接处理大量的数据信息。

"独立型"PC 又称"通用型"PC。"独立型"PC 不属于 CNC 装置，可以自己独立使用。它具有完备的硬件和软件结构。独立型 PC 有如下特点：

①具有完整的功能结构，CPU 及其控制电路，系统程序存储器，用户程序存储器，输入/输出接口电路，与编程机等外设通讯的接口和电源等。

②采用积木式模块化结构或笼式插板式结构，各功能模块做成独立的模块或印刷电路插板，具有易扩展、安装方便等优点。例如，可采用通讯模块与外部输入/输出设备、编程设备、上位机、下位机等进行数据交换；采用 D/A 模块可以对外部伺服装置直接进行控制；采用计数模块可以对加工工件数量、刀具使用次数、回转体回转分度数等进行检测和控制；采用定位模块可以直接对刀库、转台、直线运动轴等机械运动部件或装置进行控制。

③独立型 PC 的输入、输出点数可以通过 I/O 模块或插板的增减来增加或减少。有的独立型 PC 可以实现大范围的集中控制和网络控制。

独立型 PC 用于大范围的工业顺序控制。在数控机床上也有采用独立型 PC 的。专为 FMS、FA 开发的具有强大数据处理、通讯和诊断功能的独立型 PC，主要用作"单元控制器"，是现代自动化生产制造系统重要的控制装置。

关于 PC 的详细内容在第四节中介绍。

CNC 装置的其它接口电路，有的是计算机中的通用接口，有的是标准的通用设备或装置接口，这里不再赘述。

二、多微处理机数控装置的结构

单微处理机结构的数控装置因为只有一个 CPU，实行集中控制，其功能受微机字长、数据宽度、寻址能力和运算速度的限制。而且插补等功能由软件来实现，因此，数控功能的扩展和提高与处理速度成为一对突出的矛盾。

为此采取了许多办法：增加浮点协处理机；由硬件分担精插补；采用有 CPU 的 PC 和 CRT 智能部件等。这样在某些方面和局部解决了一些问题。从根本上提高 CNC 装置的功能，需要采用多微处理机结构。现代最新结构的 CNC 装置都是多微处理机结构的。

多微处理机结构中，有两个以上的 CPU 构成处理部件和各种功能模块，处理部件、功能模块之间采用紧耦合，有集中的操作系统，共享资源；或者各 CPU 构成独立部件，其间采用松耦合，有多层操作系统，有效地实行并行处理。

（一）多微处理机 CNC 装置的典型结构

CNC 装置的多 CPU 结构方案多种多样，它是随着计算机系统结构的发展而变化，多处理机互连方式有：总线互连；环型互连；交叉开关互连；多级开关互连和混洗交换互连等。多微处理机的 CNC 装置一般采用总线互连方式，典型的结构有共享总线型、共享存储器型以及它们的混合型结构。

1. 功能模块

多微处理机 CNC 装置的结构采用模块化技术，设计和制造了紧耦合的许多功能组件电路或功能模板。CNC 装置中包括哪些模块，可根据具体情况合理安排。一般由下面几种功能模块组成。

①CNC 管理模块　这是实现管理和组织整个 CNC 系统工作的功能模块，如系统的初始化、中断管理、总线仲裁、系统出错的识别和处理、系统软硬件的诊断等功能由该模块完成。

②CNC 插补模块　该模块完成零件程序的译码、刀具半径补偿、坐标位移量的计算和进给速度处理等插补前的预处理。然后进行插补计算，为各坐标轴提供位置给定值。

③PC 模块　零件程序中的开关功能和由机床来的信号等在这个模块中作逻辑处理，实现各功能和操作方式之间的连锁，机床电气设备的启、停，刀具交换，转台分度，工件数量和运转时间的计数等。

④位置控制模块　插补后的坐标位置给定值与位置检测器测得的位置实际值进行比较，进行自动加减速、回基准点、伺服系统滞后量的监视和漂移补偿，最后得到速度控制的模拟电压，去驱动进给电机。这些工作都由位置控制模块完成。

⑤操作控制数据输入、输出和显示模块　零件程序、参数和数据，各种操作命令的输入、输出、显示所需要的各种接口电路。

⑥存储器模块　该模块存放程序和数据，为主存储器。每个 CPU 控制模块中还有局部存储器。主存储器模块是各功能模块间数据传送的共享存储器。

随着 CNC 装置的功能和结构的不同，功能模块的划分和多少也不同。如果扩充功能，再增加相应的模块。

2. 共享总线结构

图 4.2.15 为 FANUC 15 系统的 CNC 装置（点划线部分）的结构。该 CNC 装置为多微处理机共享总线型结构。按照功能，将系统划分为若干功能模块。带有 CPU 的称为主模块，不带 CPU 的为从模块。根据不同的配置可以选用 7、9、11 和 13 个功能模块插

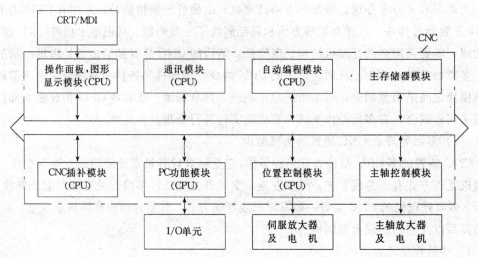

图4.2.15 多CPU共享总线结构框图(FS15系统)

件板。所有主从模块都插在配有总线（FANUC BUS）插座的机柜内，通过共享总线把各个模块有效地连接在一起，按照要求交换各种数据和信息，组成一个完整的多任务实时系统，实现CNC装置预定的功能。

FANUC 15 CNC装置的主CPU（基本CPU，图中未画，与插补模块做在一起）为68020（32位）。在可编程控制器、轴控制（进给坐标）、插补、图形控制、通讯及自动编程模板中都有各自的CPU。可构成最小至最大系统，可控制2根轴至15根轴。系统的总线采用了32位高速多主总线结构，信息传送速度很快。FANUC 15 CNC装置中带有"内装PC"，CNC与PC之间有很大的窗口。

在系统中只有主模块有权控制使用系统总线。由于某一时刻只能由一个主模块占有总线，设有总线仲裁器来解决多个主模块同时请求使用总线造成的竞争矛盾，每个主模块按其担负任务的重要程度，已预先排好优先级别的顺序。总线仲裁的目的，就是在它们争用总线时，判别出各模块的优先权高低。

总线仲裁有两种方式，串行方式和并行方式。

串行总线仲裁方式中，优先权的排列是按链接位置确定，见图4.2.16。某个主模块

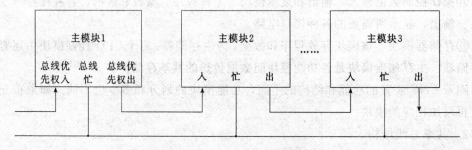

图4.2.16 串行总线仲裁连接方法

只有在前面优先权更高的主模块不占用总线时，才可使用总线，同时通知它后面的优先权较低的主模块不得使用总线。

并行总线裁决方式中,要配备专用逻辑电路来解决主模块的优先权问题,通常采用

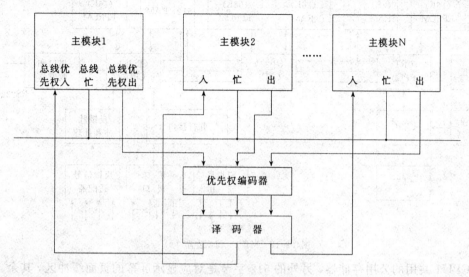

图 4.2.17 并行总线框图

优先权编码方案(见图 4.2.17)。这种结构的模块之间的通讯,主要依靠存储器来实现。大部分系统采用公共存储器方式,公共存储器直接插在系统总线上,有总线使用权的主模块都能访问。使用公共存储的通讯双方都要占用系统总线,可供任意两个主模块交换信息。

支持这种系统结构的总线有 STD bus(支持 8 位和 16 位字长),Multi bus(Ⅰ型支持 16 位字长,Ⅱ型支持 32 位字长),S-100 bus(可支持 16 位字长),VERSA bus(可支持 32 位字长)以及 VME bus(可支持 32 位字长)等。

共享总线结构方案的优点是系统配置灵活,结构简单,容易实现,造价低。不足之处是会引起"竞争",使信息传输率降低,总线一旦出现故障,会影响全局。

3. 共享存储器结构

图 4.2.18 所示为 GE 公司的 MTC1 数控装置的结构框图,这是一种共享存储器型结构。功能模块之间通过公用存储器连结耦合在一起,共有 3 个 CPU。

CPU1 为中央处理机,其任务是数控程序的编辑、译码、刀具和机床参数的输入。此外,作为主处理器,它还控制 CPU2 和 CPU3,并与之交换信息。CNC 的控制程序(系统程序)有 56K,存放在 EPROM 中,26K 的 RAM 存放零件程序和预处理信息和工作状态、标志。为与 CPU2 和 CPU3 交换信息,它们各有 512 字节的公用存储器,CPU1 可以与公用存储器交换信息。

CPU2 为 CRT 显示处理机,它的任务是根据 CPU1 的指令和显示数据,在显示缓冲区中组成一幅画面数据,通过 CRT 控制器、字符发生器和移位寄存器,将显示数据串行送到视频电路进行显示。此外,它还定时扫描键盘和倍率开关状态,并送 CPU1 进行处理。CPU2 有 16K EPROM,存放显示控制程序,还有 2K RAM 存储器,其中 512 字节

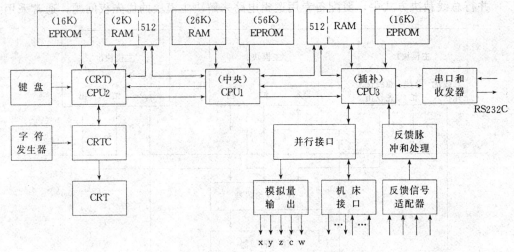

图4.2.18 MTC1 CNC装置

是与CPU1共用的公用存储器,另外的512字节是对应显示屏幕的页面缓冲区,其余1K字节用于数据、状态及开关编码等信息的存储。

CPU3为插补处理机。插补控制程序,存储在16K的EPROM存储器中,它完成的工作是插补运算、位置控制、机床输入/输出接口和RS232C接口控制。CPU3根据CPU1的命令及预处理结果,进行直线和圆弧插补。它定时回收各轴的实际位置,并根据插补运算结果,计算各轴的跟随误差,以得到速度指令值,经D/A转换输出模拟电压到各伺服单元。另外,CPU3通过它的512字节公用存储器向CPU1提供机床操作面板开关的状态,及所需显示的位置信息等。CPU3对RS232C接口定时接收外设送来的数据,并通过公用存储器转送到CPU1的零件存储器中;或从公用存储器将CPU1送来的数据,经RS232C接口送到外设。

MTC1数控装置中的公用存储器,是通过CPU1分别向CPU2或CPU3发送总线请求保持信号HOLD,才被占用的,此时CPU2或CPU3处于保持状态,CPU1与公用存储器进行信息交换。信息交换结束,CPU1撤消HOLD信号,CPU1释放公用存储器,CPU2和CPU3恢复对公用存储器的控制权。

CPU1对CPU2和CPU3的控制是通过中断实现的。三个CPU都分别设有若干级中断,CPU1的6.5级中断受CPU3的6.5级中断控制。在CPU3的6.5级中断结束时,发出CPU1的6.5级中断请求,而CPU3的6.5级中断是由定时器每10ms请求一次,这样CPU1与CPU3的信息交换就协调一致了。同样CPU2的5.5级中断每20ms来一次,它触发CPU1的7.5级中断,使CPU1与CPU3的通讯同步、协调。

4. 共享总线和共享存储器型结构

多微处理机CNC装置采用共享总线,又共享存储器的结构形式能较好地完成并行多任务实时处理的数控功能。图4.2.19所示为这种结构的框图,该结构是FANUC11 CNC装置的硬件结构。

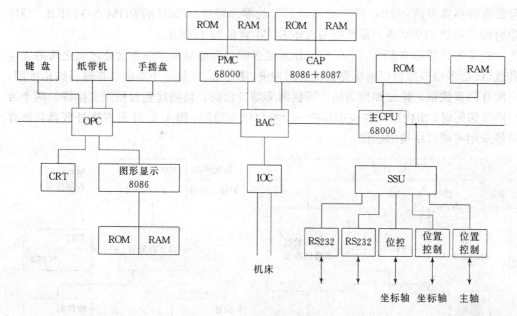

图4.2.19　FANUC 11 CNC装置

FANUC11 CNC装置是为柔性制造系统FMS所用数控机床设计的，除能实现多坐标控制外，还能实现在线（后台）自动编程、加工过程和程编零件的图形显示以及与主机的通讯等。系统有公用的存储器，各自的CPU还有自己的存储器。按功能，可划分基本的数控部分，会话式自动编程部分，CRT图形显示部分和可编程控制器PC（也叫PMC——可编程机床控制器）等。

功能模块包括如下部分：

①主处理单元，完成基本的数控任务及系统管理，主CPU为68000，16位处理器。

②图形显示单元。完成数控加工的图形显示（CPU为8086）和在线的人机对话自动编程（CPU为8086+8087）。

③总线仲裁控制器（BAC）。BAC的功能为：对请求总线使用权的CPU进行裁决，按优先级分配总线使用权，以及产生信号，使没有得到总线控制权的CPU处于等待状态。此外，BAC还具有位操作、并行DMA控制和串行DMA控制等特殊功能。

④接口S.S.U。这是系统支持单元，它是CNC装置与机床和机器人等设备的接口。功能部件有：位置控制芯片（MB87103），其输出接坐标轴的进给驱动装置和主轴驱动装置，位置控制芯片的输入为插补来的速度指令和位置测量元件的反馈信号；用于传送高速信号的高速I/O口；2ms的插补定时器。

⑤操作板控制器O.P.C。用于和各种操作外设相连。主要包括：键盘信号的接收和驱动；CRT的控制接口；手摇脉冲发生器接口；用于和纸带阅读机、穿孔机等外设相连的RS232C接口和20mA电流回路接口；操作开关和显示灯接口。

⑥输入输出控制器I.O.C。它接收和传送可编程控制器PMC和机床开关控制的按钮、限位开关、继电器等之间的信号。PMC的CPU为68000，16位微处理器。

⑦存储器。该系统有多种存储器，除主存储器外，各CPU都有各自的存储器。大容

量磁泡存储器可达 4MB，可存储 4km 纸带的零件程序。PMC 的 ROM 为 128KB。顺序逻辑程序可达 16000 步。系统控制程序 ROM 容量为 256KB。

共享存储器的多 CPU CNC 装置还采用多端口存储器来实现各微处理机之间的互连和通讯。由多端口控制逻辑电路解决访问冲突。图 4.2.20 是一个双端口存储器结构框图，它配有两套数据、地址和控制线，可供两个端口访问，访问优先权预先安排好。两个端口同时访问时，由内部硬件裁决其中一个端口优先访问。图 4.2.21 是多微处理器共享存储器采用多端口结构的框图。

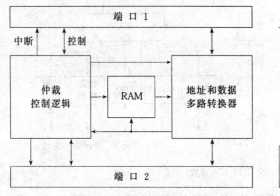

图4.2.20 双端口存储器框图　　　　图4.2.21 多CPU共享存储器框图

（二）多微处理机 CNC 装置结构的特点

1. 计算处理速度高　多微处理机结构中的每一个微处理机完成系统中指定的一部分功能，独立执行程序，并行运行，比单微处理机提高了计算处理速度。它适应多轴控制、高进给速度、高精度、高效率的数控要求。由于系统共享资源，性能价格比也较高。

2. 可靠性高　由于系统中每个微处理机分管各自的任务，形成若干模块。插件模块更换方便，可使故障对系统影响减到最小。共享资源省去了重复机构，不但降低造价，也提高了可靠性。

3. 有良好的适应性和扩展性　多微处理机的 CNC 装置大都采用模块化结构。可将微处理机、存储器、输入输出控制组成独立微计算机级的硬件模块，相应的软件也是模块结构，固化在硬件模块中。硬软件模块形成一个特定的功能单元，称为功能模块。功能模块间有明确定义的接口，接口是固定的，成为工厂标准或工业标准，彼此可以进行信息交换。于是可以积木式组成 CNC 装置，使设计简单，有良好的适应性和扩展性。

4. 硬件易于组织规模生产　一般硬件是通用的，容易配置，只要开发新的软件就可构成不同的 CNC 装置，便于组织规模生产，保证质量，形成批量。

三、点位直线控制的数控装置的结构

（一）点位直线控制的一般概念

点位/直线控制主要用于钻床、镗床、机能简单的车床上。随着数控技术的发展，全功能的数控机床已包含了点位/直线控制功能。特别是加工中心的发展，绝大多数单一功能的数控钻床、数控镗床已被加工中心取代。但有些以钻为主要工序的零件仍需应用数控钻床来加工。大多数钻床用点位控制，同时沿二轴或三轴移动可以减少定位时间。有时也采用直线控制，为的是进行平行于机床轴线的钻削加工。坐标钻床用作精密镗孔。

点位控制只控制刀具相对于工件定位，由某一定位点向下一定位点运动时不进行切削，对运动路径没有严格要求。

直线控制时刀具沿坐标轴方向运动，并对工件进行切削加工。在加工过程中不但要控制切削进给的速度，还要控制运动的终点。可见直线控制中也有点位控制功能。

点位控制系统对运动速度要求比较简单，要求快速定位以提高效率。为了提高定位精度，采用了分级降速，单向趋近等许多办法。

由于点位控制与直线控制都有点位控制机能，以及它们在控制线路上的相似，经常把它们统称为点位控制。

（二）点位/直线数控系统数控装置的结构

图 4.2.22 中虚线部分是点位/直线数控装置的典型结构。其核心是位置计算与比较

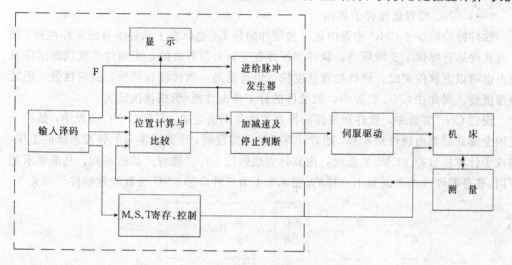

图4.2.22 点位/直线控制系统

线路，线路中一般都设有位置计数器，以接收测量装置发来的正向或反向脉冲，并做相应的加法或减法计数。从纸带上输入的定位点坐标值由输入电路经译码存入指令寄存器，这个坐标值作为给定值与位置计数器中的数值进行比较，并根据差值给伺服系统发出分级或连续的速度信号，使定位速度随着差值的减小而降低，最后在差值为零时，发出进给停止信号，完成一个坐标的定位。高精度的点位控制系统大多使用测量装置构成闭环控制，对精度要求不高的点位系统也可用开环控制。

点位/直线控制因机能较多，故配备有较完善的进给速度（F）、主轴转速（S）、刀具选择（T）及辅助功能（M）的寄存与控制。对坐标轴移动的控制与点位控制一样是由位置计算与比较线路完成的。

点位直线控制功能现在已由微处理机和软件来实现。具有刀具补偿；故障诊断；再现功能；对称加工功能；手动、自动、读/写、零位记忆等操作功能。在自动方式中，有刀具功能、循环控制功能、预置位置、编程位置坐标轴和运动方向等信息输出。在读/写

方式中，可用键盘存储程序、检查已输入内存中的程序，也可写入刀具补偿尺寸数据、丝杠间隙和参考点的绝对位置值。在零记忆方式中，可在各坐标轴预置绝对坐标值。

§4.3 计算机数控装置的软件结构

CNC 数控装置的软件是为完成 CNC 系统的各项功能而专门设计和编制的，是数控加工的一种专用软件，又称为系统软件（系统程序），其管理作用类似于计算机的操作系统的功能。不同的 CNC 装置，其功能和控制方案也不同，因而各系统软件在结构上和规模上差别较大，各厂家的软件互不兼容。现代数控机床的功能大都采用软件来实现，所以，系统软件的设计及功能是 CNC 系统的关键。

一、CNC 装置软件结构的特点

（一）CNC 装置软硬件的界面

软件结构取决于 CNC 装置中软件和硬件的分工，也取决于软件本身的工作性质。硬件为软件运行提供了支持环境。软件和硬件在逻辑上是等价的，由硬件能完成的工作原则上也可以由软件完成。硬件处理速度快，但造价高，软件设计灵活，适应性强，但处理速度慢。因此在 CNC 装置中，软硬件的分工是由性能/价格比决定的。

现代 CNC 装置中，软件和硬件的界面关系是不固定的。早期的 NC 装置中，数控系统的全部功能都由硬件来实现，随着计算机技术的发展，计算机参与了数控系统的工作，构成了计算机数控（CNC）系统，由软件完成数控工作。随着产品的不同、功能要求的不同，软件和硬件的界面是不一样的，图 4.3.1 为三种典型 CNC 装置的软硬件界面关系。

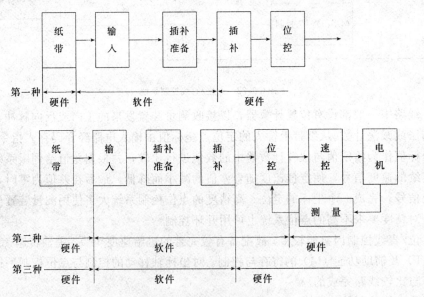

图 4.3.1 典型的软硬件界面

（二）系统软件的内容及结构类型

CNC 系统是一个专用的实时多任务系统，CNC 装置通常作为一个独立的过程控制单元用于工业自动化生产中。因此，它的系统软件包括管理和控制二大部分。系统的管理部分包括：输入、I/O 处理、通讯、显示、诊断以及加工程序的编制管理等程序。系统的控制部分包括：译码、刀具补偿、速度处理、插补和位置控制等软件。

数控的基本功能由上面这些功能子程序实现。这是任何一个计算机数控系统所必须具备的，功能增加，子程序就增加。不同的系统软件结构中对这些子程序的安排方式不同，管理方式亦不同。在单微处理机数控系统中，常采用前后台型的软件结构和中断型的软件结构。在多微处理机数控系统中将微处理机作为一个功能单元利用上面的思想构成相应的软件结构类型。多 CPU 数控装置中，各个 CPU 分别承担一定的任务，它们之间的通讯依靠共享总线和共享存储器进行协调。在子系统较多时，也可采用相互通讯的方法。无论何种类型的结构，CNC 装置的软件结构都具有多任务并行处理和多重实时中断的特点。

（三）多任务并行处理

1. CNC 装置的多任务性

数控加工时，CNC 装置要完成许多任务。在多数情况下，管理和控制的某些工作必须同时进行。例如：为使操作人员能及时地了解 CNC 装置的工作状态，管理软件中的显示模块必须与控制软件同时运行。当在插补加工运行时，管理软件中的零件程序输入模块必须与控制软件同时运行。而当控制软件运行时，其本身的一些处理模块也必须同时运行，例如，为了保证加工过程的连续性，即刀具在各程序段之间不停刀，译码、刀具补偿和速度处理模块必须与插补模块同时运行，而插补程序又必须与位置控制程序同时进行。

图 4.3.2 给出了 CNC 装置的软件任务分解图，反映了它的多任务性。图 4.3.3 表示了软件任务的并行处理关系，其中双箭头表示两个模块之间有并行处理关系。

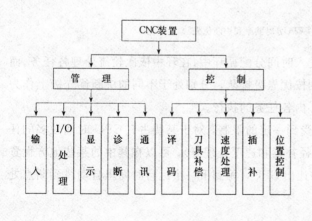

图 4.3.2 CNC 装置任务分解　　　　图 4.3.3 任务的并行处理

2. 并行处理

并行处理是指计算机在同一时刻或同一时间间隔内完成两种或两种以上性质相同或

不相同的工作。并行处理的优点是提高了运行速度。

并行处理分为"资源重复"并行处理方法,"时间重叠"并行处理方法和"资源共享"并行处理方法。

资源共享是根据"分时共享"的原则,使多个用户按时间顺序使用同一套设备。

时间重叠是根据流水线处理技术,使多个处理过程在时间上相互错开,轮流使用同一套设备的几个部分。

目前 CNC 装置的硬件结构中,已广泛使用"资源重复"的并行处理技术。如采用多 CPU 的体系结构来提高系统的速度。而在 CNC 装置的软件结构中,主要采用"资源分时共享"和"资源重叠的流水处理"方法。

①资源分时共享并行处理

在单 CPU 的 CNC 装置中,主要采用 CPU 分时共享的原则来解决多任务的同时运行。各任务何时占用 CPU 及各任务占用 CPU 时间的长短,是首先要解决的两个时间分配问题。

在 CNC 装置中,各任务占用 CPU 是用循环轮流和中断优先相结合的办法来解决。图 4.3.4 是一个典型的 CNC 装置各任务分时共享 CPU 的时间分配图。

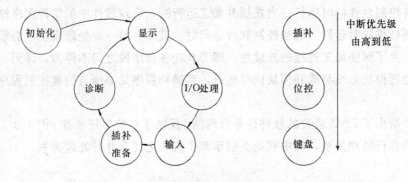

图4.3.4 CPU分时共享和中断优先

系统在完成初始化任务后自动进入时间分配循环中,在环中依次轮流处理各任务。而对于系统中一些实时性很强的任务则按优先级排队,分别处于不同的中断优先级上作为环外任务,环外任务可以随时中断环内各任务的执行。

每个任务允许占有 CPU 的时间受到一定的限制,对于某些占有 CPU 时间较多的任务,如插补准备(包括译码、刀具半径补偿和速度处理等),可以在其中的某些地方设置断点,当程序运行到断点处时,自动让出 CPU,等到下一个运行时间里自动跳到断点处继续执行。

②资源重复流水并行处理

当 CNC 装置在自动加工工作方式时,其数据的转换过程将由零件程序输入、插补准备、插补、位置控制四个子过程组成。如果每个子过程的处理时间分别为 Δt_1、Δt_2、Δt_3、Δt_4,那么一个零件程序段的数据转换时间将是 $t = \Delta t_1 + \Delta t_2 + \Delta t_3 + \Delta t_4$,如果以顺序方式处理每个零件程序段,则第一个零件程序段处理完以后再处理第二个程序段,依此类推。图4.3.5(a)表示了这种顺序处理时的时间空间关系。从图中可以看出,两个程序段的输出之间将有一个时间为 t 的间隔。这种时间间隔反映在电机上就是电机的时转时停,反映在刀具上就是刀具的时走时停,这种情况在加工工艺上是不允许的。

消除这种间隔的方法是用流水处理技术。采用流水处理后的时间空间关系如图4.3.5(b)所示。

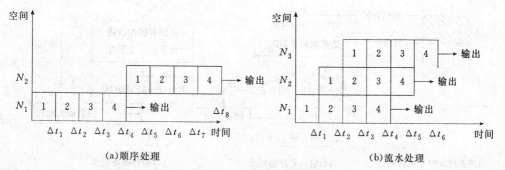

(a)顺序处理　　　　　　　　　　(b)流水处理

图4.3.5　资源重叠流水处理

流水处理的关键是时间重叠,即在一段时间间隔内不是处理一个子过程,而是处理两个或更多的子过程。从图4.3.5(b)中可看出,经过流水处理后,从时间 t_4 开始,每个程序段的输出之间不再有间隔,从而保证了电机和刀具运动的连续性。

流水处理要求每个处理子过程的运算时间相等。而实际上CNC装置中每个子过程所需处理时间都是不同的,解决的办法是取最长的子过程处理时间为流水处理时间间隔。这样在处理时间较短的子过程时,当处理完后就进入等待状态。

在单CPU的CNC装置中,流水处理的时间重叠只有宏观的意义,即在一段时间内,CPU处理多个子过程,但从微观上看,各子过程是分时占用CPU的时间。

③并行处理中的信息交换和同步

在CNC装置中信息交换主要通过各种缓冲存储区来实现。图4.3.6是CNC装置通过缓冲区交换信息示意图。图中零件程序通过输入程序的处理先存入纸带缓冲存储区,这

图4.3.6　通过缓冲区交换信息

是一个循环存储队列。插补准备程序(包括译码、刀具补偿和速度处理)先从纸带缓冲存储区把一个程序段的数据读入译码缓冲存储区,然后进行译码、刀具补偿和速度处理,并将结果放在插补缓冲存储区,插补程序在每次初始执行一个程序段的插补运算时,把插补缓冲存储区的内容读入插补工作存储区,然后用插补工作存储区中的数据进行插补计算,将结果送到插补输出寄存器。

各缓冲区数据交换和更新的同步是靠同步信号指针来实现的。图4.3.7是纸带缓冲存储区的读写同步说明。

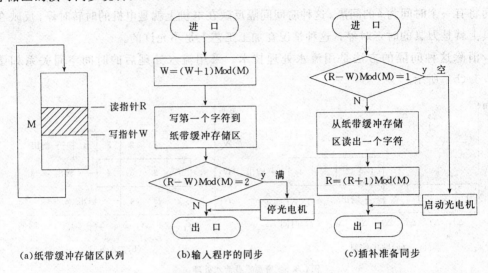

(a)纸带缓冲存储区队列　　(b)输入程序的同步　　(c)插补准备同步

图4.3.7　纸带输入程序的同步

图4.3.7(a)示出，输入程序往纸带缓冲存储区中写数据是通过同步写指针W进行的，输入程序每写入一个数据则写指针W+1。即：

$$W = (W + 1)Mod(M)$$

式中　M是纸带缓冲存储区的容量，取模运算（Mod）是为了指针循环。

当纸带缓冲存储区满时，即：

$$(R - W)Mod(M) = 2$$

式中　R是读出指针。这时输入程序应使纸带光电阅读机停止工作，等待缓冲存储区的数据被读出。图4.3.7(b)是输入程序的同步工作流程图。

如图4.3.7(a)所示，插补准备程序利用同步读指针R从纸带缓冲存储区中读出数据，每读一次，读指针加1，即作运算：

$$R = (R + 1)Mod(M)$$

当纸带缓冲区空时，应停止读取并启动光电阅读机。循环存储队列空的条件是(R−W)Mod(M)=1。

图4.3.7(c)是插补准备同步工作示意图。

图4.3.6中插补缓冲存储区与插补工作存储区的格式和大小完全一样。这二个缓冲区的设置是为了解决流水处理中插补准备子程序所需运算时间与插补程序运算时间不相等的矛盾。一般情况下，插补准备程序先完成运算，但这时插补运算可能还没有完成。因此，插补准备程序只能把结果先放在插补缓冲存储区，等插补程序处理完一个程序段的插补运算后，再从插补缓冲存储区中取出数据放在插补工作存储区中，这一步工作称为交换。偶尔也会有这样的情况，一个程序段的插补运算执行完了，但下一个程序段的插

补准备还没有完成,这时插补程序就进入等待状态。待插补准备完成以后,再交换工作存储区,然后开始插补运算。

(四)实时中断处理

CNC 系统软件结构的另一个特点是实时中断处理。CNC 系统程序以零件加工为对象,每个程序段有许多子程序(子过程),它们按预定的顺序反复执行,各步骤间关系十分密切,有许多子程序实时性很强,这就决定了中断成为整个系统不可少的重要组成部分。CNC 系统的中断管理主要靠硬件完成,而系统的中断结构决定了软件结构。

1. CNC 系统的中断类型

①外部中断　主要有纸带光电阅读机中断、外部监控中断(如:紧急停、量仪到位等)和键盘操作面板输入中断。前两种中断的实时性要求很高,将它们放在较高的优先级上,而键盘和操作面板输入中断则放在较低的中断优先级上。在有些系统中,甚至用查询的方式来处理它。

②内部定时中断　主要有插补周期定时中断和位置采样定时中断。在有些系统中这两种定时中断合二为一。但在处理时,总是先处理位置控制,然后处理插补运算。

③硬件故障中断　它是各种硬件故障检测装置发出的中断。如存储器出错,定时器出错,插补运算超时等。

④程序性中断　它是程序中出现的异常情况的报警中断。如:各种溢出,除零等。

2. CNC 系统中断结构模式

①前后台软件结构中的中断模式

在前后台软件结构中,前台程序是一个中断服务程序,完成全部的实时功能。后台(背景)程序是一个循环运行程序,管理软件和插补准备在这里完成,后台程序运行中,实时中断程序不断插入,与后台程序相配合,共同完成零件加工任务。图 4.3.8 是前后台软件结构中,实时中断程序与背景程序的关系图。

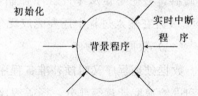

②中断型软件结构中的中断模式

图4.3.8　前后台结构

中断型软件结构的特点是除了初始化程序之外,整个系统软件的各种任务模块分别安排在不同级别的中断服务程序中,整个软件就是一个大的中断系统。其管理的功能主要通过各级中断服务程序之间的相互通讯来解决。

二、输入和数据处理程序

(一)零件程序的输入

CNC 的输入主要指零件程序的输入,一般通过纸带阅读机及键盘进行。现代 CNC 装置也可通过 DMA 和通讯接口由上级中心计算机或其它设备输入。纸带阅读机和键盘输入大都采用中断方式，由相应的中断服务程序完成。当纸带阅读机已读入一个字符至接口中时，就向主机发出中断，由中断服务程序将该字符送到零件程序缓冲存储区（即纸带缓冲存储区），然后再送到内存的零件程序存储区。同样，从键盘输入（手动数据输入：MDI）时，每按一个键则表示向主机申请一次中断，调出一次键盘服务程序，将信息先送到 MDI 缓冲存储区，再送入零件程序存储区。零件程序存储区规模较大（几 K～几十 K），零件程序缓冲区和 MDI 缓冲区容量较小，有的只能存几个数据段。CNC 装置最常用的工作方式为存储器工作方式，即在零件程序已存入内存的情况下，用键盘调出指定的程序，而且允许用键盘输入修正程序段。输入过程中信息传送流程见图 4.3.9。

零件程序在内存中是连续存储的，段与段之间，程序和程序之间不留任何空隙。一个零件程序中又是按程序段存放的，每个程序段中还有几个单元存放该段字数，字符数，顺序号等信息。这是为取数、显示及编辑等方便而设定的。零件程序存储器设有指针，永远指向下一步应该存储或取数的单元。为了调用程序，设有零

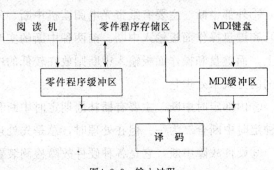

图 4.3.9 输入过程

件程序目录（包括各程序的名称、起址和终址）表，查到程序名称后，将该零件程序的起终址取出存放在指定单元，然后逐段取出，直到取完为止。

总之，零件程序的输入包括两方面的内容。一个是从阅读机、键盘输入到零件程序存储器。另一个是从零件程序存储器将零件程序的程序段送入缓冲器（缓冲存储区）。CNC 装置在输入过程中还要完成无效码删除，代码较验和代码转换等工作。

（二）数据处理程序

数据处理程序又叫插补准备程序，它包括译码、刀补（运动轨迹计算）、辅助功能处理和进给速度计算等部分。译码程序的功能是将输入的加工程序翻译成系统能识别的语言。运动轨迹计算是将工件轮廓轨迹转化为刀具中心轨迹。进给速度计算主要解决刀具的运动速度问题。

另外，诸如换刀、主轴启停、冷却液开闭等辅助功能也在数据处理程序中进行处理。

1. 译码

译码程序是以程序段为单位对信息进行处理，把其中的各种工件轮廓信息（如起点、终点、直线或圆弧等）、加工速度 F 和其它辅助信息（M.S.T）依照计算机能识别的数据形式，并以一定的格式存放在指定的内存专用区间。在译码过程中，还要完成对程序段的语法检查，若发现语法错误立即报警。

译码是任何一个计算机系统要执行输入程序必须经过的一个步骤。译码有解释和编

译两种方法。解释方法是将输入程序整理成某种形式，在执行时，由计算机顺序取出进行分析、判断和处理，即一边解释，一边执行。编译方法是将输入程序作为源程序，对它进行编译，形成由机器指令组成的目的程序，然后计算机执行这个目的程序。

数控代码比较简单，零件程序不复杂，解释执行并不慢，同时解释程序占内存少，操作简单，故CNC控制软件中多数采用解释方法。译码工作的内容包括对程序的整理（如换码、"十翻二"运算等）和存放（如M、G功能字压缩存放，坐标尺寸字存放要去掉地址码等）。CNC装置中采用两种整理与存放方法。

①不按字符格式的整理与存放方法。每个程序段数据以程序段结束符（如LF）开头与结尾。功能字用特征码表示其地址字符，编码不一定与原输入的标准编码一致。尺寸字进行二-十进制转换为二进制的运算，不保留地址字符，按固定格式存放。G、M、S、T字符用一个字节的高四位表示其特征（如1、2、3、4），用该字节的低四位表示其代码。当代码数用四位表示不够时，可用两个字节表示一个功能字。如G04可用14或1004表示，M30可用27或2030表示。尺寸字的固定顺序为：x、y、z、I、J、K、F，某尺寸没有时应占零。每个尺寸字占用的字节数由输入的尺寸字中最多可能的数字位数决定。

这种整理方法不复杂，对一般不带自动编程功能的CNC系统，可在纸带输入过程中，利用各排孔逐排输入的间隔时间进行。对于有自动编程功能的CNC系统，这部分工作在后置处理部分中完成。

②保留字符格式的整理与存放。这种方法接收并存放纸带上（或程序上）的全部字符。程序输入时，只对标准代码字符进行"换码"，暂不进行"十翻二"运算及格式整理，这给程序段检索及程序编辑提供了方便，输出加工程序只要进行反换码即可。但这种整理方法使各程序段之间、各尺寸字之间差别很大，若对它们直接进行数据处理、解释执行时，将使程序变得复杂。因此，应对零件加工程序进行编辑，将其转换成一种固定格

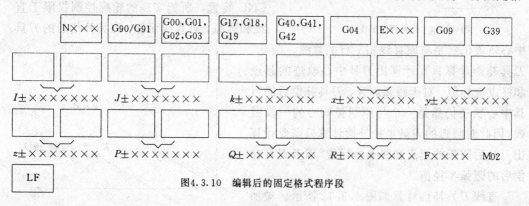

图4.3.10　编辑后的固定格式程序段

式。图4.3.10是一个程序段经编辑后得到的固定格式，图中每一框代表两个字节。在编辑过程中，要将零件加工程序区中已换码字符逐个取出，识别后将序号字及功能字后的数字拼装，按图4.3.10中的预定单元存放；尺寸字、速度字和暂停时间要进行十翻二运

算并装入预定单元。图 4.3.11 是编辑程序粗框图。因为系统允许插入程序段、修改程序段或删除程序段和字，所以源程序区除了零件加工程序外，还可能有修改程序，故编辑程序遇到修改程序应先予处理。

2. 刀具补偿

经过译码后的程序段数据不能直接用于插补程序，要经过刀具补偿计算，将编程时工件轮廓数据转换成刀具中心轨迹数据。刀具补偿有长度补偿和半径补偿。长度补偿计算比较简单，这里主要介绍刀具半径补偿的软件计算方法。

刀具半径补偿不是编程人员完成的，是由 CNC 装置系统软件中的刀补程序完成。编程人员只是在零件程序中指明刀具半径，左刀补（G41），或是右刀补（G42），或是撤消刀补（G40）就可以了。

刀具半径补偿执行过程分为刀补建立、刀补进行和刀补撤消三步，刀补仅在指定的二维坐标平面进行。

① B 功能刀具半径补偿计算

B 功能刀补为一般的基本的刀具半径补偿，根据程序段中零件轮廓尺寸和刀具半径计算出刀具中心的运动轨迹。对于一般的 CNC 装置，所能实现的轮廓控制仅限于直线和圆弧。对直线而言，刀具补偿后的刀具

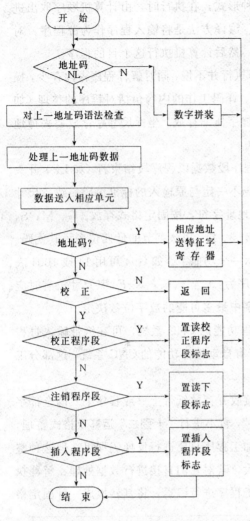

图4.3.11 编辑程序框图

中心轨迹仍然是与原直线相平行的直线，因此，刀具补偿计算只要计算出刀具中心轨迹的起点和终点坐标值。对于圆弧而言，刀具补偿后的刀具中心轨迹仍然是一个与原圆弧同心的一段圆弧。因此对圆弧的刀具半径补偿计算只需要计算出刀补后圆弧的起点和终点坐标值，以及刀具补偿后的圆弧半径值。

直线刀具补偿计算如图 4.3.12 所示。被加工直线段的起点在坐标原点上，终点 A 的坐标为 (x,y)，假定上一程序加工完后，刀具中心在 O' 点且坐标值已知。刀具半径为 r，现在要计算的

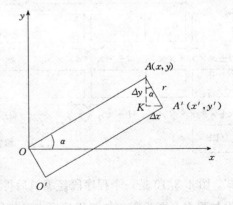

图4.3.12 直线刀具补偿

是刀具补偿后直线 $O'A'$ 的终点坐标 (x', y')。设刀具补偿矢量 AA' 的投影坐标为 Δx 和 Δy，则

$$\begin{cases} x' = x + \Delta x \\ y' = y - \Delta y \end{cases} \quad (4-1)$$

因为
$$\angle xOA = \angle A'AK = \alpha$$

所以
$$\begin{cases} \Delta x = r\sin\alpha = r \cdot \dfrac{y}{\sqrt{x^2+y^2}} \\ \Delta y = r\cos\alpha = r \cdot \dfrac{x}{\sqrt{x^2+y^2}} \end{cases} \quad (4-2)$$

把式（4-2）代入式（4-1）得

$$\begin{cases} x' = x + \dfrac{ry}{\sqrt{x^2+y^2}} \\ y' = y - \dfrac{rx}{\sqrt{x^2+y^2}} \end{cases} \quad (4-3)$$

上式是直线刀补计算公式，但是该公式是在增量编程下推出来的。如果是绝对值编程方式，仍然可用式（4-1）来计算直线刀具补偿，所不同的是式中 (x,y) 和 (x',y') 都应该是绝对坐标值。

圆弧刀具半径补偿计算如图 4.3.13 所示。被加工圆弧的圆心在坐标原点，圆弧半径为 R，圆弧起点 A 的坐标为 (x_0, y_0)，圆弧终点 B 的坐标为 (x_e, y_e)，刀具半径为 r。

假定上一程序段加工结束后，刀具中心点为 A'，且坐标为已知。那么圆弧刀具半径补偿计算的目的就是要计算出同心圆弧 $\overparen{A'B'}$ 的终点坐标值 x_e' 和 y_e'。设 $\overline{BB'}$ 在两个坐标上的投影为 Δx 和 Δy，则

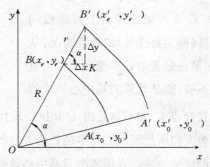

图4.3.13　圆弧刀具半径补偿

$$\begin{cases} x_e' = x_e + \Delta x \\ y_e' = y_e + \Delta y \end{cases} \quad (4-4)$$

因
$$\angle BOx = \angle B'BK = \alpha$$

所以
$$\begin{cases} \Delta x = r\cos\alpha = r \dfrac{x_e}{R} \\ \Delta y = r\sin\alpha = r \dfrac{y_e}{R} \end{cases} \quad (4-5)$$

将式（4-5）代入式（4-4）得圆弧刀具补偿计算公式

$$\begin{cases} x_e' = x_e + \dfrac{rx_e}{R} \\ y_e' = y_e + \dfrac{ry_e}{R} \end{cases} \tag{4-6}$$

B 功能刀具半径补偿不能处理尖角过渡问题，程编人员必须事先估计出进行刀补后两个程序段之间可能出现间断点和交叉点的情况，并进行人为的处理。如遇到间断点时，可以在两个程序段之间增加一个半径为刀具半径 r 的过渡圆弧 $\overset{\frown}{A'B'}$（见图 4.3.14）。有的 CNC 装置为此设立一个 G39 尖角过渡指令。遇到交叉点时，事先在两个程序段之间增加一个过渡圆弧 $\overset{\frown}{AB}$，圆弧半径必须大于所使用的刀具的半径。显然这种只有 B 刀补功能的 CNC 系统对编程是很不方便的。

②C 功能刀具半径补偿

C 刀补能处理两个程序段间转接（即尖角过渡）的各种情况。从前，数控装置的计算速度和存储量都不够，无法计算刀具中心轨迹的

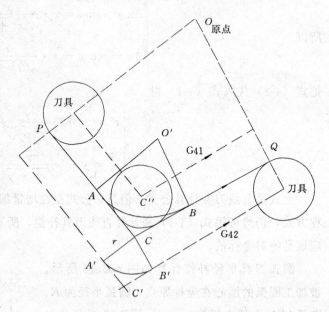

图 4.3.14 B 刀补的交叉点和间断点

转接交点 C' 和 C''（见图 4.3.14）。现代 CNC 装置性能得到很大提高，使得最早也是最容易为人们所想到的刀具半径补偿方法得以实现。就是由数控系统根据和实际轮廓完全一样的程编轨迹，直接算出刀具中心轨迹的转接交点 C' 和 C''，然后再对原来的程序轨迹（刀具中心轨迹）作伸长或缩短的修正。这种方法被称为 C 功能刀具半径补偿（简称 C 刀具补偿）。

B 刀补采用了读一段，算一段，再走一段的控制方法，这样，无法预计到由于刀具半径所造成的下一段加工轨迹对本段加工轨迹的影响。为了解决下一段加工轨迹对本段加工轨迹的影响，在计算完本段轨迹后，提前将下一段程序读入，然后根据它们之间转接的具体情况，再对本段的轨迹作适当修正，得到正确的本段加工轨迹。

图 4.3.15（a）是普通 NC 系统的工作方法，程序轮廓轨迹数据送到工作寄存器 AS 后，由运算器进行刀补运算，运算结果送到输出寄存器 OS，直接作为伺服系统的控制信号。图 4.3.15（b）表示了改进后的 NC 系统的工作方法，与图（a）相比，增加了一组数据输入的缓冲寄存区 BS，在 AS 中存放着正在加工的程序段信息的同时，BS 中已经存

入了下一段所要加工的程序段信息,这样,节省了数据读入的时间。图 4.3.15 (c) 中是在 CNC 系统中采用 C 刀补方法的原理框图,与 NC 方法不同的是,CNC 装置内部又增设了一个刀补缓冲区 CS。当系统启动后,第一个程序段先被读入 BS,在 BS 中算得第一段刀具中心轨迹,被送到 CS 中暂存后,又将第二个程序段读入 BS,算出第二个程序段的

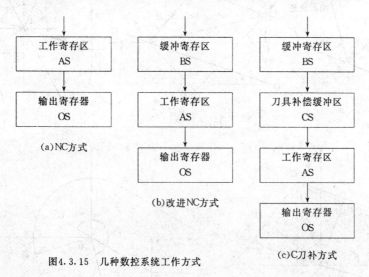

图4.3.15 几种数控系统工作方式

刀具中心轨迹。接着,对第一、第二两段程序轨迹的连接方式进行判别,根据判别结果,再对第一段刀具中心轨迹进行修正,然后顺序地将修正后的第一段刀具中心轨迹由 CS 送入 AS 中,第二段刀具中心轨迹由 BS 送入 CS 中。随后由 CPU 将 AS 中的内容送到 OS 中进行插补运算,运算结果送到伺服系统中予以执行。当修正了的第一段刀具中心轨迹开始被执行后,利用插补时间,CPU 又命令读入第三个程序段去 BS 中,又根据 BS、CS 中的第三、第二段轨迹的连接情况,对 CS 中的第二个程序段刀具中心轨迹进行修正,依此进行下去。可见 CNC 系统的刀补状态,其内部总是同时存有三个程序段的信息。

CNC 装置中,相邻两程序段刀具中心轨迹的连接方式因两个程序段的线型不一样(有直线与直线、直线与圆弧、圆弧与圆弧等)和两个程序轨迹的矢量夹角 α,以及刀具补偿方向的不同分为三种类型(转接过渡方式):伸长型、缩短型和插入型(直线过渡型和圆弧过渡型)。

图 4.3.16 表示了两个相邻程序段为直线与直线,左刀补 G41 的情况下,刀具中心轨迹在连接处的过渡形式。图中 (a) 和 (b) 为缩短型转接,(c) 和 (e) 为插入型转接,(d) 为伸长型转接。

为了便于交点的计算以及对各种程编情况进行分析,将 C 功能刀具补偿方法所有的程编输入轨迹、计算中的各种线型都当作矢量看待。C 刀补程序主要计算转接矢量,所谓转接矢量主要指刀具半径矢量(如图 4.3.16 中的 AB 和 AD)和二个程序段轨迹交点与刀具中心轨迹交点的连接线(如图 4.3.16 中的 AC 和 AC''),转接矢量的计算可以采用平

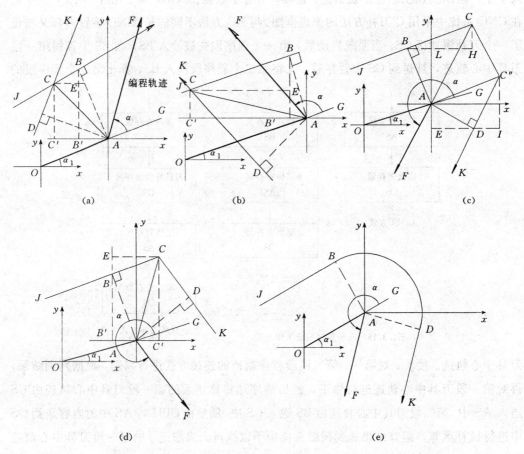

图4.3.16 G41直线与直线转接情况

(a)、(b)缩短型　(c)、(e)插入型　(d)伸长型

面几何方法或解联立方程组的方法。一般采用平面几何的方法,计算软件简单,不用进行复杂的判断。

图 4.3.17 为 C 功能刀具半径补偿的实例。CNC 装置完成从 O 点到 H 点的程编轨迹加工过程如下:

首先读入 OA,算出 OA,因是刀补建立,继续读下一段;读入 AA',因是插入型转接,算出 $r_{D2}, Ag, Af, r_{D1}, AA'$。由于上一段是刀具补偿建立,直接命令走 $Oe, Oe = OA + r_{D1}$;读入

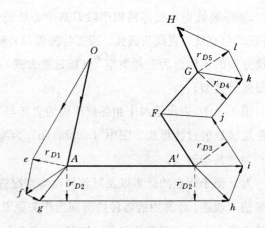

图4.3.17 C刀补实例

$A'F$,由于判断出仍是插入型转接,因此,算出r_{D3},$A'i$,$A'h$,r_{D2},$A'F$。命令走ef,$ef = Af - r_{D1}$;继续走$fg = Ag - Af$;走gh,$gh = AA' - Ag + A'h$;读入FG,因判断出是缩短型转接,所以只算出r_{D4},Fj,r_{D3},FG,继续走hi,$hi = A'i - A'h$;走ij,$ij = A'F - A'i + Fj$;读入GH(假定有撤消刀具补偿的G40命令),由于判断出是伸长型转接,所以尽管是撤消刀补,但仍要算出r_{D5},GH,r_{D4},GK,继续走jk,$jk = FG - Fj + GK$;由于上段是刀具撤消,所以要做特殊处理,直接命令走kl,$kl = r_{D5} - GK$;最后走lH,$lH = GH - r_{D5}$,加工结束。

3. 辅助信息的处理

一个程序段的译码结果除了有与轨迹有关的几何信息外,还有辅助信息F、M、S、T等需要处理,它们和加工路径无关,但却是加工中不可缺少的信息。其中速度F值必须进行计算(在下节中介绍)外,M、S、T仅进行传送处理。

M、S、T码的处理在早期的 CNC 系统中由继电器逻辑处理,即机床硬接口。现代 CNC 系统由可编程控制器 PC 处理。即将译码后的 M、S、T 信息送到工作寄存区(内存单元)各标志单元,然后送到 PC 中,由 PC 输出执行。

三、进给速度的计算和加减速控制

(一)进给速度计算

进给速度的计算因系统不同,方法有很大差别。在开环系统中,坐标轴运动速度是通过控制向步进电机输出脉冲的频率来实现的。速度计算的方法是根据程编的 F 值来确定该频率值。在半闭环和闭环系统中采用数据采样方法进行插补加工,速度计算是根据程编的 F 值,将轮廓曲线分割为采样周期的轮廓步长。

1. 开环系统进给速度的计算

开环系统,每输出一个脉冲,步进电机就转过一定的角度,驱动坐标轴进给一个脉冲对应的距离(称为脉冲当量),插补程序根据零件轮廓尺寸和程编进给速度的要求,向各个坐标轴分配脉冲,脉冲的频率决定了进给速度。进给速度 F(mm/min)与进给脉冲频率 f 的关系

$$F = \delta f \times 60 \quad \text{(mm/min)} \tag{4-7}$$

式中 δ 为脉冲当量,mm。则

$$f = \frac{F}{60\delta} \tag{4-8}$$

两轴联动时,各坐标轴速度为

$$V_x = 60 f_x \delta$$
$$V_y = 60 f_y \delta$$

式中 V_x、V_y——x 轴、y 轴方向的进给速度;

f_x、f_y——x 方向、y 方向的进给脉冲频率。

合成速度(即进给速度)V 为

$$V = \sqrt{V_x^2 + V_y^2} = F \qquad (4-9)$$

进给速度要求稳定，故要选择合适的插补算法（原理）以及采取稳速措施。

2. 半闭环和闭环系统的速度计算

在半闭环和闭环系统中，速度计算的任务是确定一个采样周期的轮廓步长和各坐标轴的进给步长。

直线插补时，首先要求出刀补后一个直线段（程序段）在 x 和 y 坐标上的投影 L_x 和 L_y（见图 4.3.18）

$$L_x = x_e' - x_0'$$
$$L_y = y_e' - y_0'$$

式中 x_e'、y_e' —— 刀补后直线段终点坐标值；

x_0'、y_0' —— 刀补后直线段起点坐标值。

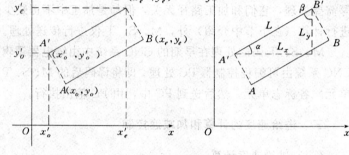

图 4.3.18 速度处理

接着计算直线段的方向余弦

$$\cos\alpha = \frac{L_x}{L}$$

$$\cos\beta = \frac{L_y}{L}$$

一个插补周期的步长为

$$\Delta L = \frac{1}{60} F \Delta t$$

式中 F —— 程编给出的合成速度，单位为 mm/min；

Δt —— 插补周期，单位为 ms；

ΔL —— 每个插补周期小直线段的长度，单位为 μm。

各坐标轴在一个采样周期中的运动步长

$$\Delta x = \Delta L \cos\alpha = F\cos\alpha \Delta t/60 \quad (\mu m)$$

$$\Delta y = \Delta L \sin\alpha = F\sin\alpha \Delta t/60 \quad (\mu m)$$

$$= \Delta L \cos\beta = F\cos\beta \Delta t/60 \quad (\mu m)$$

圆弧插补时，由于采用插补原理不同，插补算法不同，将算法步骤分配在速度计算中还是插补计算中也不相同。图 4.3.19 中，坐标轴在一个采样周期内的步长为

$$\Delta x_i = F\cos\alpha_i \Delta t/60 = \frac{F\Delta t J_{i-1}}{60R} = \lambda_d J_{i-1}$$

$$\Delta y_i = F\sin\alpha_i \Delta t/60 = \frac{F\Delta t I_{i-1}}{60R} = \lambda_d I_{i-1}$$

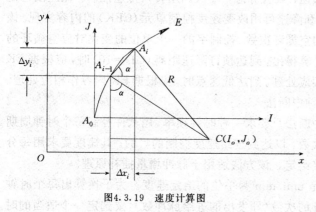

图4.3.19 速度计算图

式中 R——圆弧半径（mm）；
I_{i-1}, J_{i-1}——圆心相对第 $i-1$ 点的坐标；
α_i——第 i 点和第 $i-1$ 点连线与 x 轴的夹角（即圆弧上某点切线方向——进给速度方向，与 x 轴夹角）。

速度计算的任务是计算 $\lambda_d = \frac{F\Delta t}{60R}$ 的值，λ_d 还可表示为

$$\lambda_d = \frac{1}{60} \cdot \text{FRN} \cdot \Delta t$$

式中 $\text{FRN} = \frac{F}{R}$——进给速率数表示的速度代码，直线插补时，$\text{FRN} = \frac{F}{L}$。

λ_d 称为步长分配系数（也叫速度系数），它与圆弧上一点的 I、J 值的乘积，可以确定下一插补周期的进给步长。

（二）进给速度控制

进给速度与加工精度、表面光洁度和生产率有密切关系。要求进给速度稳定，有一定的调速范围。在 CNC 装置中，可用软件或软件与接口硬件配合实现进给速度控制。常用的方法有计时法、时钟中断法及 $V/\Delta L$ 积分法等。

1. 程序计时法

采用程序计时法控制速度，要计算每次插补运算占用的时间。由各种进给速度要求的进给脉冲间隔时间减去插补运算时间，得到每次插补运算后的等待时间，用空运转循环对这段等待时间计时。

程序计时法多用于点位直线控制系统，相当插补计算的是位置计算，该系统采用脉冲增量法。不同的空运转时间对应不同的进给速度。空运转等待时间越短，发出进给脉冲频率越高，速度就越快。

点位直线运动的速度分为升速段、恒速段、降速段和低速段等几个阶段。速度控制过程可用框图 4.3.20 描述。速度准备框的内容包括按照指定的速度预先算出降速距离，并置于相应单元。此外，还需置入速度控制字和速度标志 FK（当前速度控制值）、FK_0（存恒速值）、FK_1（存低速值）。位置计算是算出移动过程中的当前位置，以便确定位移是否到达降速点和低速点，并给出相应标志 GD：GD=10 时是到达降速点，GD=01 时是到达低速点。速度控制子程序的主要功能是给出"当前速度值"，以实现升速、降速、

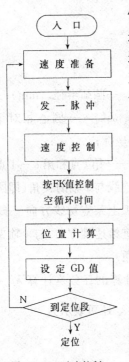

图4.3.20 速度控制

恒速和低速控制。在升速阶段,控制速度逐步上升,并判断是否到达预订恒速,如到时应设恒速标志,下一次转入恒速处理。在恒速段,保持速度为给定的恒速值。在降速段,控制速度逐步下降,直到降到低速,设置标志,下次调用转入低速控制,低速段也是恒速。升速和降速可用改变速度控制单元(CFK)的内容实现。该控制字控制空循环次数。控制字的一个单位的变化对应空循环的次数应由计算得出。到达预订降速距离(GD=10)时,应根据FK的内容作相应处理。到达低速点时,应根据FK内容作相应处理。

2. 时钟中断法

时钟中断法只要求一种时钟频率,用软件控制每个时钟周期内的插补次数,以达到进给速度控制的目的。其速度要求用每分毫米数直接给定。该方法适用于脉冲增量插补原理。

设 F 是 mm/min 为单位的给定速度。为了换算出每个时钟周期应插补的次数(即发出的进给脉冲数),要选定一个适当的时钟频率,选择的原则是满足最高插补进给的要求,并考虑到计算机换算的方便,取一个特殊 F 值(如 $F=256$mm/min)对应的频率。该频率对给定速度,每个时钟周期插补一次。当以 0.01mm 为脉冲当量时

$$F = 256\text{mm/min} = 256 \times 100/60 = 426.66(0.01\text{mm})/s$$

故取时钟频率为 427Hz。这样对 $F=256$mm/min 的进给速度恰好每次时钟中断做一次插补运算。

采用该方法时,要对给定速度进行换算。因为 $256=2^8$,用二进制表示为 100000000,所以将 16 位的字长分为左右两个半字(各8位)并分别称为 $F_{整}$ 和 $F_{余}$ 时,对速度 $F=256$mm/min 就有 $F_{整}=1;F_{余}=0$。对任意一个用 mm/min 为单位给定的 F 值做 $F/256$ 运算后,即可得到相应的 $F_{整}$ 和 $F_{余}$。例如,$F=600$mm/min 经转换后在计算机中得到图 4.3.21 的结果。

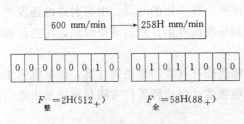

图4.3.21 $F=600$mm/min 经换算后的形式

根据给定速度换算的结果 $F_{整}$ 和 $F_{余}$ 进行给定速度的控制。以图4.3.21为例,第一个时钟中断来到时,$F_{整}$ 即是本次时钟周期中应插补的次数,插补 427 次(即用 427Hz 频率插补),得 512mm/min 的速度。

同时,$F_{余}$ 不能丢掉,否则将使实际速度减小(512mm/min<600mm/min)。$F_{余}$ 在本次时钟周期保留,并在下次时钟中断到来时,做累加运算,若有溢出时,应多做一次插补运算,并保留累加运算的余数。经 427 次插补(即用 427Hz 频率插补)得 88mm/min 速度,进给速度为 $F_{整}$ 和 $F_{余}$ 两个速度合在一起,即 512+88=600mm/min。

3. 设置 $V/\Delta L$ 积分器方法

DDA 插补方法中，速度 F 代码是用进给速率数（FRN）给定的。将 FRN 作为与坐标积分器串联之速度积分器的被积函数，使用经计算得到的累加频率，可产生适当的速度积分器溢出频率。将它作为坐标积分器的累加频率，就能使 DDA 插补器输出的合成速度保持恒定。

在 CNC 系统中采用这种速度控制原理更加方便。速度只需用直观的 mm/min 数给出，一些参数的选择和计算均由计算机完成。在软件协助下，升降速问题也可同时得到解决。下面介绍扩展 DDA 二级插补的第二级插补设置 $V/\Delta L$ 积分器进行速度控制的原理。

扩展 DDA 插补方式是将输出线段送到接口，由接口再进行 DDA 直线插补（即"细插补"）。因为使用线性积分器，合成进给速度除受指定速度直接制约外，还与一级输出线段长度 ΔL 和积分器的工作频率有关，即

$$V = 60\delta \frac{\Delta L}{N} f_g$$

而其 x 轴输出频率 $\quad f_x = \frac{x}{N} \cdot f_g$

式中 δ ——脉冲当量；

ΔL ——第一级插补器输出的线段长；

N ——积分器容量；

f_g ——积分器累加脉冲频率；

f_x —— x 坐标输出脉冲频率。

在插补器接口中（即第二级插补器）设置一个 V 积分器和一个 $1/\Delta L$ 积分器，串联构成 $V/\Delta L$ 积分器（见图 4.3.22），其输出作为坐标积分器的积分命令，这样就可以达到

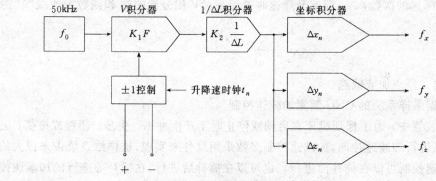

图 4.3.22 带 $V/\Delta L$ 积分器的 DDA 直线插补器

合成速度恒定的控制要求。图中 ±1 控制部分在每次升降速时钟 t_n 来到时，对 V 积分器的被积函数做一次"加 1"（或"减 1"）运算，以达到升（或降）速的目的。在升降速过程中，因为 V 积分器中被积函数是按线性规律变化的，故其溢出脉冲频率也按线性规律变化，使 $1/\Delta L$ 积分器和各坐标积分器的溢出频率也线性上升或下降，但各坐标积分器溢出频率的比值仍与恒速时一样，因此没有运动误差。

若积分器均为八位，被积函数分别为 $K_1 F$、$K_2 \frac{1}{\Delta L}$、Δx_n、$\Delta y_n (\Delta z_n)$，则

$$K_1 = \frac{1}{at_n} \qquad K_1 F = \frac{F}{at_n}$$

式中 a——伺服系统加速度；

t_n——升降速时钟周期（ms）。

由 DDA 插补速度公式，以 x 坐标轴为例，可得

$$F_x = \delta \cdot 60 \cdot f_x$$

$$f_x = \frac{f_g K_1 F_x \cdot K_2 \frac{1}{\Delta L_x} \cdot \Delta x_n}{2^{24}}$$

式中 δ——脉冲当量；

2^{24}——积分器总容量；

ΔL_x——插补线段在 x 坐标上的投影，其值与 Δx_n 相等；

K_1、K_2——为系数。其它坐标类同。

由上式可得

$$K_1 K_2 = \frac{2^{24}}{f_g \delta \times 60}$$

故

$$K_2 = \frac{2^{24} \cdot at_n}{60 f_g \delta}$$

$$K_2 \frac{1}{\Delta L} = \frac{2^{24}}{60 f_g \delta} \cdot \frac{at_n}{\Delta L}$$

ΔL 为输出线段长度

$$\Delta L = \sqrt{\Delta x^2 + \Delta y^2 + \Delta z^2} \text{ (mm)}$$

在速度控制中，应先算出 V 和 $\frac{1}{\Delta L}$ 积分器的被积函数，在升降速时，可根据速度变化量 ΔF 计算升降速的次数 ΔN_i，即按升降速时钟频率对 V 积分器的被积函数加或减"1"的次数，达到

$$\Delta N_i = \frac{\Delta F}{at_n}$$

规定的速度值，停止加或减速。

（三）数据采样系统的 CNC 装置加减速控制

在 CNC 装置中，为了保证机床在启动或停止时不产生冲击、失步、超程或振荡，必须对进给电机进行加减速控制。加减速控制多数采用软件来实现，这样给系统带来很大的灵活性。加减速控制可以在插补前进行，也可以在插补后进行。在插补前进行的加减速控制称为前加减速控制。在插补后进行的加减速控制称为后加减速控制。

前加减速控制是对合成速度——程编指令速度 F 进行控制，所以它的优点是不影响实际插补输出的位置精度。前加减速控制的缺点是需要预测减速点，而这个减速点要根据实际刀具位置与程序段终点之间的距离来确定，而这种预测工作需要完成的计算量较大。

后加减速控制是对各运动轴分别进行加减速控制，不需要预测减速点，在插补输出为零时开始减速，并通过一定的时间延迟逐渐靠近程序段终点。后加减速的缺点是，由于它对各运动坐标轴分别进行控制，实际的各坐标轴的合成位置就可能不准确。但这种影响仅在加减速过程中才会有，当系统进入匀速状态时，这种影响就不存在了。

1. 前加减速控制

进行加减速控制,首先要计算出稳定速度和瞬时速度。所谓稳定速度,就是系统处于稳定进给状态时,每插补一次(一个插补周期)的进给量。在数据采样系统中,零件程序段中速度命令(或快速进给)的 F 值(mm/min),需要转换成每个插补周期的进给量。另外为了调速方便,设置了快速和切削进给两种倍率开关。稳定速度的计算公式如下

$$V_g = \frac{TKF}{60 \times 1000}$$

式中　V_g——稳定速度(mm/min);

　　　T——插补周期(ms);

　　　F——程编命令速度(mm/min);

　　　K——速度系数,它包括快速倍率,切削进给倍率等。

稳定速度计算完之后,进行速度限制检查,如果稳定速度超过由参数设定的最高速度,则取限制的最高速度为稳定速度。

所谓瞬时速度,即系统在每个插补周期的进给量。当系统处于稳定进给状态时,瞬时速度 $V_i = V_g$,当系统处于加速(或减速)状态时,$V_i < V_g$(或 $V_i > V_g$)。

①线性加减速处理　当机床起动、停止或在切削加工中改变进给速度时,系统自动进行加减速处理,常用的有指数加减速,线性加减速和钟形加减速等。现以线性加减速说明其计算方法。

加减速率分为快速进给和切削进给两种,它们必须由机床参数预先设定好。设进给速度为 F(mm/min),加速到 F 所需要的时间为 t(ms),则加/减速度 a 可按下式计算

$$a = 1.67 \times 10^{-2} \frac{F}{t} (\mu m/(ms)^2)$$

加速时,系统每插补一次都要进行稳定速度、瞬时速度和加/减速处理。当计算出的稳定速度 V_g' 大于原来的稳定速度 V_g 时,则要加速。每加速一次,瞬时速率为

$$V_{i+1} = V_i + aT$$

新的瞬时速度 V_{i+1} 参加插补计算,对各坐标轴进行分配。图4.3.23是加速处理框图。

减速时,系统每进行一次插补计算,都要进行终点判别,计算出离开终点的瞬时距离 S_i,并根据本程序的减速标志,检查是否已到达减速区域 S,若已到达,则开始减速。当稳定速度 V_g 和设定的加/减速度 a 确定后,减速区域 S 可由下式求得

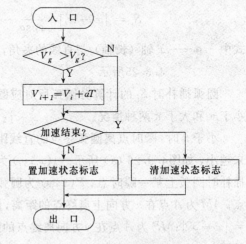

图4.3.23　加速处理框图

$$S = \frac{V_g^2}{2a}$$

若本程序段要减速,其 $S_i \leqslant S$,则设置减速状态标志,开始减速处理。每减速一次,瞬时速度为

$$V_{i+1} = V_i - aT$$

新的瞬时速度 V_{i+1} 参加插补运算,对各坐标轴进行分配。一直减速到新的稳定速度或减速到0。若要提前一段距离开始减速,将提前量 ΔS 作为参数预先设置好,由下式计算

$$S = \frac{V_g^2}{2a} + \Delta S$$

图4.3.24为减速处理框图。

②终点判别处理 在每次插补运算结束后,系统都要根据求出的各轴的插补进给量,来计算刀具中心离开本程序段终点的距离 S_i,然后进行终点判别。在即将到达终点时,设置相应的标志。若本程序段要减速,则还需要检查是否已到达减速区域并开始减速。

直线插补时 S_i 的计算应用公式

$$\begin{cases} x_i = x_{i-1} + \Delta x \\ y_i = y_{i-1} + \Delta y \end{cases}$$

计算其各坐标分量值,取其长轴(如 x 轴),则瞬时点 A 离终点 P 距离 S_i 为

$$S_i = |x - x_i| \cdot \frac{1}{\cos\alpha}$$

式中 α —— x 轴(长轴)与直线的夹角,见图4.3.25所示。

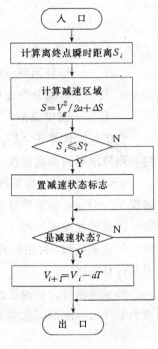

图4.3.24 减速处理框图

圆弧插补时 S_i 的计算分圆弧所对应圆心角小于 π 和大于 π 两种情况。

小于 π 时,瞬时点离圆弧终点的直线距离越来越小,如图4.3.26(a)所示。$A(x_i, y_i)$ 为顺圆插补时圆弧上某一瞬时点,$P(x,y)$ 为圆弧的终点;AM 为 A 点在 x 方向上离终点的距离,$|AM| = |x - x_i|$;MP 为 A 点在 y 方向离终点的距离,$|MP| = |y - y_i|$;$AP = S_i$。以 MP 为基准,则 A 点离终点的距离为

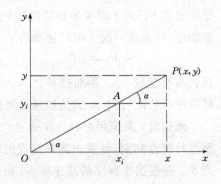

图4.3.25 直线插补终点判别

$$S_i = |MP| \frac{1}{\cos\alpha} = |y - y_i| \frac{1}{\cos\alpha}$$

大于 π 时,设 A 点为圆弧 $\widehat{AD}$ 的起点,B 点为离终点的弧长所对应的圆心角等于 π 时的分界点,C 点为插补到离终点的弧长所对应的圆心角小于 π 的某一瞬时点,如图

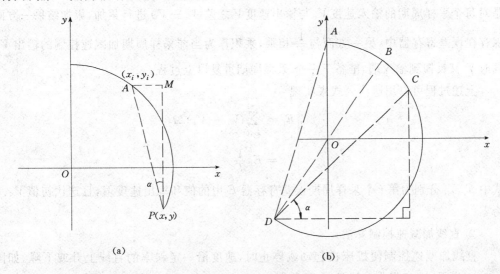

图 4.3.26 圆弧插补终点判别

4.3.26(b)所示。显然,此时瞬时点离圆弧终点的距离 S_i 的变化规律是,当从圆弧起点 A 开始,插补到 B 点时,S_i 越来越大,直到 S_i 等于直径;当插补越过分界点 B 后,S_i 越来越小,与图 4.3.26(a)的情况相同。为此,计算 S_i 时首先要判别 S_i 的变化趋势。S_i 若是变大,则不进行终点判别处理,直到越过分界点;若 S_i 变小,再进行终点判别处理。

2. 后加减速控制

后加减速常用的有指数加减速和直线加减速。

① 指数加减速控制算法

指数加减速控制的目的是将起动或停止时的速度突变变成随时间按指数规律上升或下降,如图 4.3.27 所示。指数加减速的速度与时间的关系为

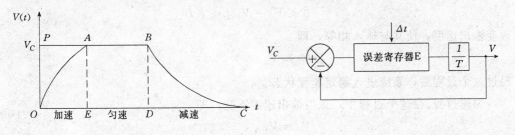

图 4.3.27 指数加减速　　　　图 4.3.28 指数加减速控制原理

加速时　　$V(t) = V_c(1 - e^{-\frac{t}{T}})$

匀速时　　$V(t) = V_c$

减速时　　$V(t) = V_c e^{-\frac{t}{T}}$

式中　T—— 时间常数;

　　　V_c—— 稳定速度。

图4.3.28是指数加减速控制算法的原理图。其中 Δt 表示采样周期，它在算法中的作用是对加减速运算进行控制，即每个采样周期进行一次加减运算。误差寄存器 E 的作用是对每个采样周期的输入速度 V_c 与输出速度 V 之差 $(V_c - V)$ 进行累加，累加结果一方面保存在误差寄存器中，另一方面与 $\frac{1}{T}$ 相乘，乘积作为当前采样周期加减速控制的输出 V。同时 V 又反馈到输入端，准备下一个采样周期重复以上过程。

上述过程可以用迭代公式来实现

$$\begin{cases} E_i = \sum_{k=0}^{i-1}(V_c - V_k)\Delta t \\ V_i = E_i \dfrac{1}{T} \end{cases}$$

式中 E_i、V_i 分别为第 i 个采样周期误差寄存器 E 中的值和输出速度值，且迭代初值 V_0、E 为零。

② 直线加减速控制算法

直线加减速控制使机床在起动或停止时，速度沿一定斜率的直线上升或下降。如图4.3.29所示，速度变化曲线是 $OABC$。

直线加减速控制过程如下：

加速过程。如果输入速度 V_c 与输出速度 V_{i-1} 之差大于一个常值 KL，即 $V_c - V_{i-1} > KL$，则使输出速度增加 KL 值

$$V_i = V_{i-1} + KL$$

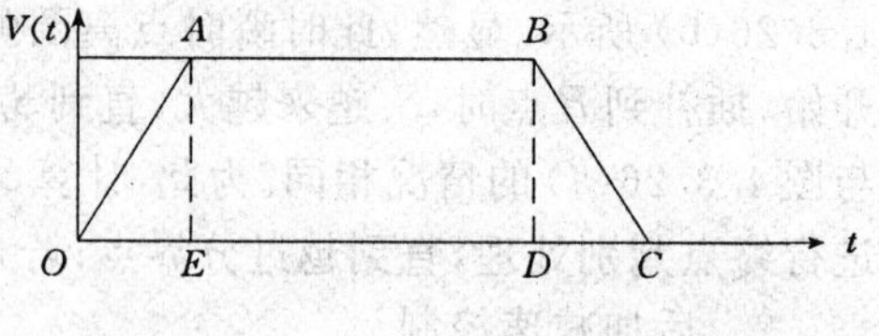

图4.3.29 直线加减速

式中 KL——加减速的速度阶跃因子。显然在加速过程中，输出速度沿斜率 $k' = \dfrac{KL}{\Delta t}$ 的直线上升。这里 Δt 为采样周期。

加速过渡过程。如果输入速度 V_c 大于输出速度 V_i，但其差值小于 KL 时，即

$$0 < V_c - V_{i-1} < KL$$

改变输出速度，使其与输入相等，即

$$V_i = V_c$$

经过这个过程后，系统进入稳定速度状态。

匀速过程。在这个过程中，保持输出速度不变，即

$$V_i = V_{i-1}$$

但此时的输出 V_i 不一定等于 V_c。

减速过渡过程。如果输入速度 V_c 小于输出速度 V_{i-1}，但其差值不足 KL 时，即

$$0 < V_{i-1} - V_c < KL$$

改变输出速度，使其减小到与输入速度相等。

$$V_i = V_c$$

减速过程。如果输入速度 V_c 小于输出速度 V_{i-1}，且差值大于 KL 值时，即

$$V_{i-1} - V_c > KL$$

改变输出速度,使其减小 KL 值。

$$V_i = V_{i-1} - KL$$

显然在减速过程中,输出速度沿斜率 $k' = -\dfrac{KL}{\Delta t}$ 的直线下降。

在直线加减速和指数加减速控制算法中,有一点非常重要,即保证系统不失步和不超程。即输入到加减速控制器的总位移量等于该控制器输出的总位移量。对于图4.3.29而言,须使区域 OEA 的面积等于区域 DBC 的面积。为了做到这一点,以上所介绍的两种加减速算法都用位置误差累加器来解决。在加速过程中,用位置误差累加器记住由于加速延迟失去的位置增量之和;在减速过程中,又将位置误差累加器中的位置按一定规律逐渐放出,保证达到规定位置。

四、插补程序

插补计算程序是实时性很强的程序,它的任务是在轮廓轨迹经过刀补处理后,得到已知起点和终点的刀具中心轨迹曲线上进行"数据点的密化"。插补程序在每个插补周期运行一次,在每个插补周期内,根据进给速度计算的微小直线段,算出一个微小直线的各坐标分量 Δx 和 Δy。经过若干个插补周期,可以计算出从起点到终点之间的若干个微小直线数据段 $(\Delta x_1, \Delta y_1), (\Delta x_2, \Delta y_2), \cdots, (\Delta x_n, \Delta y_n)$,每个插补周期所计算出的微小直线数据段都足够小,与逼近轮廓的误差在允许范围内,以保证轨迹的精度。

由于插补原理的不同(见第三章),插补算法也不同,即计算 Δx、Δy 的方法不同。好的插补算法应该具有逼近精度高和计算速度快两个特点。现在,CNC 装置以软件的数据采样插补为主要方法,随着计算机技术和数控技术的发展,插补方法会在软硬件结合上得到更大的发展。

以直线插补为例,插补程序主要完成以下几步工作(见图4.3.30):

1. $\Delta L\% = \Delta L \times$ 倍率
2. $L_{1新} = L_{1旧} + \Delta L\%$
3. $X_{3新} = L_{1新} \times \cos\alpha$
   $Y_{3新} = L_{1新} \times \cos\beta$
4. $\Delta x_2 = X_{3新} - X_{3旧}$
   $\Delta y_2 = Y_{3新} - Y_{3旧}$

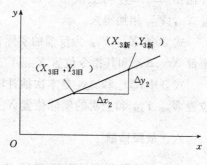

图4.3.30 直线插补

$\Delta L\%$ 是乘倍率以后的每次插补周期微小进给直线段。$L_{1新}$、$L_{1旧}$ 是本次插补周期和上次插补周期插补点(动点)与程序段起点之间的距离。$X_{3新}$、$Y_{3新}$ 是本次插补周期插补动点与起点 $(X_{3旧}、Y_{3旧})$ 之间的距离在 x 和 y 坐标方向上的投影。Δx_2 和 Δy_2 是本次插补周期的输出位置增量值。

圆弧插补和其它曲线插补功能的计算内容基本相同,主要都是计算一个插补周期的坐标轴方向的位置增量 Δx 和 Δy,以及插补点的坐标值 X_i 和 Y_i。

五、位置控制软件

位置控制是处在伺服系统的位置环上,如图4.3.31。这部分工作可以由软件来做,也

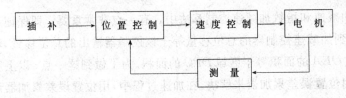

图4.3.31 位置控制

可以由硬件完成。位置控制软件主要任务是在每个采样周期内,将插补计算出的理论位置与实际反馈位置相比较,用其差值去控制电机。在位置控制中,通常还要完成位置回路的增益调整、各坐标方向的螺距误差补偿和反向间隙补偿,以提高机床的定位精度。

位置控制主要完成以下几步计算(见图4.3.32):

1. $X_{2新} = X_{2旧} + \Delta x_2$
   $Y_{2新} = Y_{2旧} + \Delta y_2$
2. $X_{1新} = X_{1旧} + \Delta x_1$
   $Y_{1新} = Y_{1旧} + \Delta y_1$
3. $\Delta x_3 = X_{2新} - X_{1新}$
   $\Delta y_3 = Y_{2新} - Y_{1新}$

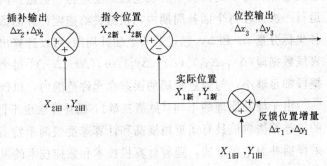

图4.3.32 位置控制计算

式 1 中,$X_{2新}$ 和 $Y_{2新}$ 为指令位置,它是由本次插补周期的插补输出 $\Delta x_2、\Delta y_2$ 与上次指令位置 $X_{2旧}、Y_{2旧}$ 相加得来。

式 2 中,$X_{1新}、Y_{1新}$ 为反馈的实际位置,它是由第一个插补周期指令执行后的反馈位置增量 $\Delta x_1、\Delta y_1$ 和其指令位置 $X_{1旧}、Y_{1旧}$ 相加求得。

式 3 中,Δx_3 和 Δy_3 是本次插补输出转换来的位控输出,它是由本次插补周期的指令位置 $X_{2新}、Y_{2新}$ 和上次的实际位置 $X_{1新}、Y_{1新}$ 相减求得。

六、故障诊断

完善的诊断程序是现代 CNC 装置特点之一。为了保证系统有较高的利用率,除了重视提高系统的可靠性外,还要有良好的维修功能,即故障诊断能力。随着 CNC 装置的发展,诊断功能越来越强,诊断软件越来越完善,形成了一套完整的诊断系统。

CNC 装置的故障诊断利用装置中的计算机进行,通过软件来实现。诊断程序可包含在系统程序中,在系统运行过程中进行检查和诊断。也可以作为服务性程序,在系统运行前或故障停机后进行诊断,查找故障部位。还可以通讯诊断,由通讯诊断中心运行诊断程序,指示操作者进行某些试运行从而进行诊断。

（一）运行中诊断

运行中的诊断程序比较分散，常包含在主控程序、中断处理程序等各部分中。接口、伺服系统和机床方面的诊断程序都包含在 CNC 装置软件结构的相应部分。运行中诊断常用的方法如下：

1. 用代码和检查内存。对内存中的系统程序，每次启动使用时要进行代码和检查，检查系统程序是否被破坏。代码和检查也适用于对装入内存后反复使用的零件加工程序进行检查。该检查在 CPU 的空闲时间进行。

2. 格式检查。在数据和程序输入时，进行奇偶检验、非法指令码检查和数据超限等格式检查。

3. 双向传送数据检验。由系统送给接口的数据或控制字，有可能在传送过程中出错。可在输出数据之后，立即用输入指令将接口缓冲器中的内容取回，与发送的内容相比，若不相等，应予以显示并停机。有时可再送一次，二次均错应停机。手动数据输入也可用双向传送方式校验。

4. 清单校验。CNC 系统一般配有打印机设备和 CRT，因此可以打印或显示程序清单或某些中间结果的数据。打印或显示时，利用软件进行逆处理，把已经预处理的程序还原成标准代码格式程序。

5. 电压、温度、速度等模拟量监控。对这些模拟量是通过 A/D 变换，与标准的数字量进行比较，超过或低于规定值则报警、显示。如对伺服系统、电机、动态 RAM（带后备电池的 CMOS）的电池电压、机内温度等监测都用这种方法。

（二）停机诊断

当系统发生故障或系统开始运行前，利用诊断程序进行诊断称为停机诊断。该诊断程序可以与系统程序分开，需要时再输入 CNC 装置。

商品化的 CNC 装置多数配有自诊断程序。诊断时，将自诊断程序装入运行，CNC 系统无故障，检查程序连续运行，不停机；如果发现故障，则停机，从停机地址即可找到故障部位。自诊断程序包括：内存检查程序、逻辑检查程序、算术检查程序、接口与外设检查程序、位置控制测试程序，以及掉电处理检查程序等等。

其中接口与外设检查很重要，对它的综合诊断包括：

1. 面板开关状态检查。将面板上开关置"1"或"0"状态后，启动检查程序，可显示各开关状态。

2. 键盘功能检查。当功能键按下时，该键的 ASCII 码送入数据存储器，启动检查程序，可显示该 ASCII 码。

3. 一次中断申请检查。用来检查因按键抖动而引起多次中断。

4. 接口单元检查。用输入、输出信息，并显示接口单元内容方法检查接口单元工作的正确性。

5. CPU 数据板数据通道检查。此程序利用指令对 CPU 的数据通道逻辑电路进行检查。

对接口电路也可设立独立诊断程序，就是使接口与外围设备脱离，将某些接口的输出线与另一些接口的输入线适当连结，以进行信息传送并进行检查。

（三）通讯诊断

用户 CNC 系统经电话线路与诊断中心通讯，由诊断中心发出诊断程序，指示 CNC 进行某种运行，同时收集数据，分析系统的状态。系统状态与存储的应有工作状态或某些极限值参数进行比较，来确定系统工作状态是否正常。通过通讯诊断不但能找出故障，而且还能对故障趋势进行分析预测。

对于长时间才能发现和排除的间歇性故障，诊断中心计算机可发送诊断程序给用户 CNC。此程序与 CNC 的系统程序并行工作，实时地寻找与监视故障。一旦发现故障，就使系统停止工作。

随着 CNC 装置结构的发展，自诊断功能不断发展。如轮廓加工监控、主轴运动监控等动态诊断功能。

§4.4 数控机床用可编程控制器

一、概述

（一）PC 的产生及应用

1968年，美国通用汽车公司为了使汽车型号不断更新，期望得到一种新的控制装置和控制方法，以便在调整和更新设备时，尽可能减少重新设计电气控制系统的工作量，达到降低成本，缩短制造周期的目的。

1969年，美国 DEC 公司研制出世界上第一台型号为"PDP-14"的可编程控制器，在通用汽车公司的自动装配线上使用，获得了成功。由于该控制器只是为了解决生产设备在运行中的开关量信号和逻辑控制问题，因此当时把这种装置称为"可编程逻辑控制器"（Programmable Logic Controller）。第一台 PC 出现和应用以后，展现了很好的技术与经济效益，引起了各主要工业国的重视。70年代初，国外许多大公司竞相对 PC 进行研究和开发，各种系列和性能的 PC 装置不断涌入市场。应用范围很快扩大到包括数控机床在内的各个工业领域。80年代后，PC 已成为各种高性能数控设备和生产制造系统不可缺少的控制装置。现在，PC 的应用已深入 FA、CIM 领域。PC 与 CAD/CAM 和工业机器人一起成为实现工业自动化的三大支柱。

国际电工委员会在颁布的可编程控制器国际标准中，对 PC 做了如下定义：

"可编程控制器是一种数字运算电子系统，专为工业环境下运用而设计。它采用可编程序的存储器，用于存储执行逻辑运算、顺序控制、定时、计数和算术运算等特定功能的用户指令，并通过数字式或模拟式的输入和输出，控制各种类型的机械或生产过程。可编程控制器及其辅助设备都应按易于构成一个工业控制系统，且它们所具有的全部功能易于应用的原则设计。"

为了突出可编程控制器作为工业控制装置的特点，或者为了与个人计算机"PC"或脉冲编码器"PC"等术语相区别，除通称可编程控制器为"PC"外，目前不少厂家，还采用了与 PC 不同的其它名称。如，微机可编程控制器（Microprocessor Programmable Controller——MPC)、可编程接口控制器(Programmable Interface Controller ——PIC)、可编程逻辑控制器（Programmable Logic Controller——PLC）、可编程机器控制器（Programmable Machine Controller——PMC）和可编程顺序控制器（Programmable Sequence Controller——PSC）等。

（二）PC 在数控机床上的应用

数控机床的控制部分，可以分为数字控制和顺序控制两大部分。数字控制部分控制刀具轨迹，而顺序控制部分控制辅助机械动作。它接受以二-十进制代码表示的 S、T、M 等机械顺序动作信息，经过信号处理，使执行环节作相应的开关动作。

长期以来，这部分逻辑机能和开关控制一直是由"继电器逻辑电路"（简称"RLC"——Relay Logic Circuit）来完成，由机床制造厂自行设计、制造和安装。实际应用中，RLC 存在一些难以克服的缺点。如：只能解决开关量的简单逻辑运算，以及定时、计数等有限几种功能控制，难以实现复杂的逻辑运算、算术运算、数据处理，以及数控机床所需要的许多特殊功能；继电器、接触器等器件体积较大，每个器件工作触点有限。当机床受控对象较多，或控制动作顺序较复杂时，需要采用大量的器件，使整个 RLC 体积庞大，功耗高，可靠性差。

使用 PC 代替 RLC 克服了上面的缺点。PC 是由计算机简化而来的，为适应顺序控制的要求，PC 省去了计算机的一些数字运算功能，而强化了逻辑运算功能，是一种介于继电器控制和计算机控制之间的自动控制装置。PC 代替数控机床上的继电器逻辑，使顺序控制的控制功能、响应速度和可靠性大大提高。PC 成为数控系统发展中的一种重要倾向。

二、PC 的结构和编程方法

（一）PC 的结构

PC 的结构包括硬件和软件两大部分。PC 的硬件构成如图 4.4.1。它是一种通用的可编程控制器，主要由中央处理单元 CPU、存储器、输入/输出（I/O）模块以及供电电源

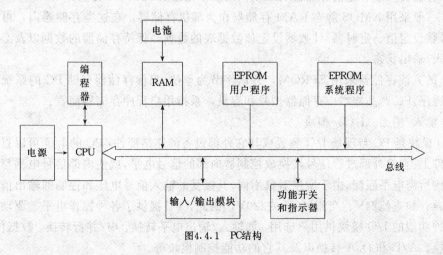

图 4.4.1　PC 结构

组成。由于 PC 实现的任务主要是动作速度要求不特别快的顺序控制，因此，在一般情况下，不需使用高速微处理器。另外，它的硬件设备是通用的，用户只要按需要组合，并改

变在存储器内的程序，就可以用于控制各种类型的数控机床。PC的各部分都通过总线联接起来。

内装型 PC 与 CNC 装置统一设计和制造，除电源和输入/输出与 CNC 装置共用外，结构组成基本相同。

1. 中央处理单元 CPU

PC 的 CPU 与通用微机的 CPU 一样，是 PC 的核心部分，它按 PC 中系统程序赋予的功能，接收并存储从编程器键入的用户程序和数据，用扫描方式查询现场输入装置的各种信号状态或数据，并存入输入过程状态寄存器或数据寄存器中，在诊断了电源及 PC 内部电路工作状态和编程过程中的语法错误后，PC 进入运行。从存储器逐条读取用户程序，经过命令解释后，按指令规定的任务产生相应的控制信号，去启闭有关的控制门电路，分时、分渠道地去执行数据的存取、传送、组合、比较和变换等功能，完成用户程序中规定的逻辑或算术等任务。在控制单元内还可设有标志、计时、计数等组件地址，它们直接与运算器交换数据信息，根据运算结果更新有关标志位的状态和输出状态寄存器的内容。再由输出状态寄存器的位状态或数据寄存器的有关内容实现输出控制、制表打印、数据通讯等功能。

以上这些都是在 CPU 的控制下完成的。数控机床用 PC 有两种，一种是 PC 与 CNC 装置合用一个 CPU，这种 PC 结构相对价格低，但其功能受到一定限制。另一种是带有专用的 CPU，这种 PC 处理速度快，并能增加控制功能。PC 的 CPU 通常采用位片式微处理器或通用微处理器芯片。如 AMD2900、Z80A、8085、8051、8086、68000 等。为了进一步提高 PC 功能，近年来采用了多 CPU 控制，如由一个 CPU 分管逻辑运算及专用的功能指令，用另一个 CPU 管理输入/输出模块，还有的 PC 采用单独的 CPU 作为故障处理和诊断等。这样，就可增加 PC 的工作速度及功能。

2. 存储器

PC 存储器一般有随机存储器 RAM 和只读存储器 ROM 两种类型。

PC 一般采用 NMOS 静态 RAM 存储器作为随机存储器，在这类存储器内，可存放 PC 的号数设定值、定时器/计数器设定值数据表的数据、保持存储器的数据以及必须保存的输入/输出状态。

PC 的只读存储器采用 EPROM，并以字节为单位。只读存储器存储 PC 的系统程序和用户程序。PC 产品样本中存储器型号和容量，系指用户程序存储器而言。

3. 输入/输出 (I/O) 模块

I/O 模块是 PC 与现场 I/O 装置或其它外部设备的连结部件，PC 的 I/O 可以直接加到执行件上。它将外部过程信号转换成控制器内部的信号电平，或使内部信号电平与外部执行机构所需电平匹配。由于所控对象不同，其接受的输入信号电压和控制的输出信号电压也各异，如直流 24V、交流 110V 或 220V，因此，PC 提供了各种操作电平、驱动能力以及各种功能的 I/O 模块供用户选用，如输入/输出电平转换、串/并行转换、数据传送、数据转换、A/D 和 D/A 转换以及其它的功能控制模块等。

I/O 模块要求具有抗噪声和抗干扰性能，并与外界绝缘，因此，多数都采用光电隔离回路、消抖动回路、多级滤波器等措施。I/O 模块可以制成各种标准模块，根据输入、输出点数来增减、变换、互换和组合。I/O 模块还配有各种发光二极管以指示各种运行状态。

4. 电源

电源单元将外部供电（110V、220V）转换成 CPU 所需要的 5V 工作电压。由于 PC 直接在工业现场应用，因此对电源的技术要求较高。为防止来自交流电源的噪声和干扰，一般要采用多级滤波器，并使交流电源和内部直流电源之间有必要的绝缘，并采用稳压电源以适应电网波动和温度变化的影响。此外还要求电源对过电压具有一定的保护能力，以防止在电压突变时损坏 PC。

5. 编程器

编程器通过编程语言将用户程序送入 PC。因此，编程器是 PC 的主要辅件。编程器用作用户程序的编制、调试、监视、修改和编辑。并最后将程序固化在 EPROM 中。编程器还可通过其键盘去调用和显示 PC 的一切内部状态和参数，并通过通讯接口与 CPU 联系。

编程器分简易型和智能型两种。前者只能在线编程，它通过一个专用接口与 PC 连接。程序以软件模块的形式输入。各程序段先在编程器的 RAM 区存放，然后转送到控制的存储器中。经调试通过后，将程序复制到 EPROM 中。

智能型编程器既可在线编程又可离线编程，还可以远离 PC 插到现场控制站的相应接口进行编程。智能型编程器有许多不同的应用程序软件包，功能齐全，适应的编程语言和方法也较多。

PC 的软件结构分为二类，一类是面向 PC 内部的程序，即系统管理程序和编译程序（或解释程序）。这些程序由 PC 厂家设计并固化到存储器中。另一类是面向用户或面向生产过程的"应用程序"（Application Program），也称 PC 程序（PC Program）或用户程序（User Program）。下面主要讨论面向外部，即面向生产过程的程序。

（二）PC 的编程方法

由于 PC 的硬件结构不同，功能也不尽相同，因此程序的表达方法（即编程方法）也不同。PC 的编程方法有下面几种。

1. 接点梯形图

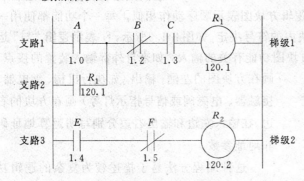

图 4.4.2　接点梯形图

用梯形图（LD——Ladder Diagram）法编程与传统的继电器电路图的设计很相似，用电路元件符号来表示控制任务直观易理解。如图 4.4.2 所示，该接点梯形图由表示常开接点、常闭接点和继电器线圈的相应符号及地址构成，它们按一定的逻辑关系（如图中的并联——"或"关系，串联——"与"关系）组成了一个顺序控制程序。梯形图的结构是：左右二条竖直线称为"电力轨"，电力轨和电力轨之间的节点（或称接点、触点）、线圈（或称继电器线圈）、功能块（功能指令，图中没画）等构成一个网络（即一条或几条支路）或多个网络，一个网络称为一个"梯级"（Rung）。每个梯级由一行或数行构成。图4.4.2中,梯级1由两行(二个支路)组成,梯级2由一行(一条支路)组成。每条支路(梯级)最右端的继电器线圈表示该支路的终点,它表示输出或中间存储,其状态有两种:接通("1")和断开("0"),这个状态取决于对该梯级左边扫描的结果。图中的线圈不是实际继电器线圈,而是PC存储器的某一位,也称软继电器。每个梯形图都由多条支路横向排列组成,如同梯子,故称梯形图。应用在编程器上的各指令或功能键,可将整个梯形图输入PC。

2. 语句表

语句表也称指令表(IL——Instruction List)。或叫指令表语言。用指令语句编程时,要理解每条指令的功能和用法。每一个语句包含有一个操作码部分和一个操作数部分。操作码表示要执行的功能类型,操作数表示到哪里去操作,它由地址码和参数组成。若采用指令语句,则图4.4.2的梯形图程序可表达为

RD	A	1.0
OR	R_1	120.1
AND, NOT	B	1.2
AND	C	1.3
WRT	R_1	120.1
RD	E	1.4
AND, NOT	F	1.5
WRT	R_2	120.2

其中,RD、OR、AND、NOT……为指令语句的操作码,而1.0、120.1、1.2……等为操作数。

这种编程方法紧凑、系统化,但比较抽象,有时先用梯形图表达,然后写成相应的指令语句输入。

3. 控制系统流程图

控制系统流程图(CSF——Control System Flowchart)也就是逻辑功能图。用逻辑功能图编程与用半导体逻辑电路中的逻辑方块图表示顺序动作相似,每一个功能都使用一个运算方块表达,其运算功能由方块内的符号决定。如图4.4.3所示,&表示逻辑"与"运算,≥=1表示逻辑"或"运算。与方块图功能有关的输入,如来自外部输入装置的接点,画在方块图的左侧;输出(如执行机构、继电器、接触器、电磁阀或信号指示灯等)画在方块的右边。在输入左边和输出右边分别写明运算地址码和地址参数。

这种编程方法易于描述较为复杂的逻辑功能,表达也很直观,且容易查错。缺点是须采用带显示屏的编程器。

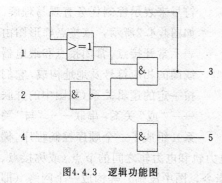

图4.4.3 逻辑功能图

除了上面介绍的编程方法外,还有用功能模块图表示的"功能块语言"编程方法;基于图形

表示的"图形语言"编程方法;用指定、子程序控制和指令语句表示的"结构文本语言"编程方法以及用逻辑方程式编程等方法。

在用户程序的编制中,应用梯形图方法编程最为普遍,语句表法的使用也较多。

随着数控技术的发展,PC 控制的设备已由单机扩展到 FMS、FA 等。PC 处理的信息除直流开关量信号、模拟量信号、交流信号外,还需要完成与上位机或下位机的信息交换。某些信息的处理已不能采用顺序执行的方式,而必须采用高速实时处理方式。基于这些原因,计算机所用的高级语言便逐步被引用到 PC 的应用程序中来。

由于 PASCAL 语言是一种具有严格语法规则的模块化编程语言,适于编制可靠性高、易于检查修改的软件。这些特点特别适于 PC 这样的工业控制装置。近年来,CNC 和 PC 厂家已在某些高级 CNC 系统中的内装 PC 的应用程序中,除 LD 程序外,又增加了 PASCAL 程序。PASCAL 程序主要用于:在 CRT 上生成 PC 应用画面,处理 NC 与 PC 窗口间传送的测量,实现实时多任务控制功能。

编制顺序程序的设备有程编器、程编机、具有 PC 程编功能的 CNC 系统和个人计算机。

程编器前面已介绍;程编机是 PC 厂家专为其产品制造的用于编辑、存储和传送顺序程序的台式专用设备。许多数控自动编程机除能编制 NC 程序,又能编制 PC 程序;某些具有自动编程功能的 CNC 系统还具有 PC 编程功能;随着计算机技术的发展,PC 专用程编机的存储容量、计算速度、图形功能等性能与个人计算机已没有明显区别。因此,某些专用的 PC 程编机亦可作为个人计算机使用。而个人计算机只要配置适于 PC 编程的系统软件,亦可作为 PC 编程机使用。

三、PC 的工作过程及其特点

(一) PC 的工作过程

用户程序通过编程器顺序输入到用户存储器内,CPU 对用户程序循环扫描并顺序执行。这是 PC 的基本工作方式。图4.4.4给出了 GE 系列1PC 的 CPU 扫描过程。只要 PC 接通电源,CPU 就对用户存储器的程序进行扫描。扫描从 0000H 地址所存的第一条用户程序开始,顺序进行,直到存储器结尾或用户程序占有的最后一个地址为止,形成一个扫描循环,周而复始。每扫描一次,CPU 进行输入点的状态采集、用户程序的逻辑解算、相应输出状态的更新和 I/O 执行。接入编程器时,也对编程器的输入响应,并更新显示。然后 CPU 对自身的硬件进行快速自检,并对监视扫描用定时器进行复位。最后键入 I/O 以进行调试。当完成自检后,CPU 又从存储器的0000H 地址重新开始扫描运行。

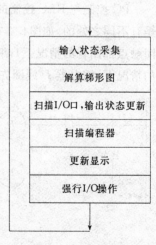

图4.4.4 扫描过程

对用户程序的循环扫描执行过程,分为输入采样、程序执行和输出刷新三个阶段,如图4.4.5所示。输入采样阶段以扫描方式,顺序读入所有输入端的状态(接通状态或是断开状态),并将此状态存入输入映象寄存器中,接着转入程序执行阶段。在程序执行阶段,即使输入状态变化,输入映象寄存器的内容也不会改变,状态的变化只能在一个工作周期的输入采样阶段才被读入。程序执行总是按先左后右、先上后下的步骤对每条指令进行扫描,并从输入映象寄存器中读入所有输入状态。若程序中需要读入某输出状态,

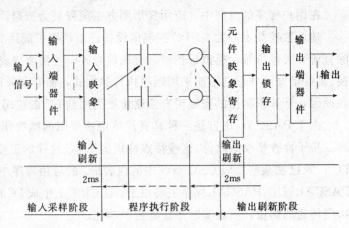

图4.4.5 程序执行过程图

则也在此时读入,然后进行逻辑运算。运算结果再存入元件映象寄存器中。对于每个元件而言,元件映象寄存器中所寄存的内容会随着程序执行的进程而变化。

所有指令执行完毕,元件映象寄存器中所有输出继电器的接通或断开状态在输出刷新阶段转存到输出锁存电路,再驱动输出线圈,这时的输出是实际工作的输出。

由于输入/输出模块滤波器的时间常数,以及执行时要按工作周期顺序进行等原因,会使输入/输出响应出现滞后现象。对一般工业控制设备来说,这种滞后现象是允许的,但对某些设备的某些信号要做出快速响应。因此,有些PC采用高速响应的输入/输出模块,或将顺序程序分为快速响应的高级程序和一般响应速度的低级程序两类。

PC控制与RLC控制的主要区别是循环扫描和顺序执行,因此,它们在信号执行上是有不同之处的。如图4.4.6,在继电器硬线逻辑电路中,当接点A闭合时(在B和C常闭触点都闭合的情况下),继电器D和E线圈同时通电;而PC顺序程序中,在触点A闭合的情况下,继电器D线圈先通电,然后E通电,D和E是按先后顺序通电的。

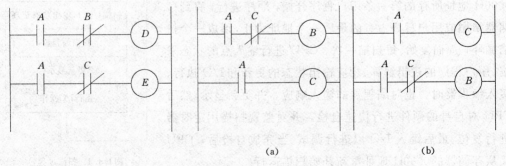

图4.4.6   图4.4.7

又如图4.4.7,在继电器硬线逻辑电路中,图(a)和图(b)的效果相同。即,当A触点闭合时,图(a)中的B线圈、C线圈通电,同理,图(b)中的C线圈通电、B线圈通电;当两图中C线圈通电后,其常闭触点打开,图(a)、图(b)中,B线圈都断电。对于PC顺序程序来说,在图(a)中,B和C线圈都通电,在一个PC顺序循环之后,线圈B断开。而在图(b)中,触点A闭合时,C线圈接通,但不能接通B线圈。

还需强调指出的是,现场I/O设备(如接触器、继电器)与PC内部触点的区别:一般将PC梯形图中的触点和线圈,称为软继电器的触点和线圈,它是用存储器的某一位来表示的。该位为"1"状态,表示软继电器通,"0"状态则表示断开。当梯形图中某一支路触点的逻辑关系满足时,软继电器通电。该电流并非物理电流,而只是表明输出点的相应位处于"1"态。在输出扫描期间,该状态使相应输出模块上的开关导通,从而将用户装置和用户电源接通,以达到控制目的。

(二) PC 的特点

1. 可靠性高

PC的硬件采取了屏蔽措施,电源采用了多级滤波环节,并在CPU和I/O回路之间采用了光电隔离,提高了硬件可靠性。在软件方面,PC采用了故障自诊断方法,一发现故障,就显示故障原因,并立即将信号状态存入存储器进行保护。当外界条件恢复正常时,可继续工作。没有继电器那种接触不良、触点熔焊、磨损和线圈烧断等故障。运行中无振动、无噪音,具有较强的抗干扰能力,可以在环境较差的条件下稳定、可靠地工作。

2. 功能完善,性能价格比高

由于PC是介于继电器控制和计算机控制之间的自动控制装置,所以PC不仅有逻辑运算的基本功能和控制功能,还具有四则运算和数据处理(如比较、判别、传递和数据变换等)等功能。PC具有面向用户的指令和专用于存储用户程序的存储器,用户控制逻辑由软件实现,这样使PC适用于控制对象动作复杂、控制逻辑需要灵活变更的场合。有的PC还具有旋转控制、数据表检索等功能,使数控机床复杂的刀库控制程序变得很简单。PC已系列化、模块化,可以根据需要,经济地进行组合,因而使性能价格比得到提高。

3. 容易实现机电一体化

由于PC结构紧凑,体积小,容易装入机床内部或电气柜内,实现机电一体化。

4. 编程简单

大多数PC都采用梯形图方法编程,形象直观,原理易于理解和掌握,编程方便。PC可以与专用程编机、程编器、甚至个人计算机等设备连接,可以很方便地实现程序的显示、编辑、诊断和传送等操作。

5. 操作维护容易

PC信息通过总线或数据传送线与主机相连,调试和操作方便。PC采用模块化结构,如有损坏，即可更换。

四、数控机床中的 PC 功能

（一）CNC、PC、机床之间的信号处理过程

PC 代替传统的机床强电顺序控制的继电器逻辑，利用逻辑运算实现各种开关量控制。在信息传递过程中，PC 处于 CNC 和机床之间。CNC 装置和机床之间的信号传送处理包括 CNC 装置至机床和机床向 CNC 装置传送两个过程。

CNC 装置→机床：

1. CNC 装置控制程序将输出数据写到 CNC 装置的 RAM 中。
2. CNC 装置的 RAM 数据传送给 PC 的 RAM 中。
3. 由 PC 的软件进行逻辑运算处理。
4. 处理后的数据仍在 PC 的 RAM 中，对内装型 PC，存在 PC 存储器 RAM 中已处理好的数据再传回 CNC 装置的 RAM 中，通过 CNC 装置的输出接口送至机床；对独立型 PC，其 RAM 中已处理好的数据通过 PC 的输出接口送至机床。

机床→CNC 装置

对于内装型 PC，信号传送处理如下：

1. 从机床输入开关量数据，送到 CNC 装置的 RAM。
2. 从 CNC 装置的 RAM 传送给 PC 的 RAM。
3. PC 的软件进行逻辑运算处理。
4. 处理后的数据仍在 PC 的 RAM 中，并被传送到 CNC 装置的 RAM 中。
5. CNC 装置软件读取 RAM 中数据。

对于独立型 PC，输入的第一步，数据通过 PC 的输入接口送到 PC 的 RAM 中，然后进行上述的第3步，以下均相同。

（二）数控机床中的 PC 功能

PC 在数控机床中主要实现 M、S、T 等辅助功能。

主轴转速 S 功能用 S 二位或 S 四位代码指定。如用 S 四位代码，则可用主轴速度直接指定；如用 S 二位代码，应首先制定二位代码与主轴转速的对应表，通过 PC 处理可以比较容易地用 S 二位代码指定主轴转速。CNC 装置送出 S 代码（如二位代码）进入 PC，经过电平转换（独立型 PC）、译码、数据转换、限位控制和 D/A 变换，最后输给主轴电机伺服系统。其中限位控制是使当 S 代码对应的转速大于规定的最高转速时，限定在最高转速。当 S 代码对应的转速小于规定的最低速度时，限定在最低转速。为了提高主轴转速的稳定性，增大转矩，调整转速范围，还可增加1~2级机械变速档。通过 PC 的 M 代码功能实现。

刀具功能 T 也由 PC 实现，特别是对加工中心的自动换刀的管理带来了很大的方便。

自动换刀控制方式有固定存取换刀方式和随机存取换刀方式,它们分别采用刀套编码制和刀具编码制。对于刀套编码的 T 功能处理过程是:CNC 装置送出 T 代码指令给 PC,PC 经过译码,在数据表内检索,找到 T 代码指定的新刀号所在的数据表的表地址,并与现行刀号进行判别比较。如不符合,则将刀库回转指令发送给刀库控制系统,直到刀库定位到新刀号位置时,刀库停止回转,并准备换刀。

PC 完成的 M 功能是很广泛的。根据不同的 M 代码,可控制主轴的正反转及停止,主轴齿轮箱的变速,冷却液的开、关,卡盘的夹紧和松开,以及自动换刀装置机械手取刀、归刀等运动。

PC 给 CNC 的信号,主要有机床各坐标基准点信号,M、S、T 功能的应答信号等。

PC 向机床传递的信号,主要是控制机床执行件的执行信号,如电磁铁、接触器、继电器的动作信号以及确保机床各运动部件状态的信号及故障指示。

机床给 PC 的信息,主要有机床操作面板上各开关、按钮等信息,其中包括机床的起动、停止,机械变速选择,主轴正转、反转、停止,冷却液的开、关,各坐标的点动和刀架、夹盘的松开、夹紧等信号,以及上述各部件的限位开关等保护装置、主轴伺服保护状态监视信号和伺服系统运行准备等信号。

PC 与 CNC 之间及 PC 与机床之间信息的多少,主要按数控机床的控制要求设置。几乎所有的机床辅助功能,都可以通过 PC 来控制。

五、典型 PC 的指令和程序编制

(一) FANUC PMC-L 型 PC 指令

该 PC 为数控机床用内装型 PC,有两种指令:基本指令和功能指令。在设计顺序程序时使用最多的是基本指令。由于数控机床执行的顺序逻辑往往较为复杂,仅用基本指令编程常会十分困难或规模庞大,因此必须借助功能指令以简化程序。

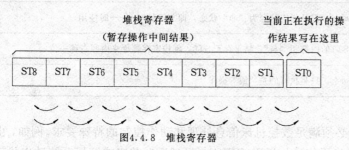

图 4.4.8 堆栈寄存器

在指令执行中,逻辑操作的中间结果暂存于"堆栈"寄存器中,该寄存器由九位组成(见图 4.4.8),按先进后出,后进先出的堆栈原理工作。ST0 位存放正在执行的操作结果,其它 8 位 (ST1~ST8) 寄存逻辑操作的中间状态。操作的中间结果进栈时(执行暂存进栈指令),寄存器左移一位;出栈时,寄存器右移一位。

1. 基本指令

PMC-L 有 12 种基本指令,见表 4-1 所示。基本指令格式如下:

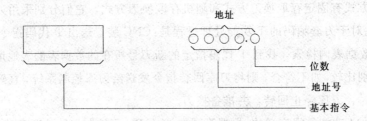

表4-1 PMC-L 型 PC 的基本指令

No	指令	处理内容
1	RD	读出给定信号状态，并写入ST0位，在一个梯级开始编码时节点（接点）是─┤├─时使用
2	RD.NOT	将信号的"非"状态读出，送入ST0位，在一个梯级开始编码时节点是─┤╱├─时使用
3	WRT	将运算结果（ST0的状态）写入（输出）到指定的地址单元
4	WRT.NOT	将运算结果（ST0的状态）的"非"状态写入（输出）到指定的地址单元
5	AND	执行逻辑"与"
6	AND.NOT	以指定地址信号的"非"状态执行逻辑"与"
7	OR	执行逻辑"或"
8	OR.NOT	以指定地址信号的"非"状态执行逻辑"或"
9	RD.STK	堆栈寄存器ST0内容左移到ST1,并将指定地址信号置入ST0,指定信号节点是─┤├─时使用
10	RD.NOT.STK	处理内容同上，只是指定信号为"非"状态，即节点是─┤╱├─时使用
11	AND.STK	将ST0和ST1的内容相"与",结果存于ST0,堆栈寄存器原来内容右移一位
12	OR.STK	处理内容同上，只是执行的是"或"操作

2. 功能指令

数控机床用PC的指令必须满足数控机床信息处理和动作控制的特殊要求。例如，由NC输出的M、S、T二进制代码信号的译码（DEC），机械运动状态或液压系统动作状态的延时（TMR）确认，加工零件的计数（CTR），刀库、分度工作台沿最短路径旋转和现在位置至目标位置步数的计算（ROT），换刀时数据检索（DSCH）等。对于上述的译码、定时、计数、最短路径选择，以及比较、检索、转移、代码转换、四则运算、信息显示等控制功能，仅用一位操作的基本指令编程，实现起来将会十分困难。因此要增加一些具有专门控制功能的指令，解决基本指令无法解决的那些控制问题。这些专门指令就是功能指令。功能指令都是一些子程序,应用功能指令就是调用了相应的子程序。

(1) 功能指令的格式

功能指令不能用继电器符号表示。它的格式如图4.4.9(1)所示。功能指令的编码表

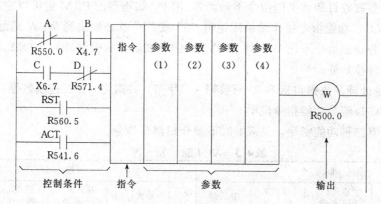

图4.4.9(1) 功能指令格式

和运算结果见表4-2。指令格式各部分内容说明如下:

表4-2 功能指令编码表

步号	指 令	地址号、位数	注释	运算结果的状态			
				ST3	ST2	ST1	ST0
1	RD. NOT	R550.0	A				$\overline{A}$
2	AND	X4.7	B				$\overline{A} \cdot B$
3	RD. STK	X6.7	C			$\overline{A} \cdot B$	C
4	AND. NOT	R571.4	D			$\overline{A} \cdot B$	$C \cdot \overline{D}$
5	RD. STK	R560.5	RST		$\overline{A} \cdot B$	$C \cdot \overline{D}$	RST
6	RD. STK	R541.6	ACT	$\overline{A} \cdot B$	$C \cdot \overline{D}$	RST	ACT
7	(SUB)	00	指令	$\overline{A} \cdot B$	$C \cdot \overline{D}$	RST	ACT
8	(PRM)	0000	参数1	$\overline{A} \cdot B$	$C \cdot \overline{D}$	RST	ACT
9	(PRM)	0000	参数2	$\overline{A} \cdot B$	$C \cdot \overline{D}$	RST	ACT
10	(PRM)	0000	参数3	$\overline{A} \cdot B$	$C \cdot \overline{D}$	RST	ACT
11	(PRM)	0000	参数4	$\overline{A} \cdot B$	$C \cdot \overline{D}$	RST	ACT
12	WRT	R500.0	W 输出	$\overline{A} \cdot B$	$C \cdot \overline{D}$	RST	ACT

控制条件 每条功能指令控制条件的数量和含义各不相同,控制条件存于堆栈寄存器中,控制条件以及指令、参数和输出(W)必须无一遗漏地按固定的编码顺序编写。

指令 指令有三种格式分别用于梯形图、纸带穿孔和程序显示,编程机输入时用简

化指令。TMR（定时）和 DEC（译码）指令分别用编程机的 T 和 D 键输入。其它指令用 SUB 键和它后面数字键输入。

参数　与基本指令不同，功能指令可处理数据。数据或存有数据的地址可作为参数写入功能指令。参数数目和含义随指令不同而异。用 PC 编程器的 PRM 键可以输入参数。

输出（W）　功能指令操作结果用逻辑"0"或"1"状态输出到 W。W 地址由编程者任意指定。有些功能指令不用 W，如 MOVE（逻辑乘后，数据移动）、COM（公共线控制）、JMP（转移）等。

功能指令处理的数据包括 BCD 码数据（二字节，共四位）和二进制数据（四字节）。

（2）PMC-L 部分功能指令说明

PMC-L 有35种功能指令，见表4-3。下面介绍部分指令。

表4-3　功　能　指　令

| 序号 | 指令 | | | 处理内容 | 序号 | 指令 | | | 处理内容 |
	格式1（梯形图）	格式2 用于纸带和显示	格式3 程序输入			格式1（梯形图）	格式2 用于纸带和显示	格式3 程序输入	
1	END1	SUB1	S1	1级程序结束	19	DSCH	SUB17	S17	数据检索
2	END2	SUB2	S2	2级程序结束	20	XMOV	SUB18	S18	变址数据转移
3	END3	SUB48	S48	3级程序结束	21	ADD	SUB19	S19	加
4	TMR	TMR	T	定时	22	SUB	SUB20	S20	减
5	TMRB	SUB24	S24	固定定时	23	MUL	SUB21	S21	乘
6	DEC	DEC	D	译码	24	DIV	SUB22	S22	除
7	CTR	SUB5	S5	计数	25	NUME	SUB23	S23	常数定义
8	ROT	SUB6	S6	旋转控制	26	PACTL	SUB25	S25	位置 MAte-A
9	COD	SUB7	S7	代码转换	27	CODB	SUB27	S27	二进制代码转换
10	MOVE	SUB8	S8	逻辑乘后数据转移	28	DCNVB	SUB31	S31	扩展数据转换
11	COM	SUB9	S9	公共线控制	29	COMPB	SUB32	S32	二进制数比较
12	COME	SUB29	S29	公共线控制结束	30	ADDB	SUB36	S36	二进制数加
13	JMP	SUB10	S10	跳转	31	SUBB	SUB37	S37	二进制数减
14	JMPE	SUB30	S30	跳转结束	32	MULB	SUB38	S38	二进制数乘
15	PARI	SUB11	S11	奇偶检查	33	DIVB	SUB39	S39	二进制数除
16	DCNN	SUB14	S14	数据转换	34	NUMEB	SUB40	S40	二进制常数定义
17	COMP	SUB15	S15	比较	35	DISP	SUB49	S49	信息显示
18	COIN	SUB16	S16	符合检查					

①顺序结束指令（END1，END2）　　顺序程序结束指令包括：

END1：高级顺序结束指令。要求响应快的信号（如脉冲信号）编在高级顺序程序中，分为1、2、3级，用功能指令END1指定高级顺序结束。

END2：低级顺序程序结束

指令格式：

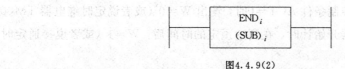

图4.4.9(2)

其中 $i=1$ 和2，分别表示高级和低级顺序结束指令。

②定时器指令（TMR，TMRB）　　在数控机床梯形图编制中，定时器指令是不可缺少的指令。它用在机械动作完成状态或稳定状态的延时确认（如卡盘夹紧/松开、自动夹具夹紧松开、转台锁紧/释放、刀具夹紧/松开、主轴起动/停止等），机床液压、润滑、冷却、供气系统执行器件稳定工作状态的延时确认（如油缸、气缸、电磁阀、压力阀、气阀等动作完成确认），以及顺序程序中其它需要与时间建立逻辑顺序关系的场合。

指令格式：

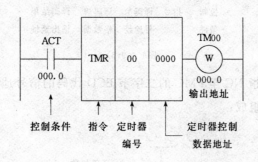

图4.4.9(3)

或是下面的格式：

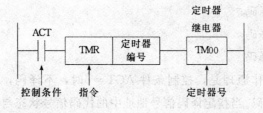

图4.4.9(4)

TMR是设定时间可以更改的延时定时器。它通过CRT/MDI面板在指令规定的"定时器"控制数据地址来设定时间,设定值用二进制表示。二进制1相当于50ms。设定范围:0.05~1638.35s。指令TMRB的设定时间与顺序程序一起被写入EPROM。所设定时间不能用CRT/MDI改变,除非修改梯形图设定时间,再重新写入EPROM。TRMB是设定时间固定不变的延时定时器,设定时间以十进制表示,每50ms为一档,时间范围为0.05~1638.35s。

定时器工作原理是,当控制条件ACT=0时,输出W=0(或者说定时继电器TM00断开)。当ACT=1时,定时器开始计时,在到达预定的时间后,W=1(或者说接通定时器继电器TM00)。

③译码指令(DEC)　数控机床在执行加工程序中规定的M、S、T机能时,CNC装置以BCD代码形式输出M、S、T代码信号。这些信号需要经过译码才能从BCD码状态,转换成具有特定功能含义的一位逻辑状态。

DEC功能指令的格式(见图4.4.9(5)):

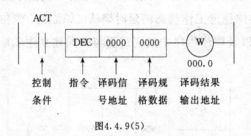

图4.4.9(5)

译码信号地址是指NC至PMC的二字节BCD代码的信号地址。译码规格数据由序号和译码位数两部分组成:

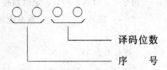

其中,序号必须两位数指定。例如,对M03译码,这两位数即为03。"译码位数"的设定有三种情况:

01:对低位数译码
10:对高位数译码
11:对两位数译码

DEC指令的工作原理是,控制条件ACT=0时,不译码,译码结果继电器断开,ACT=1时,允许译码。当指定译码信号地址中的代码信号状态与指定序号相同时,输出W=1,反之,W=0。译码输出W的地址由编程员任意指定。

(二)顺序程序的编制

1.编程举例

①基本指令例1　图4.4.10的梯形图的编码表和操作结果状态见表4-4。

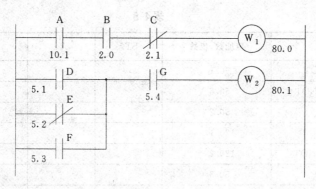

图4.4.10 基本指令例1

表4-4

步 序	指 令	地址数、位数	ST2	ST1	ST0
1	RD	10.1			A
2	AND	2.0			A·B
3	AND. NOT	2.1			A·B·$\overline{C}$
4	WRT	80.0			A·B·$\overline{C}$
5	RD	5.1			D
6	OR. NOT	5.2			D+$\overline{E}$
7	OR	5.3			D+$\overline{E}$+F
8	AND	5.4			(D+$\overline{E}$+F)·G
9	WRT	80.1			(D+$\overline{E}$+F)·G

②基本指令例2　　图4.4.11梯形图的编码表和操作结果状态见表4-5。

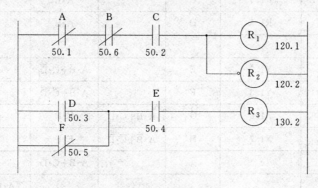

图4.4.11 基本指令例2

· 209 ·

表4-5

步 序	指 令	地址数、位数	ST2	ST1	ST0
1	RD. NOT	50.1			$\overline{A}$
2	AND. NOT	50.6			$\overline{A}\cdot\overline{B}$
3	AND	50.2			$\overline{A}\cdot\overline{B}\cdot C$
4	WRT	120.1			$\overline{A}\cdot\overline{B}\cdot C$
5	WRT. NOT	120.2			$\overline{A}\cdot\overline{B}\cdot C$
6	RD	50.3			D
7	OR. NOT	50.5			$D+\overline{F}$
8	AND	50.4			$(D+\overline{F})\cdot E$
9	WRT	130.2			$(D+\overline{F})\cdot E$

③基本指令例3　图4.4.12梯形图的编码表和操作结果状态见表4-6。

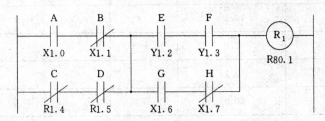

图4.4.12　基本指令例3

表4-6

步号	指 令	地址号、位数	注释	运算结果状态		
				ST2	ST1	ST0
1	RD	X1.0	A			A
2	AND. NOT	X1.1	B			$A\cdot\overline{B}$
3	RD. NOT. STK	R1.4	C		$A\cdot\overline{B}$	$\overline{C}$
4	AND. NOT	R1.5	D		$A\cdot\overline{B}$	$\overline{C}\cdot\overline{D}$
5	OR. STK					$A\cdot\overline{B}+\overline{C}\cdot\overline{D}$
6	RD. STK	Y1.2	E		$A\cdot\overline{B}+\overline{C}\cdot\overline{D}$	E
7	AND	Y1.3	F		$A\cdot\overline{B}+\overline{C}\cdot\overline{D}$	$E\cdot F$
8	RD. STK	X1.6	G	$A\cdot\overline{B}+\overline{C}\cdot\overline{D}$	$E\cdot F$	G
9	AND. NOT	X1.7	H	$A\cdot\overline{B}+\overline{C}\cdot\overline{D}$	$E\cdot F$	$G\cdot\overline{H}$
10	OR. STK				$A\cdot\overline{B}+\overline{C}\cdot\overline{D}$	$E\cdot F+G\cdot\overline{H}$
11	AND. STK					$(A\cdot\overline{B}+\overline{C}\cdot\overline{D})(E\cdot F+G\cdot\overline{H})$
12	WRT	R80.1	R1输出			$(A\cdot\overline{B}+\overline{C}\cdot\overline{D})(E\cdot F+G\cdot\overline{H})$

④控制主轴运动的顺序程序编制

图 4.4.13 是控制主轴运动的局部梯形图。图中包括主轴旋转方向控制(顺时针旋转或

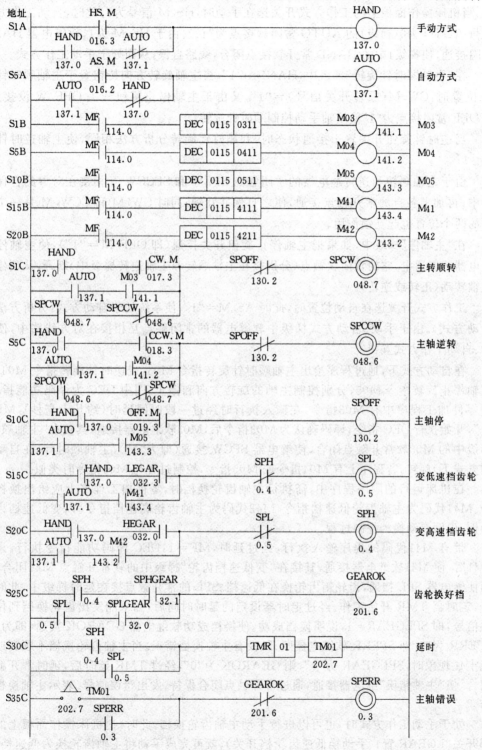

图 4.4.13 主轴运动控制局部梯形图

逆时针旋转)和主轴齿轮换档控制(低速档或高速档)。控制方式分手动和自动两种工作方式。当机床操作面板上的工作方式开关选在手动时,HS.M 信号为1。此时,自动工作方式信号 AUTO 为0(梯级1的 AUTO 常闭软接点为"1")。由于 HS.M 为1,软继电器 HAND 线圈接通,使梯级1中的 HAND 常开软接点闭合,线路自保,从而处于手动工作方式。

在"主轴顺时针旋转"梯级中,HAND="1",当主轴旋转方向旋钮置于主轴顺时针旋转位置时,CW.M(顺转开关信号)="1",又由于主轴停止旋钮开关 OFF.W 没接通,SPOFF 常闭接点为"1"使主轴手动控制顺时针旋转。

当逆时针旋钮开关置于接通状态时,和顺时针旋转分析方法相同,使主轴逆时针旋转。

由于主轴顺转和逆转继电器的常闭触点 SPCW 和 SPCCW 互相接在对方的自保线路中,再加上各自的常开触点接通,使之自保并互锁。同时 CW.M 和 CCW.M 是一个旋钮的两个位置也起互锁作用。

在"主轴停"梯级中,如果把主轴停止旋钮开关接通(即 OFF.M="1"),使主轴停软继电器线圈通电,它的常闭软触点(分别接在主轴顺转和主轴逆转梯级中)断开,从而停止主轴转动(正转或逆转)。

工作方式开关选在自动位置时,此时 AS.M="1",使系统处于自动方式(分析方法同手动方式)。由于手动、自动方式梯级中软继电器的常闭触点互相接在对方线路中,使手动、自动工作方式互锁。

在自动方式下,通过程序给出主轴顺时针旋转指令 M03,或逆时针旋转指令 M04,或主轴停止旋转指令 M05,分别控制主轴的旋转方向和停止。图中 DEC 为译码功能指令。当零件加工程序中有 M03指令,在输入执行时经过一段时间延时(约几十毫秒),MF="1",开始执行 DEC 指令,译码确认为 M03指令后,M03软继电器接通,其接在"主轴顺转"梯级中的 M03软常开触点闭合,使继电器 SPCW 接通(即为"1"),主轴顺时针(在自动控制方式下)旋转。若程序上有 M04指令或 M05指令,控制过程与 M03指令时类似。

在机床运行的顺序程序中,需执行主轴齿轮换档时,零件加工程序上应给出换档指令。M41代码为主轴齿轮低速档指令,M42代码为主轴齿轮高速档指令。以变低速档齿轮为例,说明自动换档控制过程。

带有 M41代码的程序输入执行,经过延时,MF=1,DEC 译码功能指令执行,译出 M41后,使 M41软继电器接通,其接在"变低速档齿轮"梯级中的软常开触点 M41闭合,从而使继电器 SPL 接通,齿轮箱齿轮换在低速档。SPL 的常开触点接在延时梯级中,此时闭合,定时器 TMR 开始工作。经过定时器设定的延时时间后,如果能发出齿轮换档到位开关信号,即 SPLGEAR=1,说明换档成功。使换档成功软继电器 GEAROK 接通(即为1),SPERR 为"0"即 SPERR 软继电器断开,没有主轴换档错误。当主轴齿轮换档不顺利或出现卡住现象时,SPLGEAR 为"0",则 GEAROK 为"0",经过 TMR 延时后,延时常开触点闭合,使"主轴错误"继电器接通,通过常开触点闭合保持,发出错误信号。表示主轴换档出错。

处于手动工作方式时,也可以进行手动主轴齿轮换档。此时,把机床操作面板上的选择开关"LGEAR 置1(手动换低速齿轮档开关),就可完成手动将主轴齿轮换为低速档。同样,也可由主轴出错显示来表明齿轮换档是否成功。

该梯形图的程序编码表见表4-7。

表4-7 顺 序 程 序 表

步序	指令	地址数,位数	步序	指令	地址数,位数
1	RD	016.3	43	RD.STK	137.1
2	RD.STK	137.0	44	AND	141.2
3	AND.NOT	137.1	45	OR.STK	
4	OR.STK		46	RD.STK	048.6
5	WRT	137.0	47	AND.NOT	048.7
6	RD	016.2	48	OR.STK	
7	RD.STK	137.1	49	AND.NOT	130.2
8	AND.NOT	137.0	50	WRT	048.6
9	OR.STK		51	RD	137.0
10	WRT	137.1	52	AND	019.3
11	RD	114.0	53	RD.STK	137.1
12	DEC	0115	54	AND	143.3
13	PRM	0311	55	OR.STK	
14	WRT	141.1	56	WRT	130.2
15	RD	114.0	57	RD	137.0
16	DEC	0115	58	AND	032.3
17	PRM	0411	59	RD.STK	137.1
18	WRT	141.2	60	AND	143.4
19	RD	114.0	61	OR.STK	
20	DEC	0115	62	AND.NOT	0.4
21	PRM	0511	63	WRT	0.5
22	WRT	143.3	64	RD	137.0
23	RD	114.0	65	AND	032.2
24	DEC	0115	66	RD.STK	137.1
25	PRM	4111	67	AND	143.2
26	WRT	143.4	68	OR.STK	
27	RD	114.0	69	AND.NOT	0.5
28	DEC	0115	70	WRT	0.4
29	PRM	4211	71	RD	0.4
30	WRT	143.2	72	AND	32.1
31	RD	137.0	73	RD.STK	0.5
32	AND	017.3	74	AND	32.0
33	RD.STK	137.1	75	OR.STK	
34	AND	141.1	76	WRT	201.6
35	OR.STK		77	RD	0.4
36	RD.STK	048.7	78	OR	0.5
37	AND.NOT	048.6	79	TMR	01
38	OR.STK		80	WRT	202.7
39	AND.NOT	130.2	81	RD	202.7
40	WRT	048.7	82	OR	0.3
41	RD	137.0	83	AND.NOT	201.6
42	AND	018.3	84	WRT	0.3

[注]该程序的梯形图中粗实线触点为机床侧或NC侧输入的信号,细实线触点为PC中软触点,符号"—〇—"为机床侧继电器线圈,符号"—▢—"为PC定时器线圈。

2. 数控机床顺序程序设计步骤

①确定 PC 型号及其硬件配置

不同型号 PC 具有不同的硬件组成和性能指标。它们的基本 I/O 点数和扩展范围、程序存储量往往差别很大。因此，在 PC 程序设计之前，要对所用 PC 型号，硬件配置（如内装型 PC 是否要增加 I/O 板，通用型 PC 是否要增加 I/O 模板等）作出选择。

对 PC 的性能指标主要考虑输入/输出点数和存储容量。另外，所选择 PC 的处理时间、指令功能、定时器、计数器、内部继电器的技术规格、数量等指标也应满足要求。

②制作接口信号文件

需要设计和编制的接口技术文件有：输入和输出信号电路原理图；地址表；PC 数据表。这些文件是制作 PC 程序不可缺少的技术资料。梯形图中所用到的所有内部和外部信号、信号地址、名称、传输方向，与功能指令有关的设定数据，与信号有关的电器元件等都反映在这些文件中。编制文件的人员除需要掌握所用 CNC 装置和 PC 控制器的技术性能外，还需要具有一定的电气设计知识。

③绘制梯形图

梯形图逻辑控制顺序的设计，从手工绘制梯形图开始。在绘制过程中，设计员可以在仔细分析机床工作原理或动作顺序的基础上，用流程图、时序图等描述信号与机床运动时间的逻辑顺序关系，然后据此设计梯形图的控制关系和顺序。

在梯形图中，要用大量的输入触点符号。设计员应搞清输入信号为"1"和"0"状态的关系。若外部信号触点是常开触点，当触点动作时（即闭合），则输入信号为"1"，若信号触点是常闭触点，当触点动作时（即打开），则输入信号为"0"。一个设计得好的梯形图除要满足机床控制的要求外，还应具有最少的步数、最短的顺序处理时间和易于理解的逻辑关系。

④用程编机编制顺序程序

手工绘制的梯形图，可先转换成指令表的形式，再用键盘输入程编机进行修改。

如果设计员对程编机比较熟悉，且具有一定的 PC 程序设计知识，也可省去手工绘制梯形图这一步骤，直接在编程机上编制梯形图程序。由于程编机具有丰富的编辑功能，可以很方便地实现程序的显示、输入、输出、存储等操作。因此，采用程编机编制程序可以大大提高工作效率。

⑤顺序程序的调试与确认

编好的程序需要经过运行调试。一般来说，顺序程序要经过"仿真调试"和"联机调试"两个步骤。仿真调试是在实验室条件下，采用仿真装置或模拟实验台进行调试程序。联机调试是将机床、CNC 装置、PC 装置和编程设备联接起来进行整机机电运行调试。只有这样，才能最终确认程序的正确性。

⑥顺序程序的固化

将经过反复调试并确认无误的顺序程序用程编机或程编器写入 EPROM 中，这称为顺序程序的固化。在 PC 装置上，用存储了顺序程序的 EPROM 代替 RAM，使机床在各种方式下作运行检查。如果满足了整机控制的各项技术要求，则顺序程序的调试即告结束。

⑦程序的存储和文件整理

联机调试合格的 PC 程序，是重要的技术文件，除固化到 EPROM 中外，还应存入软盘。技术文件是分析故障原因，扩展功能以及编制其它顺序程序的重要技术资料。所以对程序文件要整理存档。

§4.5 CNC 装置数据输入输出和通讯功能

一、与 CNC 装置进行数据传送和通讯的设备和接口

数控机床的 CNC 装置需要与下列设备进行数据传送和信息通讯。

1. 数据输入输出设备。如光电纸带阅读机（PTR），纸带穿孔机（PP），打印和穿复校设备（TTY），零件加工程序的编程机和可编程控制器的程编机等。

2. 外部机床控制面板。许多数控机床，特别是大型数控机床，为了操作方便，往往在机床侧设置一个外部机床控制面板。其结构可以是固定的，或者是悬挂式的。它远离 CNC 装置。早期采用专用的远距离输入输出接口，近来采用 RS232C（24V）/20mA 电流环接口。

3. 通用的手摇脉冲发生器。

4. 进给驱动线路和主轴驱动线路。一般情况下，这两部分装置与 CNC 装置在同一机柜或相邻机柜内，通过内部连线相连，它们之间不设置通用输入输出接口。

接口是保证信息快速、正确传送的关键部分，接口技术发展很快，现代 CNC 装置都具有完备的数据传送和通讯接口。例如，西门子公司的 Sinumerik 3 或 8 系统设有 V24（RS-232C）/20mA 接口供程序输入输出之用。Sinumerik 810/820 CNC 装置设有两个通用的 RS-232C/20mA 接口，可用以连结数据输入输出设备。而外部机床面板通过 I/O 模块相连。规定 RS-232C 接口传输距离不大于 50m，20mA 电流环接口可达 100m。

随着工厂自动化（FA）和计算机集成制造系统（CIMS）的发展，CNC 装置作为 FA 或 CIMS 结构中一个基础层次，用作设备层或工作站层的控制器时，可以是分布式数控系统（DNC），柔性制造系统（FMS）的有机组成部分，一般通过工业局部网络相连。

CNC 装置除了与数据输入输出设备相连接外，还要与上级计算机或 DNC 计算机直接通讯或通过工厂局部网络相连，具有网络通讯功能。以 CNC 为基础的这些自动化制造系统，信息传送量很大，远远多于 CNC 单机运行的数据量。A-B 公司 8600 CNC 装置为满足 CIMS 通讯要求，配置三种接口：小型 DNC 接口；远距离输入输出接口；数据高速通道，相当于工业局部网络通讯接口。FANUC 15 CNC 装置系统也有类似的接口功能，CNC 装置通过专用通讯处理机，远程缓冲存储器，RS-422 接口，采用通讯协议 protocol A 或 B 进行通讯，传送速率可达 86.4Kbit/s，若采用 HDLC 协议，传送率可达 920Kbit/s，此外，为满足工厂自动化的 CIMS 的需要，FANUC 15 系统还可配置 MAP3.0 接口板，以便接入工业局部网络。Sinumerik 850/880 系统除配置有标准的 RS-232C 接口外，还设置有 SINEC H1 网络接口和 MAP 网络接口（或称 SINEC H2 接口）。通过网络接口可将 CNC 连至西门子的 SINEC H1 网络和 MAP 工业局部网络中。SINEC H1 网络遵守 CSMA/CD（载波侦听多路存取/冲突检测）控制方式的 IEEE802.3 标准。西门子的 SINEC H2 工业局部网络（LAN）遵守 MAP3.0 协议。

二、异步串行通讯接口

数据在设备间的传送可用串行方式或并行方式。相距较远的设备数据传送采用串行方式。串行接口需要有一定的逻辑，将机内的并行数据转换成串行信号后再传送出去，接收时也要将收到的串行信号经过缓冲器转换成并行数据，再送至机内处理。常用芯片 8251A、MC6850、6852 等，可以实现这些功能。

为了保证数据传送的正确和一致，接收和发送双方对数据的传送应确定一致的且互相遵守的约定，它包括定时、控制、格式化和数据表示方法等。这些约定称为通讯规则（procedure）或通讯协议（protocol）。串行传送分为异步协议和同步协议两种。异步传送比较简单，但速度不快。同步协议传送率高，但接口结构复杂，传送大量数据时使用。

异步串行传送在数控机床上应用比较广泛，现在主要的接口标准有 RS-232C/20mA 电流环和 RS-422/RS-449。CNC 装置中 RS-232C 接口（见图 4.5.1）用以连结输入输出设

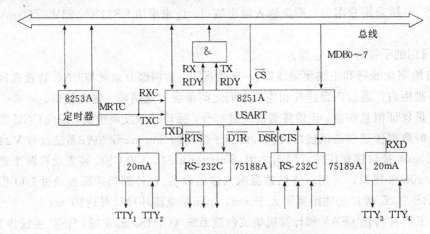

图 4.5.1　CNC 装置中标准的 RS-232C/20mA 接口

备（PTR、PP 或 TTY），外部机床控制面板或手摇脉冲发生器。传输速率不超过 9600bit/s，使用 RS-232C 接口时要注意如下问题：

1. RS-232C 规定了数据终端设备（DTE）和数据通信设备（DCE）之间的信号联系关系，故要区分互相通讯的设备是 DTE，还是 DCE。计算机或终端设备为 DTE；自动呼叫设备、调制解调器、中间设备等为 DCE。

2. RS-232C 有两个地。一个是机壳地，它直接连到系统屏蔽罩上。另一个是信号地，这个地必须联到一起，它是对所有信号提供一个公共参考点。但信号地不一定与机壳绝缘，这是 RS-232C 潜在的一个问题，造成长距离传输不可靠。一般一对器件间电缆总长不得超过 30m。

3. RS-232C 规定的电平与 TTL 和 MOS 电路电平均不相同。RS-232C 规定逻辑"0"至少为 3V，逻辑"1"为 -3V 或更低。电源通常采用 ±12V 或 ±15V。输出驱动器通常采用 75188 或 MC1488；输入接收器采用 75189 或 MC1489。传输频率不超过 20kHz。

CNC 的 20mA 电流环通常与 RS-232C 一起配置，过去它主要用于联接电传打字机和

纸带穿复校设备。该接口特点是电流控制,以20mA电流作为逻辑"1",零电流为逻辑"0",在环路中只有一个电源。电流环对共模干扰有抑制作用,并可采用隔离技术消除接地回路引起的干扰,传输距离比RS-232C远。

电流环的电路见图4.5.2,工作原理是:

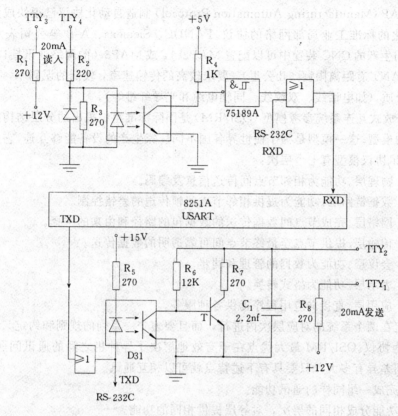

图4.5.2 20mA电流环电路

输入信号(TTY3~TTY4)经光电隔离和75189A整形后送至8251A的接收端RXD。输出时由8251A的TXD端输出经光电隔离D31与TTY1~TTY2相连。当TXD输出为"1"时,光电隔离D31断开,使晶体管T导通,20mA电流从+12V电源,经R_8、TTY1和TTY2环路流动,相当逻辑"1"。

为了弥补RS-232C的不足,提出了新的接口标准RS422/RS449。RS-422标准规定了双端平衡电气接口模块。RS-449规定了这种接口的机械连接标准,采用了37脚的连接器,与RS-232C的25脚插座不同。它采用双端(即一个信号的正信号和反信号)驱动器发送信号,用差分接收器接收信号,能抗传送过程的共模干扰,保证更可靠,更快速的数据传送,还允许线路有较大的信号衰减,这样传送频率比RS-232C高得多,传送距离也远得多。

三、网络通讯接口

随着制造技术的不断发展,对网络通讯要求越来越高。计算机网络是由通讯线路,根据一定的通讯协议互连起来的独立自主的计算机的集合。连网中的各设备应能保证高速和可靠的传送数据和程序。在这种情况下一般采取同步串行传送方式，在CNC装置中设有专用的微处理机的通讯接口，完成网络通讯任务。现在网络通讯协议都采用以 ISO 开放式互连系统参考模型的七层结构为基础的有关协议，或采用 IEEE 802 局部网络有关协议。近年来 MAP（Manufacturing Automation Protocol）制造自动化协议已很快成为应用于工厂自动化的标准工业局部网络的协议。FANUC、Siemens、A-B 等公司表示支持MAP，在它们生产的 CNC 装置中可以配置 MAP2.1，或 MAP3.0 的网络通讯接口。工业局部网络（LAN）有距离限制（几公里），要求较高的传输速率，较低的误码率，可以采用各种传输介质（如电话线、双绞线、同轴电缆和光导纤维等）。

ISO 的开放式互连系统参考模型（OSI/RM）是国际标准组织提出的分层结构的计算机通讯协议的模型。这一模型是为了使世界各国不同厂家生产的设备能够互连，它是网络的基础。该通讯协议模型有七个层次：

第一层：物理层。功能为相邻节点间传送信息及编码。

第二层：数据链路层。功能为提供相邻节点间帧传送的差错控制。

第三层：网络层。完成节点间数据传送的数据包的路径和由来的选择。

第四层：传输层。提供节点至最终节点间可靠透明的数据传送。

第五层：会议层。功能为数据的管理和同步。

第六层：表示层。功能为格式转换。

第七层：应用层。直接向应用程序提供各种服务。

通讯一定在两个系统的对应层次内进行，而且要遵守一系列的规则和约定，这些规则和约定称为协议。OSI/RM 最大优点在于有效地解决了异种机之间的通讯问题。不管两个系统之间差异有多大，只要具有下述特点就可以相互通讯。

1. 它们完成一组同样的通讯功能。
2. 这些功能分成相同的层次，对等层提供相同的功能。
3. 同等层必须遵守共同的协议。

局部网络标准由 IEEE802 委员会提出建议，并已被 ISO 采用。它只规定了数据链路层和物理层的协议。其数据链路层包括逻辑链路控制（LLC）和介质存取控制（MAC）两个子层。MAC 子层根据采用的 LAN 技术又分为：CSMA/CD 总线（IEEE802.3），令牌总线（Token Bus IEEE802.4），令牌环（Token Ring IEEE802.5）。物理层也包括两个子层：介质存取单元（MAU）和传输载体（Carrier）。MAU 分为基带、载带和宽带传输。传输载体有双绞线、同轴电缆、光导纤维等。

西门子公司开发了总线结构的 SINEC H1 工业局部总线，遵守 OSI/RM 协议，可以连接成 FMC 和 FMS。其 MAC 子层遵守 CSMA/CD 总线协议，协议采用自行研制的自动化协议 SINEC AP1.0（Automation Protocol）。

为了将 Sinumerik 850 系统连接到 SINEC H1 网络，在 850 系统中插入专用的工厂总线接口板 CP535。通过 SINEC H1 网络，850 系统可以与主控计算机交换信息，传送零件程序，接受命令，传送各种状态信息等。此外 850 系统还可通过插入 AS512 接口板接入星型网络，实现点-点通讯。

MAP 是美国 GM 公司发起研究和开发的应用于工厂车间环境的通用网络通讯标准。目前已成为工厂自动化的通讯标准，为许多国家和企业接受。它的特点是：

1. 网络为总线结构，采用适于工业环境的令牌通行网络访问方式。
2. 采用了适应工业环境的技术措施，提高了可靠性。如在物理层采用宽带技术及同轴电缆以抗电磁干扰，传输层采用高可靠的传输服务。
3. 具有较完善的明确而针对性强的高层协议，以支持工业应用。
4. 具有较完善的体系和互连技术，使网络易于配置和扩展。低层应用可配最小 MAP（只配数据链路层、物理层和应用层），高层次应用可配备完整的 MAP（包括7层协议）。
5. 针对 CIM 需要开发的。

现在 CNC 装置已有 MAP2.1，MAP3.0 接口板及其配套产品，可用于 CNC 系统的网络通讯。

第五章 位置检测装置

§5.1 概 述

一、对检测装置的要求

检测装置（或称检测元器件）是闭环伺服系统的重要组成部分。它的作用是检测位移和速度，发送反馈信号，构成闭环控制。闭环系统的数控机床的加工精度主要取决于检测系统的精度。位移检测系统能够测量出的最小位移量称为分辨率。分辨率不仅取决于检测装置本身，也取决于测量线路。因此，研制和选用性能优越的检测装置是很重要的。

数控机床对检测装置的主要要求有：
1. 工作可靠，抗干扰性强。
2. 使用维护方便，适应机床的工作环境。
3. 满足精度和速度的要求。
4. 成本低。

不同类型数控机床对检测装置的精度和适应的速度要求是不同的。对大型机床以满足速度要求为主，对中小型机床和高精度机床以满足精度要求为主。选择测量系统的分辨率要比加工精度高一个数量级。

二、检测装置的分类

根据测量装置的安装位置及与机床运动部件的耦合方式，可分为直接测量和间接测量检测装置两种。间接测量精度低，需要增加补偿措施。从绝对测量和增量测量角度来分，可分为增量型和绝对型检测装置。按检测信号的类型分，又可以分为数字式和模拟式两大类。

数控机床和机床数字显示常用的位置检测装置见表5-1。

表5-1 位置检测装置分类

	增 量 式	绝 对 式
回转型	脉冲编码器 旋转变压器 圆感应同步器 圆光栅、圆磁栅	多速旋转变压器 绝对脉冲编码器 三速圆感应同步器
直线型	直线感应同步器，计数光栅，磁尺，激光干涉仪	三速感应同步器 绝对值式磁尺

在数控机床上除位置检测外，还有速度检测。其目的是精确地控制转速。转速检测装置常用测速发电机，回转式脉冲发生器。脉冲编码器和"频率-电压变换"回路产生速度检测信号。

下面就数控机床上常用的检测装置作一介绍。

§5.2 旋转变压器

一、旋转变压器的结构和工作原理

旋转变压器是一种小型精密的交流电机,在结构上和二相线绕式异步电动机相似,由定子和转子组成,分有刷和无刷两种。在有刷结构中,定子与转子上均为两相交流分布绕组。二相绕组轴线分别相互垂直,转子绕组的端点通过电刷和滑环引出。无刷旋转变压器没有电刷与滑环,由二大部分组成:一部分叫分解器,其结构与有刷旋转变压器基本相同;另一部分叫变压器,它的一次绕组绕在与分解器转子轴固定在一起的线轴(高导磁材料)上,与转子一起转动;它的二次绕组绕在与转子同心的定子轴线上（高导磁材料）。分解器定子线圈接外加的激磁电压,它的转子线圈输出信号接到变压器的一次绕组,从变压器的二次绕组引出最后的输出信号。无刷旋转变压器结构见图5.2.1,它具有可靠性高,寿命长,不用维修以及输出信号大等优点,是数控机床常用的位置检测装置之一。

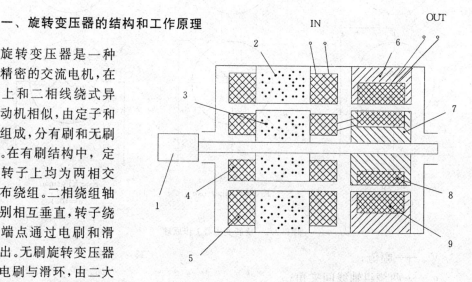

图5.2.1 旋转变压器结构示意图

1.转子轴 2.分解器定子 3.分解器转子 4.分解器转子线圈
5.分解器定子线圈 6.变压器定子 7.变压器转子
8.变压器一次线圈 9.变压器二次线圈

旋转变压器是根据互感原理工作的。它的结构保证了其定子与转子之间空气隙内的磁通分布呈正（余）弦规律。当定子加上激磁电压（为交变电压,频率为2~4kHz）时,通过电磁耦合,转子绕组产生感应电势,如图5.2.2所示。其输出电压的大小取决于定子和转子两个绕组轴线在空间的相对位置。两者平行时感应电势最大,两者垂直时,感应电势为零。感应电势随着转子偏转的角度呈正（余）弦变化,即

$$E_2 = KV_1\cos\alpha = KV_m\sin\omega t\cos\alpha \tag{5-1}$$

式中 E_2——转子绕组感应电势;

V_1——定子的激磁电压;

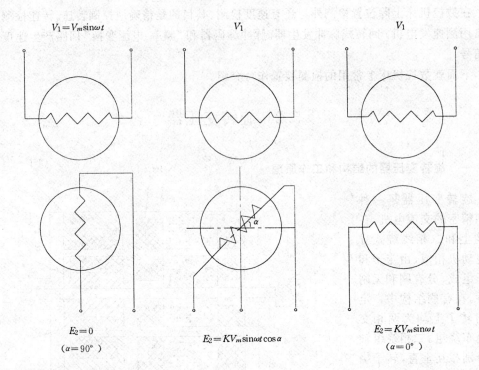

图5.2.2 旋转变压器工作原理

V_m —— 幅值;

α —— 两绕组轴线间夹角;

K —— 变压比(即绕组匝数比)。

二、旋转变压器的应用

旋转变压器作为位置检测元件,有两种应用方法:鉴相式工作方式和鉴幅式工作方式。

(一)鉴相式工作方式　在此状态下,旋转变压器定子两相正交绕组(正弦绕组 S 和余弦绕组 C)分别加上幅值相等、频率相同,而相位相差90°正弦交变电压(见图5.2.3),即

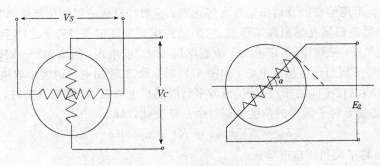

图5.2.3 定子两相绕组激磁

$$V_S = V_m \sin\omega t \tag{5-2}$$

$$V_C = V_m \cos\omega t \tag{5-3}$$

这两相激磁电压在转子绕组中会产生感应电势。转子绕组通常也是两相正交绕组,其中一相作为补偿电枢反应。根据线性叠加原理,在转子工作绕组中感应电势为

$$\begin{aligned} E_2 &= KV_S\cos\alpha - KV_C\sin\alpha \\ &= KV_m(\sin\omega t\cos\alpha - \cos\omega t\sin\alpha) \\ &= KV_m\sin(\omega t - \alpha) \end{aligned} \tag{5-4}$$

式中　α——定子正弦绕组轴线与转子工作绕组轴线间的夹角;
　　　ω——激磁角频率。

由上式可见,旋转变压器转子绕组中的感应电势 E_2 与定子绕组中的激磁电压同频率,但相位不同,其差值为 α。测量转子绕组输出电压的相位角 α,即可测得转子相对于定子的空间转角位置。在实际应用中,把定子正弦绕组激磁的交流电压相位作为基准相位,与转子绕组输出电压相位作比较,来确定转子转角的位置。

(二) 鉴幅式工作方式

在这种工作方式中,定子二相绕组加的是频率相同、相位相同,而幅值分别按正弦、余弦变化的交变电压。即

$$V_S = V_m\sin\alpha_电 \sin\omega t \tag{5-5}$$

$$V_C = V_m\cos\alpha_电 \sin\omega t \tag{5-6}$$

式中,$V_m\sin\alpha_电$、$V_m\cos\alpha_电$ 分别为定子二绕组激磁信号的幅值。定子激磁电压在转子中感应出的电势不但与转子和定子的相对位置 $\alpha_机$ 有关,还与激磁的幅值有关,即

$$\begin{aligned} E_2 &= KV_S\cos\alpha_机 - KV_C\sin\alpha_机 \\ &= KV_m\sin\omega t(\sin\alpha_电 \cos\alpha_机 - \cos\alpha_电 \sin\alpha_机) \\ &= KV_m\sin(\alpha_电 - \alpha_机)\sin\omega t \end{aligned} \tag{5-7}$$

若 $\alpha_机 = \alpha_电$,则 $E_2 = 0$(其中 $\alpha_电$ 为电气角)。

从物理概念上理解,$\alpha_机 = \alpha_电$ 表示定子绕组合成磁通 ϕ 与转子绕组平行,即没有磁力线穿过转子绕组线圈,故感应电动势为 0。当 ϕ 垂直于转子线圈平面时,即 $(\alpha_电 - \alpha_机) = \pm 90°$ 时,转子绕组中感应电势最大。在实际应用中,根据转子误差电压的大小,不断修正定子激磁信号的 $\alpha_电$(即激磁幅值),使其跟踪 $\alpha_机$ 的变化。

由上式可知,感应电势 E_2 是以 ω 为角频率的交变信号,其幅值为 $V_m\sin(\alpha_电 - \alpha_机)$,若电气角 $\alpha_电$ 已知,那么只要测出 E_2 的幅值,便可间接地求出 $\alpha_机$ 值,即可知被测角位移大小。一个特殊情况,即当幅值为 0 时,说明电气角的大小就是被测角位移大小,鉴幅工作方式时,不断调整 $\alpha_电$,让幅值等于零,这样,用 $\alpha_电$ 代替了对 $\alpha_机$ 的测量,$\alpha_电$ 可通过具体电子线路测得。

§5.3 感应同步器

一、感应同步器的结构和工作原理

(一) 结构

感应同步器是一种电磁感应式的高精度位移检测装置,实质上,它是多极旋转变压的展开形式。感应同步器分旋转式和直线式两种,前者用于角度测量,后者用于长度测量,两者工作原理相同。

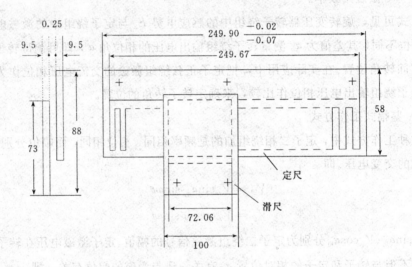

图5.3.1 直线感应同步器的外形尺寸

直线感应同步器由定尺和滑尺两部分组成。标准感应同步器结构、尺寸如图5.3.1所示。定尺与滑尺之间有均匀的气隙,在全行程上保持0.25 ± 0.05mm,定尺长250mm,表面上制有连续平面绕组,绕组节距P为2mm;滑尺上制有两组分段绕组,分别称为正弦绕组(sin 绕组)和余弦绕组(cos 绕组),它们相对于定尺绕组在空间错开1/4节距(1/4P),定尺和滑尺绕组的结构示意图如图5.3.2所示。

定尺和滑尺的基板通常采用与机床床身材料的热膨胀系数相近的钢板,用绝缘粘结剂把铜箔粘在钢板上,经精密的照相腐蚀工艺制成印刷绕组,再在尺子表面上涂一层保护层。滑尺表面有时还贴上一层带绝缘的铝箔,以防静电感应。

(二) 工作原理

如图5.3.2所示,当滑尺的两个绕组中的任一绕组通过激磁交变电压时,由于电磁感应,在定尺绕组中会产生感应电势。该感应电势取决于滑尺和定尺的相对位置。感应电势的频率与激磁信号的频率相同,幅值由激磁信号的幅值和感应同步器的物理结构决定。

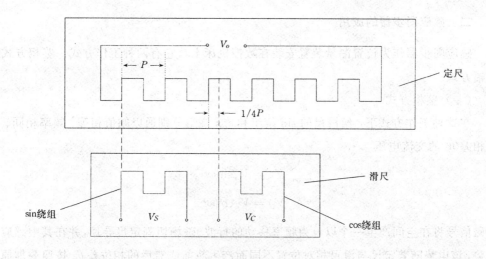

图5.3.2 定尺、滑尺绕组示意图

当滑尺绕组与定尺绕组完全重合时,定尺绕组中感应电势最大。如果滑尺相对于定尺从重合处逐渐向左(或右)平行移动,感应电势就随之逐渐减小,在两绕组刚好处于相差1/4节距的位置时,感应电势为0,滑尺移动到1/2节距位置时,感应电势又处于最大,但极性相反。当到达3/4节距位置时,又变为0,移动了一个节距后,又出现了初始情况。滑尺相对定尺不同位置(在一个节距内),定尺感应电势变化如图5.3.3。从图中可见,感应电势近似于余弦函数变化了一个周期。

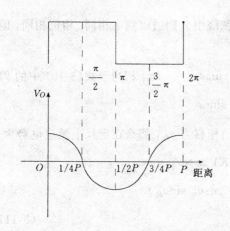

图5.3.3 一个节距内感应电势的变化

若设滑尺绕组节距为 P,它对应的感应电势以余弦函数变化了 2π,当滑尺移动距离为 x 时,则对应感应电势以余弦函数将变化相位角 θ。由比例关系

$$\frac{\theta}{2\pi} = \frac{x}{P}$$

可得

$$\theta = \frac{2\pi x}{P} \tag{5-8}$$

令 V_S 表示滑尺上一相绕组的激磁电压

$$V_S = V_m \sin\omega t$$

式中 V_m 为 V_S 的幅值,则定尺绕组感应电势 V_O 为

$$V_O = KV_S\cos\theta = KV_m\cos\theta\sin\omega t \tag{5-9}$$

式中,K 为耦合系数,θ 由式(5-8)求得。

二、感应同步器的应用

感应同步器作为位置测量装置安装在数控机床上,它有两种工作方式:鉴相方式和鉴幅方式。

(一)鉴相方式

在这种工作方式下,给滑尺的 sin 绕组和 cos 绕组分别通以幅值相等、频率相同、相位相差90°的交流电压

$$V_S = V_m \sin\omega t$$

$$V_C = V_m \cos\omega t$$

激磁信号将在空间产生一个以 ω 为频率移动的行波。磁场切割定尺导片,并在其中感应出电势,该电势随着定尺与滑尺相对位置不同而产生超前或滞后的相位差 θ。按照叠加原理可以直接求出感应电势

$$V_O = KV_m \sin\omega t\cos\theta - KV_m \cos\omega t\sin\theta$$

$$= KV_m \sin(\omega t - \theta) \tag{5-10}$$

式中,θ 由式(5-8)求得,即 $\theta = \dfrac{2\pi x}{P}$。

由此可见,在一个节距内 θ 与 x 是一一对应的,通过测量定尺感应电势相位 θ,即可测量出定尺相对滑尺的位移 x。

(二)鉴幅方式

在这种工作方式下,给滑尺的正弦绕组和余弦绕组分别通以频率相同、相位相同,但幅值不同的交流电压

$$V_S = V_m \sin\alpha_{电} \sin\omega t \qquad (\alpha_{电} \text{ 相当于式(5-10)中的 } \theta)$$

$$V_C = V_m \cos\alpha_{电} \sin\omega t$$

此时,若滑尺相对定尺移动一个距离 x,其对应的相移为 $\alpha_{机}$,那么在定尺上感应电势为

$$V_O = KV_m \sin\alpha_{电} \sin\omega t\cos\alpha_{机} - KV_m \cos\alpha_{电} \sin\omega t\sin\alpha_{机}$$

$$= KV_m \sin\omega t(\sin\alpha_{电}\cos\alpha_{机} - \cos\alpha_{电}\sin\alpha_{机})$$

$$= KV_m \sin\omega t\sin(\alpha_{机} - \alpha_{电}) \tag{5-11}$$

由上式可知,若电气角 $\alpha_{电}$ 已知,只要测量出 V_O 的幅值 $KV_m\sin(\alpha_{机} - \alpha_{电})$,便可间接地求出 $\alpha_{机}$。

若 $\alpha_{机} = \alpha_{电}$,则 $V_O = 0$。一旦 V_O 等于零,说明电气角 $\alpha_{电}$ 的大小就是角位移 $\alpha_{机}$ 的值。

假定激磁电压的 $\alpha_{电}$ 与定尺、滑尺的实际位置 $\alpha_{机}$ 不一致时,设 $\alpha_{机} = \alpha_{电} + \Delta\alpha$,则由式(5-11)得

$$V_O = KV_m\sin\omega t\sin(\alpha_电 + \Delta\alpha - \alpha_电)$$

$$= \pm KV_m\sin\omega t\sin\Delta\alpha$$

在 $\Delta\alpha$ 很小时，$\sin\Delta\alpha \approx \Delta\alpha$，故上式可近似表示为

$$V_O \approx \pm KV_m\sin\omega t \cdot \Delta\alpha$$

又　　$\Delta\alpha = \dfrac{2\pi\Delta x}{P}$　　（由式5-8得到）

所以
$$V_O \approx \pm \left(K\frac{2\pi}{P}V_m\sin\omega t\right)\Delta x \tag{5-12}$$

上式表明，当位移 Δx 很小时，感应电势 V_O 的幅值与 Δx 成正比。这就是对位移增量进行高精度细分的依据。例如，当 $\Delta x = 0.01\text{mm}$ 时，使 V_O 达到某一门槛电平，并产生一个脉冲信号，用这个脉冲信号又去控制修改激磁电压线路，使其产生合适的 V_s 和 V_c，从而使 V_O 重新为零。该方法与旋转变压器幅值工作方式相同。在这里用这种方法，把位移量转化成数字量——脉冲，以达到测量和控制的目的。

三、感应同步器检测装置的优点

（一）精度高

因为感应同步器直接对机床位移进行测量，不经过任何机械传动装置，所以测量结果只受本身精度的限制。又由于定尺上感应的电压信号是多周期的平均效应，从而减少了绕组局部尺寸误差的影响，从而达到较高的测量精度。

（二）工作可靠，抗干扰性强

在感应同步器绕组的每个周期内，任何时间都可以给出仅与绝对位置相对应的单值电压信号，不受干扰的影响。此外，感应同步器平面绕组的阻抗很低，使它受外界电场的影响较小。

（三）维修简单、寿命长

定尺、滑尺之间无接触磨损，在机床上安装简单。使用时需加防护罩，防止切屑进入定、滑尺之间划伤导片。不受灰尘、油雾影响。

（四）测量距离长

感应同步器可以用拼接的方法，增大测量尺寸。机床移动速度基本上不影响测量，故适合大、中型机床使用。

（五）工艺性好、成本低、便于成批生产

与旋转变压器相比，感应同步器的输出信号比较弱，需要一个放大倍数很高的前置放大器。

§5.4 脉冲编码器

一、脉冲编码器的分类与结构

脉冲编码器是一种旋转式脉冲发生器，能把机械转角变成电脉冲，是数控机床上使用很广泛的位置检测装置。同时也用于速度检测，作为速度检测装置。

脉冲编码器分光电式、接触式和电磁感应式三种。从精度和可靠性方面来看，光电式脉冲编码器优于其它两种。数控机床上主要使用光电式脉冲编码器。

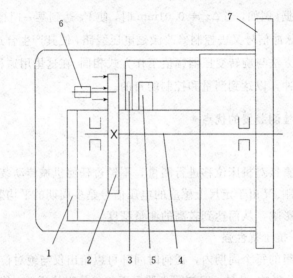

图5.4.1 光电脉冲编码器结构示意图
1.电路板 2.圆光栅 3.指示光栅 4.轴
5.光敏元件 6.光源 7.连接法兰

脉冲编码器是一种增量检测装置，它的型号是由每转发出的脉冲数来区分。数控机床上常用的脉冲编码器有：2000P/r、2500P/r和3000P/r等；在高速、高精度数字伺服系统中，应用高分辨率的脉冲编码器，如20000P/r、25000P/r和30000P/r等，现在已有使用每转发10万个脉冲的脉冲编码器，该编码器装置内部应用了微处理器。

光电脉冲编码器的结构如图5.4.1所示。在一个圆盘的圆周上刻有相等间距线纹，分为透明和不透明的部分，称为圆光栅。圆光栅与工作轴一起旋转。与圆光栅相对平行地放置一个固定的扇形薄片，称为指示光栅，上面制有相差1/4节距的两个狭缝（在同一圆周上，称为辨向狭缝）。此外还有一个零位狭缝（一转发出一个脉冲）。脉冲编码器通过十字连接头或键与伺服电机相连，它的法兰盘固定在电机端面上，罩上防护罩，构成一个完整的检测装置。

二、光电脉冲编码器的工作原理

当圆光栅旋转时，光线透过两个光栅的线纹部分，形成明暗相间的条纹。光电元件接收这些明暗相间的光信号，并转换为交替变化的电信号，该信号为两组近似于正弦波的电流信号 A 和 B（见图 5.4.2）。A 和 B 信号相位相差 $90°$，经放大和整形变成方波。通过两个光栅的信号，还有一个"一转脉冲"，称为 Z 相脉冲，该脉冲也是通过上述处理得来的。Z 脉冲用来产生机床的基准点。

脉冲编码器输出信号有 A、$\overline{A}$、B、$\overline{B}$、Z、$\overline{Z}$ 等信号，这些信号作为位移测量脉冲，以及经过频率/电压变换作为速度反馈信号，进行速度调节。

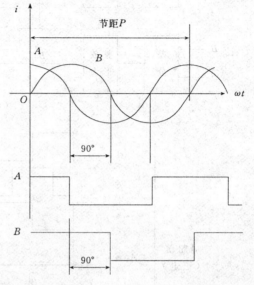

图5.4.2 脉冲编码器输出波形

三、光电脉冲编码器的应用

光电脉冲编码器在数控机床上，用在数字比较的伺服系统中，作为位置检测装置，将检测信号反馈给数控装置。

光电脉冲编码器将位置检测信号反馈给 CNC 装置有两种方式：一是适应带加减计数要求的可逆计数器，形成加计数脉冲和减计数脉冲。二是适应有计数控制和计数要求的计数器，形成方向控制信号和计数脉冲。

图 5.4.3 所示为第一种方式的电路图（图 a）和波形图（图 b）。脉冲编码器的输出脉冲信号 A、$\overline{A}$、B、$\overline{B}$ 经过差分驱动和差分接收进入 CNC 装置，再经过整形放大电路变为 A_1、B_1 两路脉冲。将 A_1 脉冲和它的反向信号 $\overline{A_1}$ 脉冲进行微分（图中为上升沿微分）作为加、减计数脉冲。B_1 路脉冲信号被用作加、减计数脉冲的控制信号，正走时（A 脉冲超前 B 脉冲），由 y_2 门输出加计数脉冲，此时 y_1 门输出为低电平；反走时（B 脉冲超前 A 脉冲），由 y_1 门输出减计数脉冲，此时 y_2 门输出为低电平。

图 5.4.4 为产生方向控制信号和计数脉冲的电路图（图 a）和波形图（图 b）。脉冲编码器的输出信号 A、$\overline{A}$、B、$\overline{B}$ 经差分、微分、与非门 C 和 D，由 RS 触发器（由1、2与非门组成）输出方向信号，正走时为"0"，反走时为"1"。由与非门3输出计数脉冲。

正走时，A 脉冲超前 B 脉冲。D 门在 A 信号控制下，将 B 脉冲上升沿微分作为计数脉冲反向输出，为负脉冲。该脉冲经与非门3变为正向计数脉冲输出。D 门输出的负脉冲同时又将触发器置为"0"状态，Q 端输出"0"，作为正走方向控制信号。

反走时，B 脉冲超前 A 脉冲。这时，由 C 门输出反走时的负计数脉冲，该负脉冲也由3门反向输出作为反走时计数脉冲。不论正走、反走，与非门3都为计数脉冲输出门。反走时，C 门输出的负脉冲使触发器置"1"，作为反走时方向控制信号。

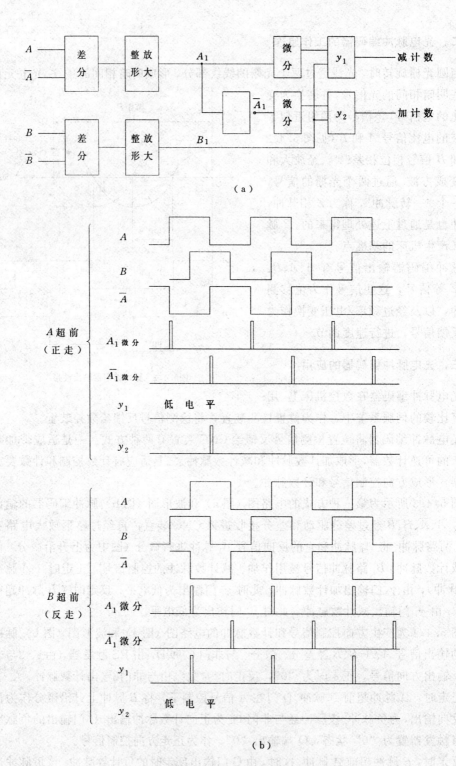

图 5.4.3 脉冲编码器应用一

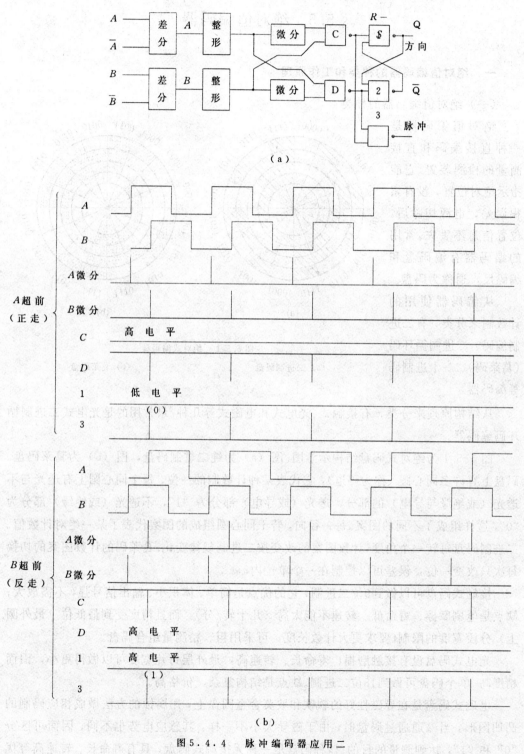

图 5.4.4 脉冲编码器应用二

§5.5 绝对值编码器

一、绝对值编码器的种类和工作原理

（一）绝对值编码器的种类

绝对值编码器是一种直接编码和直接测量的检测装置。它能指示绝对位置，没有累积误差，电源切除后，位置信息不丢失。常用的编码器有编码盘和编码尺，通称为码盘。

从编码器使用的计数制来分类，有二进制编码、二进制循环码（葛莱码）、二-十进制码等编码器。

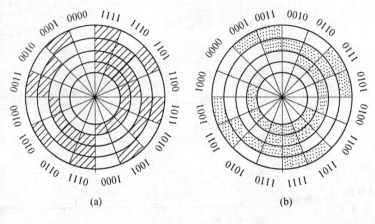

图 5.5.1　绝对式编码盘
(a) 二进制码盘　　　　　　(b) 葛莱码盘

从结构原理来分类，有接触式、光电式和电磁式等几种。最常用的是光电式二进制循环码编码器。

图 5.5.1 为绝对式码盘结构示意图。图（a）为纯二进制码盘，图（b）为葛莱码盘。码盘上有许多同心圆（称为码道），它代表某种计数制的一位，每个同心圆上有透光与不透光（或绝缘与导电）的部分，透光（或导电）部分为"1"，不透光（或绝缘）部分为"0"，这样组成了不同的图案。每一径向，若干同心圆组成的图案代表了某一绝对计数值。二进制码盘每转一个角度，计数图案的改变按二进制规律变化。葛莱码的计数图案的切换每次只改变一位，误差可以控制在一个单位内。

接触式码盘可以做到9位二进制，它的优点是简单、体积小、输出信号强，不需放大；缺点是电刷摩擦、寿命低、转速不能太高（几十转/分），而且精度受到最低位（最外圆上）分段宽度的限制。要求更大计数长度，可采用粗、精测量组合码盘。

光电式码盘没有接触磨损、寿命长、转速高，最外层每片宽度可以做得更小，因而精度高。单个码盘可做到18位二进制。缺点是结构复杂、价格高。

电磁式码盘是在导磁性好的软铁和坡莫合金圆盘上，用腐蚀的方法做成相应码制的凸凹图形，当磁通通过码盘时，由于磁导大小不一样，其感应电势也不同，因而可区分"0"和"1"，达到测量的目的。该种码盘是一种无接触式码盘，具有寿命长、转速高等优点。它是一种有发展前途的直接编码式测量元件。

（二）工作原理

图 5.5.2 为接触式码盘，每个码道上有一个电刷与之接触，最里面一层有一导电公用区，与各码道导电部分联在一起，而与绝缘部分分开。导电公用区接到电源负极。当被测对象带动码盘一起转动时，与电刷串联的电阻上将会出现有电流流过或没有电流流过两种情况，代表二进制的"1"或"0"。若码盘顺时针转动，就可依次得到按规定编码的数字信号输出。如果电刷安装不准就会造成误差。葛莱码每转换一个数字编码，只改变一位，故造成的误差不会超过一个单位。

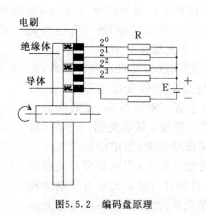

图5.5.2 编码盘原理

二、混合式绝对值编码器

这种编码器是把增量制码与绝对制码同做在一块码盘上。在圆盘的最外圈是高密度的增量条纹，中间有四个码道组成绝对式的四位葛莱码，每1/4同心圆被葛莱码分割为16个等分段。圆盘最里面有发一转信号狭缝。

该码盘的工作原理是三级计数：粗、中、精计数。码盘转的转数由对"一转脉冲"的计数表示。在一转以内的角度位置由葛莱码的 4×16 不同数值表示。每 $\frac{1}{4}$ 圆葛莱码的细分由最外圈增量制码完成。

§5.6 光　　栅

在高精度数控机床上，使用光栅作为位置检测装置。它是将机械位移或模拟量转变为数字脉冲，反馈给 CNC 装置，实现闭环位置控制。根据光线在光栅中是反射还是透射分为透射光栅和反射光栅。从形状上看，又可分为圆光栅和长光栅。圆光栅用于测量转角位移，长光栅用于检测直线位移。由于激光技术的发展，光栅制作精度得到很大提高，现在光栅精度可达微米级，再通过细分电路可以做到 $0.1\mu m$，甚至更高的分辨率。

一、光栅的结构

光栅是由标尺光栅和光栅读数头两部分组成。标尺光栅一般固定在机床活动部件上（如工作台上），光栅读数头装在机床固定部件上。指示光栅装在光栅读数头中。当光栅读数头相对于标尺光栅移动时，指示光栅便在标尺光栅上相对移动。标尺光栅和指示光栅的平行度以及两者之间的间隙（0.05～0.1mm）要严格保证。

（一）光栅尺

光栅尺是指标尺光栅和指示光栅，它们是用真空镀膜的方法光刻上均匀密集线纹的透明玻璃片或长条形金属镜面。光栅的线纹相互平行，线纹之间的距离（栅距）相等。对于圆光栅,这些线纹是等栅距角的向心条纹。栅距和栅距角是光栅的重要参数。对于长光栅,线纹密度一般为25~50/mm(金属反射光栅),100~250/mm(玻璃透射光栅)。对于圆光栅,一周内10800条(直径为φ270mm,360进制)线纹。

(二)光栅读数头

光栅读数头又叫光电转换器,它把光栅莫尔条纹变成电信号。图5.6.1为垂直入射读数头。读数头都是由光源、透镜、指示光栅、光敏元件和驱动线路组成。图中的标尺光栅不属于光栅读数头,但它要穿过光栅读数头,且保证与指示光栅有准确的相互位置关系。光栅读数头还有分光读数头、反射读数头和镜像读数头等几种。

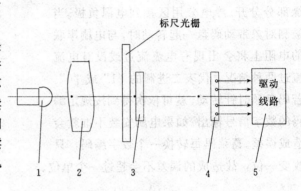

图5.6.1 光栅读数头

1 光源 2 透镜 3 指标光栅 4 光电元件
5 驱动线路

二、工作原理

当指示光栅上的线纹和标尺光栅上的线纹成一小角度 θ 放置两个光栅尺时,造成两光栅尺上线纹相互交叉。在光源的照射下,交叉点附近的小区域内黑线重叠,形成黑色条纹,其它部分为明亮条纹。这种明、暗相间的条纹称为"莫尔条纹"。莫尔条纹与光栅线纹几乎成垂直方向排列。严格地说,是与两片光栅线纹夹角的平分线相垂直(见图5.6.2)。莫尔条纹具有如下特性:

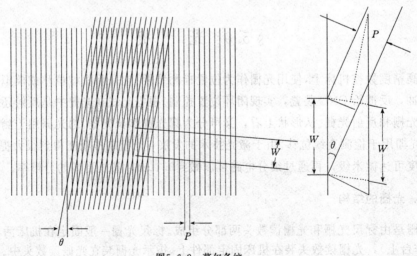

图5.6.2 莫尔条纹

1. 用平行光束照射光栅时,莫尔条纹由亮带到暗带,再由暗带到亮带,透过的光强度分布近似于余弦函数。

2. 起放大作用。用 W 表示莫尔条纹宽度,P 表示栅距,θ 表示光栅线纹间的夹角,则

$$W = \frac{P}{\sin\theta}$$

由于 θ 角很小，$\sin\theta \approx \theta$，则

$$W \approx \frac{P}{\theta}$$

若 $P=0.01\text{mm}$，$\theta=0.01$ 弧度，则由上式可得 $W=1\text{mm}$，即把光栅距转换成放大100倍的莫尔条纹宽度。

3. 起平均误差作用。莫尔条纹是由若干光栅线纹干涉形成，例如100线/mm 的光栅，10mm 宽的莫尔条纹就由1000条线纹组成，这样栅距之间的相邻误差就被平均化了，消除了栅距不均匀造成的误差。

4. 莫尔条纹的移动与栅距之间的移动成比例。当光栅移动一个栅距时，莫尔条纹也相应移动一个莫尔条纹宽度 W；若光栅移动方向相反，则莫尔条纹移动方向也相反。莫尔条纹移动方向与光栅移动方向垂直。这样测量光栅水平方向移动的微小距离就用检测垂直方向的宽大的莫尔条纹的变化代替。

三、光栅位移-数字变换电路

光栅测量系统的组成见图 5.6.3，光栅移动时产生的莫尔条纹由光电元件接受，然后

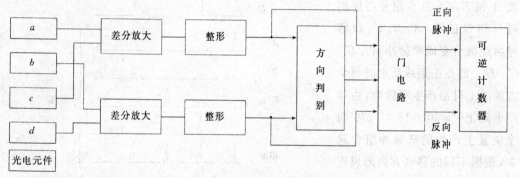

图5.6.3 光栅测量系统

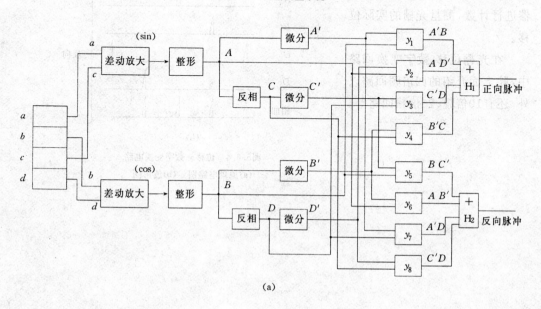

(a)

经过位移-数字变换电路形成正走时的正向脉冲或反走时的反向脉冲,由可逆计数器接收。位移-数字变换电路也叫光栅测量电路或叫四倍频细分电路。

5.6.4 中的 a、b、c、d 是四块光电池,产生的信号,相位彼此差 $90°$。a、c 信号是相位差 $180°$ 的两个信号,送入差动放大器放大,得 sin 信号。将信号幅度放大足够大。同理 b、d 信号送入另一个差动放大器,得到 cos 信号。sin、cos 信号经整形变成方波 A 和 B,A 和 B 信号经反相得 C 和 D 信号,A、B、C、D 信号再经微分变成窄脉冲 A'、B'、C'、D',即在正走或反走时每个方波的上升沿产生窄脉冲,由与门电路把 $0°$,$90°$,$180°$,$270°$ 四个位置上产生的窄脉冲组合起来,根据不同的移动方向形成正向脉冲或反向脉冲,用可逆计数器进行计数,测量光栅的实际位移。

在光栅位移-数字变换回路中,除上面介绍的四倍频回路以外,还有10倍频、20倍频回路等。

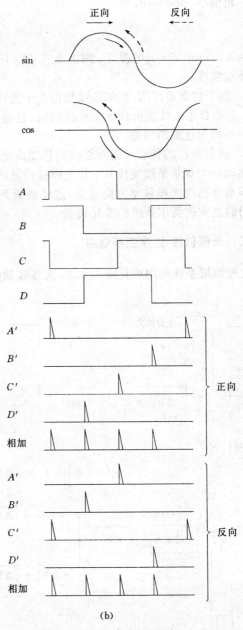

(b)

图5.6.4 位移—数字变换电路
(a)原理电路图 (b)波形图

§5.7 磁栅（磁尺）

一、磁栅的结构和工作原理

磁尺是一种高精度位置检测装置，它由磁性标尺、磁头和检测电路组成，见图5.7.1所示，它是用拾磁原理工作的。首先，用录磁磁头将一定波长的方波或正弦波信号录制在磁性标尺上，然后根据与磁性标尺相对移动的拾磁磁头所拾取的信号，对位移进行检测。磁尺可用于长度和角度测量，具有精度高、复制简单以及安装调整方便等优点。

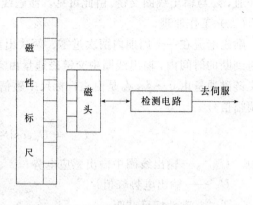

图5.7.1 磁栅的结构

（一）磁性标尺和拾磁磁头

磁性标尺可分为两部分：磁性标尺基体和磁性膜。磁性标尺的基体由非导磁材料（如玻璃、不锈钢、铜及其它合金材料）制成。磁性膜是涂敷、化学沉积或电镀在磁性标尺基体上的，且成薄膜状，故称磁性膜，磁性膜厚度为$10\sim 20\mu m$，均匀地分布在基体上瘩的。磁性膜上有录制好的磁波，波长一般为0.05、0.01、0.20、1mm等几种。为了提高磁性标尺的寿命，一般在磁性膜上均匀地涂上一层$1\sim 2\mu m$的耐磨塑料保护层。

按磁性标尺基体的形状，磁栅可分为实体性磁栅、带状磁栅、线状磁栅和回转型磁栅，前三种磁栅用于直线位移测量，后一种用于角度位移测量。

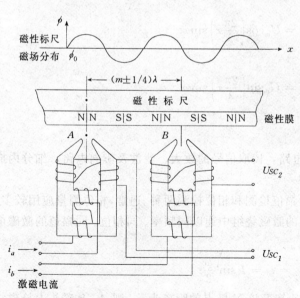

图5.7.2 磁通响应型磁头

拾磁磁头是进行磁电转换的器件，它将磁性标尺上的磁信号检测出来，并转换成电信号。应用在磁栅上的磁头与一般录音机上用的单间隙速度响应式磁头不同，它不仅在磁头与磁性标尺之间有一定相对速度时能拾取信号，而且在它们相对静止时也能拾取信号。这种磁头叫磁通响应型磁头。其结构见图5.7.2。该磁头有两组绕组，绕在磁路截面尺寸较小的横臂上的激磁绕组和绕在磁路截面较大的竖杆上的拾磁绕组（输出绕组），当对激磁绕组施加励磁电

流 $i_a = i_0\sin\omega_0 t$ 时，在 i_a 的瞬时值大于某一数值以后，横臂上的铁芯材料饱和，这时磁阻很大，磁路被阻断，磁性标尺的磁通 ϕ_0 不能通过磁头闭合，输出线圈不与 ϕ_0 交链。当 i_a 的瞬时值小于某一数值时，i_a 所产生的磁通 ϕ_1 也随之降低。两横臂中磁阻也降低到很小，磁路开通，ϕ_0 与输出线圈交链。由此可见，激磁线圈的作用相当于磁开关。

（二）工作原理

励磁电流在一个周期内两次过零、两次出现峰值。相应的，磁开关通断各两次。磁路由通到断的时间内，输出线圈中交链磁通量由 $\phi_0 \to 0$；磁路由断到通的时间内，输出线圈中交链磁通量由 $0 \to \phi_0$。ϕ_0 是由磁性标尺中磁信号决定，由此可见输出线圈中输出的是一个调幅信号

$$U_{SC} = U_m\cos\left(\frac{2\pi x}{\lambda}\right)\sin\omega t$$

式中　U_{SC}——输出线圈中输出感应电势；

U_m——输出电势峰值；

λ——磁性标尺节距；

x——选定某一 N 极作为位移零点，x 为磁头对磁性标尺的位移量；

ω——输出线圈感应电势的频率，它比励磁电流 i_a 的频率 ω_0 高一倍。

由上式可见，磁头输出信号的幅值是位移 x 的函数。只要测出 U_{SC} 过 0 次数，就可知道 x 的大小。

使用单个磁头输出信号小，而且对磁性标尺上磁化信号的节距和波形要求也比较高。所以实际上，总是将几十个磁头以一定方式串联，构成多间隙磁头使用。

为了辨别磁头移动方向，通常采用间距为 $(m + 1/4)\lambda$ 的两组磁头（$m = 1,2,3\cdots$ 正整数），并使二组磁头的励磁电流相位相差 $45°$，这样二组磁头输出电势信号相位相差 $90°$。第一组磁头输出信号如果是

$$U_{SC_1} = U_m\cos\left(\frac{2\pi}{\lambda}x\right)\sin\omega t$$

则第二组磁头输出信号必是

$$U_{SC_2} = U_m\sin\left(\frac{2\pi}{\lambda}x\right)\sin\omega t$$

二、磁栅的检测电路

磁栅检测电路包括：磁头激磁电路，读取信号的放大、滤波及辨向电路，细分内插电路，显示及控制电路等各部分。

根据检测方法的不同，也可分为幅值检测和相位检测两种。通常，相位测量应用较多。

相位检测时，在二组磁头 A、B 的激磁绕组中通以同频率、同相位、同幅值的激磁电流

$$i_a = i_b = I_0\sin\frac{\omega}{2}t$$

取磁尺上某 N 极点为起点，若 A 磁头离开该 N 极点的距离为 x，则 A、B 磁头上拾磁绕组输出的感应电势分别为

$$U_{SC_1} = (U_m \sin\omega t)\sin\frac{2\pi}{\lambda}x$$

$$U_{SC_2} = (U_m \sin\omega t)\cos\frac{2\pi}{\lambda}x$$

式中 I_0——激磁电流幅值；

U_m——磁头输出电压幅值；

ω——输出感应电势的频率（激磁电流频率的二倍值）。

把 A 磁头输出的感应电势 U_{SC_1} 中信号 $U_m\sin\omega t$ 移相 $\frac{\pi}{2}$，得到 U'_{SC_1}

$$U'_{SC_1} = (U_m\cos\omega t)\sin\frac{2\pi}{\lambda}x$$

在求和电路中，将 U'_{SC_1} 和 U_{SC_2} 相加，得到总的输出

$$\begin{aligned}U_{SC} &= U'_{SC_1} + U_{SC_2} \\ &= U_m\cos\omega t\sin\frac{2\pi}{\lambda}x + U_m\sin\omega t\cos\frac{2\pi}{\lambda}x \\ &= U_m\sin(\omega t + \frac{2\pi}{\lambda}x)\end{aligned}$$

从上式可看出这和旋转变压器、感应同步器的鉴相方式应用一样，调制相位 θ 就可得到位移 x 的大小。

第六章 数控机床的伺服系统

§6.1 概 述

一、伺服系统的组成

数控机床伺服系统是以机床移动部件的位置和速度为控制量的自动控制系统,又称随动系统、拖动系统或伺服机构。在 CNC 机床中,伺服系统接收计算机插补软件生成的进给脉冲或进给位移量,经变换和放大转化为工作台的位移。

伺服系统是数控装置和机床的联系环节,是数控系统的重要组成部分。伺服系统的性能,在很大程度上决定了数控机床的性能。例如,数控机床的最高移动速度、跟踪精度、定位精度等重要指标均取决于伺服系统的动态和静态性能。因此,研究与开发高性能的伺服系统一直是现代数控机床的关键技术之一。

数控机床伺服系统的一般结构如图6.1.1所示。这是一个双闭环系统,内环是速度

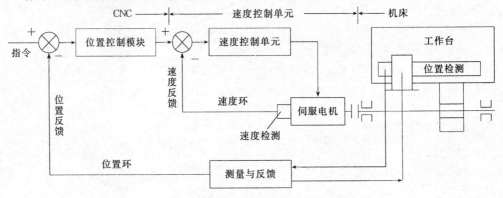

图6.1.1 伺服系统结构图

环,外环是位置环。速度环中用作速度反馈的检测装置为测速发电机、脉冲编码器等。速度控制单元是一个独立的单元部件,它由速度调节器、电流调节器及功率驱动放大器等各部分组成。位置环是由 CNC 装置中的位置控制模块、速度控制单元、位置检测及反馈控制等各部分组成。位置控制主要是对机床运动坐标轴进行控制,轴控制是要求最高的位置控制,不仅对单个轴的运动速度和位置精度的控制有严格要求,而且在多轴联动时,还要求各移动轴有很好的动态配合,才能保证加工效率、加工精度和表面粗糙度。

二、对伺服系统的基本要求

1. 精度高　伺服系统的精度是指输出量能复现输入量的精确程度。作为数控加工,对定位精度和轮廓加工精度要求都比较高,定位精度一般为 0.01～0.001mm,甚至 0.1μm。

轮廓加工精度与速度控制和联动坐标的协调一致控制有关。在速度控制中,要求高的调速精度,比较强的抗负载扰动能力。即对静态、动态精度要求都比较高。

2. 稳定性好　稳定是指系统在给定输入或外界干扰作用下,能在短暂的调节过程后,达到新的或者恢复到原来的平衡状态。对伺服系统要求有较强的抗干扰能力,保证进给速度均匀、平稳。稳定性直接影响数控加工的精度和表面粗糙度。

3. 快速响应　快速响应是伺服系统动态品质的重要指标,它反映了系统的跟踪精度。为了保证轮廓切削形状精度和低的加工表面粗糙度,要求伺服系统跟踪指令信号的响应要快。这一方面要求过渡过程时间要短,一般在200ms以内,甚至小于几十毫秒;另一方面要求超调要小。这二方面的要求往往是矛盾的,实际应用中要采取一定措施,按工艺加工要求作出一定的选择。

4. 调速范围宽　调速范围 R_N 是指生产机械要求电机能提供的最高转速 n_{max} 和最低转速 n_{min} 之比。通常

$$R_N = \frac{n_{max}}{n_{min}}$$

式中, n_{max} 和 n_{min} 一般是指额定负载时的转速,对于少数负载很轻的机械,也可以是实际负载时的转速。

在数控机床中,由于加工用刀具,被加工材质及零件加工要求的不同,为保证在任何情况下都能得到最佳切削条件,就要求伺服系统具有足够宽的调速范围。目前,最先进的水平是,在进给速度范围已可达到脉冲当量为1μm的情况下,进给速度从0～240m/min连续可调。但对于一般的数控机床而言,要求进给伺服系统在0～24m/min进给速度下都能工作就足够了,而且可以分为以下几种状态:

①在1～24 000mm/min范围,即1:24 000调速范围内,要求速度均匀、稳定、无爬行,且速降要小。

②在1mm/min以下时,具有一定的瞬时速度,而平均速度很低。

③在零速时,即工作台停止运动时,要求电机有电磁转矩,以维持定位精度,使定位精度满足系统的要求。也就是说,应处于伺服锁住状态。

以上是指整台数控机床的位置伺服控制而言。如前所述,位置伺服控制系统是由速度环和位置环组成。如果对速度控制也过份地追求像位置控制那么大的调速范围而又要稳定可靠地工作,那么速度控制系统将会变得相当复杂。这将提高成本,又将降低可靠性。一般来说,对于要求速度范围内为1:20 000的位置控制系统,在总的开环位置增益为20(1/s)时,只要保证速度单元具有1:1 000的调速范围就完全可以满足要求。这样,可使速度控制单元线路既简单又经济可靠。当然,代表当今先进水平的速度控制单元的技术已可达到1:100 000的调速范围。

主轴伺服系统主要是速度控制,它要求1:100～1 000范围内的恒转矩调速和1:10以上的恒功率调速,而且要保证足够大的输出功率。

5. 低速大转矩　机床加工的特点是,在低速时进行重切削。因此,要求伺服系统在低速时要有大的转矩输出。进给坐标的伺服控制属于恒转矩控制;而主轴坐标的伺服控制在低速时为恒转矩控制,在高速时为恒功率控制。

由上所述,主轴伺服系统一般为速度控制系统,除上面的一般要求外,还具有下面的控制功能。

① 主轴与进给驱动的同步控制 该功能使数控机床具有螺纹加工(或螺旋槽)能力。

② 准停控制 在加工中心上为了自动换刀,要求主轴能进行高精度的准确位置停止。

③ 角度分度控制 角度分度有两种情况:一是固定的等分角位置控制,二是连续的任意角度控制。任意角度控制属于带位置环的伺服系统控制,如在车床上加工端面螺旋槽,在圆周面加工螺旋槽等。这时主轴坐标具有了进给坐标的功能,称为"C"轴控制。"C"轴控制可以用一般主轴控制和 C 轴控制切换的方法实现,也可以用大功率的进给伺服系统代替主轴系统。

为了满足对伺服系统的要求,对伺服系统的执行元件——伺服电机也相应提出高精度、快反映、宽调速和大转矩的要求,具体是:

① 电机从最低进给速度到最高进给速度范围内都能平滑运转,转矩波动要小,尤其在最低转速时,如0.1r/min 或更低转速时,仍有平稳的速度而无爬行现象。

② 电机应具有大的、较长时间的过载能力,以满足低速大转矩的要求。比如,电机能在数分钟内过载4~6倍而不损坏。

③ 为了满足快速响应的要求,即随着控制信号的变化,电机应能在较短时间内达到规定的速度。快的反映速度直接影响到系统的品质。因此,要求电机必须具有较小的转动惯量和大的堵转转矩,尽可能小的机电时间常数和起动电压。进给电机必须具有 4000rad/s^2 以上的加速度,才能保证电机在0.2s 以内从静止起动到1500r/min。

④ 电机应能承受频繁的起动、制动和反转。

三、伺服系统的分类

(一) 按调节理论分类

1. 开环伺服系统 开环伺服系统(见图6.1.2)即无位置反馈的系统,其驱动元件主要是功率步进电机或电液脉冲马达。这两种驱动元件工作原理的实质是数字脉冲到角度位移的变换,它不用位置检测元件实现定位,而是靠驱动装置本身,转过的角度正比于指令脉冲的个数;运动速度由进给脉冲的频率决定。

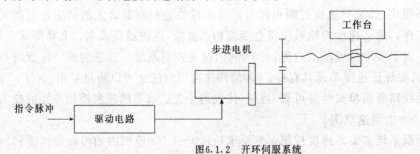

图6.1.2 开环伺服系统

开环系统的结构简单,易于控制,但精度差,低速不平稳,高速扭矩小。一般用于轻载负载变化不大或经济型数控机床上。

2. 闭环伺服系统 闭环系统是误差控制随动系统(见图6.1.3)。数控机床进给系统的误差,是CNC输出的位置指令和机床工作台(或刀架)实际位置的差值。闭环系统运动执行元件不能反映运动的位置,因此需要有位置检测装置。该装置测出实际位移量或者实际所处位置,并将测量值反馈给CNC装置,与指令进行比较,求得误差,依此构成闭环位置控制。

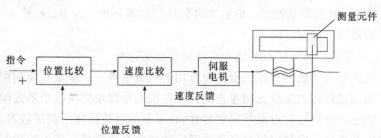

图6.1.3 闭环系统

由于闭环伺服系统是反馈控制,反馈测量装置精度很高,所以系统传动链的误差,环内各元件的误差以及运动中造成的误差都可以得到补偿,从而大大提高了跟随精度和定位精度。目前闭环系统的分辨率多数为$1\mu m$,定位精度可达$\pm 0.01 \sim \pm 0.05mm$;高精度系统分辨率可达$0.1\mu m$。系统精度只取决于测量装置的制造精度和安装精度。

3. 半闭环系统　位置检测元件不直接安装在进给坐标的最终运动部件上(见图6.1.4),而是中间经过机械传动部件的位置转换,称为间接测量。亦即坐标运动的传动链有一部分在位置闭环以外,在环外的传动误差没有得到系统的补偿,因而伺服系统的精度低于闭环系统。

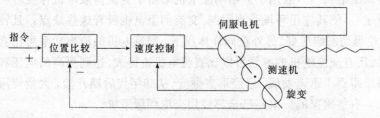

图6.1.4 半闭环系统

半闭环和闭环系统的控制结构是一致的,不同点只是闭环系统环内包括较多的机械传动部件,传动误差均可被补偿,理论上精度可以达到很高。但由于受机械变形、温度变化、振动以及其它因素的影响,系统稳定性难以调整。此外,机床运行一段时间后,由于机械传动部件的磨损、变形及其它因素的改变,容易使系统稳定性改变,精度发生变化。因此,目前使用半闭环系统较多。只在具备传动部件精密度高、性能稳定、使用过程温差变化不大的高精度数控机床上才使用全闭环伺服系统。

(二) 按使用的驱动元件分类

1. 电液伺服系统　电液伺服系统的执行元件为液压元件,其前一级为电气元件。驱动元件为液动机和液压缸,常用的有电液脉冲马达和电液伺服马达。数控机床发展的初期,多数采用电液伺服系统。电液伺服系统具有在低速下可以得到很高的输出力矩,以及刚性好,时间常数小、反映快和速度平稳等优点。然而,液压系统需要油箱、油管等供油系统,体积大。此外,还有噪声、漏油等问题,故从70年代起逐步被电气伺服系统代替。

只是具有特殊要求时，才采用电液伺服系统。

2. 电气伺服系统　电气伺服系统全部采用电子器件和电机部件，操作维护方便，可靠性高。电气伺服系统中的驱动元件主要有步进电机、直流伺服电机和交流伺服电机。它们没有液压系统中的噪声、污染和维修费用高等问题。但反应速度和低速力矩不如液压系统高，现在电机的驱动线路、电机本身的结构都得到很大改善，性能大大提高。已经在更大范围取代液压伺服系统。

（三）按使用直流伺服电机和交流伺服电机分类

1. 直流伺服系统　直流伺服系统常用的伺服电机有小惯量直流伺服电机和永磁直流伺服电机（也称为大惯量宽调速直流伺服电机）。小惯量伺服电机最大限度地减少了电枢的转动惯量，所以能获得最好的快速性。在早期的数控机床上应用较多，现在也有应用。小惯量伺服电机一般都设计成有高的额定转速和低的惯量，所以应用时，要经过中间机械传动（如齿轮副）才能与丝杆相连接。

永磁直流伺服电机能在较大过载转矩下长时间工作以及电机的转子惯量较大，能直接与丝杆相连而不需中间传动装置。此外，它还有一个特点是可在低速下运转，如能在1r/min甚至在0.1r/min下平稳地运转。因此，这种直流伺服系统在数控机床上获得了广泛的应用。自70年代至80年代中期，在数控机床上应用占绝对统治地位，至今，许多数控机床上仍使用这种电机的直流伺服系统。永磁直流伺服电机的缺点是有电刷，限制了转速的提高，一般额定转速为1000～1500r/min。而且结构复杂，价格较贵。

2. 交流伺服系统　交流伺服系统使用交流异步伺服电机（一般用于主轴伺服电机）和永磁同步伺服电机（一般用于进给伺服电机）。由于直流伺服电机存在着一些固有的缺点（如上所述），使其应用环境受到限制。交流伺服电机没有这些缺点，且转子惯量较直流电机小，使得动态响应好。另外在同样体积下，交流电机的输出功率可比直流电机提高10%～70%。还有交流电机的容量可以比直流电机造得大，达到更高的电压和转速。因此，交流伺服系统得到了迅速发展，已经形成潮流。从80年代后期开始，大量使用交流伺服系统，到今天，有些国家的厂家，已全部使用交流伺服系统。

（四）按进给驱动和主轴驱动分类

1. 进给伺服系统　进给伺服系统是指一般概念的伺服系统，它包括速度控制环和位置控制环。进给伺服系统完成各坐标轴的进给运动，具有定位和轮廓跟踪功能，是数控机床中要求最高的伺服控制。

2. 主轴伺服系统　严格来说，一般的主轴控制只是一个速度控制系统。主要实现主轴的旋转运动，提供切削过程中的转矩和功率，且保证任意转速的调节，完成在转速范围内的无级变速。具有 C 轴控制的主轴与进给伺服系统一样，为一般概念的位置伺服控制系统。

此外，刀库的位置控制是为了在刀库的不同位置选择刀具，与进给坐标轴的位置控制相比，性能要低得多，故称为简易位置伺服系统。

（五）按反馈比较控制方式分类

1. 脉冲、数字比较伺服系统　该系统是闭环伺服系统中的一种控制方式。它是将数控装置发出的数字（或脉冲）指令信号与检测装置测得的以数字（或脉冲）形式表示的反馈信号直接进行比较,以产生位置误差,达到闭环控制。

脉冲、数字比较伺服系统结构简单,容易实现,整机工作稳定,在一般数控伺服系统中应用十分普遍。

2. 相位比较伺服系统　在相位比较伺服系统中,位置检测装置采取相位工作方式,指令信号与反馈信号都变成某个载波的相位,然后通过两者相位的比较,获得实际位置与指令位置的偏差,实现闭环控制。

相位伺服系统适用于感应式检测元件(如旋转变压器,感应同步器)的工作状态,可得到满意的精度。此外由于载波频率高,响应快,抗干扰性强,很适于连续控制的伺服系统。

3. 幅值比较伺服系统　幅值比较伺服系统是以位置检测信号的幅值大小来反映机械位移的数值,并以此信号作为位置反馈信号,一般还要将此幅值信号转换成数字信号才与指令数字信号进行比较,从而获得位置偏差信号构成闭环控制系统。

在以上三种伺服系统中,相位比较和幅值比较系统从结构上和安装维护上都比脉冲、数字比较系统复杂和要求高,所以一般情况下脉冲、数字比较伺服系统应用的广泛,而且相位比较系统又比幅值比较系统应用的多。

4. 全数字伺服系统　随着微电子技术、计算机技术和伺服控制技术的发展,数控机床的伺服系统已开始采用高速、高精度的全数字伺服系统。使伺服控制技术从模拟方式、混合方式走向全数字方式。由位置、速度和电流构成的三环反馈全部数字化、软件处理数字 PID,使用灵活,柔性好。数字伺服系统采用了许多新的控制技术和改进伺服性能的措施,使控制精度和品质大大提高。

§6.2　速度控制

速度控制系统是伺服系统中的重要组成部分,它由速度控制单元、伺服电机、速度检测装置等构成。速度控制单元是用来控制电机转速的,为速度控制系统的核心。

数控机床的运动系统主要由主运动和进给运动组成。主运动的驱动电机功率较大,进给运动的驱动电机的功率虽然小,但是数控机床上加工零件的尺寸和形位精度主要靠进给运动的准确度来保证,所以对驱动进给电机的技术要求更为严格。无论是进给运动还是主运动,都有调速的要求。调速的方法很多,有机械的、液压的和电气的,但以电气方法调速最有利于实现自动化,并可简化机械结构。本节主要介绍数控机床伺服系统中电气调速性能和原理。

主运动系统中,要求电机能提供大的扭矩(在低速时)和足够的功率(高速段),所以对主电机调速要保证是恒功率负载,而且在低速段还要具有恒转矩特性。在进给运动系统中,要求电机的转矩恒定,不随转速改变而变化,而其功率是随转速增加而增加,所以对进给电机调速应保证进给电机具有恒转矩输出特性。

数控机床中有直流伺服系统和交流伺服系统,直流电机调速的历史最长,应用也很广。由于电力电子技术的发展,出现了许多新的调速方法,如脉冲宽度调制(PWM)等。然而交流电机的无级调速近年来发展很快,突破了许多新的技术,如变频调速、矢量变换控制等，使其应用日益扩大。交流调速系统逐渐代替了直流调速系统。

一、进给运动的速度控制

（一）直流伺服系统的调速

1. 直流伺服电机

直流伺服电机具有良好的调速特性，为一般交流电机所有不及。因此在数控机床进给伺服系统中广泛地采用了直流伺服电机。

（1）进给用伺服电机类型

进给驱动用直流伺服电机（简称电机，下文中所述电机均指伺服电机）主要有以下几种：

①改进型直流电机　这类电机在结构上与传统的直流电机没有多大区别，只是它设计成转动惯量小，过载能力强，且具有较好的换向性能。它在静态特性和动态特性方面较普通直流电机有所改善。在早期的欧美数控机床上多用这种电机。

②小惯量直流电机　这类电机又分无槽圆柱体电枢结构和带印刷绕组的盘形电枢结构两种。因为小惯量直流电机最大限度地减少了电枢转动惯量，所以能获得最好的快速性。在早期的数控机床上应用这类电机也较多。有些国家，如法国等，小惯量直流电机在数控机床上至今仍有使用。

③步进电机　由于步进电机制造容易，它所组成的开环系统比较简单易调，在60年代至70年代初，这种电机在数控机床上的应用曾风行一时。但到现在，一般数控机床上已不使用，而在功能简单的经济型数控机床上仍有使用。另外，在某些数控机床上也有用作补偿刀具磨损运动以及精密角位移等方面的驱动。

④永磁直流伺服电机　该电机也叫直流力矩电机或叫大惯量宽调速直流伺电机。由于它能在较大过载转矩下长时间工作以及电机的转子惯量较前述几种电机都大，因此它能直接与丝杆相连而不需中间传动装置。而且因无励磁回路损耗，所以它的外型尺寸比相类似的直流电机小。它还有一个特点是可在低速下运转，如能在1r/min 甚至在0.1r/min 下平稳地运转。因此，这种电机在数控机床上获得了广泛应用，至今许多数控机床上仍使用着永磁直流伺服电机。

⑤无刷直流电机　该电机又叫无整流子电机。它没有换向器，是由同步电机和逆变器组成，而逆变器是由装在转子上的转子位置传感器控制。因此它实质上是交流调速电机的一种。由于这种电机的性能达到直流电机的水平，又取消了换向器及电刷部件，使电机寿命提高了一个数量级，因此引起了人们很大的兴趣。

（2）直流伺服电机的特性

直流电机是由磁极-定子、电枢、转子和电刷换向片三部分组成。根据磁场产生的方式，直流电机可分为他激式、永磁式、并激式、串激式和复激式五种。数控机床上广泛使用的是永磁式直流伺服电机。

①直流电机的静态特性

直流电机的工作原理是建立在电磁力定律基础上，即直流切割磁力线产生电磁转矩，电磁力的大小正比于电机中气隙的磁场。电磁转矩由下式表示

$$T_M = K_T \cdot \phi \cdot I_a \tag{6-1}$$

式中 K_T——转矩常数;
ϕ——磁场磁通;
I_a——电枢电流;
T_M——电磁转矩。

电枢回路的电压平衡方程式为

$$U_a = I_a R_a + E_a \tag{6-2}$$

式中 U_a——电枢上的外加电压;
R_a——电枢电阻;
E_a——电枢反电势。

电枢反电势与转速之间有以下关系

$$E_a = K_e \phi \omega \tag{6-3}$$

式中 K_e——电势常数;
ω——电机转速(角速度)。

根据以上各式可以求得

$$\omega = \frac{U_a}{K_e \phi} - \frac{R_a}{K_e \cdot K_T \cdot \phi^2} \cdot T_M \tag{6-4}$$

式(6-4)表明了电机转速与电磁力矩的关系,此关系称为机械特性,如图6.2.1所示。机械特性是静态特性,是稳定运行时带动负载的性能,稳定运行时,电磁转矩与所带负载转矩相等。

当负载转矩为零时,电磁转矩也为零,这时可得

$$\omega_0 = \frac{U_a}{K_e \phi} \tag{6-5}$$

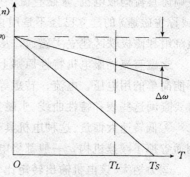

图6.2.1 直流电机的机械特性

ω_0为理想空载转速。

当转速为零,即电机刚通电,此时的启动转矩T_s可由式(6-4)得

$$T_s = \frac{U_a}{R_a} K_T \phi \tag{6-6}$$

T_s为启动转矩,又称堵转转矩,式中$\frac{U_a}{R_a}$为起动时电流,普通直流伺服电机该值很小,因此启动力矩不能满足要求。

当电机带动某一负载T_L时,电机转速与理想空载转速ω_0会有一个差值$\Delta\omega$,$\Delta\omega$的值表明了机械特性的硬度,$\Delta\omega$越小,机械特性越硬。由式(6-4)可得

$$\Delta\omega = \frac{R_a}{K_e K_T \phi^2} T_L \tag{6-7}$$

式中,T_L为所带负载力矩。$\Delta\omega$的大小与电机的调速范围有密切关系。$\Delta\omega$值大,不可能实现宽范围的调速。进给系统要求很宽的调速范围,为此采用永磁直流伺服电机。

②直流伺服电机的动态特性

在数控机床的进给伺服系统中,电机经常处于过渡过程状态工作,其动态特性直接影响着生产率、加工精度和表面质量。直流伺服电机有优良的动态品质。

直流电机的力矩平衡方程式为

$$T_M - T_L = J\frac{d\omega}{dt} \tag{6-8}$$

式中　T_M——电机电磁转矩;

　　　T_L——折算到电机轴上的负载转矩;

　　　ω——电机转子角速度;

　　　J——电机转子上总转动惯量;

　　　t——时间自变量。

该式表明动态过程中,电机由直流电能转换来的电磁转矩T_M,克服负载转矩后,其剩余部分用来克服机械惯量,产生加速度,以使电机由一种稳定状态过渡到另一种稳定状态。

为了取得平稳的、快速的、无振荡的、单调上升的转速过渡过程,要减小过渡过程时间。为此,小惯量电机采取的措施是,从结构上减小其转子转动惯量J;大惯量电机采取的措施是,从结构上提高起动力矩T_s。

(3) 永磁直流伺服电机

数控机床上大量使用的是永磁直流伺服电机,即是直流力矩伺服电机,也叫大惯量宽调速直流伺服电机。永磁直流伺服电机的工作原理与普通直流电机相同。它的气隙磁场(或称主磁通)的建立已经不是用直流电流励磁的办法,而是用永久磁铁代替直流电机励磁绕组和磁极铁芯建立主磁通,从而产生感应电势和电磁转矩。

永磁直流伺服电机特性原则上与普通直流伺服电机相同,但有很大的改进和变化,已不能简单的用电压、电流、转矩等参数来描述,需要用数据表和特性曲线来描述,使用时要查阅这些表和特性曲线。永磁直流伺服电机的性能特点如下:

①低转速大惯量。这种电机具有较大的惯量,可以和机床的进给传动丝杆直接相连,因而省掉了减速机构,一般都将电机的额定转速设计得较低。

②力矩大。该电机输出转矩比较大,特别是低速时力矩大。数控机床经常在低速时,进行大吃刀量,它能满足要求。根据电机原理,电磁力矩符合下式

$$T_M = \frac{pN}{2\pi a}\phi I_a \tag{6-9}$$

式中　T_M——电磁转矩;

　　　p——极对数;

　　　N——电枢绕组的导体数;

　　　a——并联支路对数;

　　　ϕ——磁极磁通量;

　　　I_a——电枢电流。

根据式(6-9)在永磁直流伺服电机中采取的措施有:选用了铝镍钴合金或陶瓷铁氧体等高导磁的磁性材料;增加极对数和N值;使$a=1$等。

③起动力矩大。为了获得大的起动力矩，还提高了最大允许电流的过载倍数。起动时，加速电流允许为额定电流的10倍，因而使得力矩-惯量比大，快速性好。

④低速运行平稳，力矩波动小。该电机转子的槽数增多，并采用斜槽，使低速运行平稳，能在0.1r/min运行。

永磁直流伺服电机的特性曲线有两个：

①转矩-速度特性曲线 转矩速度特性曲线又叫做工作曲线，如图6.2.2所示。伺服电机的工作区域被温度极限线、转速极限线、换向极限线、转矩极限线以及瞬时换向极限线分成三个区域：Ⅰ区为连续工作区，在该区域内可对转矩和转速作任

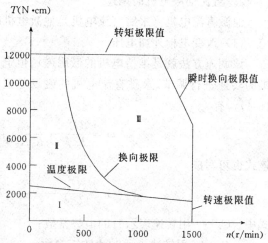

图6.2.2 永磁直流伺服电机工作曲线
Ⅰ—连续工作区 Ⅱ—间断工作区
Ⅲ—瞬时加减速区

意组合，都可长期连续工作。Ⅱ区为断续工作区，此时电机只能根据负载周期曲线（见图6.2.3）所决定的允许工作时间和断电时间做间歇工作。Ⅲ区为加速和减速区域，电机只能用作加速或减速，工作一段极短的时间。

②负载-工作周期曲线 该曲线如图6.2.3所示。负载-工作周期曲线给出了在满足机械所需转矩，而又确保电机不过热的情况下，允许电机的工作时间。因此，这些曲线是由电机温度极限所决定的。

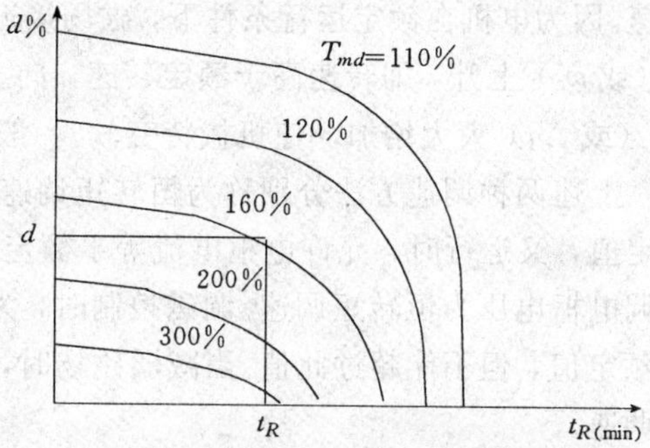

负载-工作周期曲线的使用方法：首先根据实际负载转矩的要求，求出电机在该时的过载倍数 T_{md}

$$T_{md} = \frac{负载转矩}{连续额定转矩}$$

图6.2.3 负载-工作周期曲线

然后在负载-工作周期曲线的水平轴线上找到实际机械所需要的工作时间 t_R，并从该点向上作垂线，与所要求的 T_{md} 的那条曲线相交。再从该点作水平线，与纵轴相交的点即为允许的负载工作周期比 d

$$d = \frac{t_R}{t_R + t_F}$$

式中 t_R——电机的工作时间；
t_F——电机的断电时间。

最后可以求出最短断电时间

$$t_F = t_R\left(\frac{1}{d} - 1\right)$$

电机的数据表，给出了有关电机性能的一些参数值，使用时需查阅。这里不作叙述。

2. 直流伺服电机的调速

他激直流电机（永磁直流电机是他激电机的一种特例）调速方法有两种：

(1) 改变电枢外加电压

该调速方法就是维持电机的激磁磁场恒定，改变加于电动机电枢绕组的电压，对电机的转速进行调节。永磁直流电机的磁场是恒定的，故只能采取这种调速方法。根据式(6-4)，有

$$\omega = \frac{U_a}{K_e\phi} - \frac{R_a}{K_e K_T \phi^2} T_M = \omega_0 - \Delta\omega$$

该式也可写成

$$n = \frac{U_a}{C_e\phi} - \frac{R_a}{C_e C_T \phi^2} T_M = n_0 - \Delta n$$

式中 C_e——用转速表示时的电势常数；

C_T——用转速表示时的转矩常数；

n——转速。

调速时，由于绝缘材料耐压限制，在额定转数以下进行，改变电压 U_a，上式中 n_0（ω_0）随 U_a 变化，Δn（或 $\Delta\omega$）为常数，故机械特性是一组平行直线。

(2) 改变气隙磁通量

在保持电枢电压恒定情况下，改变激磁绕组的电流，即可改变磁场，从而改变电机转速。因为电机在额定运行条件下，磁场接近饱和，只能弱磁调节。当弱磁时，ϕ 下降，则 n_0（或 ω_0）上升，即转速高于额定转速，向上调节。由式(6-7)知，当 T_M 不变，降低 ϕ，$\Delta\omega$（或 Δn）大大增加，使机械特变软。一般调磁的调速范围小于4:1。

上述两种调速方法分别称为恒转矩调速和恒功率调速。调电枢电压时，磁场磁通 ϕ 为额定值，又运行时，允许电枢电流等于额定值，则输出转矩 $T_M \approx K_T \phi I_a$ 为额定值，因此称调电枢电压为恒转矩调速。调磁控制时，为达到最大出力，可使电枢电流提高，允许达到额定值，但不能超过此值。当减弱磁场时，转矩 T_M 下降，维持功率不变，故称为恒功率调速。

3. 直流速度控制单元调速控制方式

数控机床伺服系统中，速度控制已经成为一个独立、完整的模块，称为速度控制单元。现在直流速度控制单元较多的采用晶闸管（即可控硅SCR——Silicon Controlled Rectifier）调速系统和晶体管脉宽调制（PWM——Pulse width modulation）调速系统。这两种调速系统都是永磁直流伺服电机调速的控制电路，调速方法是改变电机电枢电压。直流速度控制单元接收转速指令信号（多为电压值），改变为相应的电枢电压，达到速度调节的目的。

(1) 晶闸管调速系统

① 系统的组成

图6.2.4为晶闸管（可控硅）直流调速系统。该系统由内环——电流环、外环——速度环和可控硅整流放大器等组成。内环电流环的作用是，由电流调节器对电机电枢回路的引起滞后作用的某些时间常数进行补偿，使动态电流按所需的规律（通常是按一阶过渡规

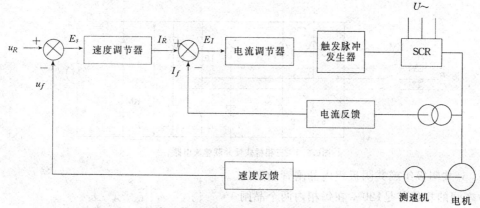

图6.2.4 可控硅直流调速速度单元结构框图

律)变化。I_R为电流参考值,来自速度调节器的输出。I_f为电流的反馈值,由电流传感器取自可控硅整流的主回路,即电动机的电枢回路。SCR为可控硅整流功率放大器。外环速度环的作用是,用速度调节器对电动机的速度误差进行调节,以实现所要求的动态特性。通常采用比例-积分调节器。U_R为来自数控装置经D/A变换后的模拟量参考值。该值也就是速度的指令信号,一般取0~10V直流,正负极性对应于电动机的转动方向。U_f为速度反馈值。速度的测量,目前多用两种元件:一种是测速发电机,可直接装在电机轴上,其输出电压的大小即反应了电机的转速。另一种是光电脉冲编码器,也直接装在电动机轴上,编码器发出的脉冲经频压变换(频率/电压变换),其输出电压反应了电动机的转速。U_R与U_f的差值E_s,为速度调节器的输入,该调节器的输出就是电流环的输入参考值。速度调节器和电流调节器都是由线性运算放大器和阻容元件组成的校正网络构成。

功率放大由可控硅(SCR)功率放大器完成。它的作用有:用作整流,将电网交流电源变为直流;将调节回路的控制功率放大,得到较高电压与较大电流以驱动电机;在可逆控制电路中,电动机制动时,把电动机运转的惯性能转变为电能,并回馈给交流电网。为了对功率放大器进行控制,必须设有触发脉冲发生器,以产生合适的触发脉冲。该脉冲必须与供电电源频率及相位同步,以保证可控硅的正确触发。

②主回路工作原理

可控硅大功率整流电路由多个晶闸管组成。电路可以是单相半控桥、单相全控桥、三相半波、三相半控桥、三相全控桥等。虽然单相半控桥及单相全控桥式整流电路简单,但因其输出波形差,容量有限,而较少采用。在数控机床中,多采用三相全控桥式反并联可逆电路,图6.2.5所示为三相全控桥无环流反并联可逆电路。三相全控桥电路的工作波形如图6.2.6所示。晶闸管分两组(Ⅰ和Ⅱ),每组按三相桥式连结,两组反并联,分别实现正转和反转。每组晶闸管都有两种工作状态:整流和逆变。一组处于整流工作时,另一组处于待逆变状态。在电机降速时,逆变组工作。

在这种电路(正转组或反转组)中,需要共阴极组中一个晶闸管和共阳极组中一个晶闸管同时导通才能构成通电回路,为此必须同时控制。共阴极组的晶闸管是在电源电压正半周内导通,顺序是1、3、5,共阳极组的晶闸管是在电源电压负半周内导通,顺序是

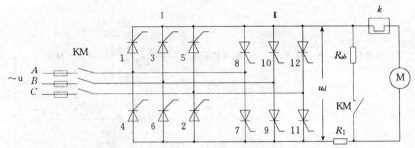

图6.2.5 三相桥式反并联整流电路

2、4、6。共阳极组或共阴极组内晶闸管的触发脉冲之间的相位差是120°,在每相内两个晶闸管的触发脉冲之间的相位是180°,按管号排列顺序为1—2—3—4—5—6,相邻触发脉冲之间的相位差是60°。

由波形图可见,只要改变触发角α,就可改变输出电压,达到调节直流电机速度的目的。

为保证合闸后两个串联工作的晶闸管能同时导通,或电流截止后能再导通,必须对共阴极组和共阳极组中应导通的晶闸管同时发出脉冲,每个晶闸管在触发导通60°后,再补发一个脉冲,这种控制方法为双脉冲控制;也可用一个宽脉冲代替两个连续的窄脉冲,脉冲宽度应保证相应的导通角大于60°,但要小于120°,一般取为80°~100°,这种控制方法叫宽脉冲控制。

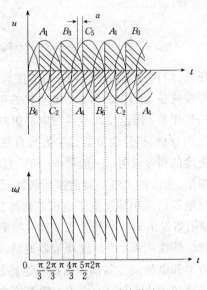

图6.2.6 整流电路波形图

③可控硅速度控制单元分析

虽然改变触发角能达到调速目的,但调速范围很小,机械特性很软,这是一种开环方法。为此,现在都采用带有测速反馈的闭环方案。闭环调速范围为

$$R_b = (1 + K_s)R_k$$

式中 R_b——闭环调速范围;

R_k——开环调速范围;

K_s——开环放大倍数。

为了提高调速特性硬度,又增加了一个电流反馈环节。图6.2.7为一典型的双闭环调速系统。

图中主要部分的构成及作用如下:

ⓐ比较和放大环节 图6.2.8为一种比较放大电路。速度指令电压和速度反馈电压分别经过阻容滤波后,在放大器Q_1的输入端进行比较,得到误差信号,经Q_1放大后可得到放大后的误差信号。图中D_1和D_2为差模保护二极管,R_5用来调节反馈信号的大小,以达到与指令电压匹配,防止差模超过放大器允许的范围。

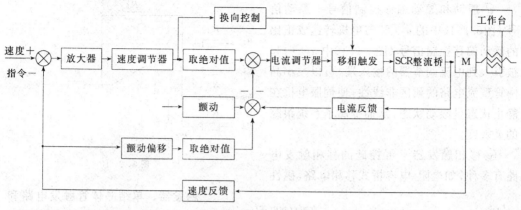

图6.2.7 双环调速系统

ⓑ **速度调节器** 速度调节器经常采用比例-积分调节器（即PI调节器），如图6.2.9（a）所示。采用PI调节器的目的是为了获得满意的静态和动态的调速特性。当在速度调节器的输入端，突加给定电压u_1时，由于电容C两端电压不能突变，故在开始瞬间，电容C两端相当于短路。电路变成了比例放大器，此时，放大倍数为$K_p=R_3/R_1$。所以立即起调节作用。由于负反馈很强，使放大器放大倍数

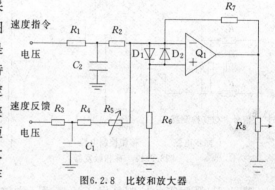

图6.2.8 比较和放大器

下降，从而又使调节过程变得缓慢而稳定。此后，随电容被充电，反馈电压减小，使放大倍数开始增大。因此u_2也逐渐增加。最后，电容C被充电到最高电压K_0u_1（其中K_0为运算放大器Q_2的开环放大倍数）达到稳定，电容C相当于开路，放大器不再有负反馈，极大的开环放大倍数，使系统基本达到无静差，以保证有足够高的控制精度。可见PI调节器相当于一个放大倍数可以自动调节的放大器，动态时低而静态时高，合理地解决了速度调节系统的稳定性与精度之间的矛盾。输出电压u_2变化的关系如图6.2.9（b）所示。

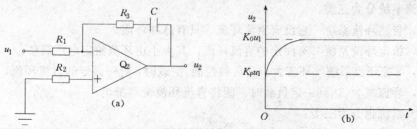

图6.2.9 速度调节器

ⓒ **电流调节器** 它由比例放大器组成，如图6.2.10所示。其中u_1为电流给定值，u_4为电流反馈值。采用电流调节器的目的是为了减小系统在大电流下的开环放大倍数，加快电流环的响应速度，缩短起动过程，同时减小低速轻载时由于电流断续对系统平稳性的影响。u_2和u_3分别为"颤动"信号和"颤动偏移"控制信号。作用见下述。

ⓓ 颤动和颤动偏移控制信号　颤动信号（图6.2.10中的u_2）和与电机转速成正比的颤动偏移控制信号（图6.2.10中u_3）一起被引入到电流调节器的输入端，可以减小晶闸管整流电路的死区非线性，使伺服电机在静止状态呈颤动状态，从而提高了系统跟踪的灵敏度。

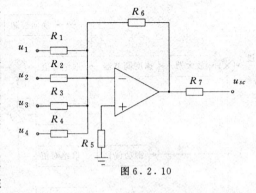

图6.2.10

ⓔ 移相触发器　可控硅的移相触发电路有多种，如电阻-电容桥式移相电路、磁性触发器、单结晶体管触发电路和带锯齿波正交移相控制的晶体管触发电路等。图6.2.11为正弦波同步的锯齿波触发电路原理图。它由同步电路、移相控制电路和脉冲分配三部分组成。该电路各点波形见图6.2.12所示。为使晶闸管可靠触发，采用了双脉冲触发方式，共需6个触发脉冲，分别为u_1，u_2，u_3，u_4，u_5，u_6，它们的相序按顺序相差60°。

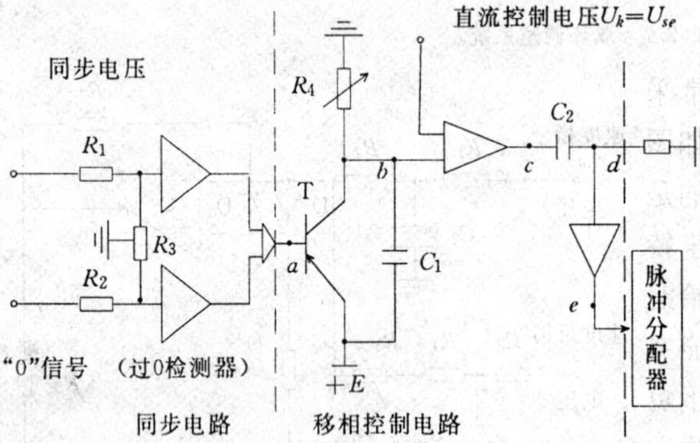

图6.2.11　移相触发器

若SCR1晶闸管的控制极用1GK表示，则该处触发脉冲1GK＝u_1＋u_2。同理2GK＝u_2＋u_3，3GK＝u_3＋u_4，4GK＝u_4＋u_5，5GK＝u_5＋u_6，6GK＝u_6＋u_1。实际的脉冲分配器中，都是通过脉冲变压器去触发晶闸管的。

ⓕ 换向控制和可逆调速　数控机床进给系统具有正、反向进给的功能，故晶闸管也需组成可逆驱动系统（即包括正向组系统和反向组系统）。可逆驱动系统分有环流和无环流两大类。有环流系统的特点是动态性能好，反应迅速，但投资大，需要庞大的限流电抗器等。无环流系统没有换向与限流电抗，主回路简单，但有切换死区，反应稍微迟缓。

有环流系统分为三类：

第一，自然环流系统　它没有直流环流，只有脉冲环流。

第二，给定环流系统　有固定的直流环流，其大小由环流给定电压调整。

第三，可控环流系统　环流大小受负载控制。空载时，有一固定的直流环流，随着负载的增加，环流减少。达到一定负载时，能将直流环流全部抵消。

无环流系统也分为三类：

第一，逻辑无环流系统　此系统是正反转的两组晶闸管线路，只有一组工作，另一组被封锁。两组切换由一套逻辑装置控制。

第二，错位无环流　两组晶闸管可同时工作，但两组触发脉冲控制角的相位错开一定度数（150°～180°）。

第三，可调死区错位系统　该系统采用了特殊触发方法，利用电流断续状态减少换向死区，克服非线性。

图6.2.7中的SCR整流桥采用了图6.2.5的三相桥式反并联整流电路，从而构成了一个逻辑无环流系统。

用来控制"正走组桥"和"反走组桥"进行工作切换的换向控制信号是由速度调节器的输出端取出。它反应了误差信号（或速度指令）的极性。换向信号经过逻辑处理和延时，对晶闸管移相器的触发脉冲分配进行控制，使得在"正走组桥"工作时，"反走组桥"关断；反之亦然。逻辑换向电路见图6.2.13。它包括电平检测，逻辑判断和延时环节。电平检测用来检测模拟信号的电平或极性变化并转换为逻辑"1"或"0"。这里需要检测的是转速换向时转矩的极性，以及电流的大小，即是否已降到零。逻辑判断电路是与非门和R-S触发器，它根据电平检测输出的逻辑信号进行与运算、并记存运算结果。经延时输出。

实际速度控制单元中为了保证系统安全可靠的工作，还包括短路保护，过载保护，限制最大动、静态电流和失控保护等电路。

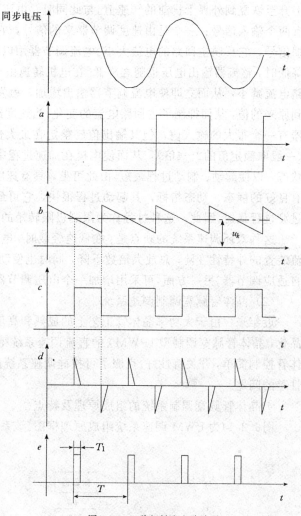

图6.2.12 移相触发电路波形

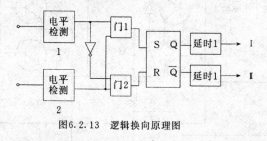

图6.2.13 逻辑换向原理图

根据以上的分析，结合图6.2.7和图6.2.4，直流可控硅调速系统的工作原理可简述如下：

当给定的指令信号增大时，则有较大的偏差信号加到调节器的输入端，放大器的输出电压随之加大，使触发器的触发脉冲前移（即减小 α 角），整个输出电压提高，电机转速上升。同时，测速发电机输出电压也逐渐增加，当它等于或接近于给定值时，系统达到新的动态平衡，电机就以要求的较高转速稳定运转。如果系统受到外界干扰，如负载增加时，转速就要下降，速度调节器的输入偏差信号增大，即放大器输出电压增加，触发脉冲前移，晶闸管整流器输出电压升高，从而使电机转速上升至恢复到外界干扰前的转速值。与此同时，电流也要起调节作用。因为电流调节器也有两个输入信号：一个是由速度调节器来的信号，它反映了偏差大小；另一个是电流反馈信号，它反映主回路的电流大小。电流调节器用以维持或调节电流。如当电网电压突然降低时，整流器输出电压也随之降低。在电机转速由于惯性尚未变化之前，首先引起主回路电流减小，从而立即使电流调节器输出增加，触发脉冲前移，使整流器输出电压恢复到原来的值，从而抑制了主回路电流的变化。当速度给定信号为一阶跃函数时，电流调节器有一个很大的输入值，但其输出值已整定在最大饱和值。此时的电枢电流也在最大值（一般取额定值的2~4倍），从而使电机在加速过程中始终保持在最大转矩和最大加速度状态，以使起动、制动过程最短。由此可见，具有速度外环、电流内环的双环调速系统具有良好的静态、动态指标，其起动过程很快，它可最大限度地利用电机的过载能力，使过渡过程最短。因此，这种过程称为限制极限转矩的最佳过渡过程。

这种双环调速系统的缺点是：在低速轻载时，电枢电流出现断续，机械特性变软，整流装置的外特性变陡，总放大倍数下降，同时也使动态品质恶化。为此，可采取电枢电流自适应调节器。另一方面，可采用增加一个电压调节器内环，组成三环系统的办法来解决。

（2）晶体管脉宽调制调速系统

近年来，由于大功率晶体管工艺上的成熟和高反压大电流的模块型功率晶体管的商品化，晶体管脉宽调制型（PWM）的直流调速系统得到了广泛的应用。与可控硅相比，晶体管控制简单，开关特性好。克服了可控硅调速系统的波形脉动，特别是轻载低速调速特性差的问题。

① 晶体管脉宽调制系统的组成原理及特点

图6.2.14为PWM调速系统组成原理框图。该系统由控制部分、晶体管开关式放大

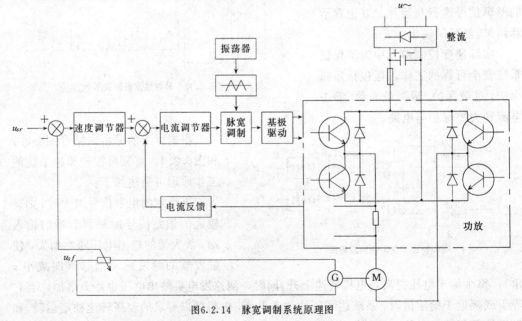

图6.2.14 脉宽调制系统原理图

器和功率整流三部分组成。控制部分包括速度调节器、电流调节器、固定频率振荡器及三

角波发生器、脉冲宽度调制器和基极驱动电路等。控制部分的速度调节器和电流调节器与可控硅调速系统一样，同样采用双环控制。不同的只是脉宽调制和功率放大器部分，它们是 PWM 调速系统的核心。

所谓脉宽调制，就是使功率放大器中的晶体管工作在开关状态下，开关频率保持恒定，用调整开关周期内晶体管导通时间的方法来改变其输出，从而使电动机电枢两端获得宽度随时间变化的给定频率的电压脉冲。脉宽的连续变化，使电枢电压的平均值也连续变化，因而使电机的转速连续调整。

脉宽调制器的作用，就是使电流调节器输出的直流电压电平（随时间按给定指令变化）与振荡器产生的确定频率的三角波叠加，然后利用线性组件产生宽度可变的矩形脉冲，经基极的驱动回路放大后加到功率放大器晶体管的基极，控制其开关周期及导通的持续时间。

功率放大器采用脉宽调制式的开关放大器，晶体管工作在开关状态。根据功率放大器输出的电压（加于电机的电枢上）波形，可分为单极性输出，双极性输出和有限单极性输出三种工作方式。各种不同的开关工作方式又可组成可逆式功率放大电路和不可逆式功率放大电路。

与可控硅调速系统相比，PWM 调速系统的特点如下：

(a) 频带宽 晶体管的"结电容"小，因而截止频率高于可控硅，两者相差一个数量级。元件的截止频率高，可允许系统有较高的工作频率。PWM 系统的开关工作频率多数为2kHz，有的使用5kHz，这远大于可控硅系统，远比转子能跟随的频率高得多，避开了机械共振。

PWM 系统与较小惯量的电机相配时，可以充分发挥系统的性能，获得很宽的频带。整个系统的快速响应好，能给出极快的定位速度和很高的定位精度，适合于起动频繁的场合。

(b) 电流脉动小 电机负载成感性，电路的电感值与频率成正比关系，因此电流脉动的幅度随频率的升高而下降。电流的波形系数接近于1。波形系数小(电流的有效峰值与平均值之比)，电机内部发热小，输出转矩平稳，对低速加工有利。

(c) 电源的功率因数高 可控硅工作时，由于导通角的影响，使交流电源的电流波形发生畸变，从而降低了电源的功率因数。电流中的高次谐波还对电网造成干扰，随着导通角的减小，这种情况就越严重。而 PWM 系统的直流电源为不受控制的整流输出，相当于可控硅导通角最大时的工作状态，整个工作范围内的功率因数可达90%。又由于晶体管漏电流小，使功率损耗很小。

(d) 动态硬度好 PWM 系统具有优良的动态硬度，其意思是指伺服系统校正瞬态负载扰动的能力。由于 PWM 系统的频带宽，系统的动态硬度就越高，而且 PWM 系统有良好的线性，尤其是接近于零点处的直线性好。

② 脉宽调制器

脉宽调制器的作用是将电压量转换成脉冲宽度可由控制信号调节而变化的脉冲电压。在 PWM 调速系统中，电压量为电流调节器输出的直流电压电平，该电压是由插补器输出的速度指令转化而来。经过脉宽调制器变为周期固定，脉宽可变的脉冲信号，脉冲宽度的变化随着速度指令变化而变化。由于脉冲周期不变,脉冲宽度改变将使脉冲平均电压改变。

脉冲宽度调制器的种类很多,但从构成来看,都是由两部分组成,一是调制信号发生器,二是比较放大器。而调制信号发生器都是采用三角波发生器或是锯齿波发生器。下面介绍一种用三角波作为调制信号的脉宽调制器。

图6.2.15为一种脉宽调制器,其中图(a)为三角波发生器,图(b)、图(c)为比较放大器电路。该脉宽调制器适合双极性可逆式开关功率放大器。

三角波发生器由二级运算放大器组成。第一级运算放大器Q_1组成的线路,实际上是频率确定的自激方波发生器,在它的输出端接上一个由运算放大器Q_2构成的积分器。

三角波发生器电路工作过程如下:

设在电源接通瞬间Q_1的输出电压u_B为$-V_d$(运算放大器电源电压),被送到Q_2的反相输入端。Q_2组成的电路是一个积分器,输出电压$u_\triangle$逐渐升高,按线性比例关系上升。同时$u_\triangle$又被反馈到Q_1的输入端与u_B(u_B通过R_2正反馈到Q_1的输入端)进行比较,当比较之后的$u_A>0$时,Q_1就立即翻转,由于正反馈的作用,瞬间达到最大值,$u_B=+V_d$。此时,$t=t_1$,而$u_\triangle=\dfrac{R_5}{R_2}\cdot V_d$。而在$t_1<t<T$的区间,$Q_2$输入端为$+V_d$,经积分$Q_2$的输出电压$u_\triangle$线性下降。当$t=T$时,$u_A$略小于零,$Q_1$再次翻转为原来状态$-V_d$,即$u_B=-V_d$,而$u_\triangle=-\dfrac{R_5}{R_2}V_d$。如此,周而复始,形成自激振荡,于是在$Q_2$的输出端得到一串三角波电压,各点波形见图6.2.16中的上图。

图6.2.15中的(b)、(c)为比较放大器电路,该线路能实现图6.2.16中的u_{b1}、u_{b2}、u_{b3}和u_{b4}的波形。在晶体管T_1的前面电路中设有比较放大器Q_3,三角波电压$u_\triangle$与控制电压u_{er}比较后送入Q_3的输入端。当$u_{er}=0$时,运算放大器Q_3输出电压的正负半波脉宽相等(图中未画)。当$u_{er}>0$时,比较放大器Q_3的输出脉冲正半波宽度小于负半波宽度,而当$u_{er}<0$时,比较放大器Q_3输出脉冲正半波宽度大于负半波宽度。如果三角波的线性度很好,则输出脉冲宽度可正比于控制电压u_{er},从而实现了模拟电压脉冲的转换。图中u_{b1}、u_{b2}、u_{b3}、u_{b4}是在一种特定情况下(输入信号为$u_\triangle+u_{er}$)放大器Q_3、Q_4、Q_5和Q_6同时分别产生的四种脉冲信号。图中晶体管T_1、T_2、T_3、T_4用于保证脉宽调制器的驱动功率和它的正脉冲输出。

③开关功率放大器

开关功率放大器是脉宽调制速度单元的主回路。从总的来分有双极性工作方式和单极性工作方式两种。各种不同的开关工作方式又可组成可逆开关放大电路和不可逆开关放大电路。

单极性工作方式的开关放大器又可分为T型单极性开关放大器和H型单极性开关放大器;双极性工作方式的开关放大器又可分为T型双极性开关放大器和H型双极性开关放大器,图6.2.17示出了这几种放大器的电路图。下面介绍一种用得最为广泛的H型开关电路,其电路图如图6.2.17(c)或(d)所示。它的构成为:四个晶体管和四个续流二极管组成桥式回路。直流供电电源$+E_d$由三相全波整流电源供给。它的控制方法为:将

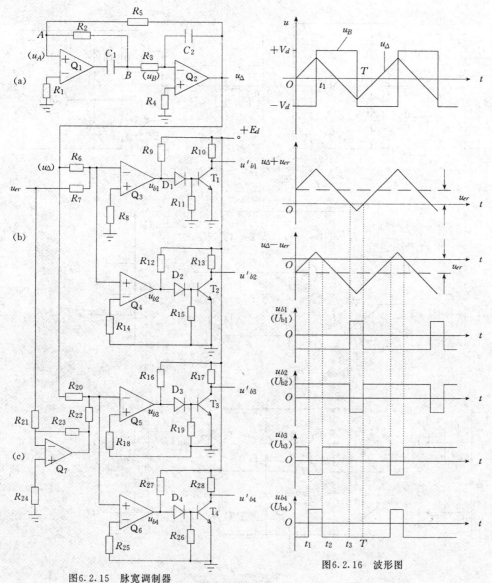

图6.2.15 脉宽调制器
(a)三角波发生器 (b)、(c)比较放大器

图6.2.16 波形图

脉宽调制器输出的脉冲波 u'_{b1}、u'_{b2}、u'_{b3} 和 u'_{b4} 经基极驱动电路，光电耦合电路变为 U_{b1}、U_{b2}、U_{b3} 和 U_{b4} 信号加到开关功率放大器四个晶体管的基极，它们的波形见图6.2.16，是 u_{b1}、u_{b2}、u_{b3} 和 u_{b4} 经二级驱动放大后的脉冲波，U_{b1}、U_{b2}、U_{b3} 和 U_{b4} 在相位、极性上与 u_{b1}、u_{b2}、u_{b3} 和 u_{b4} 相同。

当电机工作在电动机状态时（即非制动、减速状态），在 $0 \leqslant t < t_1$ 的时间区间内 U_{b2}、U_{b3} 电压为正，T_2 和 T_3 饱和导通，在电枢两端加上直流电源，电源向电动机供给能量，这时电流方向从电源 $+E_d$ 经 T_3—电机电枢—T_2—回到电源。在 $t_1 \leqslant t < t_2$ 时，U_{b1} 和 U_{b3} 均为负值，T_1 和 T_3 截止，电源 $+E_d$ 被切断。而此时 U_{b2} 为正，因此由电枢电感的作用，电流经 T_2 和续流二极管 D_4 继续流通。在 $t_2 \leqslant t < t_3$ 时，U_{b2} 和 U_{b3} 又同时为正，$+E_d$ 又经 T_2 和 T_3 加至电枢两端，电流继续流通。在 $t_3 \leqslant t < T$ 时，U_{b2} 和 U_{b4} 同时为负，电源 $+E_d$ 再次被切断，

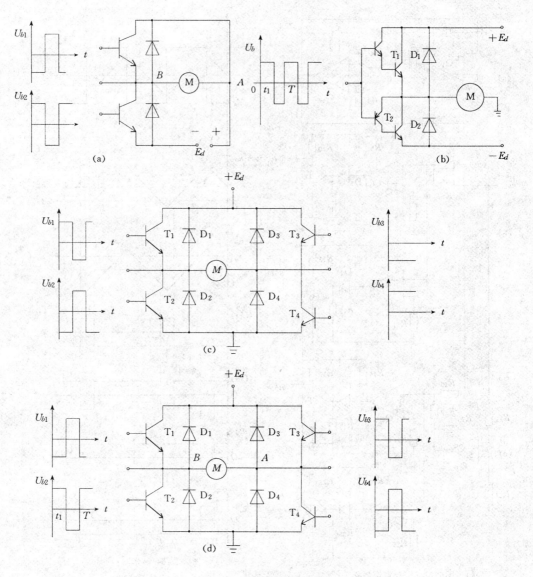

图6.2.17 开关功率放大器
(a)T型单极性 (b)T型双极性 (c)H型单极性 (d)H型双极性

但因为 U_{b3} 为正值,所以由于电枢电感的作用,电枢电流经 T_3 和 D_1 继续流通。

从上面分析可以看出,主回路输出电压(加在电枢上的电压)U_{AB} 是在0和 $+E_d$ 之间变化的脉冲电压。因此,它是一种H型单极性开关电路。当改变控制电压的大小(如变小),即可改变电枢两端的电压波形(如脉宽变窄),从而改变电枢电压的平均值(如平均电压较小),从而达到调速的目的(如电机转速变低)。当控制电压为负时,电源 $+E_d$ 通过 T_1 和 T_4 向电机电枢供电,电机反转。从波形图中可看出,当 T_1 导通时,T_2 截止,以及 T_3 导通时 T_4 截止,反之亦然。为了不致造成 T_1 和 T_2,T_3 和 T_4 同时导通而烧毁晶体管,在电路设计时要保证上述两对管子先截止后导通,而这中间的时间应大于晶体管的关断时间。所以在PWM速度控制单元还要加特性校正环节,来解决这个问题。

从上述分析中还可发现，开关功率放大器输出电压的频率比每个晶体管开关频率高一倍，从而弥补了大功率晶体管开关频率不能做得很高的缺陷，改善了电枢电流的连续性，这也是这种电路被广泛采用的原因之一。

为了能适应 PWM 型速度控制单元的特点，还须要适当改变直流伺服电机：一是将伺服电机设计成小电流高电压，以适应小电流高反压的晶体管较易制造的特点；二是尽量减小电机转子惯量，以充分发挥脉宽调制方式的快速性特点，使伺服电机有更大的转矩/惯量比，从而有更高的理论加速度和更快的响应。有些生产厂称这种电机为中惯量电机，因其转子惯量较晶闸管方式驱动的伺服电机的转子惯量小，而又比小惯量的直流伺服电机的转子惯量大。

(二) 交流伺服电机的调速

1. 进给系统用交流伺服电机

如前所述，由于直流电机具有优良的调速性能，因此长期以来，在要求调速性能较高的场合，直流电机调速系统一直占据主导地位。但直流电机却存在一些固有的缺点，如它的电刷和换向器易磨损，需要经常维护；由于换向器换向时会产生火花，使电机的最高转速受到限制，也使应用环境受到限制；而且直流电机的结构复杂，制造困难，所用铜铁材料消耗大，制造成本高。但交流电机，特别是感应电机没有上述缺点，且转子惯量较直流电机小，使得动态响应好。一般来说，在同样体积下，交流电机的输出功率可比直流电机提高10%～70%。另外，交流电机的容量可比直流电机造得大，达到更高的电压和转速。因此人们一直在寻找用交流电机调速来代替直流电机调速方案。

(1) 交流伺服电机的类型和特点

在交流伺服系统中可以用交流感应电机也可以采用交流同步电机。

交流感应电机结构简单，它与同容量的直流电机相比，重量轻1/2，价格仅为直流电机的1/3。它的缺点是不能经济地实现范围较广的平滑调速，必须从电网吸收滞后的励磁电流，因而会使电网功率因数变坏。所以进给运动一般不用这种电机，它用在主轴驱动系统中。

交流同步电机与感应电机存在的一个最大的差异是同步电机的转速与所接电源的频率之间存在着一种严格关系，即在电源电压和频率固定不变时，它的转速是稳定不变的。由变频电源供电给同步电机时，可方便的获得与频率成正比的可变速度，可以得到非常硬的机械特性及宽的调速范围。在结构上，同步电机虽然较感应电机复杂，但比直流电机简单。它的定子与感应电机一样，而转子则不同。同步电机的分类，从建立所需气隙磁场的磁势源来说，可分为电磁式及非电磁式两大类。在后一类中又有磁滞式、永磁式和反应式多种。其中磁滞式和反应式同步电机存在效率低，功率因数差，制造容量不大等缺点。所以在数控机床进给驱动系统中多数采用永磁式同步电机。

永磁式同步电机与电磁式相比，永磁式的优点是结构简单、运行可靠、效率高。缺点是体积较大，起动特性欠佳。但采用高剩磁感应、高矫顽力的稀土类磁铁材料后，电机外形尺寸可比直流电机减小1/2，重量减轻60%，转子惯量减到直流电机1/5。它与异步电机相比，由于采用永磁铁励磁消除了励磁损耗，所以效率高。此外，永磁式同步电机的体积比异步电机小。

(2) 永磁式交流伺服电机工作原理、性能和发展方向

① 工作原理

永磁交流伺服电机由定子、转子和检测元件三部分组成。结构原理图见图6.2.18。定子具有齿槽,内有三相绕组,形状与普通感应电机的定子相同。但其外形考虑散热良好,有的呈多边形,且无外壳。转子由多块永磁铁和冲片组成。这种结构优点是气隙磁密度较高,极数较多。转子结构中还有一类是有极靴的星形转子,采用矩形磁铁或整体星形磁铁。

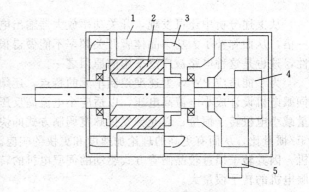

图6.2.18 永磁交流伺服电机结构
1. 定子 2. 转子 3. 定子三相绕组 4. 编码器
5. 出线盒

无论是哪种永磁交流伺服电机,永磁材料的性能直接影响电机性能和外形尺寸大小。现在一般采用第三代稀土永磁合金的——钕铁硼(Nd-Fe-B)合金,它是一种最有前途的稀土永磁合金。

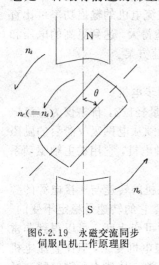

图6.2.19 永磁交流同步伺服电机工作原理图

永磁式交流同步伺服电机的工作原理很简单,它与电磁式同步电机类似,即转子磁极的磁通切割定子三相绕组,使定子(电枢)和磁极转子相互作用的原理。所不同的是,转子磁场不是由转子中激磁绕组产生,而是由转子永久磁铁产生。具体是:当定子三相绕组通上交流电后,就产生一个旋转磁场,该旋转磁场以同步转速 n_s 旋转(见图6.2.19)。根据磁极的同性相斥、异性相吸的原理,定子旋转磁极就要与转子的永久磁场磁极互相吸引住,并带着转子一起旋转。因此,转子也将以同步转数 n_s 与定子旋转磁场一起旋转。当转子轴上加有负载转矩之后,将造成定子磁场轴线与转子磁场轴线不一致(不重合),相差一个 θ 角,负载转矩变化, θ 角也变化。只要不超过一定界限,转子仍然跟着定子以同步转数旋转。设转子转数为 n_r (转/分),则

$$n_r = n_s = 60f/p$$

式中 f——电源交流电频率(Hz);

p——转子磁极对数。

永磁同步电机有一个问题是起动困难。这是由于转子本身的惯量以及定、转子磁场之间转速相差太大,使之在起动时,转子受到的平均转矩为零,因此不能自起动。解决这个问题不用加起动绕组的办法,而是在设计中设法减低转子惯量,或者在速度控制单元中采取先低速后高速的控制方法等来解决自起动问题。

②永磁交流同步伺服电机的性能

交流伺服电机的性能同直流伺服电机一样,用特性曲线和数据表来表示。当然,最主要的是转矩-速度特性曲线,见图6.2.20所示。

在连续工作区,速度和转矩的任何组合,都可连续工作。但连续工作区的划分受到一

定条件的限制。连续工作区划定的条件有两个：一是供给电机的电流是理想的正弦波；二是电机工作在某一特定温度下。断续工作区的极限，一般受到电机的供电限制。交流伺服电机的机械特性比直流伺服电机的机械特性要硬。另外，断续工作区的范围更大，尤其在高速区，这有利于提高电机的加、减速能力。

③永磁交流伺服电机的发展方向

主要有三个方面。

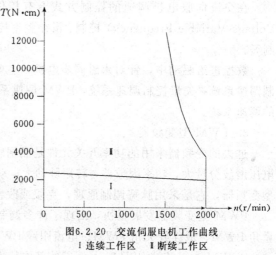

图6.2.20　交流伺服电机工作曲线
Ⅰ 连续工作区　　Ⅱ 断续工作区

第一，新永磁材料的应用。第三代稀土材料——钕铁硼的矫顽力可达 $636×10^3 A/m$。磁性能的提高，可使电机尺寸减小，使磁路尺寸比例发生很大变化。

第二，永久磁铁的结构改革。永磁交流伺服电机通常的结构是磁铁装在转子表面，也可称为外装永磁（SPM）电机，还可以将磁铁嵌在转子里面，称之为内装永磁电机。内装式永磁交流伺服电机的特点是：电机结构更牢固，允许在更高转速下运行；有效气隙小，电枢反应容易控制，因此能实现恒转矩区和弱磁恒功率区的控制；电机采用凸极转子结构（纵轴感抗大于横轴感抗，因此转矩靠磁场相互作用及磁阻效应产生）。

第三，与机床部件一体化的电机。如空心轴交流伺服电机，可供丝杆穿过空心轴，有利于机电一体化设计。

2. 进给系统中交流伺服电机的调速方法

新型大功率电力电子器件、新型变频技术的发展，以及现代控制理论、微机的数字控制技术等在实际应用中取得的重要进展，促进了交流伺服驱动技术的发展，使得交流伺服驱动逐渐在代替直流伺服驱动。

交流电机调速种类很多，应用最多的是变频调速。变频调速的主要环节是能为交流电机提供变频电源的变频器。变频器可分为交-直-交变频器和交-交变频器两大类。交-直-交变频器是先将电网电源输入到整流器，经整流后变为直流，再经电容或电感或由两者组合的电路滤波后供给逆变器（直流变交流）部分，输出电压和频率可变的交流电。交-交变频器不经过中间环节，直接将一种频率的交流电变换为另一种频率的交流电。

目前用得最多是交-直-交变频器。变频器中的逆变器可分为电压型和电流型两种。在电压型逆变器中，控制单元的作用是将直流电压切换成一串方波电压。所用的器件多为大功率晶体管、巨型功率晶体管GTR（Giant Transistors）或可关断晶闸管GTO（Gate Turn-off Thyristors）。电压型逆变器有两种最基本的形式：PWM型和电压源变换器VSI型（Voltage Source Inverter）。在PWM中，通常采用二极管桥式整流器，其输出的直流电压是恒定的，然后经脉宽调制得到可调的输出电压，而VSI型则在整流部分就变为一可变的直流电压。在电流型逆变器中，直流电流被切换成一串方波电流供给交流电机，由于电感影响，功率元件一般采用晶闸管，适用于大功率场合。

在交流伺服电机调速的控制方式上有相位控制、变压变频（VVVF——Variable Voltage Variable Frequency）控制、滑差频率控制、PWM控制、矢量变换控制、磁场控制等。

数控进给驱动中，针对永磁同步电机，主要采用自同步控制变频调速系统，电流控制调速系统，矢量控制调速系统，PWM调速系统。而用的最多的，几乎全是PWM控制的调速系统。

3. PWM型变频器

过去的变频器采用的功率开关元件是晶闸管，利用相控原理进行控制。这种方法产生电压谐波分量大，功率因数差，转矩脉动大，动态响应慢。现在变频调速大量采用PWM型变频器，它是采用脉宽调制原理，克服或改善了相控原理中的一些缺点。

PWM型变频器发展很快，出现了许多调制方法：SPWM、DMPWM、NPWM、矢量角PWM、最佳开关角PWM、电流跟踪PWM等十余种。

SPWM为正弦波PWM，其调制的基本特点是等距、等幅，而不等宽。它的规律总是中间脉冲宽而二边脉冲窄，且各个脉冲面积和正弦波下面积成比例。脉宽按正弦分布，这是一种最基本的，也是应用最广的调速方法。

DMPWM亦即Delta PWM，它由放大器、积分器和比较器组成。只要输入一个频率可变，而幅值恒定的正弦参考信号就可调制出相应脉冲，且可保持恒定的电压与频率之比，满足恒磁通变频原则的协调控制（防止发热和功率因数下降）。

NPWM是新型PWM，它是将半个周期分为三等分，第一和第三部分的60°脉冲（如为P_1和P_3个）调制方法同SPWM，而第二部分的60°脉冲（如为P_2个）等于第一和第三两部分脉冲之和，即$P_2=P_1+P_3$。这种方法可以提高开关频率。

矢量角PWM调制方法是指当电压空间矢量的幅值不变，矢量角呈线性变化时，会产生网状磁场轨迹，消除电压次谐波。

最佳开关角PWM调制方法是指按谐波电流均方根电流值最小等原则选择最佳开关角。

电流跟踪PWM调制方法按实际电流值时刻跟踪给定电流值的原则进行调制。

下面介绍用正弦波控制，三角波调制的SPWM型变频器的工作原理。交流电机变频调速系统中的关键部件之一就是逆变器。所谓逆变器，是相对于整流器而言的，其作用是将直流电能转变为交流电能。由于调速的要求，逆变器必须具有频率连续可调，以及输出电压连续可调，并与频率保持一定比例关系等功能。以上两因素协调起来，才能实现宽范围速度控制。数控机床交流伺服系统几乎全部采用晶体管逆变器，而不用可控硅逆变器。

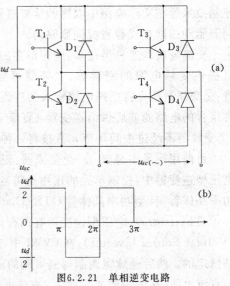

图6.2.21 单相逆变电路

图6.2.21（a）所示为单相桥式电路。如果在晶体管基极加上对称的脉冲（方波），脉

冲宽度为180°，加在 T_1 和 T_4 上的脉冲同相，加在 T_2 和 T_3 上的脉冲同相，并且这两相脉冲相位差180°，分别控制四个三极管导通、截止，可以得到图（b）的交流方波。经滤波后，可得正弦波形。图中二极管 $D_1 \sim D_4$ 是给无功电流提供通路。图6.2.22为三相桥式电路，是SPWM调速系统的通用型主回路。图中左半部分为整流器，将电网三相交流电变成直流，右半部分为用调制信号控制的功率开关放大器。在晶体管基极加控制脉冲，脉冲的相位差按 T_1、T_2、$T_3 \cdots T_6$ 的顺序依次相差60°。根据控制要求，每相脉冲有一定的宽度，以保证晶体管导通相应的角度。一般有120°导通方式和180°导通方式，导通方式不同，输出电压波形就不同。输出的波形经过滤波变成正弦波，可以控制交流伺服电机，满足数控机床的要求。

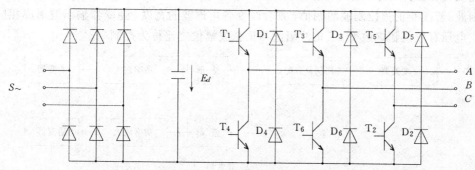

图6.2.22 双极性SPWM通用型主回路
（三相逆变电路）

图6.2.23为调制波的形成原理图。CNC装置给出的速度直流（电压）经电压/频率

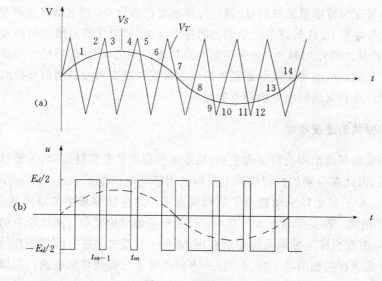

图6.2.23 调制波形式

变换后，转变为频率与指令直流电压成正比的脉冲信号，再经分频器产生三角波与正弦波。三角波与正弦波在比较器中进行比较，产生调制的矩形脉冲。图中 V_T 为三角载波信号，其幅值为 E_T，频率为 f_T，V_S 为一相正弦控制波，如 A 相。其幅值为 E_S，频率为 f_S。这两种波形的交点，如图（a）示的数字位置，决定了逆变器某相元件的通断时间（在此

为 A 相)。即 T_1 和 T_4 的通断,调制出脉宽波形如图(b)。而图6.2.22产生的直流回路电压如为 E_d,则当 T_1 在正半周工作于脉宽调制状态时,T_4 处于截止状态,A 相绕组的相电压为 $+\frac{1}{2}E_d$,而当 T_1 截止时,电机绕组中的磁场能量通过 D_4 续流二极管释放,使该相绕组承受 $-\frac{1}{2}E_d$ 的电压,从而实现双极性 SPWM 调制特性。当逆变器输出电压为负半周时,T_4 工作于脉宽调制状态,T_1 截止。

由上面分析可看出 SPWM 调制,见图6.2.23所示,就是在一个周期内,用一系列等幅但不等宽的(即脉冲的持续时间不等)脉冲来模拟输出的正弦电压波形。调制出的矩形脉冲宽度符合正弦规律,它是由三角波和正弦波调制出来的。三角波称为载波,正弦波称为控制波。若改变正弦控制波的幅值,则会改变各矩形波的宽度,逆变器输出波形亦相应改变,电压有效值随之改变。三角波幅值与正弦波幅值之比称为控制率。

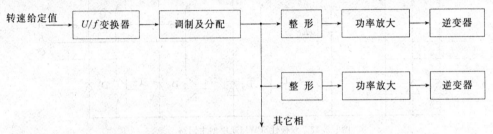

图6.2.24 变频控制原理图

图6.2.24为变频控制原理图,工作过程为:速度给定为直流电压值,经 U/f 变换将模拟量电压信号变为数字量频率信号。调制过程主要包括分频,正弦波产生环节,三角波产生环节和比较环节。由比较环节产生调制的矩形脉冲。如逆变器采用三相桥式,则应六个比较器,产生六列矩形脉冲,分别控制六只晶体管。矩形脉冲信号经整形放大加于逆变器的晶体管基极,从而将交流电源经整流后的直流电压变为按调制信号控制的可变频率的交流电压,达到交流伺服电机调速的目的。

二、主轴驱动的速度控制

机床主轴驱动和进给驱动有很大差别。机床主传动主要是旋转运动,无需丝杆或其它直线运动装置。因此在早期的数控机床上采用三相感应电机配上多级变速箱作为主轴驱动的主要方式。由于对主轴驱动提出了更高的要求,这包括要求主传动电机应有2.2～250kW 的功率范围,即要能输出大的功率,又要求主轴结构简单,所以原来的驱动方案不能满足要求。数控机床主驱动系统要求在1:100～1000范围内进行恒转矩和1:10的恒功率调速,而且要求在主轴的两个转向中任一方向都可进行传动和加减速,即要求有四象限的驱动能力。

此外,为了使数控车床等具有螺纹车削功能,要求主轴能与进给驱动实行同步控制;在加工中心上为了自动换刀还要求主轴能进行高精度的准停控制;为了保证端面加工的表面质量,要求主轴具有恒线速度表面切削功能;有的数控机床还要求具有角度分度控制功能。

为了实现上述的种种要求，在前期的数控机床上多采用直流主轴驱动系统，但由于直流电机的换向限制，大多数系统恒功率调速范围都非常小。因此，它成了主轴直流电气传动的一个大问题。到了70年代末，80年代初开始采用交流驱动系统，现在国际上新生产的数控机床绝大部分采用交流主轴驱动系统。

（一）直流驱动系统的调速

1. 直流主轴电机结构特点及性能

为了满足上述数控机床对主轴驱动的要求，直流主轴电机的结构与永磁式直流伺服电机不同。因为要求主轴电机有大的输出功率，所以在结构上不做成永磁式，而与普通直流电机相同，为他激式。其示意如图6.2.25所示。由图可见，直流主轴电机也是由定子和转子两大部分组成。转子与永磁直流伺服电机相同，由电枢绕组和换向器组成。而定子则完全不同，它由主磁极和换向极组成。有的主轴电机在主磁极上不但有主磁极绕组，还带有补偿绕组。

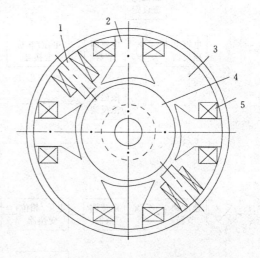

图6.2.25 直流主轴电机结构示意图
1.换向极 2.主磁极 3.定子 4.转子 5.线圈

这类电机在结构上的特点是，为了改善换向性能，在电机结构上都有换向极；为缩小体积，改善冷却效果，采用了轴向强迫通风冷却或热管冷却。电机的主磁极和换向极都采用矽钢片叠成，以便在负荷变化或在加速、减速时有良好的换向性能。电机外壳结构为密封式，以适应恶劣的机加车间环境。在电机的尾部一般都同轴安装有测速发电机作为速度反馈元件。

直流主轴电机的性能主要表现在转矩-速度特性曲线上，见图6.2.26所示。在基本转速 n_j 以下属于恒转矩调速范围，用改变电枢电压来调速；在基本转速以上属于恒功率调速范围，采用控制激磁的调速方法调速。一般来说，恒转矩速度范围与恒功率速度范围之比为1:2。

另外，直流主轴电机一般都有过载能力，且大都以能过载150%（即连续额定电流的1.5倍）为指标。至于过载时间，则根据生产厂的不同有较大差别，从1min到30min不等。

2. 直流主轴速度控制单元

直流主轴速度控制单元的框图见图6.2.27所示。主轴伺服系统一般没有位置控制，它只是一个速度控制系统。直流主轴速度单元也是由速度环和电流环构成的双环速度控制系统，用控制主轴电机的电枢电压，来进行恒转矩调

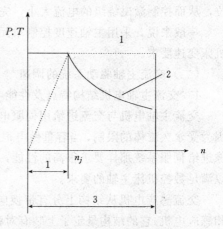

图6.2.26 直流主轴电机特性曲线
1—功率特性曲线 2—转矩特性曲线

速。控制系统的主回路采用反并联可逆整流电路,因为主轴电机的容量较大,所以主回路的功率开关元件大都采用晶闸管元件,主轴直流电机调速还包括恒功率调速,它是由框图中上半部分的激磁控制回路完成。

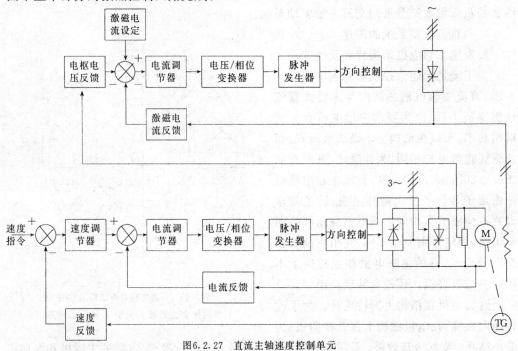

图6.2.27 直流主轴速度控制单元

因为主轴电机为他激式电机,激磁绕组与电枢绕组无直接关系,需要由另一直流电源供电。激磁控制回路由激磁电流设定电路、电枢电压反馈电路及激磁电流反馈电路组成三者的输出信号,经电流调节器、电压/相位变换器来决定晶闸管控制极的触发脉冲的相位,从而控制激磁绕组的电流大小,完成恒功率控制的调速。

一般来说,采用主轴速度控制单元之后,只需要二级机械变速,即可满足一般数控机床变速要求。

(二) 交流主轴驱动系统的调速

1. 交流主轴电机结构特点及性能

交流主轴电机与交流进给用伺服电机不同。交流主轴电机均采用交流感应电机。这是因为受永久磁体的限制,当容量做得很大时,电机成本太高。另一原因是主轴驱动系统不像进给伺服系统那样要求很高的性能,调速范围也不要太大。因此,采用感应电机完全可以满足数控机床主轴的要求。

交流感应电机从结构上分有带换向器和不带换向器两种。通常多用不带换向器的三相感应电机。它的结构是定子上装有对称三相绕组,而在圆柱体的转子铁心上嵌有均匀分布的导条,导条两端分别用金属环把它们联成一体,称为笼式转子。因此这种电机也称为笼式电机。交流主轴电机是专门设计的,为了增加输出功率,缩小电机的体积,采用了定子铁心在空气中直接冷却的办法,没有机壳,而且在定子铁心上作有轴向孔以利通风等。为此,在电机外形上是呈多边形而不是圆形。交流主轴电机结构和普通感应电机的比较见

图6.2.28所示。这类电机轴的尾部都同轴安装有检测用脉冲发生器或脉冲编码器。

交流感应主轴电机的工作原理是，当定子上对称三相绕组接通对称三相电源以后，由电源供给激磁电流，在定子和转子之间的气隙内建立起以同步转速旋转的旋转磁场，依靠电磁感应作用，在转子导条内产生感应电势。因为转子上导条已构成闭合回路，转子导条中就有电流流过，从而产生电磁转矩，实现由电能变为机械能的能量变换。

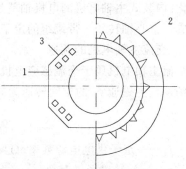

图6.2.28 交流主轴电机与普通感应电机比较示意图
1. 交流主轴电机　2. 普通感应电机
3. 冷却通风口

交流主轴电机的性能可由图6.2.29所示的功率-速度关系曲线反应出来。从图中曲线可见，交流主轴电机的特性曲线与直流主轴电机的类似：在基本速度以下为恒转矩区域，而在基本速度以上为恒功率区域。但有些电机，如图中所示那样，当电机速度超过某一定值之后，其功率-速度曲线又往下倾斜，不能保持恒功率。对于一般主轴电机，这个恒功率的速度范围只有1∶3的速度比。另外，交流主轴电机也有一定的过载能力，一般为额定值的1.2~1.5倍，过载时间则从几分钟到半个小时不等。

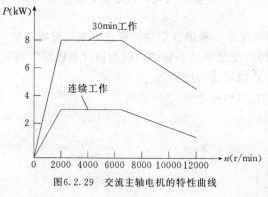

图6.2.29 交流主轴电机的特性曲线

交流主轴电机在结构上有以下三方面的新发展。

① 输出转换型交流主轴电机　为了满足机床切削加工的需要，要求主轴电机在任何切削速度下都能提供恒定的功率。但主轴电机本身由于特性的限制，在低速时为恒转矩输出，而在高速区为恒功率输出。主轴的恒定特性用恒转矩范围的最高速度和恒功率时最高速之比来表示。一般的交流主轴电机，这个比例为1∶3~1∶4。

为了使低速区也有恒功率，在主轴和电机之间装有主轴变速箱。如果主轴电机本身有宽的恒功率范围，则可省掉变速箱，简化主轴结构。现在已开发出一种称为输出转换型交流主轴电机。输出切换方法很多，有三角-星形切换，绕组数切换或二者组合切换。尤其是绕组数切换非常方便。而且，每套绕组都能分别设计成最佳的功率特性，能得到非常宽的恒功率范围，一般能达到1∶8~1∶30。

② 液体冷却电机　在电机尺寸一定的条件下，输出功率受电机发热的限制。为此，必须解决发热的问题。一般采用风扇冷却的方法散热。如果采用液体（润滑油）强迫冷却能在保持小体积条件下获得大的功率输出。液体冷却主轴电机结构的特点是在电机外壳和前端盖中间有一个独特的油路通道，用强迫循环的润滑油经此来冷却绕组和轴承，使电机能在20000r/min高速下连续运行。这类电机功率范围也很宽。

③ 内装式主轴电机　如果能将主轴与电机制成一体，就可省去齿轮结构，使主轴驱

动简化。内装式主轴电机的电机轴就是主轴本身,而电机的定子装在主轴头内。它由三部分组成:空心轴转子、带绕组的定子和检测器。

2. 交流主轴电机的调速

交流主轴电机属于交流感应电机,当定子三相绕组通上三相交流电时,将建立起旋转磁场,其主磁通 ϕ_m 的空间转速为同步转速 n_0,其值为

$$n_0 = \frac{60f_1}{p}(\text{r/min})$$

式中　f_1——定子供电电源频率(Hz);

　　　p——旋转磁场极对数。

感应电机转子的转数 n 为

$$n = n_0(1-s) = \frac{60}{p}f_1(1-s)$$

式中　s——转数差,$s=(n_0-n)/n$。

由上面式子可知,调速方法可分为两类。第一类是改变同步转数 n_0 的调速,它分两种方法,一是改变电机极对数 p。由于 p 是正整数,所以只能得到级差很大的有级调速,这不能满足数控机床的要求;二是改变电机供电频率 f_1。这可得到平滑的无级调速,是一种高效型交流调速,范围宽,精度高,是数控机床中常用的方法。第二类为不改变同步转速的调速,常用的有调压调速和电磁调速。由于有转差功率损耗,效率低,特性软,不适合数控机床调速。

从以上分析中,可知改变电源频率的调速是一种最有前途的调速方案,只要改变 f_1 就可实现 n_0 的调速。但在实际调速时,单纯改变频率是不够的,因为由"电机学"可知,旋转磁场以 n_0 速度切割定子绕组,则在每相绕组感应电势为

$$E_1 = 4.44 f_1 k_1 w_1 \phi_m \approx u_1$$

式中　$k_1 w_1$——定子每相绕组等效匝数;

　　　ϕ_m——每极磁通量;

　　　u_1——定子相电压。

所以

$$\phi_m = \frac{u_1}{4.44 f_1 k_1 w_1}$$

由上式可知,如在变频调速中,只保持定子电压 u_1 不变,则主磁通 ϕ_m 大小将会发生变化。在一般电机中,ϕ_m 值通常是在工频额定电压的运行条件下确定的,为了充分地利用电机铁心,都把磁通量选在接近磁饱和的数值上,因此,调速过程中,如果频率从工频往下调节,则 ϕ_m 上升,将导致铁心过饱和而使励磁电流迅速上升,铁心过热,功率因数下降,电机带负载能力降低。因此,必须在降低频率的同时,降低电压,以保持 ϕ_m 不变。这就是所谓的恒磁通变频调速中的"协调控制"。

变频调速有下面几种控制方式

(1) 恒转矩调速　由转子电流与主磁通作用而产生的电磁转矩 T 为

$$T = C_T \phi_m I_2 \cos\phi_2$$

式中　C_T——转矩常数;

　　　I_2——折算到定子上的转子电流;

$\cos\phi_2$——转子电路功率因数。

可知，T 与 ϕ_m、I_2 成正比。要保持 T 不变，则需 ϕ_m 不变，即要求 u_1/f_1 为常数。此时的机械特性曲线族如图6.2.30所示。由图可见，这些特性曲线的线性段基本平行，类似直流电机的调压特性。但最大转矩 T_m 随着 f_1 下降而减小。这是因为 f_1 高时，u_1 值大，此时定子电流在定子绕组中造成的压降与 u_1 相比，所占比例很小，可以认为 u_1 近似于定子绕组中感应电势 E_1。而当 f_1 很低时，u_1 值小，则定子绕组压降所占比例大，E_1 与 u_1 相差很大，所以 ϕ_m 减小，从而使 T_m 下降。

（2）恒最大转矩（T_m）调速 为了在低速时保持 T_m 不变，就必须采取 $E_1/f_1 = $ 常数的协调控制，

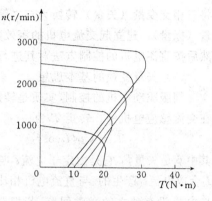

图6.2.30 恒转矩调速特性曲线

亦即随转速的降低，定子电压要适当提高，以补充定子绕组电阻引起的压降。恒 T_m 调速的机械特性见图6.2.31所示。如图中可见，低速时最大转矩得到了提高，与高速时最大转矩一样。

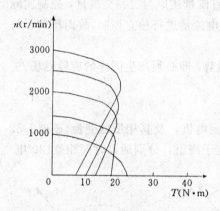

图6.2.31 恒 T_m 调速特性曲线

（3）恒功率调速 为了扩大调速范围，可以使 f_1 大于工频频率，得到 $n > n_0$ 的调速。由于定子电压不许超过额定电压，因此 ϕ_m 将随着 f_1 的升高而降低。这时，相当于额定电流时的转矩也减小，特性变软。可得到近似恒功率的调速特性，如图6.2.32所示。

从以上对变频调压调速的原理分析可见，变频调速的特性为非线性，不如直流电机的调速性能。这是因为当控制 ϕ_m 为恒定时，转子漏磁场储能的影响造成了机械特性的非线性。

此外，还有转差率控制调速，它是通过控制转差角频率，达到恒转矩调速目的。

如何实现上述这些控制，正是矢量控制所要解决的问题。

3. 交流感应电机矢量控制的原理

矢量变换控制理论最先是在1971年由德国 F·Blaschke，W·floter 等人提出的，70年代后期矢量变换控制晶体管逆变器调速系统投入实际应用。交流电机的矢量控制既适用于感应电机，也适用于同步电机。在数控机床上首先用于主轴驱动。

在伺服系统中，直流伺服电机能获得优良的动态与静态性能，其根本原因是被控量只有电机磁场 ϕ 和电枢电流 I_a，且这二个量是独立的，如果完满的补偿了电枢反映，两量互不影响。此外，电磁转矩（$M = C_M \phi I_a$）与磁通 ϕ 和电枢电流 I_a 分别成正比关系。因此，控制简单，性能为线性。如果能够模拟直流电机，求出交流电机与之对应的磁场与电枢

电流，分别而独立的加以控制，就会使交流电机具有与直流电机近似的优良特性。为此，必须将三相交变量（矢量）转换为与之等效的直流量（标量），建立起交流电机的等效数学模型，然后按直流电机的控制方法对其进行控制。

(1) 矢量变换的基本思想

伺服驱动电机的控制，实质是转矩的控制。在交流感应电机中，转矩 T 为

$$T = C_M \phi I_2 \cos\phi_2$$

其中 ϕ 是矢量 ϕ，它是由定子电流 I_1 与转子电流 I_2 合成电流 I_0 产生的。与直流电机相比，交流感应电机没有独立的激磁回路。若把转子电流 I_2

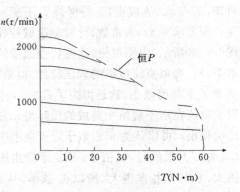

图6.2.32　恒功率调速特性曲线

比作 I_a，I_2 时刻影响着 ϕ 的变化。其次，交流感应电机的输入量是随时间交变的量，磁通亦是空间的交变矢量。如果仅仅控制定子电压和电源频率，其输出特性（$n = f(T)$）显然不是线性。为此，可利用等效概念，将三相交流输入电流变为等效的直流电机中彼此独立的激磁电流 I_f 和电枢电流 I_a，然后和直流电机一样，通过对这两个量的反馈控制，实现对电机的转矩控制。最后，通过相反的变换，将等效的直流量还原为三相交流量，控制实际的三相感应电机。由于是分别对激磁量和等效的电枢电流量进行独立控制，故而得到了与直流同样的调节特性。

等效变换的准则是，使变换前后有同样的旋转磁势，即必须产生同样的旋转磁场。矢量变换控制主要应用以下数学模型。

(2) 三相/二相变换（A、B、C / α、β）

这种变换是将三相交流电机变为等效的二相交流电机，及其相反的变换。图6.2.33(a) 为三相交流机中彼此相差120°空间角度的三个定子绕组，分别通以时间相差120°电

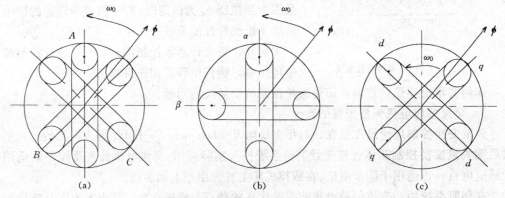

图6.2.33　交流机三相-二相直流机变换

角的三相平衡交流电流 i_A、i_B 和 i_C。于是在定子上产生以同步角速度 ω_0 旋转的磁场矢量 ϕ。应用三相-二相的数学变换公式，将其化为二相交流绕组的等效交流磁场。该两相绕组 α、β 如图(b)所示，按空间相差90°布置，分别通以时间相差90°的平衡电流 i_α 和 i_β，则产

生的空间旋转磁场 ϕ 与三相 A、B、C 绕组产生的旋转磁场一致。其磁势为（见图6.2.34 (a)）

$$\begin{cases} F_\alpha = F_A - F_B\cos60° - F_C\cos60° = F_A - \frac{1}{2}F_B - \frac{1}{2}F_C \\ F_\beta = F_B\sin60° - F_C\sin60° = \frac{\sqrt{3}}{2}F_B - \frac{\sqrt{3}}{2}F_C \end{cases}$$

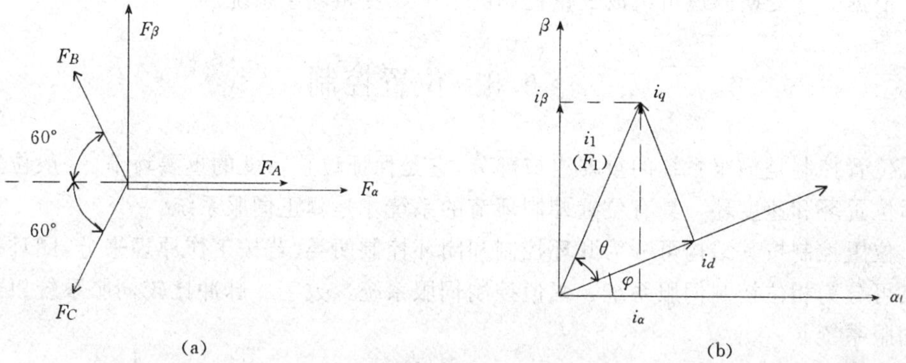

图6.2.34 三相交流磁势的变换

按照磁势与电流成正比的关系，可求得对应的电流值 i_α 与 i_β

$$\begin{cases} i_\alpha = i_A - \frac{1}{2}i_B - \frac{1}{2}i_C \\ i_\beta = \frac{\sqrt{3}}{2}i_B - \frac{\sqrt{3}}{2}i_C \end{cases}$$

除磁势的变换外，变换中用到的其它物理量，只要是三相平衡量与二相平衡量，则转换方式相同。这样就将三相电机转换为二相电机，如图6.2.33 (b)。

(3) 矢量旋转变换 (VR)

将三相电机转化为二相电机后，还需将二相交流电机变换为等效的直流电机，见图6.2.33(c)。在直流电机中，如果电枢反应得以完全补偿，激磁磁势与电枢磁势正交。若设图6.2.33 (c) 中 d 为激磁绕组，通以激磁电流 i_d，q 为电枢绕组，通以电枢电流 i_q，则 i_d 产生固定幅度的磁场 ϕ，在定子上以 ω_0 角速度旋转。这样就可看成是直流电机了。将二相交流电机转化为直流电机的变换，实质就是矢量向量的转换，是静止的直角坐标系向旋转的直角坐标系间的转换。这里，就是要把 i_α、i_β 转化为 i_d 和 i_q，转化条件是保证合成磁场不变。在图6.2.34 (b) 中，i_α 和 i_β 的合成矢量是 i_1，将其在 ϕ 方向及垂直方向投影，即可求得 i_d 与 i_q。i_d 与 i_q 在空间以 ω_0 角速度旋转。转换公式为

$$\begin{cases} i_d = i_\alpha\cos\phi + i_\beta\sin\phi \\ i_q = -i_\alpha\sin\phi + i_\beta\cos\phi \end{cases}$$

以上变换以磁通轴为基准，所以，变换系统中关键是要得到实际的磁通，包括幅度及其在空间的位置。

(4) 直角坐标与极坐标的变换 (k/p)

矢量控制中，还要用到直角坐标系与极坐标系的变换。如图6.2.34（b）中，由 i_d 和 i_q 求 i_1，其公式为

$$\begin{cases} i_1 = \sqrt{i_d^2 + i_q^2} \\ \text{tg}\theta = \dfrac{i_q}{i_d} \end{cases}$$

根据矢量变换原理可组成矢量控制的 PWM 变频调速系统。

§6.3 位置控制

位置控制是伺服系统的重要组成部分，它是保证位置精度的重要环节。一般位置控制包括位置环和速度环，具有位置控制环节的系统才是真正伺服系统。

位置控制按其结构可分为开环控制和闭环控制两类。若按工作原理来分，闭环控制系统又可分为相位控制伺服系统，幅值控制伺服系统，数字、脉冲比较伺服系统以及全数字伺服系统。

一、开环控制系统

（一）步进电机的工作原理

开环控制系统中，执行元件是步进电机，它受驱动控制线路的控制，将代表进给脉冲的电平信号直接变换为具有一定方向、大小和速度的机械转角位移，并通过齿轮和丝杆带动工作台移动。进给脉冲的频率代表了驱动速度，进给脉冲的数量代表了位移量。开环控制的精度主要由步进电机来决定。此外，还要考虑传动环节的误差。

步进电机的工作原理是按电磁吸引的原理工作的。用图6.3.1所示的反应式三相步

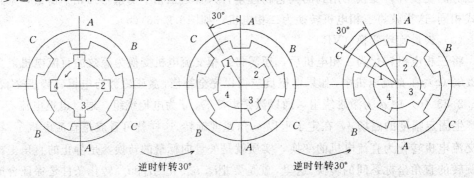

图6.3.1 步进电机工作原理

进电机为例加以说明。定子上有六个磁极，分成 A、B、C 三相，每个磁极上绕有激磁绕组，按串联（或并联）方式连接，使电流产生的磁场方向一致。转子无绕组，它是由带齿的铁心做成的，当定子绕组按顺序轮流通电时，A、B、C 三对磁极就依次产生磁场，并每次对转子的某一对齿产生电磁转矩，吸引过来使它一步步转动。每当转子某一对齿的中心线与定子磁极中心线对齐时，磁组最小，转矩为零，每次就在此时按一定方向切换定子绕组各相电流，使转子按一定方向一步步转动。步进电机每步转过的角度称做步距角。

在图6.3.1中，设 A 相通电，转子1、3齿被磁极 A 产生的电磁转矩吸引过去，当1、3

齿与 A 对齐时，转动停止；此时，B 相通电，A 相断电，磁极 B 又把距它最近的一对齿 2、4 吸引过来，使转子按逆时针方向转过 30°。接着 C 相通电，B 相断电，转子又逆时针旋转 30°，依此类推，定子按 $A \to B \to C \to A \cdots$ 顺序通电，转子就一步步地按逆时针方向转动，每步转 30°。若改变通电顺序，按 $A \to C \to B \to A \cdots$ 使定子绕组通电，步进电机就按顺时针方向转动，同样每步转 30°。这种控制方式叫单三拍方式。由于每次只有一相绕组通电，在切换瞬间失去自锁转矩，容易失步，此外，只有一相绕组通电吸引转子，易在平衡位置附近产生振荡，故实际不采用单三拍工作方式，而采用双三拍控制方式，即通电顺序按 $AB \to BC \to CA \to AB \to \cdots$（逆时针方向）或按 $AC \to CB \to BA \to AC \to \cdots$（顺时针方向）进行。由于双三拍控制每次有二相绕组通电，而且切换时总保持一相绕组通电，所以工作较稳定。如果按 $A \to AB \to B \to BC \to C \to CA \to A \to \cdots$ 顺序通电，就是三相六拍工作方式。每切换一次，步进电机按顺时针方向转过 15°。同样，若按 $A \to AC \to C \to CB \to B \to BA \to A \to \cdots$ 顺序通电，则步进电机每步按逆时针方向转过 15°。三相六拍控制方式比三相三拍控制方式步距角小一半。

控制步进电机的转动是由绕组的脉冲电流决定的，即由指令脉冲决定的。指令脉冲数决定它的转动步数，即角位移的大小；指令脉冲频率决定它的转动速度。只要改变指令脉冲频率，就可以使步进电机的旋转速度在很宽的范围内连续调节；改变绕组的通电顺序，可以改变它的旋转方向。可见，对步进电机控制十分方便。步进电机的缺点是效率低，带惯性负载能力差，尤其是在高速时容易失步。

（二）步进电机的结构及主要特性

1. 步进电机的种类及结构

步进电机的结构形式，其分类方式很多。按力矩产生的原理分有反应式和激磁式。反应式为转子无绕组，由被激磁的定子绕组产生反应力矩实现步进运行。激磁式为定子、转子均有激磁绕组（或转子用永久磁钢），由电磁力矩实现步进运行。按输出力矩大小分为伺服式和功率式。伺服式输出力矩在几百～几千 kg·cm，只能驱动较小负载，一般与液压扭矩放大器配用，才能驱动机床工作台等较大负载。功率式输出在 0.5～5kg·m 以上，可以直接驱动负载。按各相绕组分布分为径向式和轴向式。径向式步进电机，各相按圆周依次排列，轴向式步进电机，各相按轴向依次排列。

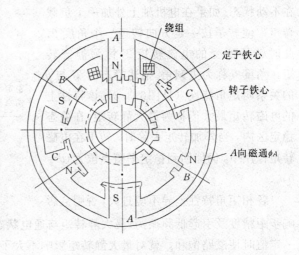

图 6.3.2　径向三相反应式步进电机的原理结构

我国步进电机多为反应式。如图 6.3.2 所示。定子上有六个均布的磁极，在直径相对的两个极上的线圈串联，构成了一相控制绕组。极与极之间的夹角为 60°，每个定子极上均布 5 个齿，齿槽距相等，齿间夹角为 9°。转子上无绕组，只有均布的 40 个齿，齿槽等宽，齿间夹角也是9°。三相（A、B、C）定子磁极和转子上相应的齿依次错开了1/3齿距。这样，若按三相六拍方式给定子绕组通电，即可控制步进电机以1.5°的步距角作正向或反向旋转。

反应式步进电机还有一种结构是多定子轴向排列的，定子和转子铁心都分成五段，每段一相，依次错开排列为 A、B、C、D、E，每相是独立的。这就是五相反应式步进电机。

2. 步进电机的主要特性

① 步距角和静态步距误差

步进电机的步距角是反映步进电机定子绕组的通电状态每改变一次，转子转过的角度。它取决于电机结构和控制方式。步距角 α 可按下式计算

$$\alpha = \frac{360}{mzk}(度)$$

式中　　m——定子相数；
　　　　z——转子齿数；
　　　　k——控制方式确定的拍数与相数的比例系数。

例如三相三拍时，$k=1$，三相六拍时，$k=2$。

步进电机每走一步的步距角 α 应是圆周360°的等分值。但是，实际的步距角与理论值有误差。在一转内各步距误差的最大值，被定为步距误差。它的大小是由制造精度、齿槽的分布不均匀和气隙不均匀等因素决定的。步进电机的静态步距误差通常在10′以内。

② 静态矩角特性

当步进电机不改变通电状态时，转子处在不动状态。如果在电机轴上外加一个负载转矩，使转子按一定方向转过一个角度 θ，此时转子所受的电磁转矩 T 称为静态转矩，角度 θ 称为失调角。描述静态时 T 与 θ 的关系叫矩角特性（见图6.3.3）。该特性上的电磁转矩最大值称为最大静转矩。在静态稳定区内，当外加转矩去除时，转子在电磁转矩作用下，仍能回到稳定平衡点位置（$\theta=0$）。

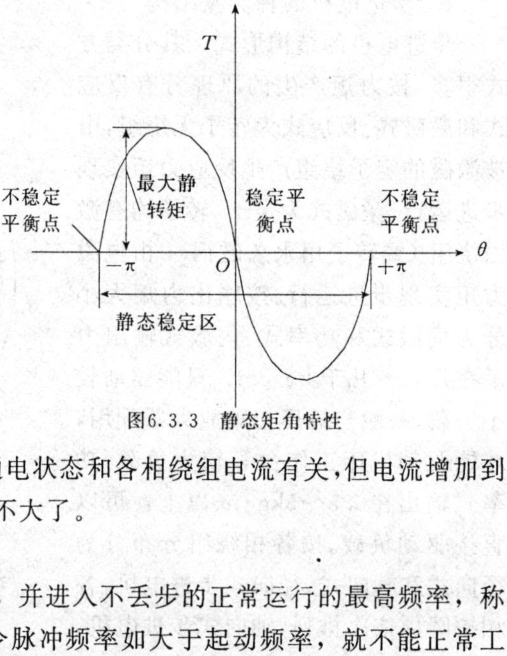

各相矩角特性差异不应过大，否则会影响步距精度及引起低频振荡。最大静转矩与通电状态和各相绕组电流有关，但电流增加到一定值时使磁路饱和，就对最大静转矩影响不大了。

图6.3.3　静态矩角特性

③ 起动频率

空载时，步进电机由静止状态突然起动，并进入不丢步的正常运行的最高频率，称为起动频率或突跳频率。加给步进电机的指令脉冲频率如大于起动频率，就不能正常工作。步进电机在带负载（尤其是惯性负载）下的起动频率比空载要低，而且，随着负载加大（在允许范围内），起动频率会进一步降低。

④ 连续运行频率

步进电机启动以后，其运行速度能跟踪指令脉冲频率连续上升而不丢步的最高工作

频率,称为连续运行频率。其值远大于起动频率。它也随着电机所带负载的性质和大小而异,与驱动电源也有很大关系。

⑤矩频特性与动态转矩

矩频特性 $T=F(f)$ 是描述步进电机连续稳定运行时输出转矩与连续运行频率之间的关系(如图6.3.4)。该特性上每一个频率对应的转矩称为动态转矩。使用时,一定要考虑动态转矩随连续运行频率的上升而下降的特点。

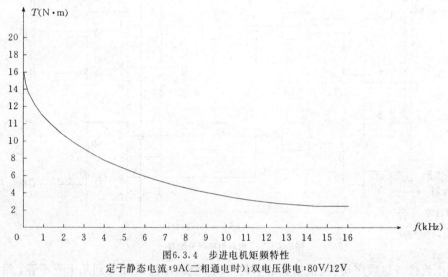

图6.3.4 步进电机矩频特性
定子静态电流:9A(二相通电时);双电压供电:80V/12V

上述步进电机的主要特性除第一项外,其余四项均与驱动电源有很大关系。如驱动电源性能好,步进电机的特性可得到明显改善。

(三) 步进电机的驱动控制线路

驱动控制线路是由环形分配器和功率放大器组成。在有些CNC系统,环形分配器功能由软件产生,在这种情况下,它就不包括在驱动控制线路中。

1. 环行分配器

加到环行分配器输入端的指令脉冲是CNC插补器输出的分配脉冲,通常还要经过加减速控制,使脉冲频率平滑上升或下降,以适应步进电机的驱动特点。

环行分配器是根据步进电机的相数和控制方式设计的。图6.3.5表示一个三相六拍环行分配器的原理线路图。该线路图由与非门和JK触发器组成。指令脉冲加到三个JK触发器的时钟输入端C,旋转方向由正、反控制端的状态决定。当正向控制端状态为"1"时,反向控制端状态为"0",此时正向旋转。初始时,由置"0"信号将三个触发器都变为"0",由于C相接到$\overline{Q_3}$端,故此时C相通电,随着指令脉冲的不断到来,各相通电状态不断变化,按照$C \to CA \to A \to AB \to B \to BC \to C \to \cdots$次序通电。步进电机反向旋转时,是由反走控制信号"1"状态控制(此时,正向控制端为"0"),通电次序为$C \to CB \to B \to BA \to A \to AC \to C \to \cdots$。

2. 功率放大器

功率放大器的作用是将环行分配器输出的通电状态经过功率放大,控制步进电机各

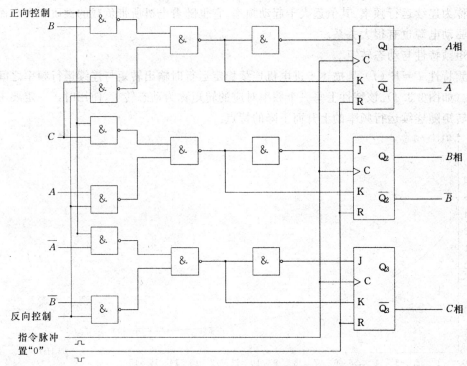

图6.3.5 三相六拍环行分配器

相绕组电流按一定顺序切换。根据其功率的不同,绕组电流从几安到几十安不等,每相绕组分别有一组功率放大器控制线路。

功率放大电路形式很多,这里介绍图6.3.6所示的高低压供电定时切换线路工作原理。该线路包括功率放大级(由功率管 T_g、T_d 组成)、前置放大器和单稳延时线路。二极管 D_d 是用作高低压隔离的,D_g 和 R_g 是高压放电回路。高压导通时间由单稳延时线路整定,通常为100～600μs,对功率步进电机可达几千微秒。

当环形分配器输出高电平时,两只功率放大管 T_g、T_d 同时导通,电机绕组以+80V电压供电,绕组电流按 $L/(R_d+r)$ 的时间常数向电流稳定值 $u_g/(R_d+r)$ 上升,当达到单稳延时时间时,T_g 管截止,改由+12V供电,维持绕组额定电流。若高低压之比为 u_g/u_d,则电流上升率也提高 u_g/u_d 倍,上升时间明显减小。当低压断开时,电感 L 中储能通过 $R_g D_g$ 及 $u_g u_d$ 构成的放电回路放电,放电电流的稳态值为 $(u_g-u_d)/(R_g+R_d+r)$,因此也加快了放电过程。这种供电线路由于加快了绕组电流的上升和下降过程,故有利于提高步进电机的起动频率和最高连续工作频率。由于额定电流是由低压维持的,只需较小的限流电阻,功耗较小。

(四)开环控制步进式伺服系统的工作原理

步进式伺服系统主要由步进电机的驱动控制线路和步进电机两部分组成,见图6.3.7所示。驱动控制线路接收数控机床数控装置发出的进给脉冲信号,并把此信号转换为控制步进电机各定子绕组依次通、断电的信号,使步进电机运转。步进电机的转子与机床丝杆连在一起(也可通过齿轮传动接到丝杆上),转子带动丝杆转动,从而使工作台运动。

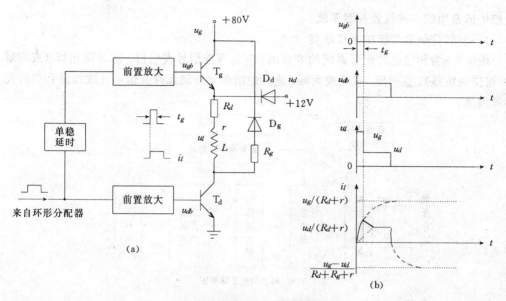

图6.3.6 高低压供电定时切换线路
(a)原理方块图 (b)波形图

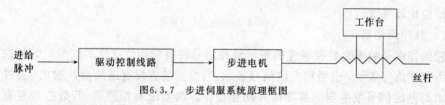

图6.3.7 步进伺服系统原理框图

1. 工作台位移量的控制

数控机床数控装置发出 N 个脉冲,使步进电机定子绕组的通电状态变化 N 次,则步进电机转过的角位移量 $\phi = N\alpha$(α 为步距角)。该角位移经丝杆、螺母之后转变为工作台的位移量 L,即进给脉冲数决定了工作台走的直线位移量。

2. 工作台进给速度的控制

假定数控装置发出的进给脉冲的频率为 f,经驱动控制线路后,表现为控制步进电机定子绕组的通电、断电的电平信号变化频率,定子绕组通电状态的变化频率决定步进电机转子的转速。该转速经过丝杆、螺母之后,体现为工作台的进给速度,即进给脉冲的频率决定了工作台的进给速度。

3. 工作台运动方向的控制

当数控装置发出的进给脉冲是正向时,经驱动控制线路之后,步进电机的定子绕组按一定顺序依次通电、断电。当进给脉冲是反向时,定子各绕组则按相反的顺序通电、断电。因此,改变进给脉冲的方向,可改变定子绕组的通电顺序,使步进电机正转或反转,从而改变工作台的进给方向。

二、相位伺服系统

相位伺服系统是采用相位比较方法实现位置闭环(及半闭环)控制的伺服系统,是数控机床常用的一种位置控制系统。

（一）相位伺服系统的工作原理

图6.3.8为相位比较伺服系统的方框图，它由基准信号发生器、脉冲调相器（或叫脉冲-相位变换器）、鉴相器、直流放大器、速度控制单元检测元件及信号处理线路和执行元件等组成。

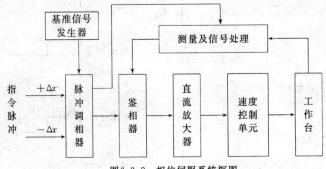

图6.3.8 相位伺服系统框图

1. 基准信号发生器

基准信号发生器输出的是一列具有一定频率的脉冲信号，其作用是为伺服系统提供一个相位比较基准。

2. 脉冲调相器

它的作用是将来自数控装置的进给脉冲信号转换为相位变化的信号，该相位变化信号可用正弦信号表示，也可用方波信号表示。若数控装置没有进给脉冲输出，脉冲调相器的输出与基准信号发生器的基准信号同相位，即两者没有相位差。若数控装置有脉冲输出，数控装置每输出一个正向或反向进给脉冲，脉冲调相器的输出将超前或滞后基准信号一个相应的相位角ϕ_1。若CNC装置输出N个正向进给脉冲，则脉冲调相器的输出就超前基准信号一个相位角$\phi=N\phi_1$。

3. 测量元件及信号处理线路

该线路和元件的作用是将工作台的位移量检测出来，并表达成与基准信号之间的相位差。

4. 鉴相器

鉴相器的输入信号有两路，一路是来自脉冲调相器的指令信号；另一路是来自测量元件及信号处理线路的反馈信号，它代表了工作台的实际位移量。这两路信号都是用它们与基准信号之间的相位差来表示，且同频率、同周期。当工作台实际移动的距离小于进给脉冲要求的距离时，这两个信号之间便存在一个相位差，这个相位差的大小就代表了工作台实际移动距离与进给脉冲要求的距离之差，鉴相器就是鉴别这个误差的电路，它的输出是与此相位差成正比的电压信号。

5. 驱动和执行元件

鉴相器的输出信号一般比较微弱，需要放大，再经过速度控制单元驱动电机带动工作台运动。

相位伺服系统利用相位比较的原理进行工作。当数控机床的数控装置要求工作台沿一个方向进给时,插补器或插补软件便产生一系列进给脉冲,该进给脉冲作为指令脉冲,其数量代表了工作台的指令进给量,其频率代表了工作台的进给速度,其方向代表了工作台的进给方向。进给脉冲首先送入伺服系统位置环的脉冲调相器。假定送入伺服系统200个 x 轴正向脉冲,进给脉冲经脉冲调相器变为超前基准信号相位角 $\phi=200\phi_1$ 的信号(ϕ_1 为一个脉冲超前的相位角),该信号代表了进给脉冲,它作为指令信号被送入鉴相器作为相位比较的一个量。在工作台运动以前,因工作台没有位移,故测量元件及信号处理线路的输出与基准信号同相位,即两者相位差 $\theta=0$,该信号作为反馈信号也被送入鉴相器。在鉴相器中,指令信号与反馈信号进行比较。由于指令信号和反馈信号都是相对于基准信号的相位变化的信号,因此,它们两者之间的相位差就等于指令信号相对于基准信号的相位差 ϕ 减去反馈信号相对于基准信号的相位差 θ,即 $\phi-\theta$。此时,因指令信号相对于基准信号超前了 $200\phi_1$,而反馈信号与基准信号同相位,因而指令信号超前反馈信号 $200\phi_1$,即 $\phi-\theta=200\phi_1$。鉴相器将该相位差检测出来,并作为跟随误差信号,经直流放大,变为速度控制单元的速度指令输入值,然后由速度控制单元驱动电机带动工作台运动,使工作台正向进给。工作台正向进给后,检测元件马上检测出此进给位移,并经过信号处理线路转变为超前基准信号一个相位角的信号。该信号被送入鉴相器与指令信号进行比较,若 $\theta\neq\phi$,说明工作台实际移动的距离不等于指令信号要求的移动距离,鉴相器将 ϕ 和 θ 的差检测出来,送入速度控制单元,驱动电机转动带动工作台进给,若 $\theta=\phi$,说明工作台移动距离等于指令信号要求的移动距离。此时,鉴相器的输出 $\phi-\theta=0$,工作台停止进给。如果数控装置又发出新的进给脉冲,按上述循环过程继续工作。从伺服系统的工作过程可以看出,它实际上是一个自动调节系统。如果多个坐标进给,原理一样,只是每个坐标都配备一套这样的系统即可。

(二)相位伺服系统的类别

选用的测量元件不同,其工作原理和输出信号形式也不同,如旋转变压器输出的是正弦信号,而光栅检测装置输出的为方波信号,旋转变压器需要一组基准激磁电压信号,而光栅则不需要任何激磁信号,只是在信号处理时,需要一个基准脉冲信号。由此,造成了测量元件的控制及其输出信号处理方法的不同。此外,考虑到系统整体结构和简化鉴相器结构,当测量元件的输出是方波信号时,脉冲调相器的输出也设计成方波形式,两方波在鉴相器中进行比较。若测量元件输出是正弦信号,则要将正弦信号转换成方波信号或将脉冲调相器输出的方波信号整形成正弦信号,以保证相同形式的信号在鉴相器中进行比较。所以选择的测量元件不同,相位伺服系统的构成也不同。另外,不同的执行元件也将使系统的构成有所不同。按选用不同测量检测装置可以分为以下几种。

1. 以旋转变压器为测量元件的半闭环伺服系统

该系统的结构与图6.3.8标准结构组成比较有以下几个特点。

①基准信号发生器不但控制脉冲调相器,还要由基准信号经励磁电路产生旋转变压器的激磁信号。

②旋转变压器输出的正弦信号,需经过整形线路变成与脉冲调相器输出的方波信号一致的信号形式。

③由于旋转变压器安装在机床丝杆上,经丝杆、螺母间接地检测工作台位移,所以

只能构成半闭环系统。机械传动件的误差要采取措施进行补偿。组成半闭环的检测元件还有圆感应同步器、圆光栅等。

2. 以直线式感应同步器为测量元件的闭环伺服系统

该系统与以旋转变压器为测量元件的半闭环伺服系统的唯一区别是测量元件装在机床上的位置不同。感应同步器直接安装在机床工作台上，检测工作台的位移。整个系统构成上与旋转变压器构成的系统基本一样。

3. 以光栅为测量元件的数字式相位比较伺服系统

在该系统中，测量元件是光栅，光栅检测装置输出信号为数字脉冲信号，它代表了工作台的位移。在进入鉴相器前，要进行数字相位变换，即把数字脉冲信号转换成与基准信号成一相位差的方波信号。同样，进给脉冲经它的脉冲调相器即数字相位转换器，变成另一与基准信号成一相位差的方波信号。这两路方波信号共同进入鉴相器，在鉴相器中进行比较，其差值以电压信号的形式输出，经放大进入速度控制单元，驱动电机带动工作台运动。

（三）相位伺服系统的主要控制线路

1. 脉冲调相器

脉冲调相器就是脉冲-相位变换器，也叫数字移相器。其功能为按照所输入指令脉冲的要求对载波信号进行相位调整。图6.3.9为脉冲调相器组成原理框图。在脉冲调相器中，基准脉冲信号 f_0 由石英晶体振荡器组成的基准脉冲信号发生器产生，它是频率稳定的脉冲信号（载波信号）。f_0 信号分成两路，一路直接输入分频器1，它为 N 分频的二进制计数器，称为基准分频通道；另一路则先经过脉冲加减器再进入分频器2，该分频器也为 N 分频二进制计数器，称为调相分频通道。

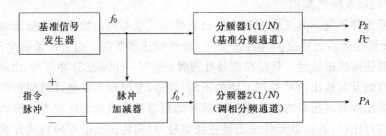

图6.3.9 脉冲调相器组成原理框图

为适应需要激磁信号的检测元件（如感应同步器、旋转变压器等）的要求，基准分频通道应输出两路频率和幅值相同，但相位互差90°的脉冲信号。再经滤波放大，就变成了正、余弦激磁信号，而且它们与基准信号有确定的相位关系。为了实现这一要求，可将该通道的最末一级（n 级）计数触发器分成两个，接法如图6.3.10所示。由于最末一级的输入脉冲 A 和 $\overline{A}$ 相差180°，所以经过一次分频（图中为下降沿触发）后产生 P_S 和 P_C 信号，它们的相位相差90°。P_S 和 P_C 经处理变成激磁信号，从而可得到位置反馈信号 P_B。

调相分频通道的任务是将指令脉冲信号调制成与基准信号有一定关系的输出脉冲信号 P_A，其相位差大小和极性与指令脉冲有关。

下面说明脉冲-相位变换的原理。当用同一脉冲源的输出时钟脉冲去触发容量相同的

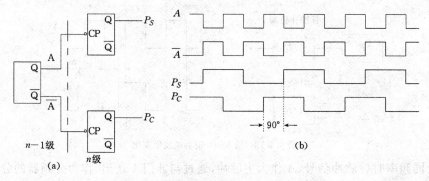

图6.3.10 基准分频器末级相差90°输出

两个计数器,这二个计数器的最末一级输出是两个频率大大降低了的同频率、同相位信号。假设时钟脉冲频率为F,计数器(当分频器用)的容量为N,则这二个计算器的最后一级输出频率f为:$f=F/N$。如果在时钟脉冲触发两计数器以前,先向其中一个计数器如x计数器输入一定数量脉冲Δx,则当时钟脉冲触发两计数器以后,两计数器输出信号频率仍相同,但相位就不相等了。N个时钟脉冲使标准计数器的输出变化一个周期,即360°,$N+\Delta x$个脉冲使x计数器的输出在变化一个周期(360°)后,又变化$\phi=\dfrac{360}{N}\cdot\Delta x$,即超前标准计数器一个相位角$\phi$。以后每来$N$个时钟脉冲,两计数器都变化一个周期。其原理图和波形图见图6.3.11(a)、(b)所示。

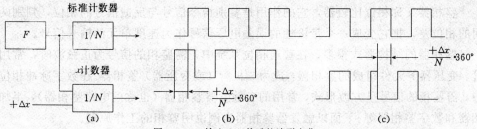

图6.3.11 输入$+\Delta x$前后的波形变化

同理,若在时钟脉冲触发两计数器的过程中,加入一定数量的脉冲$+\Delta x$给x计数器,这样就会使输入给x计数器的脉冲总数比给标准计数器的计数脉冲多了Δx个,结果使得x计数器输出的信号相位导前$\phi=\dfrac{+\Delta x}{N}\cdot 360°$,见图6.3.11(c)所示。

假如在时钟脉冲不断触发两计数器过程中,加入一定数量的$-\Delta x$脉冲给x计数器,使加入的$-\Delta x$个脉冲抵消了Δx个进入x计数器的时钟脉冲,则在两计数器的最后一级输出端将出现x计数器的相位滞后标准计数器一个相位ϕ,$\phi=\dfrac{-\Delta x}{N}\cdot 360°$,如图6.3.12(a)、(b)所示。

上述$+\Delta x$、$-\Delta x$脉冲是突然加入的,在两计数器最后一级相位差的变化ϕ也是突然的产生的。但实际上数控装置输出的进给脉冲频率是由加工中采用的进给速度的大小决定的,此时钟脉冲频率低得多,$\pm\Delta x$的加入或抵消实际上是一个个的慢慢地进行的,所以两计数器输出端信号相位也是逐渐变化的。

完成脉冲-相位变换必须有脉冲加减器,来完成向基准脉冲中加入或抵消脉冲的任务。图6.3.13为一种脉冲加减器线路。A、B为基准脉冲发生器发出的在相位上错开180°

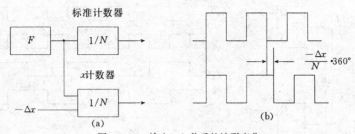

图6.3.12 输入$-\Delta x$前后的波形变化

的两个同频率时钟脉冲信号，A作为主脉冲，通过与非门Ⅰ送出，作为分频器的分频脉冲。B用作加减脉冲的同步信号。没有进给脉冲（指令脉冲）时，与非门Ⅰ开，A脉冲由此通过。当来一个$-x$进给脉冲（进给脉冲与A脉冲同步）时，触发器Q_1变为"1"状态，接着触发器Q_2变为"1"状态，$\overline{Q_2}$封住门Ⅰ，扣除了一个A序列脉冲。如果来一个$+x$进给脉冲，触发器Q_3变"1"状态，接着触发器Q_4变为"1"状态，Q_4端打开Ⅱ门，使A序列输出脉冲中插入一个B序列脉冲。

由上可知，每输入一个$+x$进给脉冲就使A序列输出脉冲增加一个脉冲，因而使分频器产生超前相位的脉冲信号P_A（见图6.3.9），而每输入一个$-x$进给脉冲就使A序列输出脉冲减少一个脉冲，使分频器产生滞后相位的脉冲信号P_A。

2. 鉴相器

鉴相器又称相位比较器，它的作用是鉴别指令信号与反馈信号的相位，判别两者之间的相位差，把它变成一个带极性的误差电压信号作为速度单元的输入信号。

鉴相器的结构形式很多，在普通相位系统中，需鉴相的信号为正弦波时，常用二极管、变压器等元件组成的鉴相器，成为二极管（或变压器）鉴相器。在数字脉冲相位系统中，需鉴相的信号呈方波形式，常用的有触发器鉴相器（也称门电路鉴相器），半加器鉴相器和数字鉴相器等。下面以触发器鉴相器为例说明鉴相的工作原理。

图6.3.14所示为触发器鉴相器，该触发器为不对称触发的双稳态触发器。从脉冲调相器来的信号P_A和由位置检测线路来的位置相位信号都是方波（或脉冲）信号，故可用开关工作状态的触发器鉴相器。如图中所示指令信号P_A和反馈信号P_B分别控制触发器的两个触发端，如果两者相差180°，Q端输出方波。经电平转换，变为对称方波，且正负幅值对零电位也对称，经低通滤波器输出的直流平均电压为零。若反馈信号P_B超前（二个信号比较基准是180°）指令信号P_A一个相位$\Delta\phi$，则输出方波为上窄下宽，其平均电压为一负电压$-\Delta u$。反之为一正电压$+\Delta u$。从输出特性可以看出，相位差$\Delta\phi$与误差电压Δu呈线性关系。该鉴相器的灵敏度（即相位—电压变换系数）为

$$k_d = \frac{E_R}{180°}(\text{V}/\text{度})$$

式中 E_R——电平转换器输出方波的幅值。

该鉴相器的最大鉴相范围为±180°，超过这个范围就要失步。为此，需要扩大鉴相范围，可以用指令信号和反馈信号进行分频的方法扩大鉴相范围，同时用提高系统增益来补偿由于分频降低了的鉴相灵敏度。

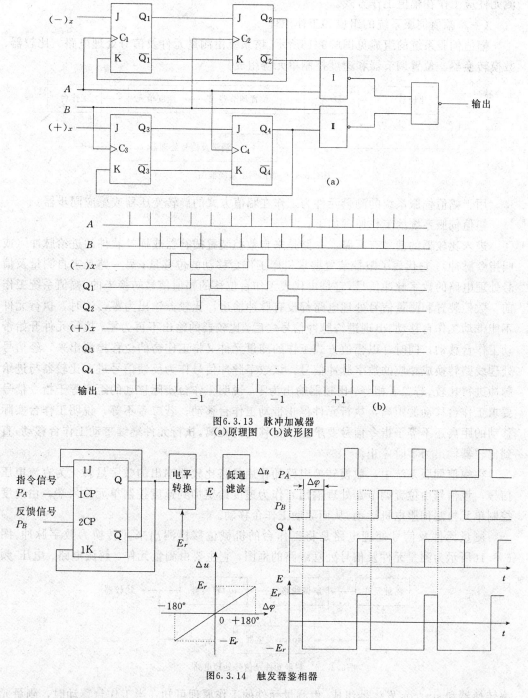

图6.3.13 脉冲加减器
(a)原理图 (b)波形图

图6.3.14 触发器鉴相器

三、幅值伺服系统

幅值伺服系统是以位置检测信号的幅值大小来反映机械位移的数值,并以此作为位置反馈信号与指令信号进行比较构成的闭环控制系统。该系统的特点之一是,所用位置检测元件应工作在幅值工作方式。

（一）幅值伺服系统的组成和工作原理

幅值伺服系统的组成见图6.3.15所示。该系统由测量元件及信号处理电路、比较器、数模转换器、位置调节器和速度控制单元等组成。

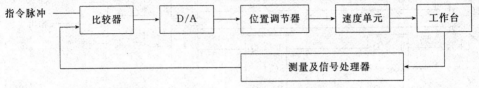

图6.3.15 幅值伺服系统框图

用于幅值伺服系统的测量元件为工作在幅值方式的旋转变压器或感应同步器。

幅值伺服系统的工作原理如下：

进入比较器的信号有两路，一路是来自数控装置插补器或插补软件的进给脉冲（或叫指令脉冲），它代表了数控装置要求机床工作台移动的位移量；另一路是来自测量及信号处理电路的数字脉冲信号,它是由代表工作台位移的幅值信号转换来的。幅值系统工作前，数控装置和测量信号处理电路都没有脉冲输出，比较器输出为零，这时，执行元件不能带动工作台移动。出现进给脉冲信号之后，比较器的输出不再为零，执行元件开始带动工作台移动，同时，以幅值方式工作的测量元件又将工作台的位移检测出来，经信号处理线路转换成相应的数字脉冲信号，该数字脉冲信号作为反馈信号进入比较器与进给脉冲进行比较。若二者相等，比较器输出为零，说明工作台实际移动的距离等于指令信号要求工作台移动的距离，执行元件停止带动工作台移动；若二者不等，说明工作台实际移动的距离还不等于指令信号要求工作台移动的距离,执行元件继续带动工作台移动,直到比较器输出为零时停止。

在幅值伺服系统中，数模转换电路的作用是将比较器输出的数字量转化为直流电压信号，该信号由位置调节器处理输出，作为速度给定加到速度控制单元输入端，由速度控制单元控制伺服电机运动。从而驱动工作台移动。

测量元件及信号处理电路是将工作台的机械位移检测出来并转换为数字脉冲。图6.3.16所示为测量元件及信号处理线路的框图，它主要由测量元件、解调电路、电压-频

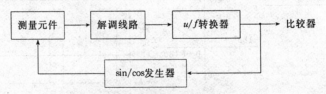

图6.3.16 测量元件及信号处理电路

率转换器和sin/cos发生器组成。由测量元件的工作原理可知：当工作台移动时，测量元件根据工作台的位移量即丝杆转角 $\alpha_{机}$，输出正弦电压信号 $V_{out}=kV_m\sin\omega t\sin(\alpha_{机}-\alpha_{电})$，$\alpha_{电}$ 是此时测量元件激磁信号的电气角。该电压信号的幅值 $kV_m\sin(\alpha_{机}-\alpha_{电})$ 代表工作台的位移。此正弦信号经滤波、放大、检波、整流以后，变成方向与工作台移动方向相对应，

幅值与工作台位移成正比的直流电压信号,这个过程称解调。解调电路也称鉴幅器。解调后的信号经电压频率转换器变成计数脉冲,脉冲个数与电压幅值成正比,并用符号触发器表示方向。一方面,该计数脉冲及其符号送到比较器与进给脉冲比较;另方面,经 sin/cos 发生器,产生驱动测量元件的两路信号 sin 和 cos。该驱动信号是方波信号,它的脉宽随计数脉冲的频率而变。根据傅式变换展开式,该方波信号作用于测量元件时,其基波信号分量为

$$V_s = V_m \sin\alpha_1 \sin\omega t$$
$$V_c = V_m \cos\alpha_1 \sin\omega t$$

电气角 α_1 的大小由方波的宽度决定。若测量元件的转子没有新位移,因激磁信号电气角由 α 变到 α_1,它所输出的幅值信号也随之变化,而且逐渐趋于零,若输出的新的幅值 $V'_{out} = kV_m\sin\omega t\sin(\alpha_机 - \alpha_电)$ 不为零,V'_{out} 将再一次经解调线路、电压-频率变换器、sin/cos 信号发生器,产生下一个激磁信号,该激磁信号将使测量元件的输出进一步接近于零,这个过程不断重复,直到测量元件的输出为零时止,此时 $\alpha_机 = \alpha_电$。在这个过程中,电压-频率转换器送给比较器的脉冲数量正好等于 $\alpha_机$ 角所代表的工作台的位移量。

测量元件的激磁信号 sin/cos 是方波信号,傅式展开后可分解为基波信号和无穷个高次谐波信号。因此,测量元件的输出也必然含有这些高次谐波的影响,故在解调线路中,须首先进行滤波,将这些高次谐波的影响排除掉。

(二)幅值伺服系统的控制线路

1. 解调线路

解调电路也叫鉴幅器。图6.3.17为解调器组成框图,它包括低通滤波器、放大器和检波器三部分。由前所述,来自测量元件的信号除包含基波信号 $V_{out} = kV_m\sin\omega t\sin(\alpha_机 - \alpha_电)$ 之外,还有许多高次谐波,需用低通滤波器将它滤掉。图6.3.18所示为一种低通滤波

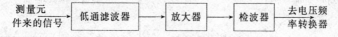

图6.3.17 解调器组成框图

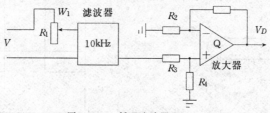

图6.3.18 低通滤波器

器线路图。它主要由可变电位计 W_1、滤波器和放大器组成。电位计可用来调节电路的灵敏度。滤波器的截止频率由测量元件激磁频率来选取。放大器用来提高输出阻抗,使滤波器有良好的阻抗匹配。

检波器的作用是将滤波后的基波正弦信号转变为直流电压。图6.3.19所示为一种检波器线路图。运算放大器 A_1 为比例放大器,A_2 为1:1倒相器。K_1、K_2 是两个模拟开关,分别由一对互为反相的信号 D、$\overline{D}$ 控制,其开关频率与输入信号相同。这一组器件(A_1、A_2、

K_1、K_2）组成了对输入交变信号的全波整流电路。

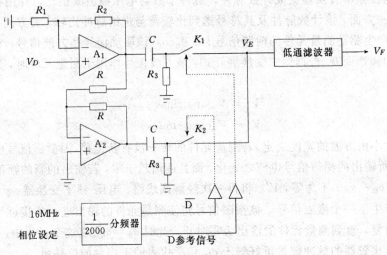

图6.3.19 检波器线路图

输入信号 V_D 经放大器 A_1、反相器 A_2、RC 线路变成两列相位相反的交变电压信号，当参考信号 D 为高电平时，控制模拟开关 K_1 接通，而此时 $\overline{D}$ 为低电平，使模拟开关 K_2 断开；当 $\overline{D}$ 为高电平时，使 K_2 接通，同时使 K_1 断开。工作台正向进给时，测量元件输出电压幅值为正，工作台反向进给时，测量元件输出电压幅值为负。如果参考信号 D 在交变电压信号 V_D 为正时为高电平，那么，工作台正向进给时，检波器的输出 V_E 为正；工作台反向进给时，检波器的输出 V_E 为负。V_E 信号再经过一次低通滤波去掉脉动成分后，就得到平滑的直流电压 V_F，检波器的工作波形图如图6.3.20所示。

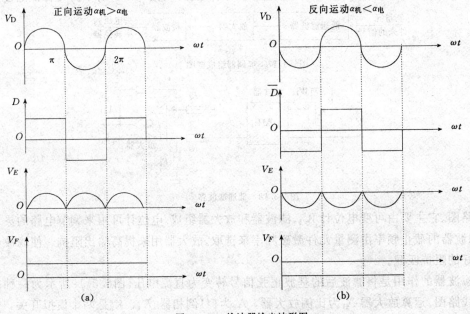

图6.3.20 检波器输出波形图

2. 电压-频率变换器

电压-频率变换器的作用是把检波后输出的模拟电压 V_F 变成相应的脉冲序列，V_F 为正时，输出正向脉冲；V_F 为负时，输出反向脉冲。脉冲的方向用符号寄存器的输出表示。V_F 为零时，不产生任何脉冲。随着输入电压信号幅值的增加，电压频率转换器的输出开始出现脉冲。图 6.3.21 所示是一种电压-频率转换器线路图。

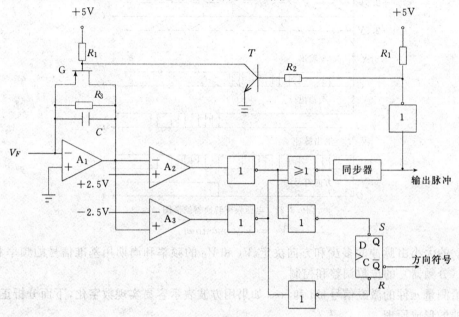

图 6.3.21 电压-频率转换器

运算放大器 A_1 是一个积分器，输入信号 V_F 幅值大时，A_1 的输出上升到 +2.5V 所需时间短。反之时间长些，如图 6.3.22 所示。放大器 A_2 和 A_3 是两个电压比较器，它们的作用是与 A_1 输出的电压进行比较，当 A_1 输出的电压上升到 +2.5V 时，A_2 的输出突然由 "1" 变为 "0"；而 A_1 的输出电压下降到 $-2.5V$ 时，A_3 的输出突然由 "1" 变到 "0"。A_2 和 A_3 的输出经过非门和或非门又被送到同步器，每当 A_2 或 A_3 有由高电平到低电平的跳变时，同步器输出一个同步脉冲。该脉冲经反向器、电阻、三极管 T 和场效应管 G 使积分器 A_1 复位，使 A_1 的输出等于输入，同时，A_2 和 A_3 的输出又变为高电平。另外，A_2 和 A_3 的输出脉冲信号又控制 D 触发器，该触发器作为方向控制使用，由它被置位或复位，指出方向。

由上面分析可知，当工作台正走时，解调器的输出 V_F 为正；当工作反走时，V_F 为负。V_F 的大小代表了工作台的位移。经过电压-频率变换将电压 V_F 变成了相应频率的脉冲信号。

3. sin/cos 信号发生器

sin/cos 信号发生器的作用是根据电压-频率转换器输出脉冲的多少和方向，产生测量元件的激磁信号 V_S 和 V_C

$$V_S = V_m \sin\alpha \sin\omega t$$

图6.3.22 电压频率转换器波形图

$$V_C = V_m \cos\alpha \sin\omega t$$

其中 α 的大小由脉冲的多少和方向决定。V_S 和 V_C 的频率和周期用基准信号的频率和计数器（分频器）的位数调整和控制。

给测量元件的激磁信号 sin 和 cos，如果用方波表示容易实现数字化，下面分析正、余弦脉冲的形成原理。

假定有下面的周期脉冲波（图6.3.23），它可用下列函数表示

$$f(x) = \begin{cases} U_M & (-\frac{\alpha}{2} \leqslant x \leqslant \frac{\alpha}{2}) \\ 0 & (\frac{\alpha}{2} < x < \pi, -\pi < x < -\frac{\alpha}{2}) \end{cases}$$

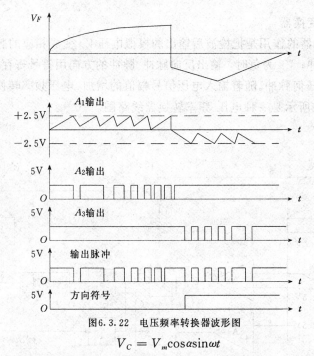

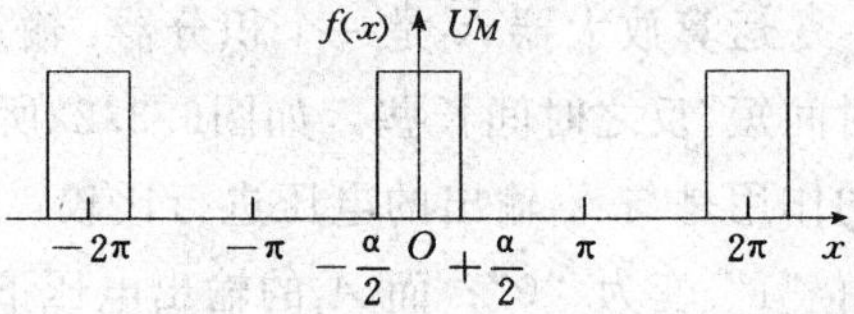

图6.3.23 周期性脉冲波

如 $f(x)$ 满足在区间 $[-\pi, \pi]$ 绝对可积，且为偶函数，根据富里哀级数展开

$$f(x) = \frac{a_0}{2} + \sum_{n=1}^{\infty} a_n \cos nx$$

式中 a_0——直流分量；

a_n——n 次谐波分量的幅值。

当 $n=1$ 时，a_1 为基波分量幅值。由富里哀级数展开式可知

$$a_1 = \frac{2}{\pi} \int_0^\pi f(x) \cos nx \, dx$$

将周期脉冲波 $f(x)$ 的值代入上式，可求得

$$a_1 = \frac{2U_M}{\pi} \sin \frac{\alpha}{2}$$

这是一个正弦函数。按上述同样分析,只是将 $f(x)$ 脉冲波看成奇函数,即求得

$$a_2 = \frac{2U_M}{\pi}\cos\frac{\alpha}{2}$$

则 a_1 和 a_2 为两个基波幅值的正、余弦函数。图6.3.24为正、余弦脉冲波。

若能产生图6.2.24所示的二个周期性脉冲波(它们的基波分量的幅值就是按正、余弦规律变化的),正好满足感应同步器在幅值方式下工作时对定尺绕组的激磁要求。数字式正、余弦信号发生器正是产生这样脉宽调制波的。它的原理框图如图6.3.25所示。其中,脉冲加减器和两个分频系数相同的分频器用于实现数字移相,计数脉冲CP′CP″的频率是在时钟脉冲CP的基础上,按位置反馈脉冲和方向

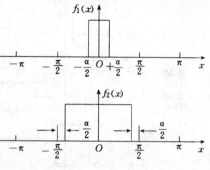

图6.3.24　正、余弦脉冲波

(即电压频率转换后的信号)进行加减。分频器的分频系数 N 取决于测量系统的分辨率。例如感应同步器的节距为2mm,它的激磁频率为10kHz,系统的脉冲当量为0.001mm/脉冲,则分频系数 $N=2/0.001=2000$。由于分频器1和2向相反方向移相,取 $N=1000$,则时钟CP的频率不小于 $1000\times10\text{kHz}=10\text{MHz}$。

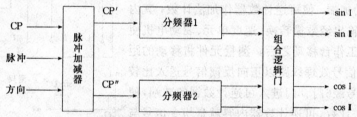

图6.3.25　数字正、余弦信号发生器

由于脉冲加减器的作用,使分频器1和2,在正进给时,一个左移相,另一个右移相。反进给时,原来正移相的分频器作反移相,原来反移相的分频器作正移相。如图6.3.26所示。由于工作台运动,形成了前移相 $\frac{\alpha}{2}$ 的 A 脉冲,后移相 $\frac{\alpha}{2}$ 的 B 脉冲,以及将 A 脉冲前移90°的 $A′$ 脉冲,将 B 脉冲前移90°的 $B′$。此外还形成了 $\overline{A}$、$\overline{B}$、$\overline{A′}$ 和 $\overline{B′}$ 脉冲。经组合逻辑电路产生 $\sin\text{I}$,$\sin\text{II}$,$\cos\text{I}$ 和 $\cos\text{II}$ 脉冲。它们分别为:$\sin\text{I}=A\cdot\overline{B}$,$\sin\text{II}=\overline{A}\cdot B$,$\cos\text{I}=A′\cdot B′$,$\cos\text{II}=\overline{A′}\cdot\overline{B′}$。将这四路脉冲波分别加到滑尺两相绕组的 I 端和 II 端(如图6.3.27所示)。实际的滑尺激磁电流波形如图6.3.28。

4. 比较器

幅值系统比较器的作用是对指令脉冲信号和反馈脉冲信号进行比较。一般说来,来自数控装置的指令脉冲信号可以是以下两种形式,第一种是用一条线路传送进给方向信号,一条线路传送进给脉冲信号;第二种是用一条线路传送正向进给脉冲,一条线路传送反向进给脉冲。来自测量元件信号处理电路的反馈信号是采用第一种形式表示的。进入比较器的脉冲信号形式不同,比较器的构造也不同。

图6.3.29是指令脉冲为第一种形式时的一种比较器结构。在该比较器中,反馈脉冲一

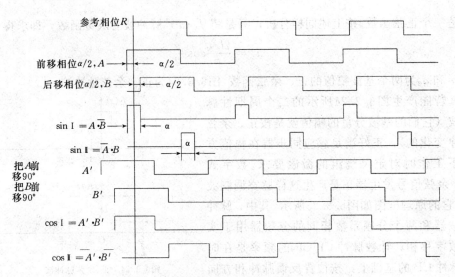

图6.3.26 数字正、余弦信号发生器波形图

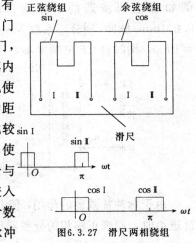

图6.3.27 滑尺两相绕组

定不能与指令脉冲同时出现。比较器的工作原理是,当有正向指令脉冲出现时,方向符号线路上为"0"电平,1门输出为"1",则2门打开,使正向指令脉冲通过2门、4门,进入可逆计数器的加端,使可逆计数器作加法计数,其内容由零变正数。其输出经数模转换、速度单元、驱动电机使工作台正向移动。工作台移动之后,测量元件将移动的距离检测出来,并经信号处理线路以正向反馈信号送入比较器。该正向反馈信号经6门、8门进入可逆计数器的减端,使可逆计数器作减法计数,可逆计数器内容就是指令信号与反馈信号之差。若指令脉冲为反向脉冲,则经3门、8门进入可逆计数器的减端,使可逆计数器作减法计数,可逆计数器内容为负。这时,反馈信号也一定是反向脉冲,反向脉冲

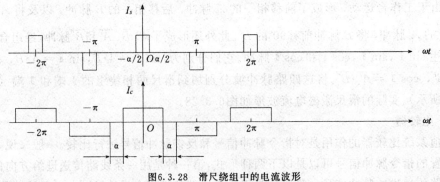

图6.3.28 滑尺绕组中的电流波形

经门7、门4进入可逆计数器的加端,使可逆计数器作加法计数。当指令信号由一个方向向另一个方向转换时,一定要在工作台停止后再进行,即可逆计数器内容变为零时再进行,否则要造成加工误差。第二种指令脉冲形式时的比较器结构和工作原理与第一种比较器

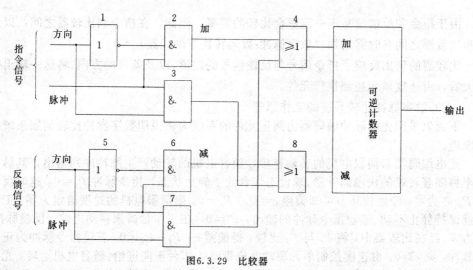

图6.3.29 比较器

基本类似,不再分析。

四、数字、脉冲比较伺服系统

随着数控机床的发展,在位置控制伺服系统中,采用数字脉冲的方法构成位置闭环控制,受到了普遍的重视。这种系统的主要优点是结构比较简单,目前采用光电编码器作位置检测装置,以半闭环的控制结构形式构成的脉冲比较伺服系统用的较普遍。

(一)数字脉冲比较系统的构成

该系统(如图6.3.30)最多可由六个主要环节组成。它们是:

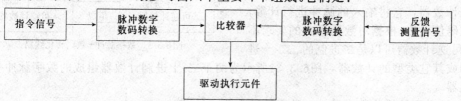

图6.3.30 数字脉冲比较系统的组成

(1)指令信号 由数控装置提供的指令信号可以是数码信号,也可以是脉冲数字信号。

(2)反馈测量信号 由测量装置提供的反馈信号可以是数码信号,也可以是脉冲数字信号。

(3)比较器 完成指令信号与测量反馈信号比较的比较器。

(4)转换器 脉冲数字信号与数码的相互转换部件。

它依据比较器的功能以及指令信号与反馈信号的性质而决定取舍。

(5)驱动、执行元件 这部分实质是速度单元和电机,根据比较器的输出带动工作台移动。

在数字比较系统中,常用的测量装置是光栅、编码盘和脉冲编码器。光栅和脉冲编码器能提供脉冲数字量,而编码盘能提供数码信号。

常用的数字比较器大致有三类:数码比较器、数字脉冲比较器、数码与数字脉冲比较器。

由于指令和反馈信号不一定适合比较的需要，因此，在指令和比较器之间，以及反馈和比较器之间有时需增加"数字脉冲-数码转换"的线路。

比较器的输出反应了指令信号与反馈信号的差值，以及差值的方向。将这一输出信号放大后，由速度单元控制执行元件。

（二）数字脉冲比较系统的工作原理

下面以采用光电脉冲编码器为测量元件的系统为例说明数字脉冲比较伺服系统的工作原理。

光电编码器与伺服电机的转轴连接，随着电机的转动产生脉冲序列输出，其脉冲的频率将随着转速的快慢而升降。现设工作台处于静止状态，指令脉冲 $P_c=0$，这时反馈脉冲 P_f 亦为零，经比较环节可知偏差 $e=P_c-P_f=0$，则伺服电机的速度给定为零，工作台继续保持静止不动。随着指令脉冲的输出，$P_c\neq 0$，在工作台尚未移动之前，反馈脉冲 P_f 仍为零。经在比较器中，将 P_c 与 P_f 比较，得偏差 $e=P_c-P_f\neq 0$，若设指令脉冲为正向进给脉冲，则 $e>0$，由速度控制单元驱动电机带动工作台正向进给。随着电机运转，光电脉冲编码器将输出反馈脉冲 P_f 送入比较器，与指令脉冲 P_c 进行比较，如 $e=P_c-P_f\neq 0$，继续运动，不断反馈，直到 $e=P_c-P_f=0$，即反馈脉冲数等于指令脉冲数时，$e=0$，工作台停在指令规定的位置上。如果继续给正向运动指令脉冲，工作台继续运动。当指令脉冲为反向运动脉冲时，控制过程与 P_c 为正时基本上类似。只是此时 $e<0$，工作台作反向进给。最后，也应在指令所规定的反向某个位置，在 $e=0$ 时，准确停止。

（三）主要功能部件

1. 数字脉冲-数码转换器

（1）数字脉冲转换为数码 数字脉冲转化为数码，其简单的实现方法就是使用可逆计数器，它将输入的脉冲进行计数，以数码值输出。根据对数码形式的要求不同，可逆计数器可以是二进制的、二-十进

图6.3.31 数字脉冲-数码转化线路

制的或其它类型的计数器，图6.3.31所示为两个二-十进制计数器组成的数字脉冲-数码转换器。

（2）数码转换为数字脉冲 数码转换为数字脉冲，常用的有两种方法。第一种方法是采用减法计数器线路。如图6.3.32所示，先将要转换的数码置入减法计数器，当时钟脉冲CP到来之后，一方面使减法计数器作减法计数，

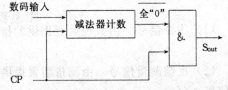

图6.3.32 数码-脉冲转化线路之一

另一方面进入与门。若减法计数器的内容不为零，该CP脉冲通过与门输出，若减法计数器的内容变为"0"，则与门被关闭，CP脉冲不能通过。计数器从开始计数到减为"0"，输出的脉冲数刚好等于置入计数器中的数码值。从而实现了数码-数字脉冲转换。第二种方法是用一个脉冲乘法器，如图6.3.33所示。脉冲乘法器电路中的数码寄存器存有要转换的数码，并以此控制与门组，则在时针脉冲CP的作用下，分频器相应的各级在一个计数循环中，从与门组输出的脉冲数正好等于数码寄存器中的数码，从而完成了数码-脉冲的转换。

2. 比较器

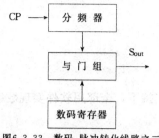

图6.3.33 数码-脉冲转化线路之二

在数字比较系统中,使用的比较器有多种结构,根据其功能可分为两类:一是数码比较器,二是数字脉冲比较器。在数码比较器中,比较的是两个数码信号,而输出可以是定性的,即只指出参加比较的数谁大谁小,也可以是定量的,指出大多少或小多少。现在有许多通用大规模芯片可以完成这个任务,特别是用软件程序实现很方便。关于数字脉冲比较器在上节已介绍过。下面介绍一种具有脉冲分离功能的数字脉冲比较器。图6.3.34所示为该比较器的构成原理图。图中 U_1、U_4、U_5、U_8、U_9 均为或非门;U_2、U_3、U_6、U_7 为 D 触发器;U_{12} 为八位移位寄存器;U_{10}、U_{11} 为单稳态触发器;U_{14} 为可逆计数器。

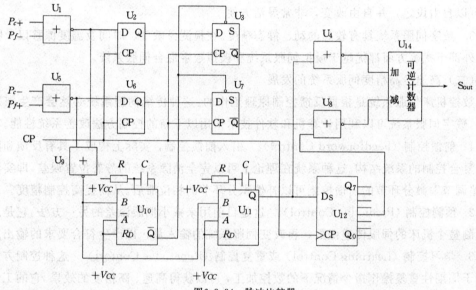

图6.3.34 脉冲比较器

当指令脉冲 P_{c+}(或 P_{c-})与反馈脉冲 P_{f+}(或 P_{f-})分别到来时,在 U_1 和 U_5 中同一时刻只有一路有脉冲输出,所以 U_9 的输出始终是低电平。假如此时工作台作正向运动,正向指令脉冲 P_{c+} 和正向运动时的反馈脉冲 P_{f+} 不同时来。P_{c+} 经 U_1、U_2、U_3 和 U_4 输出,使可逆计数器作加法计数。P_{f+} 经 U_5、U_6、U_7 和 U_8 输出,使可逆计数器作减法计数。反向运动时,有反向指令脉冲 P_{c-} 和反向反馈脉冲 P_{f-};P_{c-} 加到 U_5 门输入端作为减计数脉冲,P_{f-} 加到 U_1 门输入端作为加计数脉冲。工作过程与正向运动时相同。

当指令脉冲与反馈脉冲同时到来时,U_1 与 U_5 的输出同时为"0",则 U_9 输出为"1",单稳态触发器 U_{10} 和 U_{11} 有脉冲输出。U_{10} 输出的负脉冲同时封锁 U_3 与 U_7,使上述正常情况下计数脉冲通路被禁止。U_{11} 的正脉冲输出分成两路,先经 U_4 输出作加法计数,再经 U_{12} 延迟四个时钟周期由 U_8 输出作减法计数。

由上述分析可知,该比较器具有脉冲分离功能。在加、减脉冲先后分别到来时,各自按预定的要求经加法计数端或减法计数端进入可逆计数器;若加、减脉冲同时到来时,则由电路保证,先作加法计数,然后经过几个时钟的延迟再作减法计数。这样,可保证两路计数脉冲均不会丢失。

五、数字伺服系统的概述

(一) 数字伺服系统的特点

数字伺服系统利用计算机技术,在专用硬件数字电路支持下,全部用软件实现数字控制。它具有以下特点:

1. 采用现代控制理论,通过计算机软件实现最佳最优控制。

2. 数字伺服系统是一种离散系统,它是由采样器和保持器两个基本环节组成。离散系统的校正环节的比例(P)、积分(I)、微分(D)控制,即PID控制可由软件实现。由位置、速度和电流构成的三环反馈实现全部数字化,由计算机处理。控制参数 K_P、K_I 和 K_D 可以自由设定,并自由改变,非常灵活方便。

3. 数字伺服系统具有较高的动、静态精度。在检测灵敏度、时间及温度漂移以及噪声及外部干扰等方面都优越于模拟伺服系统和模拟数字混合伺服系统。

(二) 高速、高精度伺服系统的发展

数控机床伺服系统是根据反馈控制原理工作的。这种传统伺服系统必然会产生滞后误差。数字伺服系统可以利用计算机和软件技术采用以下新的控制方法改善系统性能。

1. 前馈控制 (Feedforword Control) 引入前馈控制,实际上构成了具有反馈和前馈的复合控制的系统结构。这种系统在理论上可以完全消除系统的静态位置误差,即实现"无差调节"。微分环节的前馈控制可以补偿积分环节的相位滞后。从而提高控制精度。

2. 预测控制 (Predictive Control) 这是目前用来减小伺服误差的另一方法。它是通过预测整个机床的伺服传递函数,再改变伺服系统的输入量,以产生符合要求的输出。

3. 学习控制 (Learning Control) 或重复控制 (Repetivive Contorl) 这种控制方法适用于周期性重复操作指令情况下的数控加工,可以获得高速、高精度的效果。它的工作原理是:在第一个加工过程中产生的伺服滞后误差,经过"学习",系统能记住这个误差,在第二次重复这个加工过程中做到精确、无滞后地跟踪指令。"学习控制"是一种智能型的伺服控制。

附表一 准备功能 G 代码及其意义

代码	程序指令字母表示	功能仅在所出现的程序段内有作用	功　　能
G00	a		快速定位
G01	a		直线插补
G02	a		顺时针方向圆弧插补
G03	a		逆时针方向圆弧插补
G04		*	暂停
G05			不指定
G06	a		抛物线插补
G07	(a)		不指定(正弦插补)
G08	b	*	加速
G09	b	*	减速
G10			不指定(用程序输入数据)
G11~G16			不指定
G17	c		xy 平面选择
G18	c		zx 平面选择
G19	c		yz 平面选择
G20	(e)		不指定(精车复合式固定循环)
G21	(e)		不指定(外圆粗车复合式固定循环)
G22	(l)		不指定(建立或改变禁区,程序循环)
G23	(l)		不指定(解除禁区)
G24			不指定
G25			永不指定
G26			永不指定
G27		(*)	永不指定(返回参考点检验,x 轴回零)
G28		(*)	永不指定(自动返回参考点,y 轴回零)
G29		(*)	永不指定(从参考点返回,z 轴回零)
G30		(*)	不指定(返回第二、第三、第四参考点)
G31		(*)	不指定(跳步)
G32			不指定
G33	a		螺纹切削,等螺距
G34	a		螺纹切削,增螺距
G35	a		螺纹切削,减螺距
G36~G38			永不指定
G39	(d)		永不指定(尖角圆弧过渡)

续表

代码	程序指令字母表示	功能仅在所出现的程序段内有作用	功　能
G40	d		刀具补偿/刀具偏移注销
G41	d		刀具补偿—左
G42	d		刀具补偿—右
G43	#(d)	#	刀具偏置—正
G44	#(d)	#	刀具偏置—负
G45	#(d)	#	不指定(刀具偏移+/+)
G46	#(d)	#	不指定(刀具偏移+/−)
G47	#(d)	#	不指定(刀具偏移−/−)
G48	#(d)	#	不指定(刀具偏移−/+)
G49	#(d)	#	不指定(刀具偏移0/+)
G50	#(d)	#	不指定(刀具偏移0/−)
G51	#(d)	#	不指定(刀具偏移+/0)
G52	#(d)	#	不指定(刀具偏移−/0)
G53	f		数据偏移,注销
G54	f		数据偏移1
G55	f		数据偏移2
G56	f		数据偏移3
G57	f		数据偏移4
G58	f		数据偏移5
G59	f		数据偏移6
G60	h		不指定(准确定位1,精)
G61	h		不指定(准确定位2,中)
G62	h		不指定(快速定位,粗)
G63		*	攻丝
G64			不指定
G65	(m)		不指定(简单调用宏指令)
G66	(m)		不指定(模态调用宏指令开始)
G67	(m)	#	不指定(模态调用宏指令结束)
G68	#(d)	#	不指定(刀具偏移,内角)
G69	#(d)	#	不指定(刀具偏移,外角)
G70	g		英制数据输入
G71	g		公制数据输入
G72	(e)		不指定(端面粗车复合式固定循环)

续表

代码	程序指令字母表示	功能仅在所出现的程序段内有作用	功　　能
G73	(e)		不指定(高速深孔间歇进给/封闭车削复合式固定循环)
G74	(e)		回原点(反攻丝/端面槽深孔加工复合式固定循环)
G75	(e)		不指定(外径槽和外径切断复合式固定循环)
G76	(e)		不指定(精镗/螺纹切削复合式固定循环)
G77	(e)		不指定(直线车削固定循环)
G78	(e)		不指定(直螺纹和锥螺纹固定循环)
G79	(e)		不指定(端面切削固定循环)
G80	e		固定循环注销
G81	e		钻孔循环,划中心孔
G82	e		钻孔、扩孔固定循环
G83	e		深孔钻孔循环
G84	e		攻丝循环
G85	e		镗孔循环
G86	e		镗孔循环,在底部主轴停
G87	e		反镗循环,底部主轴停
G88	e		镗孔循环,有暂停,主轴停,手动返回
G89	e		镗孔循环,有暂停,进给返回
G90	j		绝对尺寸
G91	j		增量尺寸
G92		*	预置寄存,不运动
G93	k		时间倒数的进给率,即进给速率数
G94	k		每分钟进给
G95	k		主轴每转进给
G96	i		主轴恒线速度
G97	i		主轴每分钟转数,注销G96
G98	(e)		不指定(钻、镗孔循环的初始平面)
G99	(e)		不指定(钻、镗孔循环的R平面)

注：① ＃号表示如选作特殊用途,必须在程序格式说明中说明。
② 指定功能代码中,凡有小写字母a,b,c…等指示的,为同一组代码,属于模态(即保持)代码,每一个程序中不能同时出现同组的两个以上代码。
③ "不指定"代码,即在将来修订标准时,可能对它规定功能。
④ "永不指定"代码,在本标准内以及将来都不指定其功能。但可用于被指定在其它代码功能以外的功能,但这时必须把使用的代码及其功能在程序格式说明中说明。
⑤ 标准上已指定了功能的代码,不能用于其它功能。

⑥ "*"号表示功能仅在所出现的程序段内有效,即非模态代码。
⑦ 如在直线切割中,没有刀具补偿,则 G43~G52 可指定作其它用途。
⑧ 在表中左栏括号中的字母(d)表示:可以被同组中没有括号的字母 d 所注销或代替,亦可被有括号的字母(d)所注销或代替。
⑨ 在数控装置上没有 G53~G59、G63 功能时,可以指定作其它用途。

附表二　辅助功能 M 代码及其意义

代码	功　　能	功能与运动同时开始	功能在程序段指令后开始	功能保持到注销	功能仅在所出现程序段用
M00	程序停止		*		*
M01	计划停止		*		*
M02	程序结束		*		*
M03	主轴顺时针方向(运转)	*		*	
M04	主轴逆时针方向(运转)	*		*	
M05	主轴停止		*	*	
M06	换刀	#	#		*
M07	2号冷却液开(冲压标志器断开)	*		*	
M08	1号冷却液开(冲压标志器通—连续)	*		*	
M09	冷却液关(冲压标志器通—脉冲)		*	*	
M10	夹紧(滑座、工件、夹具、主轴等)	#	#	#	
M11	松开(滑座、工件、夹具、主轴等)	#	#	#	
M12	不指定(同步代码)	#	#(*)	#	#(#)
M13	主轴顺时针转及冷却液开	*		*	
M14	主轴逆时针转及冷却液开(禁止高度方向)	#	#(*)	*(*)	
M15	正运动(允许高度方向)	*(*)		(*)	*
M16	负运动(抬高喷头)	*	(*)	(*)	*
M17	不指定(粉剂标志器旋转断开)	#	#(*)	#(*)	#
M18	不指定(粉剂标志器断开)	#	#(*)	#(*)	#
M19	主轴定向停止(粉剂标志器接通)	(*)	*	*(*)	
M20	永不指定(等离子切割器断开)	#	#(*)	#(*)	#
M21	永不指定(等离子切割器接通)	#(*)	#	#(*)	#
M22	永不指定(左倾切割断开)	#	#(*)	#(*)	#
M23	永不指定(左倾切割接通)	#(*)	#	#(*)	#
M24	永不指定(右倾切割断开)	#	#(*)	#(*)	#
M25	永不指定(右倾切割接通)	#(*)	#	#(*)	#
M26	永不指定(中心切割断开)	#	#(*)	#(*)	#
M27	永不指定(中心切割接通)	#(*)	#	#(*)	#
M28	永不指定(自动回转,倾斜切割)	#(*)	#	#(*)	#
M29	永不指定(程序编制回转,倾斜切割)	#(*)	#	#(*)	#
M30	纸带结束		*		*
M31	互锁旁路	#	#		*
M32	不指定(燃烧桥接)	#(*)	#		

续表

代码	功能	功能与运动同时开始	功能在程序段指令后开始	功能保持到注销	功能仅在所出现程序段用
M33	不指定(拐角停定时计数循环)	#	#(*)	#	#(*)
M34	不指定(额定压力夹紧)(钻削循环)	#(*)(#)	#(#)	#(*)(#)	#(#)
M35	不指定(减压夹紧)	#(*)	#	#(*)	#
M36	进给范围1	*		*	
M37	进给范围2	*		*	
M38	主轴速度范围1	*		*	
M39	主轴速度范围2	*		*	
M40	不指定(主轴齿轮换档,自动选择,或用作附加齿轮档)	#(*)	#	#(*)	#
M41	不指定(主轴第一档齿轮档)	#(*)	#	#(*)	#
M42	不指定(主轴第二档齿轮档)	#(*)	#	#(*)	#
M43	不指定(主轴第三档齿轮档)	#(*)	#	#(*)	#
M44	不指定(主轴第四档齿轮档)	#(*)	#	#(*)	#
M45	不指定(主轴第五档齿轮档)	#(*)	#	#(*)	#
M46~M47	不指定	#	#	#	#
M48	注销 M49		*	*	
M49	进给率修正旁路	*		*	
M50	3号冷却液开	*		*	
M51	4号冷却液开	*		*	
M52~M53	不指定	#	#	#	#
M54	不指定(尾座顶尖向后)	#(*)	#	#(*)	#
M55	刀具直线位移,位置1(尾座顶尖向前)	*(*)		*(*)	
M56	刀具直线位移,位置2(尾座架断开)	*(*)		*(*)	
M57	不指定(尾座架接通)	#(*)	#	#(*)	#
M58	不指定(注销 M59)	#(*)	#	#(*)	#
M59	不指定(主轴速度保持不变)	#(*)	#	#(*)	#
M60	更换工件		*		*
M61	工件直线位移,位置1	*		*	
M62	工件直线位移,位置2	*		*	
M63	不指定(辅助气体:空气)	#(*)	#	#(*)	#
M64	不指定(辅助气体:氧气)	#(*)	#	#(*)	#
M65~M69	不指定	#	#	#	#

续表

代码	功　　能	功能与运动同时开始	功能在程序段指令后开始	功能保持到注销	功能仅在所出现程序段用
M70	不指定(立即起动命令)(禁止冲压)	#(*)(#)	#(#)	#(#)	#(*)(#)
M71	工件角度位移,位置1(立即起动命令)(恢复冲压)	*(*)(#)	(#)	*(#)	(*)(#)
M72	工件角度位移,位置2(立即起动命令)(低速冲压)	*(*)(#)	(#)	*(#)	(*)(#)
M73	不指定(立即起动命令)(常速冲压)	#(*)(#)	#(#)	#(#)	#(*)(#)
M74	不指定(立即起动命令)(回原位循环)	#(*)(*)	#	#	#(*)(*)
M75	不指定(立即起动命令)	#(*)	#	#	#(*)
M76	不指定(立即起动命令)(禁止冲压延迟)	#(*)(#)	#(#)	#	#(*)(#)
M77	不指定(立即起动命令)(允许冲压延迟)	#(*)(#)	#(#)	#	#(*)(#)
M78	不指定(立即起动命令)	#(*)	#	#	#(*)
M79	不指定(立即起动命令)	#(*)	#	#	#(*)
M80	不指定(固定中心架1断开)(分别切削)	#(*)(*)	#	#(*)	#
M81	不指定(固定中心架1接通)(夹紧横梁)	#(*)(*)	#	#(*)	#
M82	不指定(固定中心架2断开)(辅助夹紧)	#(*)(*)	#	#(*)	#
M83	不指定(固定中心架2接通)(镜面夹紧)	#(*)(*)	#	#(*)	#
M84	不指定(固定中心架断开)	#(*)	#	#(*)	#
M85	不指定(固定中心架接通)	#(*)	#	#(*)	#
M86	不指定	#	#	#	#
M87	不指定(状态)	#(*)	#	#	#(*)
M88	不指定(状态)	#	#(*)	#	#(*)
M89	不指定(状态)	#	#(*)	#	#(*)
M90	永不指定(左预热断开)(条件起动)	#	#(*)(*)	#(*)(*)	#
M91	永不指定(左预热接通)(条件起动)	#(*)	#(*)	#(*)	#
M92	永不指定(中心预热断开)(条件起动)	#	#(*)(*)	#(*)(*)	#
M93	永不指定(中心预热接通)(条件起动)	#(*)	#(*)	#(*)	#
M94	永不指定(右预热断开)(条件起动)	#	#(*)(*)	#(*)(*)	#
M95	永不指定(右预热接通)(条件起动)	#(*)	#(*)	#(*)	#
M96	永不指定　　　　(条件起动)	#	#(*)	#(*)	#
M97	永不指定　　　　(条件起动)	#	#(*)	#(*)	#
M98	永不指定　　　　(条件起动)	#	#(*)	#(*)	#
M99	永不指定　　　　(条件起动)	#	#(*)	#(*)	#

注：①"#"号表示如选作特殊功能，必须在程序说明中说明。

②M90～M99可指定特殊用途。

③"*"号表示功能仅在出现的程序段内开始起作用。

④"不指定"代码，在将来修订标准时，可能对它规定功能。

⑤"永不指定代码"，现在、将来在标准中都不指定功能，作其它用途时，要事先说明。

⑥在机床的CNC装置中不要求使用所有定义的全部M功能。在一种类型机床中，一个M代码只能有一种功能。M功能分10组：0组为通用的M指令；1组为铣床、卧式钻镗床、坐标镗和加工中心使用的M代码；4组为火焰、等离子、激光、水束切割机、线电极切割机用M代码；3组为磨床和测量机用M代码；2组为车床、立车、镗床，车削中心用M代码；5组为最佳和适应控制用M代码；6组为多托板、多头、多主轴机床和相应的搬运设备用M代码；7组为冲孔和步冲式压力机用M代码；8组为永不指定，可用于特殊用途；9组用于代码扩展。

⑦有些M代码只有一种意义，有些有多种意义，但必须应用在不同的设备上。

⑧M代码执行时间不一样，保持时间也不一样。有的代码在一个程序段中起作用，还有些代码在不注销或取代之前一直起作用。

参考文献

1 毕承恩，丁乃建等编著. 现代数控机床（上、下册）. 北京机械工业出版社，1991
2 李福生等编著. 实用数控机床技术手册. 北京：北京出版社，1993
3 李国伟，王永章等编. 微型计算机控制纤维缠绕机研究论文集. 哈尔滨工业大学学报，1988
4 王永章. JKCR50-400微机数控缠绕机研究. 玻璃钢/复合材料，1988（3）
5 王永章. 微机数控缠绕机中的硬件分频原理. 机械工程师，1988（6）
6 富宏亚，王永章. 微机控制纤维缠绕机的数学模型和控制系统的研究. 第十一届国际生产工程学术大会论文集，1991（8）
7 王永章等. 压力容器缠绕成型数学模型的研究. 哈尔滨工业大学学报，1988（2）
8 上海电气自动化研究所编著. 机床的数字控制与计算机应用（上、下册）. 北京：机械工业出版社，1983
9 王润孝主编. 机床数控原理与系统. 西安：西北工业大学出版社，1989
10 路华，王永章等. 数控缠绕机的性能和控制. 航天工艺，1993（4）
11 王永章. 用可编程逻辑芯片开发高集成度逻辑电路. 哈尔滨工业大学报，1995（2）
12 机床数控技术翻译组. 机床数控技术. 北京：机械工业出版社，1972
13 沈阳日用机械研究所译，（日）岸甫编著. 数控软件. 北京：国防工业出版社，1980
14 姜亦深译，（美）尤兰柯仁著. 机械制造系统中的计算机控制. 北京：机械工业出版社，1988
15 季瑞芝等译，（美）米凯尔P. 格鲁弗著. 自动化生产系统及计算机辅助制造. 北京：机械工业出版社，1989
16 唐泳洪编著. 机床数控系统设计基础. 北京：机械工业出版社，1984
17 南京航空学院航空制造工程系编译. 机械制造系统. 上海：上海科技出版社，1982
18 郭庆鼎，王成元编. 异步电动机的矢量变换控制原理及应用. 沈阳：辽宁民族出版社，1988
19 周笑非译，Bose. B. K. 内装式永磁同步电机的高性能逆变器供电传动系统. 国外电气自动化，1986（8）
20 佟存厚. 国外交流调速的现状和发展方向. 电气自动化，1984（4）
21 Kochan D. CAM Developments in Computer-Integrated Manufacturing. Springer-Verlag Berlin Herdelberg. 1983
22 DUNCAN J. P. Sculptured Surfaces in engineering and Medicine. Cambridge University Press. 1983
23 Michael J. Tracy. Practical Aspects of CIM for the Manufacturer，1989
24 张宏生等编. PC技术讲座. 机床，1989（9）

25 李诚人等编. 机床计算机数控. 西安：西北工业大学出版社，1988
26 林其骏主编. 机床数控系统. 北京：中国科学技术出版社，1991
27 北京数控-发那科服务中心：FANUC SYSTEM 6M, 3M 操作说明书